Charlotte McGregor

HIGHLAND HAPPINESS
Die Schreinerei von Kirkby

CHARLOTTE McGREGOR

HIGHLAND Happiness

DIE SCHREINEREI VON KIRKBY

ROMAN

Charlotte McGregor
Highland Happiness – Die Schreinerei von Kirkby

Carin Müller
c/o Die Bücherfee Karina Reiß,
Zick Zack 1, 39393 Am Großen Bruch

www.charlottemcgregor.de
www.carinmueller.de

1. Auflage, März 2024

ISBN 978-3-910843-01-1

Umschlaggestaltung: Sabine Albrecht, www.benisa-werbung.de
Unter Verwendung von:
©Depositphotos.com/andrewroland
©Depositphotos.com/Shaiith79
©Depositphotos.com/dpp2012
©Depositphotos.com/panda3800
©Freepik/lifeforstock

Lektorat/Korrektorat: Julia Funcke

Druck und Bindung:
Smilkov Print Ltd, Blagoevgrad

INHALT

ÜBER DAS BUCH

LIEBE LESERIN, LIEBER LESER,

schön, dass du wieder zusammen mit mir nach Kirkby reist. Das malerische Dörfchen in den schottischen Highlands wächst und gedeiht – und damit auch der Cast in meinen Geschichten. Damit es mit den vielen Namen nicht zu verwirrend wird, findest du ganz hinten im Buch ein detailliertes Figurenregister.

Doch nun viel Spaß mit »Highland Happiness –
Die Schreinerei von Kirkby«

Deine Charlotte

ANPFIFF ZUM HEIMSPIEL

DIE PLÖTZLICHE STILLE war regelrecht ohrenbetäubend. Susan schloss die Tür hinter ihren letzten Schützlingen und sah sich im Gruppenraum um. Chaos pur, aber wenigstens Ruhe.

»Ist das immer so?«, fragte Nora erschöpft. Die brandneue, gerade zwanzigjährige Praktikantin, die heute ihren ersten Einsatz bei voller Belegung gehabt hatte, wirkte wie ein angezählter Boxer. Letzte Woche war sie schon ein paar Tage zur Vorbereitung und Einarbeitung hier gewesen. Aber die Theorie bereitete einen ja selten auf die Praxis vor.

»Gewöhn dich lieber daran«, entgegnete Susan mit einem breiten Grinsen und lachte laut los, als sie den völlig entsetzten Blick der jungen Frau sah.

»Du machst Witze, hoffe ich.«

»Der erste Tag nach den Ferien ist immer am schlimmsten. Die neuen Kinder sind unsicher, und die älteren platzen vor Energie und Mitteilungsdrang. Das entspannt sich bald«, sagte Susan tröstend. Sie wusste, dass es so war, aber trotzdem war auch sie an den ersten Tagen nach den Ferien immer wie erschlagen von dem Wahnsinn, den knapp zwei

Dutzend kleine Kinder zwischen eins und fünf erzeugen konnten.

»Und ich habe gedacht, dass es Spaß macht, mit Kindern zu arbeiten.« Nora schüttelte den Kopf und schien ernsthaft einen Karrierewechsel in Erwägung zu ziehen.

Auch das konnte Susan nachfühlen. »Wer hat behauptet, dass wir zum Spaß hier sind?« Sie zwinkerte der Praktikantin zu, fügte dann jedoch im Brustton der Überzeugung hinzu: »Es macht wirklich Freude und ist erfüllender als jeder andere Beruf. Jedenfalls dann, wenn man sich an den Lärmpegel gewöhnt hat.«

Nora konnte das offenbar nicht so ganz glauben. »Ich habe es mir trotzdem anders vorgestellt.«

»Das ist normal. Wir neigen dazu, den Beruf der Erzieherin zu romantisieren, weil wir denken, dass kleine Kinder vor allem süß sind. Dabei sind es fertige Persönlichkeiten in kleinen Körpern, und unsere Aufgabe ist es nicht nur, sie zum Erblühen zu bringen, sondern auch, ihnen gewisse Regeln beizubringen.«

Nora seufzte. »Ich dachte, dass es mir liegt, mit Zwergen zu arbeiten, schließlich habe ich jahrelang als Babysitterin gejobbt. Aber die Vorschulkinder nehmen mich kein bisschen ernst.«

»Die waren heute alle total drüber, das wird sich in den nächsten Tagen normalisieren. Aber dann wirst du merken, dass sie dich abchecken, um zu sehen, wie weit sie bei dir gehen können. Das ist ein fast tierischer Instinkt und wirklich sehr faszinierend.«

»Ich finde die Vorstellung eher beängstigend. Zumal du ja überhaupt kein Autoritätsproblem hast. Dich himmeln sie alle an.« Ein weiterer frustrierter Seufzer von Nora.

»Glaub mir, das war auch nicht immer so. Man wächst in diese Rolle hinein«, tröstete Susan. Sie leitete seit drei Jahren den Kindergarten von Kirkby und arbeitete dort zusammen mit ihrer älteren Kollegin Moira, die sich vorwiegend um die Kleinsten kümmerte, und jeweils zwei Jahrespraktikanten, die Erfahrung für den Job sammelten. Die meisten von denen waren am Anfang überwältigt und überfordert, doch in der Regel gewöhnten sie sich schnell an ihre Aufgaben und fanden sich rasch in die Arbeit ein. Es gab jedoch immer mal welche, die es nicht schafften. Bei Nora war sich Susan noch nicht ganz sicher.

»Hoffentlich«, murmelte Nora und schielte dann zu der Tür, die zum Nebenraum führte, wo die Kleinsten von Moira und Praktikant Robbie betreut wurden. Allerdings waren diese beiden schon längst im Feierabend, weil ihre Schützlinge bis spätestens zwei Uhr abgeholt wurden. Die älteren Kinder dagegen wurden bei Bedarf bis halb fünf versorgt.

»Ganz bestimmt«, beteuerte Susan. »Und du wirst auch die Chance bekommen, mit Robbie zu tauschen. Allerdings sind die Minis locker genauso herausfordernd wie die Großen – und viele sind noch nicht stubenrein und müssen gewickelt werden.« Sie verzog das Gesicht. Windelwechsel gehörte eindeutig nicht zu ihren Lieblingsaufgaben. Viel lieber bastelte sie mit ihren Vorschülern, überlegte sich tolle Spiele und brachte ihnen die Grundlagen von Lesen und Schreiben bei. Am allerliebsten aber verbrachte sie mit den Kindern Zeit in der Natur.

»Ich hab kein Problem mit Stinkewindeln«, behauptete dagegen Nora und blickte auf den chaotischen Raum, wo alle möglichen Spielsachen auf dem Boden herumflogen und sich Bastelutensilien auf dem Tisch türmten.

»Ab morgen gibt's wieder strenge Aufräum-Regeln«, kündigte Susan an und seufzte nun ihrerseits, denn das war eindeutig der Teil der Arbeit, der ihr am wenigsten Spaß machte, auch wenn es dringend sein musste. »Wenn wir uns beeilen, sind wir in einer Viertelstunde fertig, und du kannst Feierabend machen«, fügte sie dann mit einem aufmunternden Lächeln hinzu.

Es war fast sechs, als auch Susan schließlich den Kindergarten verließ und sich auf den Heimweg machte. Ihr Zuhause war ein winziges Cottage, das sie sich gekauft hatte, als sie vor gut drei Jahren nach Kirkby zurückgekehrt war, in den Ort, in dem sie aufgewachsen war und den sie mit fünfzehn Jahren verlassen hatte, um sich ihrer eigentlichen Leidenschaft zu widmen: Fußball. Sie war damals von den Glasgow Rangers gescoutet worden und hatte im Internat des Clubs ihre Schulausbildung abschließen können, während sie parallel hart trainiert und sich nach und nach über die Jugendmannschaften in das erste Frauenteam des Vereins hochgekämpft hatte. Mit einundzwanzig war sie dann nach Schweden gewechselt, wo Frauenfußball einen viel höheren Stellenwert hatte als in Schottland. Der FC Rosengård war ihre sportliche Heimat geworden und die Zeit in Malmö lange die schönste ihres Lebens gewesen. Der Alltag als Profifußballerin war auch dort hart, aber wenigstens sehr gut bezahlt, und sie hatte mit dem Club zahlreiche Erfolge gefeiert. Parallel hatte sie in den ausgedehnten Winterpausen Erziehungswissenschaften und Frühpädagogik studiert. Damals hatte sie sich jedoch kaum vorstellen können, jemals als Erzieherin zu arbeiten. Schon gar nicht mit Anfang dreißig. In diesem Alter hatte sie eigentlich noch auf dem Platz aktiv sein wollen – doch das Leben hatte eindeutig andere Pläne gehabt.

Susan schloss die Tür ihres kleinen Häuschens auf, das am Ortsrand von Kirkby lag, und atmete tief durch. Das hier war nun ihre Realität, und die war gut so, wie sie sich darstellte. Sie war von ihrem Naturell her niemand, der Dingen nachweinte, die sich nicht ändern ließen, und sie war zufrieden mit dem, was sie hatte. Und was sie gerade jetzt hatte, war ein unglaublicher Bewegungsdrang. Heute, am ersten Tag nach den Ferien, war sie mit den Kindern nämlich nicht draußen unterwegs gewesen, sondern nur mal kurz im Garten.

Rasch schlüpfte sie also aus ihrer Jeans und dem Ringelshirt, stopfte alles in den Wäschekorb und zog sich ihre Laufkleidung an. Minuten später trabte sie bereits den Feldweg entlang, der zwischen den Weiden von Shonas Alpakas und Adleys Highland-Rindern hindurchführte. Die putzigen Tiere brachten sie immer zum Lächeln, doch sie hielt nicht an, sondern lief in moderatem Tempo weiter. Die eigentliche Herausforderung wartete erst noch auf sie, wenn sie den großen Bogen durch den Wald in Richtung Monroe Manor gelaufen war und dann den Hügel erklomm, der sich viel steiler anfühlte, wenn man ihn im Vollsprint nahm. Doch das war genau das, was sie heute brauchte, um den Kopf wieder frei zu kriegen.

Ihr Knie fühlte sich gut an. Es zwickte manchmal, wenn ein Wetterwechsel drohte oder sie entweder zu viel oder zu wenig trainierte, aber heute war alles stabil, und sie genoss den feucht-milden Septemberabend. Tagsüber hatte es reichlich geschüttet, doch nun schien sogar die Sonne und ließ die Regentropfen auf den Gräsern, Büschen und Bäumen funkeln. Das sah so hübsch aus, dass sie es fast bedauerte, ihr Telefon nicht dabeizuhaben, um Fotos machen zu können. Sie ließ es meist zu Hause, denn sie hatte die Lektion ihres schwedischen Mentaltrainers verinnerlicht, dass man der Sache, die man gerade tat, egal, was es war, immer seine volle Aufmerksamkeit schenken sollte.

Das klang einfacher, als es tatsächlich war, aber Susan fand es absolut einleuchtend. Wenn sie joggte, konzentrierte sie sich auf jeden Schritt, darauf, wie sich ihr Körper fühlte, und auf die Umgebung. Sie lenkte sich nicht mit Musik oder Podcasts ab, wie es viele ihrer Kolleginnen getan hatten und auch die meisten Hobbysportler taten. Wenn sie aß, gab es nur die Mahlzeit und vielleicht noch die Menschen, mit denen sie das Essen teilte, aber keinen Fernseher, der nebenbei lief, und auch kein Smartphone. Und wenn sie arbeitete, standen die Kinder im Fokus und sonst nichts. So einfach und doch so kompliziert, denn natürlich lauerten die Ablenkungen überall, und vor allem das Handy hatte das Zeug dazu, ein falscher Freund oder sogar der schlimmste Feind zu sein.

Gestern hatte sie eine Nachricht von ihrer besten Freundin und ehemaligen Teamkollegin Henrietta aus Schweden bekommen: die vorab angekündigte Einladung zu ihrer Hochzeit plus zwei Stellenangebote in Malmö, die perfekt zu Susans Ausbildung und Expertise passen würden und vermutlich doppelt so gut bezahlt waren wie ihre Tätigkeit in Kirkby. Sie hatte noch nicht geantwortet und war sich sicher, dass Hetty schon weitere Nachrichten hinterlassen hatte. Genau wie der Typ, den sie vorletztes Wochenende bei den Highland Games kennengelernt und mit dem sie ungeplant mehr Zeit verbracht hatte als gedacht. Der Abend war lustig gewesen und die Nacht nicht völlig unerfreulich, aber mehr konnte sie sich mit Dennis aus Inverness nicht vorstellen. Leider sah er das ganz anders und bombardierte sie mit zunehmend drängenderen Fragen nach einer Wiederholung des Abends.

Der Feldweg war nun dem federnden Waldboden gewichen, und Susan schob die Gedanken an verlobte Freundinnen, lukrative Jobangebote im Ausland und aufdringliche Gelegenheitsliebhaber mit aller Kraft beiseite. Das lenkte nämlich fast noch mehr ab als Musik. Stattdessen scannte sie den Weg vor sich, um nicht über eine Wurzel oder einen Stein zu stolpern, und konzentrierte sich auf ihren Atem, der tief und gleichmäßig durch ihren Körper strömte und ihre Muskeln mit Sauerstoff versorgte. Langsam war sie warm genug, um die Geschwindigkeit zu erhöhen – und spätestens am Hügel würde sie ohnehin keine Kapazitäten mehr zum Denken haben, sondern damit beschäftigt sein, ihre brennenden Muskeln und Lungenflügel zum Weitermachen zu motivieren.

• • •

»Probier es mal selbst aus«, bat Davie seinen Kunden Lennox und trat einen Schritt zurück. Er hatte in den letzten Tagen eine vierflügelige Panoramascheibe in die ehemalige Holzfront der alten Remise gesetzt, die sein Musiker-Kumpel seit einem Jahr als Studio verwendete. Ihm war wichtig gewesen, dass die Mechanik gleichermaßen leichtgängig und stabil war, sodass sich die Fenster unkompliziert öffnen und schließen

ließen. Im voll geöffneten Zustand wäre Lennox nun wohl in der Lage, halb Kirkby und die Umgebung zu beschallen.

»Das ist wirklich unglaublich«, freute sich der Musiker und fuhr sich durch die kinnlangen Haare, als er die Fensterflügel einzeln in alle möglichen denkbaren Positionen brachte. »Du bist ein Genie.«

Davie winkte lächelnd ab, auch wenn er sich sehr über das Kompliment freute. »Ich habe eigentlich nur ein Schranktürensystem so adaptiert, dass es auch für schwere Fensterflügel funktioniert.«

»Ich sag ja, genial«, beharrte Lennox und schob weiterhin vollkommen fasziniert die Fenster auf und zu. »Das ist so toll. Davon habe ich geträumt, seit ich die Remise letzten Herbst angemietet habe. Schade, dass jetzt langsam der Winter vor der Tür steht und ich nicht oft bei offenen Fenstern arbeiten kann.«

»Ich schätze, das wird Sean ganz recht sein«, entgegnete Davie grinsend und deutete auf das nahe gelegene alte Bauernhaus, das der Keramikkünstler Sean Gordon mit seiner Freundin Hailey bewohnte.

»Hey, so schlecht ist meine Musik nun auch wieder nicht«, empörte sich Lennox gespielt.

»Schlecht nicht, aber laut.« Davie war in den letzten Tagen reichlich in den Genuss von Lennox' Können gekommen, der den Lärm der Bauarbeiten mit voll aufgedrehten Verstärkern gekontert hatte.

»Haha, das habe ich doch nur gemacht, weil du und deine Jungs so viel Getöse fabriziert habt. Normalerweise bin ich hier ganz leise.« Wie zum Beweis setzte er sich an den Flügel und spielte einige Takte eines Stücks, das Davie zwar irgendwie bekannt vorkam, das er aber nicht eindeutig identifizieren konnte.

»Als ›ganz leise‹ würde ich das nun auch nicht bezeichnen«, erwiderte er. »So ein Flügel ist auch ohne Verstärker verdammt … nun ja … durchdringend.«

»Banause.« Lennox schüttelte gut gelaunt den Kopf. »Dann kannst du ja froh sein, dass deine Werkstatt weit genug weg ist, da hörst du nur das Rauschen des Mühlbachs. Und zu deiner Beruhigung: Sean mag meine Mucke – er hat sich noch nie darüber beklagt.«

»Das ist doch am wichtigsten«, lenkte Davie ein und wechselte dann das Thema: »Schau mal, das ist die Fernbedienung für den Verdunklungsmechanismus.« Er zeigte seinem Kunden das ungefähr Smartphone-große Gerät, das über ein interaktives Display verfügte. »Da kannst du für jeden Fensterflügel einzeln einstellen, ob und wie du den Sonnenschutz ausfahren möchtest. Könnte auch sinnvoll werden, wenn hier demnächst Heerscharen von Fans einfallen und die Stars bei der Arbeit beobachten wollen.«

»Das wär's noch …« Lennox verdrehte amüsiert die Augen. »Aber das ist echt genial.« Er drückte nun auf dem Display herum und ließ die Textilbahnen, die zwischen den Scheiben der Doppelverglasung eingebaut waren, mit einem kaum wahrnehmbaren Summen hoch- und runterfahren.

Diese Spezialscheiben kosteten ein Vermögen, dagegen war die ausgeklügelte Mechanik des Schienensystems nur ein kleiner Vogelschiss. Doch Davie musste zugeben, dass ihm dieser Auftrag großen Spaß gemacht hatte – auch wenn es etwas ganz anderes gewesen war als seine sonstigen Tätigkeiten. Normalerweise galt seine Leidenschaft nämlich ganz und ausschließlich der Holzarbeit, und sein Ehrgeiz war es, so wenige Fremdwerkstoffe wie möglich für seine Möbel und Einbauten zu verwenden. Aber bei der Panoramaverglasung für das Studio hatte er mit einem Fensterbauer zusammengearbeitet und gemeinsam mit ihm etwas wirklich Beeindruckendes geschaffen.

»Hast du über den Schrank nachgedacht, den ich gerne hinten an der Wand bei meinem Mischpult hätte?«, sprach Lennox weiter, nachdem er genug mit dem Sonnenschutz gespielt hatte.

»Ich habe sogar schon einige Skizzen und Vorschläge vorbereitet«, antwortete Davie. »Ich würde dafür gerne das Holz der ehemaligen Wand nutzen, die deinem Wunderfenster weichen musste.«

»Das ist nicht nötig, wir können auch gerne neues Holz nehmen«, entgegnete Lennox. »Du weißt ja, dass Geld …«

»Ich weiß, ich weiß – Geld spielt bei euch keine Rolle«, unterbrach ihn Davie leicht ungeduldig. Er mochte Lennox und seinen Vater Marlin Fraser, der über scheinbar unendliche finanzielle Möglichkeiten verfügte und ein großzügiger Mäzen des Ortes war, doch ihn störte die Einstellung, dass Neues besser war als Altes. »Denk nicht, dass es günstiger wird, wenn wir das alte Holz verwenden, es muss schließlich ordentlich aufgearbeitet werden. Aber ich finde es nachhaltiger, wenn wir einen Werkstoff nutzen, der noch tadellos intakt ist, statt frische Ressourcen anzubrechen. Außerdem hat das alte Holz den Vorteil, dass es praktisch nicht mehr arbeitet und sich nicht mehr verziehen wird. Mal abgesehen davon, dass es optisch auch besser zur Innenverkleidung passt, die ja genauso alt ist.«

Lennox hob die Hände. »Alles gut, du hast mich vollkommen überzeugt. Wo ist das alte Holz überhaupt?«

»Das habe ich in mein Lager gebracht«, erklärte Davie und räusperte sich einmal heftig. Sein leidenschaftlicher Ausbruch war ihm ein wenig peinlich. Lennox war schließlich kein neureicher Ignorant, der alles besser zu wissen glaubte, sondern ein Mensch mit soliden Werten und dem Herzen am richtigen Fleck. Dass er ein wenig ahnungslos war, konnte man ihm kaum zum Vorwurf machen. Er selbst kannte sich ja auch nicht mit Musik aus.

»Super. Du bist ein ganz schön vorausschauender Fuchs«, lobte Lennox grinsend. »Dann würde ich gerne deine ersten Entwürfe sehen, wenn du sie dabeihast.«

»Habe ich. Ich muss sie nur schnell aus dem Wagen holen«, kündigte Davie an und nahm die Abkürzung durch ein geöffnetes bodentiefes Fensterpaneel. Während er die paar Schritte zu seinem geparkten Lieferwagen ging, fiel sein Blick auf eine Gestalt, die in einiger Entfernung zwischen den Tierweiden hindurchrannte. Er blieb stehen und beobachtete sie lächelnd und mit einem Kopfschütteln. Den karottenrot leuchtenden Zopf, der rhythmisch wippte, würde er überall erkennen. Susan befand sich also schon auf ihrem »lockeren Feierabendlauf«, wie sie ihre zehn Kilometer lange Runde nannte, für die sie nur dann über vierzig Minuten brauchte, wenn er sie begleitete. Er war nach diesen Läufen fällig fürs Sauerstoffzelt, während sie meist noch ein paar Sprints hinlegte, um »den Trainingseffekt zu halten«.

»Man könnte denken, dass sie auf der Flucht ist«, kommentierte Lennox amüsiert Susans Gerenne, als Davie kurz darauf mit seinen Skizzen zurück ins Studio kam.

»Dabei ist das noch ihre Aufwärmstrecke. Richtig schnell wird sie erst da, wo der Wald beginnt.«

»Diese Energie ist jedenfalls unglaublich. Ich bin ja schon von mir beeindruckt, wenn ich es schaffe, mit Anna eine Stunde Yoga zu machen.«

»Zu Recht«, befand Davie, der Yoga noch befremdlicher fand als Susans Rennerei.

»Probier es mal aus, es wird dir garantiert guttun«, entgegnete Lennox jedoch. »Verspannungen und Blockaden lösen sich – körperliche und seelische –, und man fühlt sich danach meist viel besser. Und denk bloß nicht, dass es eine Sportart für Weicheier ist, es geht nämlich ganz schön an die Substanz.«

»Das glaube ich sofort, aber mir wäre eher nach einem richtigen Work-out mit Krafttraining. Ich finde, das fehlt hier echt. Die Sportmöglichkeiten sind hier in Kirkby doch sehr begrenzt, wenn man sich nicht fürs Reiten, Rennen oder für esoterisches Verbiegen begeistern kann.«

Lennox lachte laut los. »Esoterisches Verbiegen, meine Fresse. Lass das bloß nicht Anna hören. Am Ende rächt sie sich dann bei deinem nächsten Besuch in ihrer Praxis.«

»Keine Sorge, meine Lippen sind versiegelt. Mal abgesehen davon, dass ich ohnehin eine Rossnatur habe und nie krank werde.«

»Dann solltest du es vielleicht doch mal mit Reiten probieren«, kam es mit einem Augenzwinkern von Lennox. »Könnte die geeignete Sportart für deine Rossnatur sein.«

»Witzbold. Aber im Ernst, in Kirkby gibt's so viele tolle neue Dinge, aber eben kaum Sportmöglichkeiten für echte Kerle.«

»Kannst du das bitte bei nächster Gelegenheit mal im Pub wiederholen?«, bat Lennox, immer noch lachend. »Ich stelle mir gerade vor, wie gewisse Personen auf den Echte-Kerle-Kommentar reagieren würden. Außerdem hast du eine ganz wesentliche Sache vergessen: Highland Dancing! Angeblich gibt es kein anspruchsvolleres Training für Ausdauer, Muskulatur und Koordination.«

Davie ignorierte diesen Einwurf und fuhr fort: »Ich meine das ernst, ich finde, wir brauchen einen Sportverein. Ich würde gerne mal Fußball spielen oder Volleyball, und eine Crossfit-Gruppe wäre doch auch cool. Dafür braucht man auch keine große Infrastruktur, sondern nur einen Sportplatz und vielleicht eine kleine Mehrzweckhalle.« Er erwärmte sich immer mehr für seine Idee, die ihm schon länger durch den Kopf spukte, die er aber noch nie so deutlich ausgesprochen hatte. Außer bei Susan, die das ganz ähnlich sah.

Lennox hatte mit seinem albernen Gelächter aufgehört und schaute ihn nun ganz nachdenklich an. »Ich hab noch nie groß darüber nachgedacht, aber eigentlich hast du recht. Ich weiß, dass viele Leute nach Drumnadrochit fahren, um im dortigen Sportverein zu trainieren. Das fehlt hier wirklich. Vielleicht solltest du mal mit Collum darüber sprechen. An Platz sollte es kaum mangeln. Ich könnte mir gut vorstellen, dass der ein oder andere Bauer gerne ein Stück von seinem Land an die Gemeinde verpachten würde, statt mühsam Getreide oder Gemüse darauf anzubauen.«

»Denkst du, das würde unseren Bürgermeister interessieren?«, fragte Davie skeptisch, der Collum McDonald zwar sehr schätzte, aber den Eindruck hatte, dass es bei dessen Aktivitäten vorwiegend um die Attraktivität Kirkbys für Touristen ging.

»Du kennst doch Collum. Der kann sich für alles begeistern, was Kirkby noch lebenswerter macht. Und wenn du noch zwei Tennisplätze ins Portfolio nimmst, die auch Besucher nutzen können, dann hast du ihn auf jeden Fall auf deiner Seite.«

Mit Tennis hatte Davie zwar ungefähr genauso viel am Hut wie mit Yoga, doch das behielt er lieber für sich. Es war vielleicht wirklich keine schlechte Idee, mit dem Bürgermeister zu sprechen, der bekannt dafür war, Dinge möglich zu machen, die vorgestern noch wie unerreichbare Träume erschienen waren. Und unter Umständen wäre das auch für ihn selbst eine Gelegenheit, sich noch mehr im Gemeindeleben zu engagieren? Bisher hatte er vor allem geholfen, wenn Not am Mann war und bei den zahllosen Veranstaltungen etwas aufgebaut oder repariert werden musste. Ab und zu hatte er auch einen Stand beim Samstagsmarkt, wo er kleine Möbelstücke und Spielzeuge verkaufte, die er in seiner spärlichen Freizeit anfertigte. Doch seit den Highland Games vor einer guten Woche war er völlig ausverkauft und musste erst einmal wieder neue Sachen produzieren, ehe er an weitere Verkäufe denken konnte.

Davie merkte, wie in ihm dieses seltsame Gefühl von Sehnsucht aufkam, das ihn in letzter Zeit immer wieder überraschte. Sehnsucht nach einem echten Dazugehören, nach wahrer Gemeinschaft. Er hatte nie ein Problem damit gehabt, ein Beobachter zu sein, statt selbst mitten im Geschehen zu stehen, aber seltsamerweise wollte er genau das. Kirkby hatte ihm so viel gegeben, seit er sich vor fast fünf Jahren mit seiner Schreinerei am Ort angesiedelt hatte. Vielleicht war es langsam an der Zeit, dass er etwas zurückgab?

»Erde an Davie, Erde an Davie«, riss ihn Lennox' Stimme aus seinen Gedanken.

»Sorry, ich war gerade ganz weit weg«, sagte er entschuldigend.

»Das hat man gemerkt. Gar nicht mehr auf diesem Planeten, wie mir scheint. Ich wollte gerne mit dir über deine Pläne reden.«

»Über meine Pläne? Die sind doch noch gar nicht spruchreif. Das habe ich mir alles doch gerade erst …«, begann Davie einigermaßen verwirrt. »Oh, du meinst meine Pläne für deinen Schrank.«

»Nur wenn's keine Umstände macht«, erwiderte Lennox mit leichter Ironie. »Auch wenn mich die anderen Ideen, mit denen du offensichtlich die Umwandlung Kirkbys in Schottlands Fitness-Metropole planst, ebenfalls brennend interessieren würden. Aber vielleicht diskutieren wir die lieber später beim Essen im Pub?«

»Gute Idee.« Davie riss sich zusammen und erklärte Lennox seine Vorstellungen davon, wie er den Musikalienschrank aufbauen würde, damit er dem Künstler Platz für all sein Zubehör bot – technisch wie analog. Eine Viertelstunde später hatte er den nächsten Auftrag in der Tasche und grübelte insgeheim, wie er dafür kurzfristig Zeit finden sollte. Vielleicht ließe sich der Dachausbau der MacMillans noch ein wenig hinauszögern?

»Wie sieht's aus mit dem Pub?«, wollte Lennox nun wissen, als Davie seine Skizzenmappe zusammenklappte.

»Gerne. Ich fahr nur schnell heim und ziehe mir zivile Klamotten an«, kündigte er an, ohne zu zögern. Das war ein Novum, denn bis vor Kurzem hätte er sich bei einer derartigen Aufforderung geziert, schließlich gehörten sich private Verabredungen mit Kunden nicht – hatte ihm jedenfalls sein Vater mit aller Vehemenz eingebläut. Das Problem war nur, dass inzwischen fast alle Einwohner von Kirkby Davies Kunden waren und er, um der väterlichen Anweisung Folge zu leisten, auf Freundschaften im Ort zwangsläufig komplett verzichten müsste. Kein Problem für seinen alten Herrn, der sich ohnehin selbst der Nächste war und auf Sozialkontakte außerhalb der Familie keinen gesteigerten Wert legte. Doch ihm selbst lag durchaus etwas an seinen Mitmenschen.

»Mach das, vielleicht ist Collum ja auch da, und du kannst ihm gleich von deiner neuesten Idee erzählen.«

• • •

Als Susan aus der Dusche stieg, knurrte ihr Magen. Die Runde hatte es wirklich in sich gehabt, und sie war so schnell gerannt wie selten zuvor. Fast wie in alten Zeiten, dachte sie und linste auf ihr Handy. Wie erwartet lagen weitere Nachrichten von Hetty und

Dennis vor, doch sie konnte sich immer noch nicht dazu aufraffen, sie zu lesen und darauf zu reagieren. Ignoranz würde natürlich nicht dazu beitragen, diese Probleme aus der Welt zu schaffen, aber Aktionismus half auch nicht weiter. Also beschloss sie, der Sache aus dem Weg zu gehen, indem sie das Haus verließ und ihr Telefon nicht mitnahm. Rasch pustete sie ihre Haare trocken, wickelte sie zu einem unordentlichen Dutt zusammen und schlüpfte in saubere Jeans und ihr frisch gewaschenes, apfelgrünes Lieblingssweatshirt. Dann steckte sie ihren Geldbeutel in die Hosentasche und machte sich von ihrem Cottage aus auf den Weg zum nahe gelegenen Dorfpub.

In Malmö wäre sie niemals allein ausgegangen, sondern nur in Begleitung. Entweder mit einer Freundin oder Teamkameradin oder mit Lasse, doch den Gedanken an ihren Ex schob sie genauso energisch weg wie die an Hetty und Dennis. Hier in Kirkby war es nämlich kein Problem, als Frau allein in den Pub zu gehen – und es war unwahrscheinlich, dass sie lange allein sein würde. *The Wise Pelican*, wie die vor anderthalb Jahren wiedereröffnete und wunderschön gemütliche Kneipe seltsamerweise hieß, war ein behaglicher Ort, an dem sich alle Einwohner und Besucher gleichermaßen wohlfühlten.

So wunderte es Susan auch nicht, dass der »weise Pelikan« selbst an einem Montagabend gut gefüllt war. Zahlreiche Menschen winkten ihr freundlich zu, als sie sich suchend umsah, doch sie hatte keine große Lust, sich zum Buchclub zu setzen, der bestimmt zur Hälfte aus Müttern ihrer Schützlinge bestand. Sie hatte nichts gegen Bücher, im Gegenteil, aber sie war längst nicht so pseudointellektuell unterwegs wie einige der Mamis – die allerdings prompt nicht mehr über den aktuellen Bestseller diskutieren wollten, wenn sie an den Tisch kam, sondern über die neuesten Glanzleistungen ihrer überdurchschnittlich intelligenten Nachkommen. Es lag vermutlich in der Natur der Menschen, die eigenen Kinder als besonders gesegnet zu betrachten, aber nach Feierabend wollte Susan davon nichts mehr hören.

Sie fuhr herum, als ihr jemand von hinten auf die Schulter tippte, und strahlte dann enorm erleichtert in das lächelnde Gesicht von Davie Tomlinson. Der Schreiner war vielleicht ihr bester Freund hier im Ort – manchmal dachte sie sogar, dass er ihr einziger richtiger Freund war –, und jetzt tauchte er genau zum perfekten Zeitpunkt auf.

»Hast du eine Abkürzung genommen?«, fragte er sie augenzwinkernd.

»Was meinst du?«

»Na, ich hab dich vor ungefähr einer halben Stunde an den Alpakas vorbeirennen sehen, und jetzt stehst du hier frisch geduscht in der Kneipe.« Er schnupperte an ihren Haaren.

»Das war vor mindestens einer Stunde, dass ich bei den Alpakas war, und ich habe natürlich keine Abkürzung genommen. Aber einen neuen Rekord aufgestellt. Siebenunddreißig Minuten und dreiundfünfzig Sekunden«, berichtete sie stolz.

»Du bist echt irre«, befand er mit einem Kopfschütteln, das halb bewundernd, halb fassungslos war.

»Du könntest ruhig auch mal wieder mitkommen. Täte dir gut«, zog sie ihn auf und stupste ihn spielerisch mit einem Finger in die Seite. »Das war auch schon mal strammer.« Klare Lüge, denn Davie war wirklich gut in Form, was bei seinem Beruf kein Wunder war. Doch gegenseitige Neckereien waren die Basis ihrer Freundschaft.

»Wollt ihr noch länger dekorativ im Weg stehen oder euch endlich zu Lennox setzen?«, sprach sie Jon Grant an, der Wirt. Er deutete auf einen Ecktisch, an dem bereits Lennox, Bürgermeister Collum und dessen Verlobte Harriet saßen und ihnen energisch zuwinkten.

»Ich bin am Verhungern«, stöhnte Susan, als sie gemeinsam zum Tisch der drei gingen.

»Dann bist du hier am richtigen Ort«, entgegnete Jon lächelnd. »Das Chicken Tikka Masala ist heute ganz besonders gelungen, und Helen hat die Scotch Pies mal in einer veganen Version gemacht, die richtig lecker schmeckt. Ich habe jedenfalls keinen Unterschied zu richtigem Fleisch gemerkt.«

»Dann ist bei deiner Programmierung etwas falsch gelaufen«, entgegnete Davie naserümpfend. »Wie kann ein Pubwirt, der noch dazu mit einer Sterneköchin liiert ist, allen Ernstes den Unterschied zwischen echtem Fleisch und Imitat nicht erkennen? Vielleicht sollte jemand Isla informieren, damit sie sich das mit dir doch noch anders überlegt?«

»Gott, du bist so ein Kerl!«, schimpfte Susan mit ihrem Kumpel. »Ohne Fleisch geht bei dir gar nichts, was?«

»Das ist schließlich die wichtigste und beste Proteinquelle«, plusterte sich Davie auf. »Und wenn ich Gemüse essen will, dann tu ich das und weiche nicht auf Pseudofleisch aus. Ich nehme also das Hähnchen-Curry und ein Pint. Also falls echtes Huhn im Curry ist und keine Soja-Fakes.«

»Manchmal frage ich mich, warum ich so viel Zeit mit so einem Ignoranten verbringe«, brummte Susan. »Du hast von Ernährung offensichtlich überhaupt keine Ahnung. Natürlich ist Fleisch ein guter und wichtiger Proteinspender, aber doch längst nicht der einzige, und ich wette, du würdest den Unterschied nicht einmal merken, wenn Jon nichts gesagt hätte.«

»So ein Quatsch, natürlich würde ich es merken und …«

»Ich komm dann nachher noch mal, um die Bestellung aufzunehmen«, fiel ihm Jon gutmütig ins Wort. »Aber nur zur Info: Es war Islas Idee, mit veganem Hackfleischersatz zu experimentieren. Helen wollte davon erst mal nichts hören, aber jetzt ist sie ebenfalls begeistert.«

Davie gab einen kaum verständlichen Kommentar von sich, der sich wie »Weiber« anhörte, doch Susan beschloss, ihn zu ignorieren, und wandte sich stattdessen an Jon. »Ich probier den Pie und nehme einen Cider dazu, bitte.«

»Kommt sofort«, versprach der Wirt und verschwand in Richtung Küche.

Kaum war er weg, fuhr sie Davie an: »Sag mal, was ist denn mit dir los? Bisschen viel Testosteron im Blut, oder was?«

Harriet kicherte und stieß ihrem Herzensbürgermeister den Ellbogen in die Seite.

Lennox grinste breit und stellte fest: »Das könnte eine treffende Diagnose sein. Er hat mich vorhin schon ausführlich mit Echte-Kerle-Kommentaren unterhalten.«

»Das eine hat mit dem anderen nichts zu tun«, widersprach Davie schmallippig und schien sich ertappt zu fühlen.

»Nicht? Ich finde, das ist exakt dieselbe Liga. Echte Männer machen Kraftsport und kein Yoga, und sie essen Steak und keine Soja-Schnitzel.« Lennox fand das offensichtlich witzig, während Davie seine Lippen schmal aufeinanderpresste.

»Aber es ist doch was dran«, schaltete sich nun Collum ein, und Harriet verdrehte die Augen. »Also jedenfalls an der Sache mit dem Fleischersatz. Das ist doch total unnatürlich – und ganz ehrlich, mit Yoga habe ich's auch nicht so.«

»Wer hat es nicht so mit Yoga?«, erklang eine helle Stimme hinter Susan, und sie drehte sich um. Da stand

Anna, ihres Zeichens Kirkbys Landärztin, Yogalehrerin und Freundin von Lennox. Sie nickte freundlich in die Runde und rutschte dann neben dem dunkelhaarigen Musiker auf die Sitzbank.

»Der Bürger- und der Schreinermeister«, erklärte ihr Lennox und küsste sie kurz, aber so leidenschaftlich, dass Susan verlegen wegsah.

»Die beiden haben es auch nicht so mit veganem Scotch Pie«, fügte Harriet hinzu. »Sie finden das unnatürlich.«

»Es geht doch nichts über männliche Ignoranz«, sagte Anna milde. »Aber pflegt ruhig eure Vorurteile. Ich habe den Pie schon heute Mittag gegessen, und er war sensationell.«

ÜBERRASCHENDER ANSCHLUSSTREFFER

DAVIE HIELT SICH NICHT für besonders ignorant. Ganz im Gegenteil, er war offen für neue Dinge. Aber man musste doch nicht um jeden Preis irgendwelche Trends mitmachen, nur weil sie gerade angesagt und politisch korrekt waren. Er aß gerne Fleisch und schämte sich nicht dafür, das war schließlich normal. Aber selbst ihm war klar, dass zu einer gesunden Ernährung auch andere Dinge gehörten, also gab es auch in seinem Leben Tage, an denen er sich komplett vegetarisch ernährte. Pseudofleisch kam ihm aber nicht auf den Teller, genauso wenig, wie er Yogaübungen turnen würde.

Sein Chicken Tikka Masala, das Jon vor wenigen Minuten serviert hatte, war jedenfalls göttlich und ließ ihn fast die merkwürdige Diskussion vergessen. Hatte ihm Susan ernsthaft zu viel Testosteron unterstellt? So als sei er ein tumber Macho wie einige der Highland-Games-Athleten, die am vorvergangenen Wochenende das beschauliche Kirkby in Aufregung versetzt hatten? Er linste auf ihren Teller. Zugegebenermaßen sah der Pie aus wie das Original, und offensichtlich schmeckte er auch, denn sie stöhnte betont genießerisch auf. Genau wie Harriet, die dasselbe Gericht bestellt hatte und ihrem Collum ständig einen Happen davon vor die Nase hielt.

Er selbst würde sich lieber an seiner Zunge verschlucken, statt einen Bissen zu probieren, und dieses schwärmerische Herumgestöhne ging ihm zunehmend auf die Nerven. Das waren Töne, die sich eine Frau bitte schön fürs Schlafzimmer aufheben und nicht als Provokation nutzen sollte. Jedenfalls nicht, wenn es ums Essen ging und das Verhältnis rein platonisch war. Allein die Vorstellung, mit Susan …

Nein, das war völlig absurd. Also, nicht abstrakt absurd, denn objektiv gesehen war sie eine tolle Frau, aber konkret absurd. Sie war seine beste Freundin, der Mensch, mit dem er über alles sprechen konnte – selbst über die Dinge, die er sonst lieber für sich behielt. Im Grunde war sie die kleine Schwester, die er sich immer gewünscht hatte. Gut, er hatte auch im wahren Leben eine, aber Lilly und er hatten sich praktisch nichts zu sagen.

»Ist das Curry zu scharf?«, erkundigte sich Anna mit einem mitfühlenden Lächeln, bei dem sich Davie nicht sicher war, ob es aufrichtig gemeint war oder ironisch.

»Nein, warum?«, presste er hervor und fühlte sich erstaunlicherweise schrecklich ertappt.

»Ach, nur weil du plötzlich so eine gesunde Gesichtsfarbe bekommen hast«, erwiderte sie, und nun zwinkerte sie ihm auch noch frech zu. »Da dachte ich an zu viel Chili, entweder im Essen oder …«

Oder? Er brachte es nicht über sich, die Frage zu stellen.

»Oder?« Susan hatte keine derartigen Probleme.

»Oder zu viel Chili in seinen Gedanken«, antwortete die Ärztin mit einem Grinsen. »Ich wüsste wirklich gerne, worum es unter dem vollen Haarschopf gerade ging.«

»Vermutlich um den Untergang des Abendlandes als Folge von leckerem Fleischersatz«, mutmaßte Susan und warf ihm einen schwer lesbaren Seitenblick zu.

Seine Freundin sah mit ihren wilden knallroten Haaren, den blitzenden blauen Augen und den zahllosen Sommersprossen aus wie eine erwachsene Pippi Langstrumpf und war meist wie ein offenes Buch für ihn. Doch wenn sie es drauf anlegte, konnte sie auch verdammt geheimnisvoll sein. Davie war sich nicht sicher, ob er diese Eigenschaft interessant oder verstörend finden sollte.

Glücklicherweise kam ihm nun Lennox zu Hilfe: »Ich bin mir sicher, er hat an seine neueste Mission gedacht, stimmt's?«

»Welche Mission?«, wollten Susan und Harriet wie aus einem Mund wissen.

»Die Echte-Kerle-Sport-Mission für Kirkby«, sagte Lennox und schob seine leer gefutterte Schale, in der sich eine Portion Cullen-Skink-Eintopf befunden hatte, ein Stückchen in Richtung Tischmitte.

»Ernsthaft?« Susans Augen verengten sich zu schmalen Schlitzen, und sie betrachtete Davie auf eine Art, wie sie ihn noch nie angeschaut hatte. Ihm gefiel das nicht.

»Ich habe nur festgestellt, dass es hier in Kirkby keine Möglichkeit für Teamsport gibt. Fußball, Volleyball, solche Sachen«, begann er.

»Tennis. Du darfst die Tennisplätze nicht vergessen«, erinnerte ihn Lennox mit einem Seitenblick in Richtung Collum.

»Ja, meinetwegen auch Tennis, aber auch Kraftsport. Es muss ja kein Hightech-Fitnessstudio mit allem möglichen Chichi sein, aber vielleicht ein paar Kettlebells und Langhanteln. Kraftsport ist ja erwiesenermaßen für alle Menschen gut und wichtig – nicht nur für Männer.« Es ärgerte ihn ein bisschen, dass er so defensiv klang, so als müsste er sich für irgendwelche abseitigen Ideen rechtfertigen. Dabei hatten seine Argumente Hand und Fuß.

»Dem kann ich absolut zustimmen«, sagte zu seiner Überraschung ausgerechnet die Yoga-Elfe Anna, die wirkte, als hätte sie noch nie in ihrem Leben auch nur eine Zwei-Kilo-Hantel in der Hand gehalten. Aber vermutlich war das auch wieder nur ein Vorurteil.

»Du kannst doch jederzeit bei mir trainieren«, warf Susan leicht irritiert ein. »Ich hab das alles – wie du weißt. Du hast schließlich meinen Trainingsraum eingerichtet.«

»Ich kann das schon, aber doch nicht der halbe Ort«, entgegnete er. Tatsächlich jedoch hatte er bislang selbst nie von ihrem Angebot Gebrauch gemacht – vermutlich weil er Angst hatte, sich vor ihr zu blamieren. Er traute ihr nämlich nicht nur Höchstgeschwindigkeiten beim Rennen zu, sondern auch Pippi-Langstrumpf-artige Wunderkräfte.

»Ich war in meinen ersten Jahren hier im Sportverein von Drumnadrochit und hab da Fußball und Handball gespielt«, berichtete nun Collum. »Aber irgendwann war mir die Fahrerei zu blöd, und ich habe damit aufgehört. Schade irgendwie, denn es hat mir Spaß gemacht und …« Sein Gesicht hellte sich auf. »Das fehlt hier im Ort wirklich, nicht wahr?«

»Ich finde schon«, pflichtete ihm Davie frisch motiviert bei. Lennox hatte recht behalten: Man musste Collum nur auf dem richtigen Fuß erwischen, und schon nahm eine Sache Formen an. »Wir sind eine so dynamische Gemeinde und wachsen stetig«, sprach er also mit wiedererwachtem Optimismus und voller Selbstbewusstsein weiter, »da sollten wir vielleicht darauf achten, dass wir den Leuten auch gute Freizeitmöglichkeiten und attraktive Sportangebote als Ausgleich zu ihren Jobs bieten. Reiten, Yoga, Highland Dancing – das sind alles tolle Sportarten«, log er. »Doch sicher nicht für alle geeignet. Außerdem ist Teamsport ja auch gut fürs Gemeinschaftsgefühl.«

Collum nickte nachdenklich und merkte dabei gar nicht, wie ihm Harriet einen Bissen von dem falschen Lammauflauf in den Mund schob. Er kaute, schluckte und fragte dann verwundert: »Das ist ja so offensichtlich, warum bin ich da nicht selbst drauf gekommen?«

»Weil du so viele andere Dinge im Kopf hast, mein Schatz?« Harriet tätschelte ihm den Arm. »Oder weil zu viel Fleischgenuss deine Arterien frühzeitig hat verkalken lassen und du nicht mehr klar denken kannst.«

»Was? So ein Quatsch«, empörte er sich.

»Du hast übrigens gerade ein Stückchen vom veganen Pie gegessen und bist nicht tödlich vom Blitz getroffen worden«, fügte Harriet höchst vergnügt hinzu, und auch Anna und Susan kicherten.

»Was?« Der Bürgermeister runzelte die Stirn. »Du hast mir das einfach so untergeschoben?«

»Schuldig.« Seine Freundin gluckste.

»Es hat wirklich gut geschmeckt«, gab er grummelnd zu und bediente sich mit seiner Gabel auf Harriets Teller. »Erstaunlich«, sagte er dann, nachdem er auch den zweiten Bissen runtergeschluckt hatte. »Genauso erstaunlich wie die Tatsache, dass es in Kirkby keinen Sportclub gibt. Was genau schwebt dir vor?«, wandte er sich wieder an Davie.

»Eine Art Bolzplatz, auf dem man etwas kicken kann – muss ja kein kompletter Fußballplatz sein.« Davie linste unwillkürlich auf Susans Teller, auf dem sich noch eine halbe Pastete, garniert mit frischen Bohnen und knusprigen Pommes, tummelte. Doch er würde den Teufel tun und ein Stück davon probieren. »Und außerdem eine kleine Mehrzweckhalle für andere Ballsportarten – Volleyball, Handball, Basketball. Solche Sachen. Darin könnte man auch eine Hantelecke unterbringen und vielleicht Gymnastikkurse oder anderen Frauenkram anbieten.«

»Gymnastikkurse und anderer Frauenkram?« Susans Stirn legte sich in Falten und wirkte bedrohlich düster umwölkt, wie er sie noch nie erlebt hatte.

»Nun verdreh mir doch nicht jedes Wort, du weißt genau, wie ich es meine. Bestimmt wollen viele Frauen lieber einen Bauch-Beine-Po-Kurs machen, statt Volleyball zu spielen oder Gewichte zu stemmen.« In der Sekunde, in der diese Worte über seine Lippen kamen, wurde Davie bewusst, dass er einen Fehler begangen hatte. Einen riesengroßen Fehler, doch nun war es nicht mehr zu ändern.

»Klar, weil wir Frauen ja so schwache Geschöpfe sind und uns nur darüber definieren, wie straff unsere Hintern sind und wie flach unsere Bäuche«, ätzte sie.

»So hab ich das nicht gemeint«, ruderte er zurück. »Es ist halt nicht jede Frau so krass drauf wie du.« Er nahm wahr, dass die vier anderen ihn fasziniert beobachteten, und fühlte sich spontan in eine Tierdoku versetzt, in der sich ein Insekt in einem Spinnennetz verhedderte und die Spinne geduldig darauf wartete, dass ihr Opfer zu völliger Bewegungslosigkeit verdammt war. Fühlte sich nicht gut an, dieses Insekt zu sein und sich immer weiter ins eigene Verderben zu zappeln.

»Wenn wir noch zwei Tennisplätze dazunehmen, wäre das auch für die Touristen attraktiv«, sprang ihm Lennox hilfreich bei. Er war tatsächlich ein echter Freund.

»Ja, das klingt gut«, erwiderte Collum nachdenklich. Er hatte seinen Fake-Fleisch-Schock augenscheinlich überwunden und war wieder ganz bei der Sache. »Aber warum nur einen Bolzplatz? Warum keinen richtigen Fußballplatz? Wenn wir hier so was angehen, dann machen wir es richtig und keine halben Sachen.«

»Genau, keine halben Sachen, Collum«, pflichtete ihm Lennox bei. »Vielleicht hätte Susan ja Lust, die Kindermannschaften zu trainieren?«, schlug er vor und strahlte sie an.

»Glaub bloß nicht, dass ich dich vom Haken lasse«, raunte sie in Davies Richtung, sagte dann aber mit aufgeräumter Stimme in die Runde: »Ich halte einen Fußballplatz und eine Sporthalle für eine großartige Idee, und ich würde mich sehr gerne dafür engagieren.«

• • •

»Ich mach das wirklich gerne«, betonte Moira nun schon zum ungefähr fünften Mal. »Ich hab das früher schließlich auch alleine hinbekommen.«

»Ja, aber da gab es noch keinen institutionalisierten Kindergarten in Kirkby, sondern du warst so etwas wie eine gut beschäftigte Tagesmutter«, entgegnete Susan. Sie hatte ein schlechtes Gewissen, weil sie ihre Kollegin zusammen mit Nora an diesem Nachmittag allein ließ. Die Praktikantin hatte die ersten Tage überstanden und schien sich langsam an den Trubel und die Abläufe zu gewöhnen, aber trotzdem war es eigentlich nicht okay, dass sich die Chefin schon am frühen Nachmittag aus dem Staub machte.

»Mach dir nicht zu viele Sorgen«, sagte Moira noch einmal. »Wir kriegen das hin. Schließlich hast du eine wichtige Mission. Stell dir vor, wenn es tatsächlich bald eine Sporthalle in Kirkby gibt, können wir auch richtigen Turnunterricht für die Kinder anbieten. Also du, ich bin da raus.« Sie rieb sich mit einem etwas wehmütigen Lächeln über die linke Hüfte, die in absehbarer Zeit wohl ein künstliches Gelenk brauchen würde.

»Das stimmt schon, aber ich weiß wirklich nicht, warum diese Gemeinderatssitzung am Nachmittag stattfinden muss und nicht abends sein kann. Die Leute hier haben offensichtlich viel zu viel Tagesfreizeit.«

»Die Menschen legen eben Wert auf eine ausgewogene Work-Life-Balance und möchten die Abende lieber mit ihren Familien oder Freunden verbringen als mit irgendwelchen Sitzungen. Täte dir auch gut. Hör auf, Jenny an den Haaren zu ziehen!«, rief sie dann streng in Richtung Tom, der mit seinen Eltern frisch zugezogen war und sich nach einer guten Woche bereits als Mini-Hooligan entpuppte.

Susan ging nicht auf Moiras Kommentar zum ausgewogenen Verhältnis von Arbeit und Leben ein, sondern beobachtete stirnrunzelnd den kleinen Jungen. Er war einer der Kandidaten, die von sinnvollem Teamsport garantiert mit am meisten profitieren würden. Sie sah auf die große Uhr an der Wand des Gemeinschaftsraums. Jetzt musste sie sich wirklich sputen, um rechtzeitig ins Rathaus zu kommen. »Na schön, dann bringen wir das hinter uns.«

»Mach das.« Moira tätschelte ihr noch kurz den Arm und knöpfte sich dann Tom vor, der zwar von Jenny abgelassen hatte, nun aber Ayana ärgerte, die jedoch kein so williges Opfer abgab.

Susan drehte sich abrupt um und marschierte rasch in ihr Büro. Moira würde das schon schaffen – schlimmstenfalls ohne progressive schwedische Pädagogik, dafür aber mit gesundem schottischen Menschenverstand. Wie immer das ausging, Susan wollte lieber nichts davon mitbekommen.

Sie zog ihr Handy aus der Schreibtischschublade und seufzte. Zwei weitere neue Nachrichten von Hetty – obwohl sie am Samstag mit ihr telefoniert hatte. Immerhin schien Dennis aus Inverness aufgegeben zu haben, doch dafür hatte Davie vor einer halben Stunde getextet: *Sehen wir uns gleich im Rathaus?*

Hm, seltsam. An sich wusste Davie, dass sie ihr Telefon normalerweise nur sporadisch nutzte und dass Textnachrichten relativ sinnlos waren. Sie machte sich nicht die Mühe, ihm eine Antwort zu schicken, denn in wenigen Minuten würde er sie ja in Fleisch und Blut vor sich haben.

Zum ersten Mal seit dem Abend im Pub vor einer Woche, wo er neben der zugegeben coolen Idee mit dem Sportplatz vor allem haarsträubenden Unsinn von sich gegeben hatte. Eigentlich hatte sie vorgehabt, ihn sich direkt an diesem Abend vorzuknöpfen und ihm den Kopf zu waschen, aber zunächst waren sie alle in größten Planungseifer verfallen und hatten Listen dazu gemacht, welche Einrichtungen es geben sollte. Danach hatte sie noch mit Harriet vereinbart, dass sie demnächst mit den Vorschulkindern einen Besuch in der Weberei machen wollte, damit sich die Kids ansehen konnten, wie man Stoff herstellte. Das war ihr Plan für die nächsten Monate: mit ihren Schützlingen alle interessanten Gewerbetreibenden im Ort zu besuchen. Töpfermeister Sean hatte genauso zugesagt wie Davie, der mit den Kindern sogar schnitzen wollte.

Am letzten Montag hatte er sich aber ziemlich plötzlich verabschiedet und war gegangen, als sie noch mit Harriet im Gespräch gewesen war. Seitdem hatte sie nichts von ihm gehört oder gesehen. Das war schon ein bisschen ungewöhnlich, denn normalerweise begleitete er sie mindestens einmal pro Woche zum Joggen, und oft lud er sie auch zu sich nach Hause zum Abendessen und Filmegucken ein, oder sie fuhren gemeinsam nach Inverness. Doch offensichtlich hatte er sich etwas geschämt für seine dämlichen Kommentare, und sie hatte keine Lust auf den nächsten aufgewärmten Konflikt. Da reichte ihr schon die Sache mit Hetty.

Nein, darüber wollte sie jetzt auch nicht nachdenken, denn sie musste wirklich zusehen, dass sie rechtzeitig ins Rathaus kam.

Rasch warf sie sich ihr Regencape über und eilte in wenigen Minuten vom Kindergarten, der sich in

Spuckweite von der alten Schule befand, zum Rathaus im Ortskern. Da sie noch etwas Zeit hatte und ihr Magen knurrte, machte sie einen Abstecher in *Kristie's Old Bakery*, die erstaunlicherweise noch geöffnet hatte.

Ella, die treue Seele des Ladens, sah sie überrascht an. »Was machst du denn um diese Zeit hier?«

»Collum hat mich zu einer außerordentlichen Gemeinderatssitzung zitiert«, erklärte sie und blickte frustriert auf die fast leeren Vitrinen. »Es geht um das neue Sportzentrum. Da habe ich unbedachterweise meine Unterstützung zugesagt.«

»Haha, ich weiß, was du meinst. Reicht man Collum den kleinen Finger, dann nimmt er gleich die ganze Hand. Und deine Kinder toben jetzt wie wild über Tische und Bänke?«

»Moira hält die Stellung und sorgt sicher für Zucht und Ordnung.« Susan unterdrückte ein Schaudern, doch sie hatte sich ja vorgenommen, ihrer Kollegin zu vertrauen. Die konnte immerhin die erfolgreiche Aufzucht von drei eigenen Kindern und zwei Enkeln im Grundschulalter vorweisen und darüber hinaus auch noch die jahrelange, weitgehend ehrenamtliche Betreuung von anderem Kirkby-Nachwuchs. Was waren dagegen schon akademische Erkenntnisse über angemessene Frühpädagogik?

»Verstehe. Sie kriegt das bestimmt gut hin.«

»Zweifellos. Ich wollte eigentlich noch rasch was zum Essen kaufen, weil ich heute Mittag nur drei

Stück Zwieback hatte, aber ihr seid ja völlig ausgeräubert.« Sie seufzte.

»Normalerweise haben wir um diese Zeit schon zu«, verteidigte sich Ella. »Aber wir haben in der Backstube gerade ein Experiment laufen.«

»Ein Experiment?«

»Ja, wir versuchen uns an original bayerischen Brezeln«, antwortete die Verkäuferin.

»Aha. Will ich wissen, warum?« Susans Magen knurrte. Sie würde im Moment fast alles essen – egal ob schwedische Haferkekse, schottisches Shortbread oder bayerische Brezeln. Hauptsache, sie hatte Kohlenhydrate im Magen.

»Auf besonderen Wunsch von Fanny König, unserer neuesten Einwohnerin.«

»Keine Ahnung, wer das ist.« Susan zuckte mit den Schultern. »Aber ich würde das Experiment gerne mal testen.«

»Das ist die Schneiderin aus München, die bei den Highland Games zusammen … Ach, egal.« Ella winkte ab, als Susan nicht wie gewünscht reagierte. »Warte einen Moment, dann darfst du als Erste eine ofenfrische Laugenbrezel à la Kirkby probieren.« Mit diesen Worten verschwand sie in der Backstube und tauchte gleich darauf mit einem Korb voller duftender, braun glänzender Brezeln auf, die mit körnigem Salz bestreut waren.

Susan lief das Wasser im Mund zusammen, als sie zugriff und sich ein noch ofenwarmes Gebäckstück nahm. Sie biss beherzt hinein und schloss dann genießerisch die Augen. »Sensationell«, schmatzte sie und schluckte runter. »Mit dieser Innovation kann ich sehr gut leben.«

»Das freut mich. Die ersten Versuche gestern waren nicht so toll, aber ich glaube, dass diese hier auch Fannys kritischer Beurteilung standhalten könnten.« Ella lächelte höchst zufrieden.

»Wenn nicht, hat diese Frau keine Ahnung«, behauptete Susan ein wenig großspurig. »Könntest du mir diese Brezeln bitte alle in eine Tüte packen? Ich glaube nämlich, dass wir bei der Sitzung im Rathaus die ein oder andere Stärkung nötig haben werden.«

»Dafür ist doch längst gesorgt. Collum hat eine ganze Fuhre Scones bestellt – süße und herzhafte –, die Kristie gerade schon hingebracht hat. Aber wenn du willst, nimm die Brezeln trotzdem mit. Bin gespannt, was ein etwas breiteres Publikum dazu sagt.«

»Es wird zweifellos begeistert sein, und eins ist klar: Nach dieser Völlerei wird der Sinn einer kommunalen Sportstätte allen sofort einleuchten.« Susan grinste verschmitzt. Die Vorstellung, demnächst die braven Bürger Kirkbys über einen Fußballplatz zu hetzen, gefiel ihr ausnehmend gut. »Was bin ich dir schuldig?«, wollte sie wissen und zückte ihr Portemonnaie.

»Nichts. Das sind Testobjekte, und ihr seid unsere Versuchskaninchen. Lasst sie euch schmecken, und viel Erfolg bei eurem Vorhaben.«

Letztlich kam Susan doch ein paar Minuten zu spät in den Gemeindesaal, und es überraschte sie, wer dort alles saß: Bürgermeister Collum McDonald, seine Assistentin Leslie Turner, Davie als Ideenbringer, Rinderzüchter Derek Richards, George Stewart von Monroe Manor, drei Leute, die sie noch nie gesehen hatte, Hailey Fraser vom lokalen Reitsportzentrum und ihre Schwester Kristie, die nicht nur die Bäckerei betrieb, sondern auch die Highland-Tanzschule. Anna war da, zweifellos um medizinischen Rat beizusteuern, und natürlich Marlin Fraser. Der drahtige Mann in den Siebzigern war so etwas wie der Mäzen des Ortes und hatte seine Finger in beinahe jedem Projekt. Seine Finger und seinen Geldbeutel. Doch seine Großzügigkeit ließ er sich mit reichlich Mitspracherecht bezahlen. Susan hatte da schon die wildesten Geschichten gehört – und die fast epische Fehde, die zwischen dem alten Fraser und Collum herrschte, schon mehr als einmal live bezeugen können. Sie war mit Marlin bislang immer gut ausgekommen, aber nun war sie sehr gespannt, was er zu dem ambitionierten Vorhaben sagen würde.

»Tut mir leid, dass ich zu spät komme«, entschuldigte sie sich, als sie zwischen Davie und Hailey Platz nahm. »Dafür habe ich aber original bayerische Brezeln dabei.« Sie legte die Tüte auf den Tisch.

»Sind sie was geworden?«, rief Kristie aufgeregt und angelte nach der Tüte. »Gestern war es gar nichts. Ich glaube, wir haben das mit der Lauge nicht richtig gemacht.« Sie holte eines der Gebäckstücke hervor und betrachtete es kritisch. »Optisch sind sie jedenfalls sehr hübsch geworden.«

»Ich bin jederzeit für Innovationen zu begeistern«, unterbrach Collum, »auch wenn ich nicht weiß, warum ein schottisches Dorf bayerisches Gebäck braucht. Aber vielleicht sollten wir uns auf die eigentliche Aufgabe konzentrieren? Jetzt, wo wir auch vollzählig sind.« Er warf Susan einen vielsagenden Blick zu.

»Hab ich was verpasst?«, erkundigte sie sich und sah sich fragend in der Runde um.

»Nein, wir haben auf dich gewartet, denn deine Expertise ist ja entscheidend bei der weiteren Planung«, sprach Collum weiter, und Susan hatte den Eindruck, dass er angespannter wirkte als sonst. Warum nur? Sie wusste nicht, was sie dazu sagen sollte, also nickte sie nur und warf Hailey und Davie verstohlene Blicke zu.

»Wir haben uns heute auf Initiative von Davie Tomlinson hin hier versammelt, weil wir über die Gründung eines Sportclubs in Kirkby sprechen möchten, und über die Bereitstellung einer angemessenen Infrastruktur«, begann Collum mit seinen einführenden Worten. »Ich gehe davon aus, dass sich die meisten von euch bereits gut kennen, aber ich war so frei, Sarah vom Fremdenverkehrsamt dazuzubitten sowie Andrew Muir und Stephen Ashford, die in der Regionalverwaltung für Sportprojekte aller Art zuständig sind.« Er deutete auf die drei Personen, die Susan bislang nicht kannte, und die Angesprochenen nickten in die Runde. »Womöglich können wir sogar Fördergelder beantragen, aber dafür müssen wir ein gutes Konzept präsentieren.«

»Willst du uns vielleicht noch darüber aufklären, in welchen Rollen die Übrigen von uns hier sind?«, mischte sich Marlin ein. »Also, meine Rolle ist natürlich offensichtlich: Du willst mir wieder Geld aus den Rippen leiern. Aber die anderen?«

»Das wird sich gleich alles herauskristallisieren, Marlin«, entgegnete der Bürgermeister mit unbewegter Miene und fing dann an, über die zahllosen Vorteile zu referieren, die ein Sportverein Kirkbys Einwohnern zu bieten hätte.

Susan hörte nur mit halbem Ohr zu, denn die meisten Argumente hatten sie bei ihrem Abendessen vor einer Woche zusammengetragen. Trotzdem bewunderte sie Collum dafür, wie systematisch er die Pläne erklärte und wie gut er vorbereitet war. Offensichtlich hatte er bereits nach geeigneten Orten Ausschau gehalten und sich über baurechtliche und vereinsrelevante Details informiert.

»Es geht nun also im Wesentlichen um drei Säulen«, schloss er sein kleines Referat. »Standort, Bedarfsanalyse und Machbarkeit.«

»Was meinst du genau mit ›Machbarkeit‹?«, wollte Marlin wissen. »Die Finanzierung?«

»Nein, in erster Linie meine ich damit, ob wir hier am Ort genügend Know-how haben. Die Infrastruktur ist ja nur die eine Sache. Sinnvolles Training sollte von professionell geschulten Kursleitern angeboten und überwacht werden, und da will ich mich umhören, ob es versteckte Talente im Ort gibt, von denen ich noch nichts ahne.«

»Und dafür hast du die bekannten Talente eingeladen?« Marlin hob provozierend eine Braue.

»Natürlich, denn die können vielleicht entsprechende Hinweise geben.« Collum unterdrückte sichtbar einen Seufzer.

• • •

Davie war angespannt – und das gleich aus mehreren Gründen. Zum einen konnte er kaum glauben, dass eine Woche nach seinen ersten Kommentaren gegenüber Lennox bereits ernsthafte Planungen für eine Sportanlage in die Wege geleitet wurden. Es imponierte ihm, wie engagiert und strukturiert Collum seine Idee ausgearbeitet hatte und wie stark und souverän er sie nun vortrug. Das klang alles schon richtig offiziell, auch wenn natürlich noch sehr viel Arbeit vor allen lag.

Wie genau seine Rolle dabei aussehen könnte, wusste er nicht. Er hatte sich geehrt gefühlt, weil Collum ihn zu dieser Sitzung eingeladen hatte, aber er konnte sich nicht vorstellen, dass er etwas Sinnvolles dazu beitragen konnte. Allerdings galt das, wenn er die Blicke der Teilnehmer richtig interpretierte, wohl für die meisten hier.

Der andere Grund für seine wachsende Nervosität saß neben ihm und war zu spät gekommen. Die vergangene Woche ohne Susan hatte ihm keinen Spaß gemacht. Alles war irgendwie grau und farblos gewesen ohne ihr überschäumendes Temperament und ihre bunte Energie. Er schielte zu ihr. Zu einer ausgeblichenen, lockeren Jeans trug sie ein hellblaues Hemd, das über und über mit bunten Tupfen bestickt war. Darunter spitzte ein gelb-grün geringeltes Top hervor, und ihre Füße steckten in halbhohen roten Gummistiefeln. Modisch war das eine Vollkatastrophe – zumindest wenn er sein früheres Leben als Maßstab nahm –, doch es machte ihm schon gute Laune, sie nur anzusehen.

Himmel, hatte er sie in den letzten Tagen vermisst! Aber sie hatte sich die ganze Zeit nicht bei ihm gemeldet – und er sich nicht bei ihr. Seine Gründe kannte er: Er schämte sich immer noch für seine blöden Kommentare über die Damengymnastik. Vermutlich hielt sie ihn für einen sexistischen, klischeeverliebten Macho. Er hatte eigentlich damit gerechnet, dass sie ihn spätestens am nächsten Tag anrufen oder zu Hause besuchen würde, um ihm die Meinung zu geigen, aber das war ausgeblieben. Hatte er sie so sehr verärgert? Oder schlimmer noch, hielt sie ihn für einen hoffnungslosen Fall, der es nicht wert war, dass sie ihm weitere Aufmerksamkeit schenkte? Immerhin hatte sie sich heute neben ihn gesetzt und nicht etwa zwischen Marlin und die Frau vom Fremdenverkehrsamt, wo auch noch ein Platz frei gewesen wäre. Das wollte er als gutes Zeichen werten.

Er hatte Susan gleich an ihrem ersten Tag in Kirkby kennengelernt, weil sie ihn bereits von Schweden aus dafür engagiert hatte, den Umbau des kleinen Cottages zu betreuen, das sie gekauft hatte. Sie war damals noch mit Krücken unterwegs gewesen, aber das hatte ihren Schwung nicht gebremst. Ihre zahllosen Ideen, ihre übersprudelnde Energie und ihr ansteckendes Lachen hatten ihn von der ersten Minute an in ihren Bann gezogen – und eine enge Freundschaft war gewachsen.

Nie hätte er gedacht, dass es möglich wäre, mit einer Frau befreundet zu sein, doch mit Susan war alles ganz leicht. Sie war für jeden Spaß zu haben, hatte aber auch ein offenes Ohr und vor allem ein großes Herz. Mit ihr konnte er über alles sprechen, und er war sich sicher, dass sie mehr Geheimnisse von ihm kannte als all seine anderen Freunde und Familienmitglieder zusammen. Umgekehrt war es genauso. Er wusste, dass es nicht nur der massive Knieschaden war, der sie aus Schweden vertrieben und den frühzeitigen Abschied von ihrer Profikarriere besiegelt hatte, sondern vor allem ein Mann, dessen Namen sie ihm gegenüber nur ganz selten mal erwähnte und über den sie ansonsten schwieg.

Es war ihm von Anfang an klar gewesen, dass sie sich kein bisschen für ihn als Mann interessierte – genauso wenig, wie sie ihn als Frau reizte. Diese klaren Verhältnisse hatten alles so leicht und unkompliziert gemacht und gleichzeitig Raum geschaffen für eine enorme Innigkeit. Er hatte in den letzten drei Jahren zwei lockere Beziehungen geführt, die beide daran gescheitert waren, dass die Frauen auf Susan eifersüchtig gewesen waren. Sie hatte ihrerseits einige Männer gedatet, doch etwas Ernstes war nicht dabei gewesen. Gab es jetzt womöglich einen Kandidaten, der sich mehr erhoffte? War das am Ende der Grund dafür, dass sie sich so rargemacht hatte in den letzten Tagen?

Davie spürte ein unangenehmes Kribbeln im Bauch, das er sich nicht erklären konnte. Die Vorstellung, dass ein anderer Mann so wichtig für Susan werden könnte, dass sie ihn selbst dafür aufs Abstellgleis manövrierte, war erstaunlich schmerzhaft, ja fast verstörend. Aber noch viel schlimmer war die plötzliche Erkenntnis, dass das lupenreine Eifersucht war – und dieses Gefühl hatte in einer platonischen Beziehung nichts verloren.

»Davie?«, riss ihn Collums Stimme aus seinen Gedanken. Collums sehr laute und deutlich irritiert klingende Stimme.

»Ähm, ja?« Er hatte komplett den Faden verloren und nicht mehr mitbekommen, worüber in der Runde gesprochen wurde.

»Susan meint, wir könnten uns eine Architektenausschreibung für die Mehrzweckhalle sparen, weil du selbst Architekt bist«, sagte Collum betont langsam. »Davon höre ich allerdings zum ersten Mal.«

Davie merkte, wie ihm Hitze den Hals hochkroch, und fühlte die fragenden Blicke der anderen Leute im Raum auf sich. Die aller Leute, nur nicht die von Susan, die betont auf ihre Hände starrte. »Es ist kein Geheimnis, dass ich Architektur studiert und auch einige Jahre in einem Studio gearbeitet habe«, antwortete er so ruhig, wie es ihm möglich war. »Aber es hat auch Gründe, dass ich das nicht erwähne und mich in der Regel ganz auf mein Schreinerhandwerk konzentriere.«

»Also müssen wir doch eine Ausschreibung für die Halle machen?«, fragte George Stewart mit deutlichem Bedauern in der Stimme. »Das wird den Prozess natürlich stark verzögern.«

Verzögerte Prozesse? War man tatsächlich schon so weit, dass man über konkrete Baumaßnahmen sprach? Davie hatte keine Ahnung, wie lange er abgelenkt gewesen war, aber ganz so krass konnte es doch nicht sein, oder?

»Ich denke nicht, dass man für eine vergleichsweise simple Halle eine Ausschreibung braucht«, sagte er. »Warum fragen wir nicht den Architekten, der Islas Restaurant, das Spa vom Bed & Breakfast und einige Stallgebäude entworfen hat?«, schlug er dann vor. Er war am Bau dieser Gebäude beteiligt gewesen, die mit ihren rauen Granitfassaden so wirkten, als hätte es sie in Kirkby schon immer gegeben. Dabei waren es hochmoderne Konstruktionen, aber in nachhaltiger Bauweise und mit lokalen Materialien errichtet. Davie hatte viel Freude beim Innenausbau gehabt und bewunderte das Architektenteam für dessen organischen Ansatz. So musste Architektur seiner Meinung nach funktionieren.

»Darüber haben wir gesprochen, die Idee aber gleich wieder verworfen«, mischte sich Marlin ein und schickte ein tiefes Stirnrunzeln und einen bohrenden Blick aus seinen scharfen blaugrauen Augen über den Tisch. »Ein Gebäude in der nötigen Größe wäre im Stil der Granit-Häuschen optisch viel zu aufdringlich. Uns schwebt eher eine Art moderne Holzscheune vor. So ähnlich wie die neben der alten Schule, die Jon und Alex gerade zum Hotel umbauen. Nur dass es eben kein Umbau eines bestehenden Gebäudes wäre, sondern ein Neubau.«

An der Hotelscheune arbeitete Davie federführend mit, und das Konzept leuchtete ihm natürlich sofort ein. Wirklich ärgerlich, dass er von der Diskussion nichts mitbekommen hatte. »Ich denke, das wäre kein Problem«, sagte er schließlich. »Es hängt natürlich auch vom Standort ab und davon, wie dort die Bodengegebenheiten sind, aber grundsätzlich ist das sicher machbar.«

»Dass es grundsätzlich machbar ist, wissen wir«, rief nun Hailey mit einem ungeduldigen Seufzer. »Wir wollen wissen, ob du es machen würdest oder ob wir eine externe Partei ins Boot holen müssten. Was das Projekt natürlich wieder verteuern und ziemlich sicher verzögern würde.«

Davie schloss kurz die Augen. Er hatte sich vor fast zehn Jahren geschworen, nie wieder ein Gebäude zu entwerfen und zu konstruieren, und sich seitdem ohne Ausnahme daran gehalten. Doch eine Sporthalle fiel womöglich in eine andere Kategorie und würde sein Gelübde nicht verletzen. Außerdem hatte er sich ja vorgenommen, der Gemeinde etwas zurückzugeben. »Ich mach es«, sagte er also mit fester Stimme und hoffte, dass er seine Worte nicht bereuen würde.

VOLL IN DER ABSEITSFALLE

WAS ZUR HÖLLE IST MIT DAVIE LOS?, fragte sich Susan. Er war während der hitzigen Diskussion im Rathaus völlig abgetaucht und hatte nichts davon mitbekommen, wie mit großer Leidenschaft und erstaunlicher Effizienz über die beiden möglichen Standorte gestritten wurde und schließlich eine kaum genutzte Weide von Derek Richards den Zuschlag erhielt. Das Gelände lag günstig zwischen der Destillerie und der alten Mühle, in der Davie seine Werkstatt und seine wahnsinnig coole Wohnung hatte. Auch vom Kindergarten aus war das Areal schnell erreichbar, und sie sah schon vor ihrem inneren Auge, wie sie mit den Kleinen zur Turnhalle marschierte und mit ihnen spielerisch trainierte. Der zweite mögliche Standort wäre auf dem Gelände von Monroe Manor gewesen, und George Stewart war grundsätzlich nicht abgeneigt. Doch das war zum einen viel zu abgelegen und würde zum anderen den Turnierplatz für die Highland Games etwas verkleinern – und das wollte glücklicherweise niemand riskieren.

Kristie wusste, dass eine ihrer Tänzerinnen einen Trainingsschein für Gymnastik und Bodenturnen hatte. Womöglich wäre sie gerne bereit, einige Kurse anzubieten. An dieser Stelle hätte Susan darauf gewettet, dass Davie eine freche Bemerkung über Bauch-Beine-Po machen würde, doch er war ganz in Gedanken versunken gewesen und hatte eindeutig nicht zugehört. Auch nicht, als weitere überraschende Sporttalente im Ort identifiziert worden waren, die man vielleicht einspannen konnte.

Susan selbst hatte sich natürlich für Fußballeinheiten gemeldet, obwohl sie sich kaum vorstellen konnte, dass sie richtige Mannschaften zusammenkriegen würden. Dafür war Kirkby einfach zu klein. Noch jedenfalls. Und übermäßig viel Zeit hatte sie ja auch nicht, denn unter der Woche war sie eigentlich immer von kurz vor acht am Morgen bis mindestens fünf Uhr nachmittags im Kindergarten eingespannt. Aber an einem Abend zum Spaß mit ein paar Erwachsenen und älteren Jugendlichen zu trainieren, sollte auf jeden Fall machbar sein, und zusätzlich noch ein, zwei Stunden am Wochenende für die kleineren Kinder. Spontan war die alte, vertraute Sehnsucht in ihr aufgeflackert, und sie wünschte sich plötzlich sehr, mal wieder etwas in ihrem alten Sport zu machen.

An Davie waren all diese Überlegungen vorbeigegangen, und er hatte sich erst wieder am Gespräch beteiligt, als Collum ihn direkt und lautstark gefragt hatte, ob er die Halle bauen würde. Susan war der Kommentar, dass er früher Architekt gewesen war, unbedacht herausgerutscht. Sie wusste zwar, dass er mit diesem Kapitel in seinem Leben noch gründlicher abgeschlossen hatte als sie mit Profifußball, aber trotzdem war sie sich sicher gewesen, dass er seine eigene Idee gerne auch tatkräftig unterstützen würde. Sein geschockter Blick hatte jedoch eine andere Sprache gesprochen.

Nach seiner Zusage hatte ihn Collum noch zu einem kleinen Austausch mit den beiden Sportverbandsmännern und Marlin in sein Büro gebeten und den Rest der Versammlung nach Hause geschickt. Da es bereits kurz nach fünf gewesen war, hatte sich Susan dagegen entschieden, noch einmal in den Kindergarten zurückzukehren. Moira und Nora hatten bestimmt alles unter Kontrolle, und falls nicht, war morgen immer noch genug Zeit für Schadensbegrenzung.

Nun saß sie in ihrem kleinen, kuscheligen Wohnzimmer und wusste nicht so recht, was sie tun sollte. Die übliche Joggingrunde absolvieren, das stand natürlich außer Frage, doch sie war unruhig und konnte das nagende Unbehagen nicht mehr wegschieben. Jedenfalls längst nicht mehr so gut, wie ihr das früher immer gelungen war.

Die Woche Funkstille mit Davie hatte sie regelrecht zermürbt. Sie hatte auf einen ersten Schritt von ihm gewartet, auf ein Friedensangebot, eine Aufforderung zur Normalität, aber das war ausgeblieben. Zog er am Ende plötzlich ihre Freundschaft in Zweifel?

Allein der Gedanke daran raubte ihr den Atem, so unerträglich fühlte sich die Vorstellung an. Sie war mit offenen Armen in Kirkby aufgenommen worden und hatte mit Kristie ihre frühere Schulfreundschaft wieder aufgenommen. Mit Harriet, die erst seit Januar hier lebte, verstand sie sich ebenfalls prächtig, genau wie mit Anna, die nicht nur eine tolle Ärztin war, sondern auch eine sehr herzliche Ader hatte. Doch niemandem war sie so nah gekommen wie Davie. Gab es Freundschaft auf den ersten Blick?

Zweifellos, denn es war bereits das zweite Mal, dass sie das erlebte. Das erste Mal war es ihr mit Anfang zwanzig so gegangen, als sie zum medizinischen Check nach Malmö geflogen war. Die Untersuchung war unkompliziert und schnell verlaufen, und beim nachfolgenden Probetraining hatte sie Henrietta kennengelernt, den unangefochtenen Star der Mannschaft. Hetty hatte bereits als Fünfjährige für den Club gekickt und war nie woanders gewesen. Was nicht an fehlenden lukrativen Angeboten lag, sondern einfach daran, dass ihr Heimatverein genau wusste, was er an ihr hatte. Sie war damals dreiundzwanzig gewesen, zwei Jahre älter als Susan, und trotz ihres zarten Alters die respektierte Nummer eins auf dem Platz. Und sie hatte sofort einen Narren an dem rothaarigen Wirbelwind gefunden, der damals noch kein Wort Schwedisch gesprochen hatte, aber Anlagen dafür besaß, ein wirklich cooles Mittelfeld-Genie zu werden.

Hetty hatte sie unter ihre Fittiche genommen, und bald waren sie unzertrennlich gewesen, auf und neben dem Platz. Susan hatte die Stürmerin mit ihren messerscharfen Pässen noch mehr glänzen lassen, und Hetty hatte dafür gesorgt, dass Malmö bald zur absoluten Herzensheimat für die Schottin wurde. Fast zehn Jahre lang hatten sie alles geteilt – Niederlagen und Triumphe, Liebeskummer und Verletzungen und schließlich auch das Brüderpaar Lasse und Ben. Lasse arbeitete als Physiotherapeut im Club, der drei Jahre ältere Ben im Marketing. Und sie hatten bereits zwei Jahre lang in benachbarten Häusern gelebt.

Doch dann hatte sich Susan das Knie verletzt. Nicht im Spiel oder beim Training, sondern bei einem Sturz von einer Klippe bei einem Spaziergang. Bis heute hatte Hetty keine Ahnung, wie genau es dazu gekommen war – und wenn es nach Susan ging, konnte das gerne auch so bleiben. Außer ihr wusste nur Lasse davon, der jedoch garantiert niemals ein Wort darüber verlieren würde. Und Davie, der einzige Mensch, mit dem sie über diese tiefdunkle Zeit in ihrem Leben sprechen konnte.

Die Verletzung war so schwer gewesen, dass die Prognosen für eine vollständige Heilung nach OP und Reha lange nicht gut ausgesehen hatten. Mit sehr viel Arbeit, Training und Glück hätte vielleicht die Chance bestanden, dass sie wieder fit für den Platz wurde, doch bei dem Unfall – oder besser gesagt bei dem Spaziergang, der zu dem Unfall geführt hatte – war bei Susan mehr kaputtgegangen als nur das Knie. So hatte sie sich mit gerade mal dreißig Jahren dazu entschlossen, ihre Karriere zu beenden, und war nach Kirkby zurückgekehrt.

Hetty hatte diesen drastischen Schritt genauso wenig begriffen wie Susans Eltern, die längst nicht mehr in dem kleinen Highland-Dorf lebten, sondern nach Edinburgh gezogen waren, als ihre Tochter den Job in Schweden angenommen hatte. Susan dagegen hatte nicht groß darüber nachgedacht, sondern sich in ihrem doppelten Schmerz instinktiv an den Ort geflüchtet, wo sie sich als Kind immer besonders geborgen gefühlt hatte. Noch von der Reha aus hatte sie, nur auf Basis einiger Fotos auf der Dorf-Website, ihr kleines Cottage gekauft. Auf derselben Seite hatte sie auch die Ausschreibung für eine ausgebildete Erzieherin für den Kindergarten entdeckt und sich kurz entschlossen beworben. Das Bewerbungsgespräch hatte sie mit Collum über einen Video-Call geführt. Drei Tage später hatte er sie angerufen, ihr den Job angeboten und ihr gleichzeitig ungefragt einige Handwerker empfohlen, die ihr beim Umbau des Häuschens helfen konnten. Einer davon war Davie gewesen.

Davie und Hetty. Hetty und Davie. Susans Gedanken drehten sich im Kreis. Warum lief es ausgerechnet mit den beiden wichtigsten Menschen in ihrem Leben gerade so unrund? Und was konnte sie dagegen tun?

Sie wusste, dass sie eine Tendenz dazu hatte, Dinge einfach auszusitzen, denn erstaunlicherweise lösten sich die meisten Probleme früher oder später von ganz allein, und man konnte sich den sinnlosen Aktionismus sparen, den so viele Menschen an den Tag legten. Allerdings hatte sie diesmal das Gefühl, dass eine andere Taktik nötig werden könnte.

Unentschlossen griff sie nach ihrem Handy und scrollte durch die letzten Nachrichten ihrer Freundin, die sich zunehmend irritiert zeigte von Susans ausweichender Haltung bezüglich der Hochzeit. Auch wenn sie Hetty nicht mit der ganzen Wahrheit konfrontieren wollte – nach gut drei Jahren war der Zeitpunkt dafür irgendwie verstrichen, oder? –, musste sie irgendeine Erklärung abliefern.

Sie schloss kurz die Augen, um sich zu sammeln, und japste dann erschrocken auf, als das Smartphone in ihrer Hand zu vibrieren begann. Als hätte Hetty ihre intensiven Gedanken gespürt, rief sie an – noch dazu per Videoanruf. Susan schluckte, nahm das Gespräch dann aber an. »Hi, Hetty«, rief sie betont fröhlich und winkte in die Kamera. »Wie geht's?«

Hetty runzelte die Stirn. »Wie es mir geht? Was ist denn das für eine Frage?«

»Eine normale?« Susan wusste, dass Hetty es nicht leiden konnte, wenn sie immer so tat, als sei alles okay, aber andererseits konnte man ja auch zunächst mal höflichen Small Talk machen, ehe es ans Eingemachte ging.

»Susan, was ist mit dir los? Du verhältst dich in den letzten Tagen total seltsam. Also, noch seltsamer als ohnehin schon in der ganzen Zeit, seit du nach

Schottland zurückgegangen bist. Ich habe das Gefühl …« Hetty zögerte und schien nach Worten zu suchen, die Susan nicht noch weiter in ihr Schneckenhaus trieben. »Ich habe das Gefühl, dich mehr und mehr zu verlieren«, beendete sie schließlich traurig ihren Satz.

»Wie kannst du so etwas sagen?«, rief Susan erschrocken. Sie wusste, dass sie Schwierigkeiten hatte, den nötigen Enthusiasmus für Hettys und Bens Hochzeit aufzubringen, und auch, dass sie sich in Schweden rarmachte und erst ein Mal zu einem Kurzbesuch nach Malmö zurückgekehrt war. Aber trotzdem empfand sie Hetty immer noch als die engste Freundin, die sie hatte.

»Wo soll ich anfangen? Du rufst nicht zurück, antwortest auf keine Textnachrichten und …« Sie klang schrecklich resigniert.

»Ich wollte dich gerade anrufen«, verteidigte sich Susan und wusste selbst, wie lahm sich das anhörte. »Ich hatte ja schon das Telefon in der Hand. Und außerdem haben wir doch vor ein paar Tagen gequatscht.«

»Da hast du mir in epischer Breite von den neuen Kindern bei dir in der Vorschulgruppe berichtet und von den neuesten Dorfabenteuern. Aber du hast dich weder dazu geäußert, ob du meine Trauzeugin werden möchtest, noch dazu, ob du eins der Jobangebote in Erwägung ziehst, die ich dir geschickt habe. Ich verstehe wirklich nicht, warum du nicht zurück nach Malmö kommst. Was hält dich in diesem schottischen Kaff?«

»Es ist mein Zuhause«, entgegnete Susan schlicht und versuchte, den Stich zu ignorieren, den ihr das abfällige »Kaff« versetzt hatte.

»Fast zehn Jahre lang war Malmö dein Zuhause«, erinnerte Hetty sie. »Und du hast immer getönt, dass du dir nicht vorstellen könntest, jemals wieder woanders zu leben. Sogar in Fernsehinterviews hast du das behauptet.«

»Ich weiß, aber die Dinge ändern sich eben manchmal. Hier sind meine Wurzeln, hier kann ich …« Sie sprach den Satz nicht zu Ende. *Hier kann ich freier atmen und muss keine Angst haben, Lasse in die Arme zu laufen*, wäre die ehrliche Aussage gewesen, doch die wollte sie Hetty nicht zumuten.

»Was kannst du hier? Du arbeitest dich als schlecht bezahlte Kindergärtnerin ab, während du hier in Malmö die Kinder- und Jugendmannschaften betreuen könntest. Die eine Stellenausschreibung vom Club ist dir ja geradezu auf den Leib geschneidert: Sie suchen eine ausgebildete Pädagogin mit Erfahrungen im Profifußball. Du könntest die Patin der nächsten Generation von Top-Spielerinnen werden, ein echtes Vermächtnis hinterlassen. Ich weiß ja nicht genau, wie viel du in deinem aktuellen Job verdienst, aber garantiert nicht so viel wie hier. Und bestimmt gäbe es auch noch Verhandlungsspielraum nach oben.«

Es war schon ohne Verhandlungen das Dreifache ihres aktuellen Gehalts, wusste Susan, aber das behielt sie für sich. »Es ist zweifellos ein Traumjob«, gab sie zu. »Aber …«

»Aber was?«

»Ich werde nicht zurückkommen, Hetty«, sagte Susan nun mit seltener Entschiedenheit. »Nicht heute und nicht morgen. Dieses Kapitel ist für mich abgeschlossen, auch wenn es mir das Herz bricht, dass wir uns nicht mehr so oft sehen.«

»Aber warum nur? Ich verstehe einfach nicht, warum du mehr oder weniger über Nacht aus der Stadt geflohen bist. Das muss doch Gründe haben.«

Hatte es auch. Mehr als nur einen. »Mein Knie«, begann Susan. »Mein Karriere-Aus … das war einfach zu schmerzhaft. Ich hätte es nicht ertragen, dich und die anderen Mädels zu sehen, wie ihr trainiert und spielt und … einfach all das tut, was ich nicht mehr kann.« Das war nicht gelogen, aber eben auch nicht die ganze Wahrheit.

»Das verstehe ich doch«, entgegnete Hetty mit sanfterer Stimme. »Natürlich wäre die erste Zeit hart gewesen, aber du hättest dich garantiert schnell an die neuen Umstände gewöhnt. Du hättest einen Job angenommen, vielleicht im Club – garantiert hätte man dir schon vor drei Jahren eine coole Stelle angeboten –, und wir hätten einfach eine neue Routine gefunden. Aber wir wären zusammen gewesen. Ich hätte dich unterstützt und alles getan, um dir den

Neustart so leicht wie möglich zu machen, doch stattdessen …«

»Ich weiß, wie es für dich wirken muss«, murmelte Susan zerknirscht. »Und es tut mir aufrichtig leid, aber ich war damals einfach nicht in der Lage, zu bleiben.«

»Aber jetzt, wo so viel Zeit vergangen ist? Ich meine, du musst dich doch längst daran gewöhnt haben, ein normales Leben zu führen.«

»Habe ich, aber an ein normales Leben hier in Kirkby.« Als Susan diese Worte aussprach, merkte sie, wie wahr sie für sie selbst waren.

Sie hatte sich vor drei Jahren keine großen Gedanken darüber gemacht, wie lange sie in Kirkby bleiben wollte. Entscheidend war nur gewesen, dass sie sich in Ruhe von ihrer Verletzung erholen konnte – und weit weg von Lasse war. Doch nun merkte sie, wie tief ihre Wurzeln inzwischen wieder waren.

»Ich finde das ja auch schön«, behauptete Hetty. »Es ist gut, einen Rückzugsort zu haben, und natürlich fühlt sich Schottland wie deine Heimat an. Schließlich bist du da geboren und aufgewachsen. Aber du hast doch inzwischen die Welt gesehen, und dir haben sich andere Perspektiven eröffnet.«

»Sagt die Frau, die nie aus Malmö herausgekommen ist«, entgegnete Susan trocken. »Die Stadt ist zauberhaft, aber streng genommen auch keine internationale Metropole.«

Hetty presste die Lippen aufeinander und wechselte das Thema. »Na schön, du wirst also nicht wieder hier leben, aber was ist mit der Hochzeit? Kann ich da als Trauzeugin und Chefbrautjungfer auf dich zählen?«

»Chefbrautjungfer? An wie viele hast du denn gedacht?« Susan wunderte sich ernsthaft über ihre Freundin, deren Sinn für Romantik sich früher auf eine Bierdusche aus einem gewonnenen Pokal beschränkt hatte. Über kitschige Märchenhochzeiten hatten sie sich immer gemeinsam lustig gemacht.

»Na ja, so vier oder fünf halt«, erwiderte Hetty.

»Vier oder fünf Brautjungfern? Das ist ja schon die halbe Hochzeitsgesellschaft. Und sag bloß nicht, dass alle auch dasselbe Kleid in einem absonderlichen Apricot tragen müssen.«

»Nun ja …«

Susan war so fassungslos, dass sie laut loslachen musste. »Dir ist schon klar, wie ich in Apricot aussehe?«

»Apricot ist eine der drei Hochzeitsfarben, die wir ausgesucht haben. Neben Gold und rauchigem Salbei.«

»Rauchiger Salbei«, hauchte Susan und schüttelte leicht den Kopf.

»Was ist dagegen einzuwenden?«

»Nichts. Gar nichts. Ich erkenne dich nur nicht wieder. Früher waren dir solche Dinge vollkommen egal. Wir haben davon geträumt, im Bikini am Strand von Bali zu heiraten. Von da ist es schon ein weiter Weg bis zu fünf Brautjungfern in Apricot.«

»Es ist Jahre her, dass wir von so einem Strandunsinn geträumt haben«, blähte sich Hetty auf. »Das war noch vor Lasse und Ben. Mal abgesehen davon, dass es immer eher dein Traum war als meiner.«

»Mag sein«, gab Susan zu. »Aber während ich mich von einer Strandhochzeit zu überhaupt keiner Hochzeit entwickelt habe, hast du die krass gegensätzliche Richtung eingeschlagen. Was auch total okay ist«, fügte sie noch rasch hinzu, als sie merkte, dass ihre Freundin ganz rote Wangen bekam. »Und ich würde für dich auch noch absurdere Farben tragen als Apricot und sogar riesige Taftschleifen in Kauf nehmen, wenn dir das wichtig ist. Weil du mir wichtig bist.«

»Aber?«

»Aber …« Susan wusste, dass sie nun endlich Farbe bekennen musste. »Aber ich kann keine Trauzeugin sein und auch keine Chefbrautjungfer.«

»Warum?« Hetty klang fast verzweifelt.

»Wie soll das denn gehen? Für eine Hochzeit, wie sie dir vorschwebt, muss eine Trauzeugin richtig viel organisieren, und das schaffe ich einfach nicht. Nicht auf die Distanz, nicht mit meinem Job.«

»Weshalb es ja auch besser wäre, wenn du zurück nach Schweden kämst.«

Susan merkte, dass sie ärgerlich wurde. »Weißt du eigentlich, wie unglaublich egoistisch das klingt? Ich soll also zurück nach Schweden ziehen, damit ich schön in der Nähe bin, um deine Traumhochzeit zu organisieren?«

»Die Hochzeit wird von einem Profi organisiert«, erwiderte Hetty schnippisch und sichtlich getroffen von dem Egoismusvorwurf. »Ich hätte mir einfach gewünscht, dass meine beste Freundin bei der Vorbereitung auf den schönsten Tag meines Lebens an meiner Seite ist.«

Es klingelte, und Susan war über eine Ablenkung selten so erleichtert gewesen wie in diesem Moment. Sie stand auf und ging mit dem Telefon in der Hand zur Tür. »Ich habe meine Zweifel daran, dass es der schönste Tag in deinem Leben sein wird«, sagte sie, ehe sie die Tür öffnete. »Und ich fände es sogar traurig, wenn es so wäre.«

»Wie …?«, schnaubte Hetty aufgebracht.

»Lass uns später oder die Tage weiterreden«, meinte Susan. »Davie ist hier, und ich muss aufhören.«

»Natürlich«, kam es sarkastisch von dem kleinen Monitor. »Der heilige Davie, für den man alles liegen und stehen lassen kann. Schöne Grüße an meinen Nachfolger. Mal sehen, wie es ihm gefallen wird, wenn du ihn irgendwann genauso abservierst wie mich.« Mit diesen Worten kappte Hetty die Verbindung.

• • •

Davie hatte das Gefühl, auf ein Minenfeld zu treten, als Susan ihre Tür öffnete. Außer seinem Namen hatte er nichts von dem verstanden, was ihre Busenfreundin Hetty von sich gegeben hatte, ehe sie den Videoanruf beendete, aber es war eindeutig nicht freundlich, sondern sehr erbost gewesen. Und mindestens genauso aufgebracht wirkte nun Susan.

»Sorry, ich komme wohl ungelegen«, bemerkte er und räusperte sich verlegen.

»Nein, schon gut. Wir waren ohnehin fertig. Bitte glaub nichts von dem, was Hetty von sich gibt. Sie ist auf mich wütend, nicht auf dich.« Susan sah betreten knapp an ihm vorbei. Sehr merkwürdig.

»Ich habe nichts von dem verstanden, worüber sie geredet hat. Worüber ihr beide geredet habt. Schwedisch gehört nämlich nicht zu meinem Repertoire.«

»Oh.« Nun schaute sie ihn überrascht an. Überrascht und irgendwie erleichtert. »Wie gesagt, du hast auch nichts verpasst. Es war nur … Egal, was kann ich für dich tun?«, wechselte sie abrupt das Thema und trat dann einen Schritt beiseite, um ihn einzulassen. Ihr Telefon ließ sie polternd auf die Kommode im Flur fallen, so als sei es glühend heiß oder giftig.

»Ich wollte fragen, ob zwischen uns alles okay ist.« Er fuhr sich nervös durch die Haare, suchte aber ihren Blick.

»Natürlich. Warum auch nicht?« Wieder mied sie den Augenkontakt und versuchte sich an ihm vorbei ins Wohnzimmer zu schlängeln, aber er hielt sie am Arm fest.

»Weil wir eine Woche nicht miteinander gesprochen haben«, erklärte er eindringlich. »Und ich weiß, dass ich in der Zeit nichts getan habe, um etwas daran zu ändern. Aber ich bin ja auch ein doofer, fleischfressender Neandertaler, dem seine Sprüche von letztem Montagabend peinlich waren. Ich bin mir aber nicht sicher, warum du Funkstille gehalten hast.«

»Vielleicht, weil mir deine Sprüche auch peinlich waren?«, gab sie zurück, doch er konnte nun wieder das verschmitzte Glitzern in ihren Augen erkennen, und auch ihre Mundwinkel zuckten leicht.

»Du bist doch sonst nicht so nachtragend«, bohrte er weiter nach, merkte aber, wie er sich etwas entspannte. Sie schien nicht wirklich sauer zu sein.

»Da kann man solcher und solcher Meinung sein.« Nun verzogen sich ihre Lippen zu einem echten Lächeln. »Es tut mir leid, ich wollte das eigentlich noch direkt an dem Abend mit dir klären, aber du warst so plötzlich verschwunden, dass ich nicht mehr dazu gekommen bin. Dann war die Woche mit den neuen Kindern und vor allem den neuen Praktis echt anstrengend. Und …« Sie zögerte.

»Und?« Ihm fiel gerade auf, dass sie immer noch im Flur standen und seine Pranke auf ihrer Schulter lag. Rasch nahm er die Hand weg, ging ins Wohnzimmer und setzte sich in seine bevorzugte Couchecke. Normalerweise nahm Susan immer direkt neben ihm Platz, doch nun blieb sie etwas unschlüssig im Raum stehen.

»Hetty«, sagte sie dann. »Die Situation ist wirklich vertrackt und hat rein gar nichts mit dir zu tun. Aber irgendwie hatte ich nicht die Energie dafür, mich um zwei Problemfelder zu kümmern.«

»Seit wann bin ich ein Problemfeld für dich?« Er hob interessiert eine Braue.

»Bist du ja nicht, ich dachte nur, dass du sauer auf mich wärst, weil ich nichts von dir gehört habe, und Hetty ist ganz sicher sauer auf mich und …«

»Und da hast du uns einfach beide in einen Topf geworfen.«

»Natürlich nicht, also höchstens ein bisschen. Du weißt, dass ich nicht gerne …« Sie biss sich auf die Unterlippe, so als müsste sie verhindern, dass verräterische Worte ihren Mund verließen.

»Dass du Probleme nicht gerne aktiv angehst.« Er grinste. »Ja, das weiß ich.«

»So extrem ist es nun auch wieder nicht. Ich warte halt einfach gerne ein bisschen ab, bis sich die Wogen geglättet haben, statt in sinnlosen Aktionismus zu verfallen.«

»Du meinst, so lange, bis die anderen vergessen haben, warum sie sauer auf dich waren oder dass sie deine Hilfe bei einem Umzug oder sonst was anfragen wollten?«

Sie zuckte mit den Schultern, wirkte aber nicht halb so ertappt, wie er an ihrer Stelle gewesen wäre. »Win-win-Situation, würde ich sagen, oder?«

»Von deiner Warte aus bestimmt, aber bei der anderen Partei wäre ich mir nicht so sicher«, entgegnete er trocken.

»Ach komm schon, ich hab dich noch nie bei irgendeiner Aktivität hängen lassen«, verteidigte sie sich halbherzig.

Davie winkte ab. »Ich erspare es uns beiden, Beispiele aufzuzählen, denn das ist ja jetzt auch ganz egal. Was ist mit Hetty? Warum ist sie wütend?«

»Ich glaube, sie ist eher enttäuscht.« Susan seufzte und ließ sich in den Sessel gegenüber vom Sofa fallen. Sie zog die Beine an und umschlang sie mit ihren Armen. Die Geste rührte ihn. Irgendwie wirkte sie wie ein kleines Mädchen und nicht wie die taffe Frau, die sie doch war.

»Das ist auch nicht schön. Also, was hast du ihr angetan?«

»Ich habe ihr mitgeteilt, dass ich weder Trauzeugin und Chefbrautjungfer bei ihrer Hochzeit sein möchte noch einen Job in Malmö annehmen werde«, antwortete sie so leise, dass er sie fast nicht verstand.

Job in Malmö? Spontan wurde ihm wieder ganz heiß, doch sie hatte ja gesagt, dass das für sie nicht infrage kam. »Was ist denn eine Chefbrautjungfer?«, fragte er, weil ihm dieser Teil der Problematik überschaubarer erschien.

»Keine Ahnung. Wie in diesen amerikanischen Filmen halt oder bei britischen Adelshochzeiten, nehme ich an. Die beste Freundin der Braut führt die Garde der anderen Brautjungfern an, die alle scheußliche Kleider anhaben und sich bei der anschließenden Party sturzbetrunken von den Trauzeugen des Ehemanns flachlegen lassen.« Nun musste sie unwillkürlich kichern.

»Du stehst doch auf unverbindlichen Sex«, warf er mit einem Grinsen ein. »Darf ich dich an den armen Dennis bei den Highland Games erinnern?«

»Darfst du nicht! Und außerdem ist der betrunkene Sex nur ein unwichtiger Nebenaspekt. Die Chefbrautjunger kümmert sich um die Braut und schon im Vorfeld um tausend Dinge, die der Hochzeitsplaner nicht macht. Ach, was weiß ich, ich kenn mich mit dem Kram ja nicht wirklich aus. Aber Tatsache ist, dass ich dafür keine Zeit habe und außerdem viel zu weit weg bin. Und genau das wirft sie mir vor: dass sie mir nicht wichtig genug ist.«

»Ich habe gehört, dass Bräute manchmal sehr irrational drauf sind«, gab er zu bedenken. »Das meint sie bestimmt nicht so.«

»Oh doch, das meint sie genau so. Und ehrlich gesagt hat sie sogar recht damit. Sie ist mir wichtig, aber der ganze Zauber halt nicht. Ich halte diese Hochzeit … Ach, Scheiße, ich bin einfach ein missgünstiges Biest.« Sie vergrub ihr Gesicht in den Händen.

»Du bist bestimmt eine Menge unschöner Dinge, aber ganz sicher kein missgünstiges Biest!«, betonte er.

»Was für unschöne Dinge?« Sie lugte über ihre Finger hinweg zu ihm.

»Die wollen wir jetzt nicht vertiefen, weil sie doch keine Rolle spielen, nicht wahr? Ich wette, du würdest für Hettys Hochzeit alles möglich machen, wenn sie nicht ausgerechnet Ben als Ehemann auserwählt hätte und du dabei zwangsläufig mit Lasse zusammentreffen müsstest.«

Sie zuckte sichtlich zusammen, und Davie erkannte, dass er einen Volltreffer gelandet hatte.

»Und das ist deshalb besonders problematisch, weil du Hetty bis heute nicht erzählt hast, was für ein mieses Arschloch dein Ex ist, und sie seinen Bruder heiratet«, sprach er gnadenlos weiter.

»So ungefähr«, gab sie nach einer ganzen Weile schließlich zu.

Davie merkte, wie sein Puls sich beschleunigte, denn er verstand einfach nicht, warum Susan diesen Mistkerl immer noch schützte. In ihrem ersten Jahr hier in Kirkby hatte er sie mehr als einmal vollkommen aufgelöst erlebt, wenn Lasse sich bei ihr gemeldet und versucht hatte, sie unter Druck zu setzen. Offensichtlich mit Erfolg, denn sie hatte ihn weder angezeigt noch ihrer besten Freundin reinen Wein eingeschenkt.

»Ich weiß, dass du das nicht verstehen kannst«, stellte sie niedergeschlagen fest.

»Das tu ich tatsächlich nicht. Aber es ist deine Entscheidung, und ich werde nichts mehr dazu sagen«, behauptete er, auch wenn er wusste, dass er dieses Versprechen ziemlich sicher nicht würde einhalten können.

»Dieser Teil meines Lebens ist ein für alle Mal vorbei. Ich bin hier in Kirkby sehr glücklich. Ich bin hier sicher. Lasse hat keine Macht mehr über mich«, erklärte sie in einem Ton, als wollte sie Davie mit aller Macht davon überzeugen. Oder sich selbst?

»Du riskierst also lieber die Freundschaft zu Hetty, die, wie du immer betonst, der wichtigste Mensch in deinem Leben ist, als ihr reinen Wein über ihren Schwager einzuschenken?«

»Sag so etwas nicht«, bat sie ihn eindringlich. »Ich kann ihr das einfach nicht antun. Ihre Welt würde zusammenbrechen. Am Ende würde sie sogar noch die Hochzeit mit Ben abblasen.«

»Eine Hochzeit, die deiner Meinung nach sowieso ein Fehler ist«, wagte er den nächsten Schuss ins Blaue.

»Das habe ich so nie gesagt«, beharrte sie. »Jedenfalls nicht auf Englisch.«

Also das hatte sie ihrer Freundin vorhin so deutlich auf Schwedisch mitgeteilt. Interessant. »Ich habe zwar die Worte nicht verstanden, wohl aber einen eindeutigen Subtext wahrgenommen.«

»Ich habe Angst, sie zu verlieren.« Sie schluckte heftig und wischte sich eine Träne aus dem Augenwinkel.

»So wie ich es sehe, wirst du sie auf jeden Fall verlieren, wenn du dich weiterhin so seltsam verhältst. Also so, dass es aus ihrer Perspektive merkwürdig wirken muss. Die Wahrheit, auch wenn sie noch so schmerzhaft ist, ist immer die bessere Lösung. Für sie und vor allem für dich selbst.«

Susan sagte eine ganze Weile nichts dazu, doch Davie merkte, dass es in ihr arbeitete. Schließlich faltete sie sich wieder auseinander und schaute ihn mit festem Blick an. »Es tut mir übrigens echt leid, dass ich dich vorhin als Architekt geoutet habe. Das war nicht in Ordnung. Ich hoffe, du kannst mir verzeihen. Wollen wir jetzt gemeinsam eine Runde laufen?«

DOPPELPASS UND DOPPELPACK

DAVIE SCHLOSS MIT einem erleichterten Seufzen die Werkstatttür. Susan und ihre acht Vorschulkinder hatten ihren Besuch bei ihm beendet – und es war glücklicherweise kein Blut geflossen. Nur ein paar Tränen, aber die hatten sich rasch wieder trocknen lassen. Er hatte keine Ahnung, wie Susan es tagein, tagaus mit dieser ungebärdigen Brut aushielt, ohne dabei auch nur eine Sekunde lang die Nerven zu verlieren. Ihn hatten schon die zwei Stunden gestresst. Dabei mochte er Kinder, jedenfalls in kleinen Dosen. In einer Gruppe erinnerten sie ihn ganz stark an eine gewaltbereite Bande Kleinkrimineller.

Es war eine absolut haarsträubende Idee gewesen, mit ihnen schnitzen zu wollen, und zwischendurch hatte er wirklich Angst gehabt, dass sie sich gegenseitig mit den Messern traktieren würden. Doch Susan war absolut cool geblieben und hatte dafür gesorgt, dass wie durch ein Wunder alle unverletzt blieben und sogar jeder mit einem Erfolgserlebnis heimkehren konnte. Wie sie das schaffte, war ihm schleierhaft. Die junge Praktikantin Nora hatte zwischendurch den Eindruck gemacht, als würde sie gleich einen

Nervenzusammenbruch erleiden, doch auch sie war von Susan rasch wieder eingenordet worden.

Erstaunlich, wie fokussiert und klar seine Freundin in ihrem Job war und wie chaotisch und ausweichend sie dagegen in ihrem Privatleben agierte. So wie vor drei Tagen, als sie praktisch mitten im Satz die Diskussion für beendet erklärt und ihn stattdessen zum Sport motiviert hatte. Zu einer Joggingrunde, unter der er heute noch litt und nach deren baldiger Wiederholung er kein besonderes Bedürfnis verspürte. Wenn es nicht so klischeehaft wäre, würde er ihr unterstellen, dass sie vor ihren Problemen davonlaufen wollte.

Aber was wusste er schon? Er war ja nur ein schlichter Schreiner und rein zufällig ihr bester Freund – also nichts, was für echte Expertise sprach. Er grunzte genervt über seine sarkastischen Gedanken, doch er konnte nicht verhehlen, dass ihn Susans ständiges Ausweichen nervte und, ja, auch verletzte. Er würde sie nicht dazu zwingen können, sich mit ihrer Vergangenheit und ihrer Freundin Hetty auseinanderzusetzen, so viel stand fest. Aber war es nicht seine Aufgabe als Freund, es wenigstens zu versuchen?

Während er die Unordnung beseitigte, die die Kinder in seiner Werkstatt angerichtet hatten, schossen ihm diverse Ansätze durch den Kopf, wie er Susan dazu bringen konnte, aber er verwarf sie alle gleich wieder. Vermutlich musste er einfach akzeptieren, dass sie ihr eigenes Tempo und ihre eigene Strategie fahren würde. Auch wenn das bedeutete, den Kopf in den Sand zu stecken und gar nichts zu tun. Nicht sein Problem. Eigentlich.

Und auch uneigentlich, erinnerte er sich selbst. Schließlich hatte er genug eigene Baustellen, um die er sich kümmern musste. Buchstäblich und im übertragenen Sinn. Wenn das mit der Auftragslage so weiterging, musste er dringend ein paar weitere Leute fest anstellen, denn gerade kam er mit der Arbeit kaum noch hinterher. Vor allem, wo jetzt auch noch das neueste Projekt dazukam, das er sich indirekt selbst eingebrockt hatte. Er war zunächst total schockiert gewesen, als Susan ihn beim Gemeindemeeting als Architekt geoutet hatte, doch inzwischen musste er zugeben, dass es ihn wirklich reizte, diese kleine, kompakte Mehrzweckhalle zu entwerfen. Er hatte sogar schon angefangen, Modelle zu bauen.

Eine Vorgehensweise, die für wahre Architekten völlig idiotisch war, wie sein Vater nie müde geworden war, ihm einzubläuen. Aber Davie hatte sich im Konkreten schon immer leichtergetan als im Abstrakten, und zweidimensionale Skizzen transportierten seiner Meinung nach einfach nicht das richtige Gefühl für ein Gebäude. Selbst 3-D-Computermodelle schafften das seiner Meinung nach kaum. Aber vermutlich lag es schlicht an ihm selbst und seiner Unfähigkeit, seine Visionen zu Papier zu bringen. Stattdessen wollte er sie bauen. Schon als Kind hatte er mit Legosteinen die tollsten Gebilde hergestellt. Ganz ohne sich an die Bauanleitungen in der Schachtel zu halten, einfach nach seinem Instinkt. Das hatte ihm Spaß gemacht – und tat es heute noch –, aber die formalisierten Beschränkungen, die er in der Architektur erlebt hatte, empfand er bis heute als blockierend. Natürlich leuchtete ihm ein, dass Dinge wie Statik und Baueffizienz wichtig waren, doch seiner Meinung nach konnte man sich darüber auch im zweiten Schritt Gedanken machen.

Es klopfte an der Tür, und im nächsten Moment trat Collum in seine Werkstatt. »Ich hoffe, ich störe nicht«, sagte der Bürgermeister.

»Kein bisschen«, versicherte ihm Davie. »Ich hab gerade noch die Spuren meines nachmittäglichen Besuchs beseitigt.«

»Ich habe Susan und ihre Kinder eben getroffen, die wirkten alle schwer begeistert.« Collum grinste ihn vielsagend an. »Im Gegensatz zu dir, was?«

»Nein, das war schon in Ordnung. Ich habe in den letzten zwei Stunden eindeutig fürs Leben gelernt. Unter anderem, dass es eine ziemlich blöde Idee ist, mit einem Rudel Vier- und Fünfjähriger schnitzen zu wollen.«

»Es ist doch aber nichts passiert, oder?«

»Es ist kein Blut geflossen, wenn du das meinst«, entgegnete Davie. »Aber du willst nicht wissen, wie viel Blut und Wasser ich geschwitzt habe.«

»Ach, das hält ein Kerl wie du schon aus.« Collum deutete auf die drei Modelle, die im Regal über der Werkbank standen. »Wird das ein Anbau für das Puppenhaus?«

Das Puppenhaus, das Davie vor einem guten Jahr für den Kindergarten angefertigt hatte und das er regelmäßig mit Anbauten oder Extras bestückte, hatte es längst zu einiger Berühmtheit gebracht, trotzdem wunderte er sich, dass der Bürgermeister nun die Sprache darauf brachte. »Nein, das wäre vom Maßstab her gar nicht passend«, erwiderte er und holte das erste, recht filigrane Holzmodell herunter. »Das ist mein erster Entwurf für die Mehrzweckhalle.« Er versuchte, seine Stimme so neutral wie möglich klingen zu lassen, doch ganz konnte er den Stolz, den er empfand, nicht verbergen. Auch wenn der vielleicht vollkommen irrational oder gar unangebracht war.

»Das ist ja toll!« Collums Augen blitzten begeistert auf. »Das ist der Grund für meinen Besuch. Ich wollte sichergehen, dass du auch wirklich damit einverstanden bist, den Job zu übernehmen. Wir haben dich am Montag ja ganz schön überfallen und dir kaum die Chance gelassen, es dir anders zu überlegen.«

»Wie das in Kirkby halt immer so läuft.« Davie grinste schief. Er hatte oft genug mitbekommen, wie aus nebenbei geäußerten Ideen im Handumdrehen riesige Projekte wurden, aus denen es dann kein Entrinnen mehr gab – natürlich zum Wohle der ganzen Gemeinde. Überrumpelt wurden die Ideengeber trotzdem oft genug.

»Immerhin werden bei uns die Dinge nicht auf die lange Bank geschoben, sondern angepackt. Deshalb hat sich Kirkby auch zu einem derartigen Juwel gemausert und ist nicht so rückständig wie viele andere Orte in der Gegend.«

»Mich brauchst du nicht zu überzeugen«, beschwichtigte Davie. »Ich finde deinen ansteckenden Unternehmergeist wirklich toll – zumal er sehr gut für mein Geschäft ist. Ich werde demnächst wohl weitere Leute einstellen können. Oder vielmehr müssen, damit ich die Aufträge alle stemmen kann.«

»Das höre ich gerne.« Collum rieb sich zufrieden die Hände. »Aber jetzt bin ich neugierig auf dein Konzept für die Mehrzweckhalle.«

»Mir hat die Idee mit der Scheune gut gefallen«, sagte Davie und begann, sein Modell und seine Vorstellung von einer angemessenen Sportstätte à la Kirkby zu erläutern.

»Das ist wirklich sensationell!« Collum strahlte wie ein Kind bei der Weihnachtsbescherung und konnte gar nicht genug davon bekommen, das Scheunentor auf- und zuzuschieben, das Dach hochzuheben und die Nebenräume zu bewundern, also Umkleidekabinen, Sanitäranlagen und Materiallager, die wie Boxen an einer Stallgasse angelegt waren. »Ich hätte maximal mit ersten Skizzen oder Plänen gerechnet, auf deren Basis ich mir immer nur schwer etwas vorstellen kann, aber dass du schon erste Modelle hast, ist fantastisch.«

»Keine Sorge, die Pläne kommen auch noch. Mir fällt es aber leichter, Dinge zu entwerfen, wenn ich sie sehen kann. Ich werde auch noch an einigen Details feilen müssen, aber dafür würde ich gerne mit Leuten sprechen, die die Halle auch nutzen wollen. Ganz sicher habe ich ein paar wichtige Aspekte übersehen.«

»Also ich wüsste nicht, welche.« Collum setzte das Dach wieder auf das Modell. »Ich habe gestern mit einigen Baufirmen telefoniert, denn hoffentlich können wir das Fundament für die Halle noch in diesem Jahr legen. Echt schade, dass es schon Ende September ist, so wird das dieses Jahr nichts mehr mit der Fertigstellung.«

Davie unterdrückte mit Mühe ein Lächeln. Collums Enthusiasmus war wirklich ansteckend. »Ich weiß nicht, woher du deinen unerschöpflichen Elan nimmst«, sagte er. »Die Organisation der Highland Games war doch ein riesiger Kraftakt, und zwei Wochen später träumst du schon davon, noch in diesem Jahr eine Sporthalle hochzuziehen.«

»Wo ist da der Widerspruch?«

»Faktisch gibt's keinen, aber du bist auch nur ein Mensch, der gelegentlich eine Pause braucht. Hast du mal über einen Urlaub nachgedacht? Und überhaupt, stehen bei euch nicht Hochzeitsplanungen an?« Davie dachte an den herzigen öffentlichen Heiratsantrag von Harriet bei der Eröffnungsfeier der Spiele. »Glaubt bloß nicht, dass ihr mit heimlichem Durchbrennen davonkommt. Da will das ganze Dorf mitfeiern, wenn sich Harriet Harper und Collum McDonald das Jawort geben.«

Collum bekam leicht rote Wangen und ein verklärtes Lächeln. Doch er sagte: »Noch einmal: Wo ist da der Widerspruch? Ich kann doch meine Hochzeit planen und gleichzeitig für zukünftige sportliche Meriten Kirkbys sorgen.«

»Wenn es jemand kann, dann zweifellos du«, gab Davie zu, der insgeheim vermutete, dass Collum für alle Eventualitäten, die des Gemeindelebens einerseits und private Ereignisse andererseits, in seiner Schublade Masterpläne bereithielt, die er einfach nur abarbeiten musste.

»Wir wollen übrigens noch in diesem Jahr heiraten«, sprach Collum dann weiter. »Warum länger warten? Und eine Herbsthochzeit ist doch wunderbar.«

»Für eine Herbsthochzeit müsst ihr euch aber echt sputen.« Davie kamen die Hochzeitsplanungen von Susans Freundin Hetty in den Sinn. Deren großer Tag sollte nächstes Jahr im Juni zur Mittsommernacht stattfinden, und sie machte schon jetzt alle rebellisch. Aber Harriet hatte vielleicht auch keinen Bedarf an einer Chefbrautjungfer und einem halben Hofstaat.

»Ach, das kriegen wir locker hin. Wir haben den Festsaal im Herrenhaus für das vorletzte Oktoberwochenende geblockt, und davor wird es eine große Party in der alten Schule geben – eine Mischung aus Dorffest und Junggesellenabschied. Ainslee näht das Hochzeitskleid für Harriet, ich trage meinen Kilt im Kirkby-Tartan. Das Catering für die Party kommt vom Pub, das für die Hochzeitsfeier von Isla und ihrem Restaurant. Für Musik ist auch gesorgt, also alles easy. Das blockiert keine Gehirnzellen bei mir. Die kann ich voll für das Sportzentrum nutzen. Ach ja, in den Urlaub fahren wir danach auch. Zwei Wochen Honeymoon in Südafrika, mit Safari. Ich will endlich mal Giraffen in freier Wildbahn sehen.«

»Ich bin gerade extrem beeindruckt«, sagte Davie, und trotz seines lockeren, fast ironischen Tonfalls meinte er es genau so. Wie schön musste es sein, sich seiner Sache so sicher zu sein?

»Musst du nicht. Ich bin froh, dass Harriet und ich so ähnlich ticken und das Gleiche wollen. Ein großes Fest mit all unseren Freunden und Lieben, aber keine überkandidelte Angelegenheit, die künstlich zum schönsten Tag des Lebens hochgejubelt wird. Ich meine, ernsthaft, wie traurig wäre das, wenn alle Tage, die nach der Hochzeit folgen, nur noch zweitklassig wären?« Collum schüttelte den Kopf.

»Beste Einstellung überhaupt«, lobte Davie. »Ich fürchte nur, die wird von vielen Leute nicht geteilt. Susan hat gerade ein bisschen Stress mit einer Bridezilla-Freundin in Schweden. Deren Hochzeit ist erst im nächsten Juni, aber sie macht schon jetzt einen Riesenaufriss.« Er hoffte, dass er damit keine geheimen Infos preisgegeben hatte.

»Von solchen Fällen habe ich auch schon gehört, und auf Monroe Manor finden ja fast jedes Wochenende derartige Veranstaltungen statt. So einen Stress muss ich mir nicht geben.«

»Finde ich gut«, wiederholte Davie noch einmal. »Würde ich genauso handhaben, wenn ich jemals in die Verlegenheit käme …« Seltsamerweise verursachte es ihm einen kleinen Stich, dass er gefühlt von lauter glücklichen Paaren umgeben war, die entweder bereits verheiratet waren oder kurz davorstanden oder schon bei der aktiven Familienplanung waren. Er wünschte sich das ebenfalls – auch wenn er nach dem Besuch der Kinder vorhin nicht mehr so sicher war, was eigenen Nachwuchs betraf –, doch eine passende Partnerin war weit und breit nicht in Sicht.

»Das kann schneller gehen, als man denkt«, entgegnete Collum mit einem zuversichtlichen Lächeln. »Ich habe Harriet ja auch erst im Januar getroffen. Manchmal weiß man es einfach sofort. Und andere brauchen länger, bis sie merken, dass sie sich eigentlich schon gefunden haben.«

Davie seufzte, denn er verstand den kaum verbrämten Hinweis sehr gut. »Wenn du auf Susan anspielst, dann kann ich nur gebetsmühlenartig wiederholen, dass wir einfach nur gute Freunde sind. Nicht weniger, aber ganz sicher auch nicht mehr.«

»Ich spiele auf gar nichts an und finde, dass Freundschaft etwas sehr Schönes und Wertvolles ist«, erwiderte Collum und hatte dann glücklicherweise die Größe, nicht weiter darauf herumzureiten. »Zurück zum Sportschuppen«, wechselte er das Thema. »Bis wann könntest du die fertigen Pläne haben? Ich denke, wir könnten Fördergelder beantragen, aber dafür brauchen wir eine solide Kalkulation – finanziell und zeitlich.«

»Bis wann brauchst du es denn?« Davie wollte sich eigentlich gerne noch ein bisschen Zeit lassen und lieber gründlich recherchieren. Es gab unglaublich viele Ausstattungsmerkmale zu berücksichtigen. Allein die Bodenbeläge für Sporthallen waren eine Philosophie für sich. Aber er wusste auch, dass Collum eher zur ungeduldigen Fraktion gehörte und Projekte bevorzugt rasant anstieß.

»Am liebsten natürlich vorgestern«, antwortete er dann auch erwartungsgemäß. »Aber ich warte auch gerne, bis du den Entwurf hast, mit dem du dich absolut identifizieren kannst. Es ist schließlich *dein* Projekt.«

»Es war vielleicht meine Idee …«, wehrte Davie ab.

»Und jetzt bist du dafür verantwortlich.« Collum grinste und klopfte ihm auf die Schulter. »So läuft das hier eben. Kommst du nachher in den Pub? Harriet hat gefühlt alle Frauen aus dem Ort – jedenfalls die meisten in ihrer Altersklasse – in die Weberei gebeten, um Hochzeitsdetails zu besprechen. Da habe ich an eine Alternativrunde für die Männer gedacht.«

»Du willst mit den Männern von Kirkby über deine Hochzeit sprechen?«

»Was? Quatsch. Für mich steht ja alles fest. Nein, ich dachte nur an eine lustige Runde.«

»Klar, ich komm gerne. Bis später.«

Nachdem Collum sich verabschiedet hatte, setzte sich Davie an seine Werkbank, doch er arbeitete nicht. Stattdessen beobachtete er die hauchfeinen

Staubkörner und Holzspäne, die in den Strahlen der schräg stehenden Sonne tanzten, die durch das große Seitenfenster hineinschien. Er hatte Freunde in Kirkby, den besten Job der Welt und ein tolles neues Projekt. Doch statt Dankbarkeit empfand er in diesem Moment vor allem eines: eine fast unstillbare Sehnsucht.

• • •

Susan schlüpfte gerade in ihre Joggingklamotten, als ihr einfiel, dass sie heute den ganzen Tag noch keinen Blick auf ihr Telefon geworfen hatte. Nicht dass sie das Gefühl hatte, etwas zu verpassen, aber wenigstens ein Mal konnte sie nachsehen. Womöglich hatten sich ihre Eltern gemeldet, oder sonst wer. Hetty vielleicht? Doch die hielt eine ungewöhnliche Funkstille ein, seit Davie das unschöne Gespräch vor drei Tagen unterbrochen hatte.

Hettys Worte nagten an Susan – die völlig unangemessene Eifersucht auf Davie und der Vorwurf, dass Susan ihn bei nächster Gelegenheit womöglich genauso abservieren könnte, wie sie es angeblich mit Hetty getan hatte. Das war unfair. Einerseits. Aber andererseits auch nicht vollkommen unbegründet. Zumindest dass Hetty sich in die zweite Reihe versetzt fühlte.

Davie hatte natürlich absolut recht damit, dass Hetty die Wahrheit verdiente. Wenigstens das. Was sie damit anstellte, blieb ja immer noch ihr überlassen.

Doch Susan brachte es einfach nicht über sich. Sie hätte sich ihrer Freundin gleich anvertrauen müssen, als es passiert war, und nicht jetzt, gut drei Jahre später. Erinnerungen trogen ja auch – vielleicht dramatisierte sie die Ereignisse in der Rückschau ohnehin? Wie auch immer man es drehte, gerade fraßen nicht nur die fiesen Vorwürfe von Hetty an ihr, sondern auch ihr eigenes schlechtes Gewissen. Sie fühlte sich also regelrecht angebissen, was wirklich kein angenehmer Zustand war und sie gleich wieder an den Schreinereiausflug heute Nachmittag erinnerte.

Die Kinder waren außer Rand und Band gewesen und regelrecht elektrisiert von den kleinen handwerklichen Vorführungen von Davie, der ihnen gezeigt hatte, wie man hobelte und mit der Tischkreissäge große Bretter in akkurate Stücke zerteilte. Vor allem die Jungs hatten wie hypnotisiert vor dem lauten, martialischen Gerät gestanden und hätten nichts lieber getan, als selbst Hand anzulegen – was sie glücklicherweise hatten verhindern können. Beim anschließenden Schnitzen hatte Davie gewirkt, als wollte er am liebsten gleich den Rettungsdienst anrufen, doch die Zwerge hatten sich erstaunlich geschickt angestellt – jedenfalls ihrer Meinung nach – und ihre Holzstücke mehr oder weniger kunstvoll gestaltet.

Ihre Truppe war dann sehr zufrieden mit ihren kleinen, kaum definierbaren Kunstwerken in Richtung Kindergarten zurückmarschiert. In den nächsten Tagen wollte Susan Schleifpapier verteilen, damit die

Kinder die rauen Kanten abschleifen und die Stücke anschließend bunt bemalen konnten. Für sie war es also ein ganz normaler Nachmittag gewesen, für Davie anscheinend eine Art Vorhölle. Nun ja, er würde es ganz bestimmt irgendwie verschmerzen. Womöglich hatte er ihr einen launigen Kommentar dazu geschrieben?

Doch als sie nach ihrem Telefon angelte, lag weder eine Nachricht von Hetty vor – zum Glück! – noch eine von Davie. Dafür eine von Harriet. Die Weberin bat sie eindringlich, heute Abend ins Herrenhaus zu kommen. Sie hätte eine wichtige Ankündigung zu machen und wollte Zeit mit »meinen lieben Freundinnen« verbringen. Und zwar ab halb sieben. Mist. Es war bereits kurz vor sechs, und eigentlich wollte sie jetzt zu ihrer Laufrunde starten. Und natürlich hatte Harriet bereits einmal nachgefragt, ob sie denn auch wirklich dabei sein würde. Doppelmist.

Ich bin unterwegs, tippte sie rasch. *Ich hoffe, es ist nicht feierlich?* Wenn sie langsamer lief als sonst, wäre sie nicht arg verschwitzt, und außerdem könnte sie einfach ein frisches T-Shirt und eine Strickjacke in ihren Laufrucksack packen, oder?

Da spontan keine Antwort von Harriet kam, setzte sie ihren Plan in die Tat um, packte die saubere Kleidung und ihr Handy in den Rucksack und trabte in den erstaunlich milden Septemberabend hinein.

Als sie um kurz nach halb sieben das imposante Herrenhaus erreichte, war sie überrascht, dass vor der Eingangstür im Westflügel, wo die Weberei untergebracht war, zwei riesige Fackeln brannten und auch der Ballsaal im Erdgeschoss hell erleuchtet war. Fand da heute etwa ein Event statt? An einem frühen Donnerstagabend? Das konnte sie sich eigentlich nicht vorstellen. Sie öffnete die Tür und lief im Foyer direkt Robin Stewart in die Arme, die gerade die Treppe heruntergeeilt kam – in einem ähnlich seltsamen Outfit wie sie selbst. Die Mutter von Susans Schützling Ayana war perfekt geschminkt, hatte die Haare zu einem eleganten Knoten gewunden und trug unter einem dunkelblauen Blazer ein pinkfarbenes Seidentop. Ihre untere Körperhälfte steckte dagegen in einer ausgeleierten grauen Männerjogginghose, die Füße in Flip-Flops.

»Harriet hat sich nicht zu einem Dresscode geäußert, und ich hatte die letzten drei Stunden lang Video-Calls«, sagte die Anwältin trocken. Sie hatte hier im Haus ihrer Familie ein Büro, in dem sie arbeitete, wenn sie nicht gerade im Hauptsitz der Kanzlei in Edinburgh war oder durch die Welt jettete.

Susan musste laut lachen. »Darüber habe ich auch nachgedacht – und ich fühle mich gleich ein bisschen besser damit, dass ich in Sportklamotten hier bin. Ich hab aber für obenrum auch frische Sachen. Gibt's hier irgendwo ein Bad?«, erkundigte sie sich.

»Die Treppe runter in Richtung Kino«, entgegnete Robin.

»Danke. Hast du eine Ahnung, was genau Harriet von uns will?«, wollte Susan noch wissen. »Und wo findet dieses Was-auch-immer genau statt?« Sie blickte fragend zu der angelehnten Flügeltür, die zum Ballsaal führte.

»Genau da«, bestätigte Robin. »Und ich schätze, du wirst dich überraschen lassen müssen. Sie war die ganze Zeit sehr geheimnisvoll.«

»Gut, dann sehen wir uns gleich.« Susan flitzte die Treppe hinunter und schlüpfte in die Damentoilette, die wirkte, als wäre sie einem Luxushotel entsprungen. Im Vorraum standen einige bequeme Sessel herum, an der Wand gegenüber den Waschbecken gab es einen riesigen Spiegel mit schmeichelhafter Beleuchtung und einer hübschen Konsole als Ablage. Da hatten es die Stewarts wirklich krachen lassen, befand sie, aber vermutlich erwarteten die Gäste, die hier im Herrenhaus zu großen Hochzeiten oder anderen Festen eingeladen waren, so eine Ausstattung als Mindeststandard.

Susan zog sich rasch ihr Lauftop aus und machte eine Katzenwäsche. Die Seife duftete luxuriöser als ihre Pflegelinie zu Hause, und die Handtücher waren auch viel flauschiger. Sie schlüpfte in ein weißes T-Shirt und eine hellblaue Strickjacke. Beim Blick in den Spiegel streckte sie sich spontan die Zunge heraus und grinste. Eine derart elegante Erscheinung wie Robin würde sie nie werden, egal was sie trug oder mit ihren Haaren anstellte. Blöderweise hatte sie ihre Bürste nicht eingesteckt, daher löste sie nur den Zopf, schüttelte ihre wilde Karottenmähne aus und schlang sie zu einem lässigen Dutt zusammen, den sie mit dem

Haargummi fixierte. Schicker würde sie heute nicht mehr werden.

Neugierig darauf, was sie wohl gleich erwartete, lief sie die geschwungene Treppe wieder hinauf und öffnete die Tür zum Ballsaal, in dem sie bis heute tatsächlich noch nie gewesen war.

»Wow«, entfuhr es ihr. Der Raum war riesig, hatte einen wunderschönen alten Parkettboden und wirkte trotz seiner Größe und der bodentiefen Fenster irgendwie heimelig. Vielleicht lag das auch daran, dass in einem der beiden gigantischen Kamine ein Feuer flackerte. Davor war ein runder Tisch aufgebaut, an dem ungefähr ein Dutzend Frauen saßen, von denen Susan die meisten kannte. Sie blinzelte verwirrt, denn Harriet war plötzlich doppelt zu sehen.

»Wie schön, du hast es geschafft«, rief eine der beiden, sprang auf und kam Susan mit ausgestreckten Armen entgegen.

»Tut mir leid, wenn ich zu spät dran bin«, murmelte Susan, immer noch etwas überrumpelt von der Gesamtsituation. Die meisten anderen Frauen hatten sich nämlich durchaus schick gemacht. Plötzlich fühlte sie sich in ihren schwarzen Laufleggins und der schlichten T-Shirt-Strickjacken-Kombi deutlich zu schlecht gekleidet.

»Quatsch, du kommst genau richtig.« Harriet strahlte sie mit unverminderter Wattzahl an. »Ich glaube, du kennst die allermeisten hier, oder? Aber das sind meine Zwillingsschwester Lila und meine Mum.

Lila hatte spontan Zeit, daher die kurzfristige Einladung.«

Susan nickte freundlich in die Runde und setzte sich dann auf den einzigen noch freien Platz zwischen Hailey und Robin.

»Was bin ich froh, dass du hier bist«, raunte ihr Hailey mit einem frechen Augenzwinkern zu. »Ich dachte schon, ich bin die Einzige mit modischer Entgleisung.«

Susan schielte unter den Tisch. Hailey hatte eine Reithose an, die mindestens so fleckig war wie Robins Jogginghose, aber immerhin trug sie eine saubere Bluse und hatte Wimperntusche um die Augen.

»Ich hab Harriets Nachricht erst gelesen, als ich schon für meine Laufrunde umgezogen war«, wisperte Susan zurück.

Hailey wollte etwas dazu sagen, doch nun übernahm wieder Harriet das Wort.

»Ihr Lieben, noch einmal vielen Dank, dass ihr euch alle so spontan die Zeit genommen habt und hergekommen seid. Ihr habt ja alle mitgekriegt, dass ich Collum bei den Highland Games einen Heiratsantrag gemacht habe.« Bei diesen Worten begannen ihre Wangen zu glühen, und ihre Augen strahlten.

»Wie könnte man das vergessen?«, rief Shona, die Chefin der örtlichen Destillerie. »Das hat für mehr Aufsehen gesorgt als die unschöne andere Sache.«

»Über die wir nicht mehr sprechen!«, unterbrach Heather Stewart ihre Nichte und warf ihr einen warnenden Blick zu.

»Jaja, schon gut. Wie gesagt, der Antrag hat sowieso alles in den Schatten gestellt.«

»Jedenfalls haben Collum und ich uns überlegt, dass wir nicht lange warten wollen und …«

»Bist du etwa schon schwanger?«, platzte Kristie dazwischen. »Das wäre ja der totale Babyboom.«

»Nein, bin ich nicht. Und wir haben es auch nicht so eilig damit, also jedenfalls ich nicht.« Harriet schüttelte ungeduldig den Kopf. »Wir wollen einfach nicht länger warten, weil wir uns so sicher sind, dass wir richtig füreinander sind. Dass wir für immer zusammenbleiben wollen und dass die ganze Welt dabei sein soll. Also, vielleicht nicht die ganze Welt, aber jedenfalls ganz Kirkby.«

»Sky und ich sind einfach schnell aufs Standesamt gegangen«, murmelte Robin leise, doch Susan konnte am Pokerface der erfahrenen Anwältin keine Gefühle ablesen.

Beneidenswert, denn ihr selbst sah man jede Regung an der Nasenspitze an, und sie fürchtete, dass die Runde gerade allerhand bemerken könnte. Das Thema Heiraten gehörte derzeit nicht gerade zu ihren Lieblingsthemen.

»Daher haben wir einfach den nächsten freien Termin hier im Ballsaal gebucht, und der ist am vorletzten Oktoberwochenende!« Harriets Stimme klang beinahe wie ein Jubeln.

»In welchem Jahr?«, entfuhr es Susan.

»Na, in diesem natürlich, du Witzbärchen.«

Witzbärchen? Susan bemühte sich mit aller Kraft um einen neutralen Gesichtsausdruck, während Hailey ihr Handy zückte und ihren Kalender befragte.

»Aber das ist in gut vier Wochen!«, rief die Pferdefrau und klang so fassungslos, wie Susan sich fühlte.

»Und genau deswegen seid ihr hier.« Harriet strahlte selig in die Runde und schien von den eher ambivalenten Gefühlen ihres Publikums nichts mitzukriegen. Was vermutlich auch besser war.

»Ach so, na dann, und ich dachte schon, es sei was Ernstes«, kam es von Shona.

»Es ist auch etwas Ernstes«, erwiderte Harriet und klang nun doch eine Spur gekränkt.

»War doch nur ein Spaß«, ruderte Shona zurück. »Natürlich helfen wir dir, wo wir können. Also, was schwebt dir vor?«

»Eigentlich haben wir das meiste schon organisiert. Der Saal ist gebucht, genau wie die Kirche. Am Abend vorher gibt's in der alten Schule eine riesige Party für das ganze Dorf, denn natürlich passen hier nicht alle Leute rein. Wir haben gedacht, dass wir eine große Fete für alle machen und dann ein etwas intimeres Fest für die engsten hundertfünfzig, zweihundert Leute.«

»Bei zweihundert wird es keine Chance auf eine Tanzfläche geben«, warf Heather ein.

»Ich habe die Gästeliste im Auge«, mischte sich jetzt Colleen ein, die örtliche Eventplanerin, und schickte Heather einen vielsagenden Blick. »Darf ich übernehmen?«, fragte sie Harriet, die dankbar nickte.

»Es ist wirklich alles organisiert – auch weil wir fast alles in der Familie und im Ort haben, was eine perfekte Hochzeit ausmacht. Lennox übernimmt den musikalischen Part, Jon und Isla den kulinarischen für beide Events. Kristie wird zusammen mit ihrem Team hoffentlich eine Hochzeitstorte zaubern, und die Deko wird zu großen Teilen aus dem Fundus des Herrenhauses bestehen. Das ist alles in trockenen Tüchern. Da nicht sehr viele externe Gäste kommen, haben wir auch keine Probleme mit der Unterbringung. Wir haben im Bed & Breakfast ein paar Cottages reserviert, Jon hat Zimmer im Pub geblockt, und Harriets Familie wird im Herrenhaus wohnen.«

»Klingt tatsächlich so, als sei alles unter Dach und Fach«, bemerkte Robin. »Aber was ist unser Job? Ich meine, Harriet wird doch kein so großes Rudel von Brautjungfern brauchen, oder?«

Susan schauderte es bei diesem Wort. Die Duplizität der Ereignisse überforderte sie gerade etwas.

»Quatsch!«, wehrte Harriet ab. »Lila wird meine Brautjungfer sein, das reicht. Aber ich brauch euch trotzdem. Ich möchte nämlich Collum etwas schenken, für das ich eure Hilfe benötige.« Nun wurden ihre Wangen noch ein bisschen röter, und sie biss sich verlegen auf die Lippen. »Viele hier an diesem Tisch und in ganz Kirkby wären nicht da, wenn sie nicht an der ein oder anderen Stelle Hilfe von Collum bekommen hätten. Ich jedenfalls ganz sicher nicht. Und ihr wisst alle, wie absurd stolz er auf Kirkby ist. Ich glaube, er liebt den Ort mindestens so sehr wie mich. Oder sagen wir's so: Ich möchte ihn lieber nicht vor die Wahl ›Kirkby oder ich‹ stellen.«

»Das ist ja auch völlig unnötig«, sagte Heather liebevoll, und Susan sah, wie Harriets Mutter die Hand ihrer Tochter drückte.

»Ja, natürlich. Ich meine nur. Jedenfalls würde ich ihm gerne zeigen, dass nicht nur er Kirkby liebt, sondern Kirkby auch ihn.«

»Aber das tun wir doch sowieso«, rief Hailey. »Das muss man uns doch gar nicht auftragen.«

»Das weiß ich auch, und ich bin mir sicher, dass sich jeder tolle Geschenke für ihn oder uns ausdenken würde. Was ich aber vorhabe, ist etwas anderes: Ich würde gerne einen Erlebnistag oder ein paar Stunden nur für ihn organisieren. Ich möchte mit ihm von Station zu Station ziehen, und er soll jedes Mal das Gefühl haben, dass es in diesem Moment nur um ihn geht. Versteht ihr, was ich meine? Die ganzen Feste, Partys und Events, die er laufend plant, sind ja ein riesiger Spaß für alle – für ihn natürlich auch, aber vor allem für die Gemeinde. Ich würde ihm gerne einen Collum-Tag schenken.«

Für einen kurzen Moment war es still, aber dann plapperten fast alle gleichzeitig los und überboten sich mit Ideen. Susan war bis auf die Knochen gerührt. *So* musste sich Liebe anfühlen! Um *solche* Dinge musste es bei einer Hochzeit gehen! Nicht um Chefbrautjungfern in Apricot und Deko in rauchigem Salbei und Gold.

»Ich werde mit den Kindern etwas vorbereiten, damit auch die jüngsten Einwohner Kirkbys ihrem Bürgermeister zeigen, wie toll sie ihn finden«, kündigte sie schließlich an, als das Stimmengewirr etwas abgeebbt war und sie sich Gehör verschaffen konnte. »Und wenn er einen Lieblingsfußballclub hat – egal, wo auf der Welt, und egal, ob Männer- oder Frauenmannschaft –, dann organisiere ich etwas. VIP-Karten für ein Spitzenspiel, die Chance, mit dem Team zu reden, was auch immer. Das wäre kein Problem.«

»Ihr seid so unfassbar toll!« Harriet hatte Tränen in den Augen und lief um den Tisch, um jede ihrer Freundinnen einzeln zu umarmen.

»Und weil wir jetzt alle so schön beisammen sind und es gleich ein wundervolles Essen gibt, das Molly zubereitet hat«, ergriff nun zum ersten Mal Harriets Geschäftspartnerin Ainslee das Wort, »hätte ich auch noch ein Anliegen.«

Das brachte die Runde schlagartig zum Verstummen.

»Ich habt ja vielleicht mitbekommen, dass mein Pudel Jules im Sommer ungeplant gleich drei Hündinnen beglückt hat.« Sie räusperte sich und sah verlegen zu Heather. »Jedenfalls haben Heathers Airedale-Dame Joy, Jons Neufundländerin Polly und Pauls Ivy in den letzten Tagen insgesamt neunundzwanzig gesunde Welpen zur Welt gebracht. Zehn reinrassige Großpudel, elf Newfypoos und acht Airedoodles.«

»Reichlich Kindersegen, und alle bei uns im Keller«, bemerkte Heather.

»In acht bis zehn Wochen brauchen die Winzlinge alle ein neues Zuhause«, sprach Ainslee weiter. »Also wenn ihr mit dem Gedanken spielt, euch einen Hund anzuschaffen, oder jemanden kennt, der jemanden kennt, der einem Welpen einen guten Platz bieten könnte, dann sagt uns bitte Bescheid.«

»Ich will auf jeden Fall einen«, rief Susan, ohne zu zögern. Sie hatte Ainslee schon vor Monaten darauf angesprochen, ob sie und Paul mit ihren beiden Pudeln züchten würden, doch da hatten beide dezidiert abgelehnt. Dabei waren Pudel so intelligent und liebevoll und außerdem perfekt als Therapie- und Begleithunde geeignet. Susan hatte in ihrem Studium ein Praktikum in einer Kindertagesstätte gemacht, in der Therapiehunde zum Einsatz gekommen waren. Die Kleinen dort hatten alle verschiedene Einschränkungen gehabt, doch natürlich profitierten auch gesunde Kinder vom Umgang mit einem Hund.

»Sean und ich nehmen auch einen«, kündigte Hailey an. »Und ich höre mich gerne bei den Leuten im Stall um. Die meisten Pferdemenschen sind ja auch Hundemenschen, und wenn man die Welpen früh genug an Pferde gewöhnt, werden sie später auch keine Probleme machen.«

»Abby und Joy lieben Pferde jedenfalls«, wusste Heather zu berichten.

»Dürfen wir die Welpen mal besuchen?«, fragte Susan und merkte, wie ihr Herz regelrecht zu flattern begann. Sie würde einen Hund haben, der sie bei der

Arbeit und beim Joggen begleiten konnte. Und der ein loyaler Freund, ein Familienmitglied und ihr Beschützer sein würde – egal, was passierte.

»Sobald sie etwas älter sind. Im Moment würden die Hundemütter vermutlich kurzen Prozess mit euch machen.« Heather verzog das Gesicht, als würde sie aus schmerzlicher Erfahrung sprechen, was sie vermutlich auch tat. »Aber dann gerne. Und ich werde eine Website einrichten – mit täglich neuen Fotos und Live-Kameras an den Wurfkisten.«

»Ich kann's kaum erwarten«, murmelte Susan und wurde dann dadurch unterbrochen, dass Butler Hamish und Köchin Molly zwei überdimensionierte Servierwagen in den Saal rollten und das Abendessen auftrugen. Später würde sie Davie anrufen und ihn fragen, ob auch er sich einen Hund anschaffen wollte. Die Vorstellung, dass sie gemeinsam zwei Welpen aufzogen, verpasste ihrem flatternden Herzen noch eine andere Note. Sehnsucht und Hoffnung.

AN DER SEITENLINIE

»RICHTIG VIEL ERKENNEN kann man aber noch nicht«, sagte Davie, nachdem er sich durch gefühlt vierhundert Fotos hatte scrollen müssen. Allesamt zeigten sie weitgehend undefinierbare Fellbündel, die man nur mit einigem guten Willen als Hunde bezeichnen konnte. Doch sein Freund und Auftraggeber Jon war lächerlich stolz auf den Nachwuchs seiner Hündin Polly.

Eigentlich war Jon zusammen mit Alex zur Baustelle gekommen, um den aktuellen Stand der Dinge zu besprechen. Seit die beiden im Frühsommer beschlossen hatten, die große Scheune hinter der alten Schule zum Hotel umzubauen, war viel passiert. Nachdem zunächst aller Plunder ausgeräumt und allerhand Überraschungen zutage gefördert worden waren, hatten sie das Gebäude komplett entkernt, das Fundament und die Außenwände saniert und inzwischen mit dem Bau der Zimmer angefangen. In der hohen Scheune würde es insgesamt zwanzig Gästezimmer geben – und das sogar auf zwei Geschossen. Auf jeder Seite jeweils fünf pro Etage. Die Mitte war wie ein Atrium geöffnet, mit einer Galerie im ersten

Stock, die dort zu den Zimmern führte. Große Oberlichter im Dach würden für natürliches Licht sorgen, doch die waren noch nicht installiert.

Der Rohbau stand mittlerweile, und auch die Leitungen für die sanitären Einrichtungen waren gelegt. Jetzt ging es langsam an die Innenausstattung, aber da waren sich die beiden Hoteliers noch nicht ganz einig. Alex wollte den eher reduzierten Luxus-Schick seines Bed & Breakfast verwirklichen, Jon dagegen das rustikale Pub-Ambiente weiterführen.

Davie hatte ein paar Entwürfe gemacht und wollte den beiden Männern verschiedene Lösungen vorschlagen, doch so weit war er bislang gar nicht gekommen. Stattdessen benahm sich Jon wie ein verliebter Vater und berichtete in epischer Breite von dem gerade mal eine Woche alten Nachwuchs seiner Polly. Dabei konnten diese Winzlinge noch gar nichts, außer Fressen, Kacken und Schlafen. Sie waren noch blind und taub und konnten nur kriechen wie kleine, dicke Maden.

»Polly ist so eine tolle Mama«, schwärmte er nun. »Die Kleinen nehmen gut zu und entwickeln sich prächtig.«

»Wenn du das sagst.« Davie hatte einige Mühe, seine Ungeduld zu zügeln. Er wollte nachher noch zu Lennox und mit dem Schrank anfangen, und in seiner Werkstatt warteten noch immer die Modelle der Sporthalle, mit denen er noch nicht nennenswert weitergekommen war. Immerhin wollte ihn Susan heute Abend besuchen und ihn dabei unterstützen, doch langsam sah er buchstäblich seine Felle davonschwimmen.

»Ich vermisse Polly schrecklich, bin aber auch wahnsinnig dankbar dafür, dass sie ihre Babys im Herrenhaus großziehen kann. Das könnte ich im Pub ja gar nicht leisten«, plapperte Jon weiter, völlig unbeeindruckt von Davies Desinteresse. »Ich versuche aber, sie jeden Tag zu besuchen, damit sie sich nicht abgeschoben fühlt.«

»Mhm.« Davie warf Alex einen flehenden Seitenblick zu, den der jedoch nur mit einem Schulterzucken beantwortete.

»Das sind die Hormone, da kann man nichts machen.«

Davie hatte keine Ahnung, wie Hundehormone einen erwachsenen Mann beeinflussen oder wie Hundewelpen bei einem Mann zu einem Hormonüberschuss führen sollten, und wollte es auch gar nicht so genau wissen. Daher verbiss er sich weitere Kommentare.

»Ich würde so gerne eins oder zwei von den Babys behalten, aber das ist ja leider überhaupt nicht praktikabel, denn sie werden wahrscheinlich so groß wie Polly.«

»Vor allem solltet Isla und du euch auf euren menschlichen Nachwuchs einrichten«, warf Alex ein. »Glaub mir, das wird abenteuerlich genug. Wenn das Baby kommt, braucht ihr ganz sicher nicht auch noch einen pubertierenden Junghund zu Hause.«

»Ihr erwartet ein Kind?« Das hörte Davie zum ersten Mal. »Herzlichen Glückwunsch.«

»Danke. Und ja, Ende März, Anfang April, wenn alles gut läuft.« Jons ohnehin schon wachsweiches Strahlen wurde noch leuchtender, und irgendwie verpasste das Davie einen eifersüchtigen Stich. »Wir haben das noch nicht an die große Glocke gehängt.«

»Verstehe. Ich freu mich sehr für euch.« Davie klopfte Jon ein wenig ungelenk auf die Schulter. Er würde jetzt wirklich sehr gerne über die Innenausstattung des Hotels reden und nicht über junge Hunde und Menschenbabys.

»Danke, Mann, ich kann es auch immer noch nicht fassen. Ich hatte ja schon fast damit gerechnet, dass es nicht klappen würde.«

»Das Schicksal findet immer einen Weg«, murmelte Davie und fragte sich, aus welchen Untiefen seines Unterbewusstseins dieser Kalenderspruch nach oben gespült worden und aus seinem Mund gepurzelt war.

Alex grinste vielsagend, doch Jon schien an Davies Worten nichts Merkwürdiges zu finden. »Da hast du absolut recht. Man muss nur vertrauen können. Sich selbst und dem Schicksal, dann wird alles ganz einfach.«

»Guter Tipp, werde ich beherzigen«, versprach Davie. »Aber vielleicht will das Schicksal jetzt auch, dass es mit dem Innenausbau eurer Hotelscheune weitergeht? Ich hab mir da ein paar Gedanken gemacht.«

Tatsächlich steckte Jon sein mit Welpenbildern gefülltes Handy weg und nickte ihm mit frischer Aufmerksamkeit zu. »Lass hören.«

Unterm Strich war die Entscheidung dann doch schneller und eindeutiger gefallen, als Davie zu hoffen gewagt hätte. Er hatte zunächst die Idee gehabt, das Hotel optisch in zwei Bereiche zu teilen – eine Seite für das Bed & Breakfast und die andere für den Pub, mit einem »Konsens«-Areal im Atrium, das als Lobby und Selbstbedienungsbar fungieren sollte. Doch glücklicherweise hatten sich Alex und Jon dann für den komplett neuen Entwurf entschieden, den er gestern in einem etwas verkaterten Zustand ziemlich flott zu Papier gebracht hatte. Damit würde er den Charakter der ehemaligen Scheune bewahren – mit alten Heuraufen als Garderoben in den Zimmern, ehemaligen Viehtränken als Waschbecken und ähnlichen Details. Für die Möbelstoffe hatte er den Kirkby-Tartan vorgeschlagen und einige Elemente daraus auch als Farbschema entwickelt.

»Und dann nennen wir das Ganze *The Cosy Barn*«, schlug Alex enthusiastisch vor.

»Oder noch offensichtlicher: *Kirkby Barn*«, entgegnete Jon mit einem breiten Grinsen.

»Deal!« Alex hielt seinem Schwager und Geschäftspartner die Hand hin, und Jon schlug ein.

»Deal!«

»Großartig«, freute sich Davie. »Ich schau nachher in meinem Lager, was wir von den Originalteilen aus der Scheune noch nutzen können. Ich schätze, das wird einiges sein. Soll heißen, das Budget könnte am Ende sogar unterschritten werden.«

»Das hört jeder Schotte gern.« Alex grinste breit. »Aber wir finden bestimmt noch Stellen, wo wir das gesparte Geld wieder investieren müssen.«

»So ist es doch immer, aber unterm Strich wird's hoffentlich nicht teurer als geplant.« Davie packte die groben Skizzen und sein Tablet ein, auf dem die deutlich präziser ausgearbeiteten Pläne für die andere Variante ihrem digitalen Tod entgegenschlummerten.

Er dachte an das gerade vergangene Wochenende, das er in London verbracht hatte, um mit rund hundert anderen Gästen den dreißigsten Geburtstag seiner kleinen Schwester zu feiern. Gefühlt waren ausschließlich Architekten auf der Party gewesen, und sein Vater hatte natürlich die Gelegenheit genutzt, sich einmal mehr öffentlich für seinen abtrünnigen Sohn zu schämen, der es »nicht so hat mit der Moderne, sondern gedanklich dem letzten Jahrhundert verhaftet ist«.

Davie war sich nicht sicher, ob ihn diese bösartige Spitze tatsächlich verletzen konnte oder ob er sie vielleicht als Kompliment annehmen wollte. Er hatte natürlich überhaupt nichts gegen moderne Technologie, war aber trotzdem der Meinung, dass Gebäude und Räume für Emotionen sorgen sollten, egal ob für die private oder die geschäftliche Nutzung. Und Gefühle ließen sich – seiner Meinung nach jedenfalls – digital nicht so gut transportieren wie analog. Dafür war die gelungene Scheunen-Präsentation doch der beste Beweis.

Jons Telefon gab ein aufgeregtes Bellen von sich – offensichtlich ein hundespezifischer Signalton, denn der Wirt bekam sofort wieder glasige Augen. »Aww! Isla ist bei den Babys«, rief er und hielt Davie und Alex das Handy hin, damit sie sich ebenfalls an diesem Anblick weiden konnten.

In dem Live-Video war zu sehen, wie die mit zwei Michelin-Sternen dekorierte Spitzenköchin vor der Wurfbox von Polly hockte und einen Welpen nach dem anderen heraushob, herzte und ihn dann mit einem Kuss aufs Köpfchen wieder an die Milchbar seiner Mutter legte.

»Seid ihr wirklich sicher, dass ihr keinen der Welpen haben wollt?«, fragte Jon und hatte sichtlich Mühe, sich loszureißen. »Es wäre so schön, wenn möglichst viele von den Kleinen in Kirkby bleiben würden.«

Alex schüttelte vehement den Kopf. »Wir haben schon Tito. Und auch wenn Aidan und Colleen beide um einen Welpen betteln, bin ich der Meinung, dass es reicht.«

»Tito ist so klein, der fällt doch gar nicht auf«, behauptete Jon.

»Tito ist ein Jack Russell. Er mag klein sein, aber seine Persönlichkeit ist riesig. Ich bin mir nicht sicher, ob er einen anderen Hund im Haus dulden würde.«

»Das ist doch eine reine Schutzbehauptung. Tito ist ein Netter, der würde einen Welpen unter seine Fittiche nehmen und ihn vermutlich auch erziehen. Da hättet ihr praktisch keine Arbeit.«

»Das würde er zweifellos – und das ist noch ein Punkt, der dagegenspricht.«

»Aber Tito ist doch im Grunde Aidans Hund. Findest du nicht, dass Roya einen eigenen bräuchte?«, änderte Jon die Taktik.

»Roya ist gerade zehn Monate alt, die braucht keinen eigenen Hund.« Alex klang ein wenig erschöpft, so als hätte er diese spezifische Diskussion schon etliche Male mit seiner Frau und seinem Sohn führen müssen.

Davie bekam fast ein bisschen Mitleid mit ihm, denn es war klar, dass der Widerstand des Hoteliers nicht mehr lange halten würde.

»Wenn du das sagst …« Jon lächelte verschmitzt. Offensichtlich hatte er den wahren Subtext auch richtig verstanden. »Es dauert ja ohnehin noch eine ganze Weile, bis die Kleinen abgegeben werden. Da kann sich noch viel ändern.«

»Wenn wir hier fertig sind, würde ich mich jetzt verabschieden«, grätschte Davie in das Gespräch. »Ich hab noch einen Termin bei Lennox.«

»Der auch noch vollkommen unbehundet ist«, bemerkte Jon. »Genau wie du.«

»Ich kann nicht für Lennox sprechen, aber in meinem Fall wird dieser Zustand auch anhalten«, erklärte Davie bestimmt.

»Bei dir verstehe ich es am allerwenigsten. Für deine einsame Mühle wäre ein Hund doch geradezu prädestiniert. Er könnte die Werkstatt bewachen und …«

»So einsam ist es nun wirklich nicht«, unterbrach ihn Davie. »Habt noch einen schönen Nachmittag. Ich sag Bescheid, wenn ich das Lager überprüft habe, aber der Fliesenleger kann schon mal loslegen, und sobald ich weiß, ob die Viehtröge passend sind, kann auch der Installateur beginnen. Bis die Tage.« Er nickte den beiden Männern zum Abschied zu und verließ dann rasch die Baustelle, um nicht noch mehr Pro-Welpen-Argumente hören zu müssen.

Dabei wusste er selbst nicht, warum er so abweisend war. Er mochte Hunde und hatte sich als Kind immer einen gewünscht, doch seine Eltern waren stets dagegen gewesen. Zu viel Arbeit, zu viel Schmutz bedeute ein Vierbeiner, hatten sie argumentiert. Erschreckenderweise hatte er das anscheinend verinnerlicht, ohne es zu merken. Vielleicht sollte er noch einmal darüber nachdenken?

Bei Lennox war der vielköpfige Hundenachwuchs auf Monroe Manor glücklicherweise kein Thema, stattdessen ein neuer Song, den sich der Musiker übers Wochenende ausgedacht hatte.

»Er heißt *Man In The Middle* und soll eine Hommage an Collums Engagement und Umtriebigkeit sein. Ich hab mir überlegt, dass ich die Tantiemen von dem Stück spenden werde. An eine Wohltätigkeitsorganisation, die ihm am Herzen liegt.« Lennox nahm seine Gitarre und stimmte das mitreißende Lied an.

»Gefällt mir«, lobte Davie. »Aber gibt es einen besonderen Grund, warum du Collum einen Song widmen möchtest? Also nicht falsch verstehen, er ist ja wirklich ein cooler Typ, aber …«

»Du hast wohl noch nichts von Harriets Aktion erfahren?« Lennox sah ihn überrascht an.

»Welche Aktion?« Davie war vollkommen ahnungslos.

»Harriet spannt für ihr Hochzeitsgeschenk das ganze Dorf ein«, berichtete Lennox und legte die Gitarre zur Seite. »Sie stellt sich eine Art ›Collum-Day‹ vor, einen Tag, an dem sich alles nur um den Bürgermeister dreht.«

»Also eigentlich wie jeder Tag in Kirkby«, entfuhr es Davie, und Lennox lachte schallend los.

»Genau das hat wörtlich mein Vater von sich gegeben! Aber ich finde, dass Harriet nicht unrecht hat. Collum organisiert ständig etwas, plant, macht und tut – und natürlich steht er dadurch oft im Fokus, aber es geht ja nie um ihn persönlich, sondern immer um Kirkby. Er will unser Dorf immer lebens- und liebenswerter machen, und Harriet wünscht sich, dass wir dafür alle artig Danke sagen.«

»Hm.« Davie kratzte sich am Kopf. Ganz wollte ihm das Konzept noch nicht einleuchten.

»Überleg mal, wie viele Aufträge hast du Collum zu verdanken?«, half ihm Lennox auf die Sprünge.

»Einige«, gab er zu. »Vermutlich sogar die meisten, denn indirekt lässt sich fast alles auf eine Empfehlung von ihm zurückführen.«

»Eben«, bestätigte Lennox. »Das gilt für die meisten hier im Ort. Mein Dad nimmt ja gerne für sich in Anspruch, der heimliche Denker und Lenker von Kirkby zu sein, und aus seiner Sicht mag das sogar stimmen, doch bei der Umsetzung ist er von anderen Leuten abhängig. Und dabei hat meist Collum seine Finger im Spiel, weil er besser vernetzt ist als jeder andere Mensch hier im Ort.«

»Da ist echt was dran. Du denkst also, dass ich demnächst mit einem Besuch von Harriet rechnen kann?«

»Zweifellos. Ich wundere mich ehrlich gesagt, dass das noch nicht geschehen ist. Hat Susan nichts erwähnt? Die Mädels waren ja letzten Donnerstag alle im Herrenhaus und sind direkt in die Planung eingestiegen.«

»Ich bin am Freitagnachmittag nach London geflogen und erst gestern zurückgekommen. Susan sehe ich erst nachher wieder.«

»Das erklärt es.« Lennox grinste verschmitzt. »Du kannst ja schon mal in dich gehen und überlegen, was du für Collum zu bieten hast.«

Spontan schoss Davie eine Idee durch den Kopf, doch die würde in erster Linie eins bedeuten: noch mehr Arbeit. »Eigentlich habe ich ihm mein Geschenk schon gemacht, indem ich zugestimmt habe, die Mehrzweckhalle nicht nur zu bauen, sondern vor allem auch zu entwerfen«, sagte er mit einem kleinen Seufzer. »Aber das zählt wahrscheinlich nicht, oder?«

»Nope. Du wirst ja garantiert bezahlt dafür, oder?«

»Ich nehme es an.« Er wollte nicht im Detail darauf eingehen, warum der Bruch seines Gelübdes, nie wieder als Architekt zu arbeiten, so viel mehr wert war als alles Geld, also wechselte er das Thema. »Zurück zu deinem Musikschrank. Wir haben die alten Holzplanken inzwischen so weit aufbereitet, dass wir loslegen können. Ich würde heute gerne noch ein letztes Mal alles ausmessen und die Daten in den Plan eintragen, damit wir in der Werkstatt alles vorbereiten können. Den eigentlichen Einbau bei dir sollten wir dann recht fix über die Bühne bringen. Wie klingt das?«

»Ziemlich genial.« Lennox rieb sich erfreut die Hände. »Und wann könnte der fixe Einbau dann sein?«

»Idealerweise Ende dieser Woche, denn danach brauche ich alle Mann an Deck für die Hotelscheune. Jon und Alex haben sich vorhin endlich auf ein Konzept geeinigt, und jetzt können wir weitermachen. Die Herrschaften träumen von einer Eröffnung zu Weihnachten.«

»Keine Langeweile für den Dorfschreiner also.« Lennox beeilte sich, die Gitarrenständer und den großen Rollcontainer wegzuräumen, die an der Stelle standen, an der demnächst der Wunderschrank einziehen würde.

»Langeweile – was ist das?« Davie lächelte. »Nein, im Ernst, ich finde es toll, und ich werde mich ganz sicher nicht über zu viel Arbeit beklagen. Ich werde wohl ein paar neue Leute einstellen müssen, aber das sind ja auch Luxusprobleme.« Er zog einen Zollstock, ein Maßband und ein handliches Lasermessgerät aus den diversen Taschen seines Arbeitsoveralls und machte sich an die Arbeit.

»Alte und neue Technologie«, kommentierte Lennox, während Davie methodisch, aber ohne Hast alles ganz genau ausmaß.

»Hat beides Vor- und Nachteile. Wie in der Musik. Du nutzt doch auch alte akustische Instrumente und moderne Synthesizer. Die Mischung macht es meiner Meinung nach.«

»Wahre Worte, mein Freund. Wahre Worte.«

• • •

»Wenn man bereits am Montag reif fürs Wochenende ist«, stöhnte Susan anstelle einer Begrüßung, als Davie die Tür zu seinem Reich für sie öffnete.

»Nicht, dass ich dir widersprechen möchte, aber aus deinem Mund sind das ungewöhnliche Worte«, entgegnete er und lief voraus in die Küche, aus der es unwiderstehlich duftete.

»Nicht nach dem großen Kleister-Krieg von Kirkby! Glaub mir. Ich wette, dass Nora sich morgen krankmeldet.«

»Was ist denn passiert?« Davie rührte im Topf.

»Wir wollten heute Pappmaschee-Schweine machen«, fing Susan an. »Also mit Luftballons, Zeitungspapierstreifen, Eierkartons und Kleister – du weißt, was ich meine.«

»Ich habe offen gestanden nicht die leiseste Ahnung, aber muss ich ja auch nicht, oder?«

»Es ist eigentlich total simpel. Man bläst einen Luftballon auf, klebt vorsichtig mehrere Schichten Zeitungspapier drauf und lässt das Ganze dann gut trocknen. Danach pappt man Eierkartonstücke als Füße und Schnauze an das Gebilde und gibt noch mal ein paar Schichten Zeitungspapier drüber. Wieder trocknen lassen, dann kann man es anmalen und klebt noch Ohren aus Tonpapier dran und ein Schwänzchen aus Pfeifenreiniger«, erklärte sie gestenreich.

»Pfeifenreiniger? Gibt es so was heutzutage noch? Ich meine, wer raucht denn noch Pfeife?« Typisch Davie, dass er sich an solchen Nebensächlichkeiten festbiss.

»Keine Ahnung, ob es noch Pfeifenraucher in nennenswerter Größenordnung gibt, aber jeder Bastelbedarfladen hat Pfeifenreiniger in allen Farben auf Lager«, sagte sie. »Aber darum geht's ja auch gar nicht, so weit sind wir nämlich noch lange nicht. Und nach dem heutigen Debakel vermute ich, dass der aktuelle Jahrgang von Kirkby-Vorschülern eher keine selbst gemachten Pappmaschee-Sparschweine mit nach Hause nehmen wird.« Wieder entschlüpfte ihr ein tiefer Seufzer.

»Was ist denn passiert?« Er sah so aus, als müsste er sich mit Gewalt ein Lachen verbeißen.

»Das ist nicht witzig«, empörte sie sich halbherzig und merkte gleichzeitig, dass sie selbst lockerer wurde und sich ein Kichern in ihrer Bauchgegend breitmachte. Völlig unangemessen, aber vermutlich nicht mehr lange zu unterdrücken.

»Ich schätze, das wird sich gleich ändern«, gab er zurück und wirkte plötzlich seinerseits sehr fröhlich.

Dabei fiel Susan auf, dass sie vorher eine ziemliche Anspannung bei ihm wahrgenommen hatte – was kein Wunder wäre nach einem Wochenende mit seiner Familie. Doch der Bericht darüber konnte warten, jetzt war das Kleisterdrama dran.

»Einer der kleineren Jungs hatte einen Toilettenunfall, um den ich mich kümmern musste«, erzählte sie weiter und spürte, wie das Kichern langsam höher wanderte. »Ich war also nicht am Basteltisch, sondern für wenige Minuten abgelenkt. Gerade als ich Finley wieder in frische Klamotten packen wollte, ging plötzlich ein infernalisches Gebrüll los. Ich lasse den Kleinen halb nackt im Bad stehen und sprinte los. Im Gemeinschaftsraum war da schon eine fulminante Kleisterschlacht im Gange, natürlich initiiert von meinem besonderen Freund Tom. Er hatte keine Lust gehabt, Luftballons mit Papierstreifen zu bekleben, sondern fand es witziger, sie den Mädchen in die Haare zu pappen. Und eins muss man ihm lassen: Er ist rasend schnell, wendig wie ein Aal und sehr geschickt.

Alle Kinder haben zu diesem Zeitpunkt gebrüllt wie am Spieß, Nora war vollkommen aufgelöst und ebenfalls voll Kleister, und ich …« Sie konnte nicht mehr weitersprechen, weil das Kichern nun endgültig in ihrer Kehle angekommen war. Sie prustete los, als die absurden Szenen des Nachmittags erneut vor ihrem geistigen Auge abliefen.

»Und du?«, fragte Davie schließlich, ebenfalls lachend. »Was hast du gemacht?«

»Ich habe versucht, die kleinen Biester auseinanderzutreiben, doch bis ich ein Kind erwischt hatte, hatten drei andere frische Papierstreifen in den Kleister getunkt und Kameraden, Spielsachen, Mobiliar oder die hysterische Nora beklebt. Glücklicherweise kamen uns Moira und Robbie zu Hilfe, und irgendwer war geistesgegenwärtig genug, um den Kleistertopf außer Reichweite zu bringen. Danach hat sich die Situation etwas beruhigt.« Sie gluckste. »Minimal wenigstens. Aber der Schaden war schon angerichtet.«

»Warum haben Menschen noch mal das Bedürfnis nach Nachwuchs?«, wollte er wissen.

»Frag mich nicht. Ich schätze, dass spätestens heute die allerletzten Eizellen in mir Selbstmord begangen haben«, erwiderte sie, immer noch giggelnd. »Finley wollte natürlich auch noch mitmachen und hat in den Chaosminuten sein Zipfelchen mit Kleister und Zeitungsschnipseln verziert.«

»Wahnsinn.« Davie wandte sich wieder dem Topf zu. »Wie sieht's aus? Magst du essen?«

»Gott, ich bin vollkommen ausgehungert!« Sie nahm am Tisch Platz und goss sich ein Glas Wasser aus der Karaffe ein, die Davie schon bereitgestellt hatte. »Wir haben dann die Kinder nacheinander halbwegs gesäubert und die Eltern angerufen, damit sie ihren Nachwuchs früher abholen. Kam bei vielen verständlicherweise bombig an, wie du dir sicher vorstellen kannst. Aber wir haben nicht so viele Ausweichräume und mussten das Chaos ja auch noch irgendwie beseitigen.«

»Dagegen klingt mein Tag fast wie ein paar Stunden im Spa«, sagte Davie und servierte lächelnd eine dampfende Schüssel mit Reis und Thaicurry. »Womöglich war sogar mein Wochenende harmlos dagegen.«

»Erzähl mir gleich alles«, bat sie. »Aber erst lass uns was essen.« Sie ließ die Gabel liegen, griff stattdessen nach einem Löffel und schob sich einen üppigen Bissen in den Mund. »Himmlisch«, schmatzte sie dankbar.

»Das Lob kann ich mir leider nicht ans Revers heften«, gestand er, nachdem sie schweigend ihre Portionen aufgegessen hatten. »Ich hab's heute nicht zum Einkaufen geschafft, sondern habe zwei eingefrorene Notfallportionen aufgetaut. Homemade by Helen aus dem Pub. Nur den Reis habe ich selbst gekocht.«

»Völlig egal, du hast mich gefüttert, und allein dafür verdienst du einen Orden. Ich hab nicht mal mehr eingefrorene Notfallrationen zu Hause. Ohne dich wäre ich heute kläglich verhungert.«

»Ohne mich wärst du in den Pub gegangen«, behauptete er.

»Sicher nicht, denn da wäre ich wohl einigen aufgebrachten Eltern begegnet.« Es war echt nicht lustig, aber sie musste schon wieder lachen. »Toms Mutter hat vielleicht einen Aufstand gemacht, dabei hat ihre Höllenbrut mit dem ganzen Elend angefangen.« Sie schüttelte den Kopf. »Ayanas Dad Sky dagegen war total cool, obwohl die Locken der Süßen komplett verklebt waren. Diese Bade-Einheit dürfte ebenfalls höllisch gewesen sein. Also ist der Pub diese Woche keine Option. Vermutlich starten ein paar Leute eine Petition, damit ich meinen Job verliere.«

»Nie im Leben«, sagte Davie im Brustton der Überzeugung. »Die lieben dich alle viel zu sehr und sind froh, dass sich jemand um ihren verkorksten Genpool kümmert.«

Susan zuckte mit den Schultern. Sie war nicht wirklich in Sorge um ihren Job, den würde sie schon nicht verlieren. Nicht wegen ein paar Schlagzeilen, die am Gemächt eines Vierjährigen klebten. »Ich hab nur Angst, dass ich ab morgen allein mit der Truppe bin, denn ich glaube nicht, dass Nora noch einmal zurückkommt. Aber vielleicht kann ich sie in Moiras Winzlingsgruppe schicken und stattdessen Robbie übernehmen.«

»Womöglich überrascht sie dich ja«, meinte er und räumte die Teller weg.

»Ja. Kann sein.« Sie glaubte nicht so recht daran, aber eigentlich hatte sie im Moment auch keine Lust, darüber nachzudenken. Ein paar Stunden lang wollte sie sich jetzt entspannen und nicht über das heutige Fiasko nachdenken. »Wie war dein Wochenende?«, wollte sie wissen.

»Frag nicht«, winkte er ab.

»Hab ich doch schon«, beharrte sie. »Es interessiert mich auch ernsthaft.«

»Es war wie immer, die einzigartige Lilly stand im Rampenlicht und hat sich in der Bewunderung ihrer zahllosen Gäste und unseres Vaters gesonnt. Ich war der Sonderling vom Land, der lieber mit Bauklötzen spielt als Wolkenkratzer entwirft.« Die Bitterkeit in seinen Worten traf sie bis ins Mark.

»Das hat er nicht so gesagt, oder?«, empörte sie sich.

»Oh doch, in etlichen Variationen und Paraphrasen, die immer blumiger wurden, je höher sein Alkoholpegel war. Aber ich will wirklich nicht darüber sprechen. Stattdessen habe ich ein echtes Erfolgserlebnis zu vermelden: Alex und Jon haben sich geeinigt.«

»Das ist ja toll«, freute sie sich mit ihm. »Und auf welchen Entwurf?«

»Ich hatte gestern noch einen Geistesblitz und habe einen ganz neuen gemacht, bei dem der Scheunencharakter erhalten bleibt – mit Heuballen in der Lobby, einer Mistgabel als Griff für den Selbstbedienungskühlschrank und Viehwassertrögen als Waschbecken. Das Farbschema soll vom Kirkby-Tartan kommen. Erstaunlicherweise erschien das beiden total einleuchtend. Plötzlich waren alle individuellen

Eitelkeiten weg und die hitzigen Argumente vergessen, dass das neue Gästehaus doch bitte schön die jeweiligen Design-Elemente von Pub beziehungsweise Bed & Breakfast aufnehmen sollte. Sie wollen das Ganze jetzt einfach *Kirkby Barn* nennen.«

»Cool. Gefällt mir. Und diesen Plan hast du gestern einfach so fix aus dem Ärmel geschüttelt?«

Davie zuckte mit den Schultern. »Ehrlich gesagt habe ich keine Ahnung, wie ich es geschafft habe, denn ich war nach meiner Rückkehr aus London immer noch ziemlich verkatert. Nicht nur vom Alkohol, auch moralisch. Aber plötzlich kam mir die Idee, und ich habe sie grob skizziert – und Bingo!« Er schenkte ihr ein halb verwundertes Lächeln.

»Mich überrascht das kein bisschen«, entgegnete sie warmherzig und legte ihre Hand auf seine. »In dir steckt so viel Kreativität und Leidenschaft für das, was du tust – und so viel Empathie für die Bedürfnisse deiner Kunden. Wenn du deinen Instinkten vertraust, wirst du intuitiv das Richtige machen.«

»Wäre schön, wenn ich daran glauben könnte.« Er zog seine Hand unter ihrer weg und stand auf, um den Tisch abzuräumen.

»Du musst ja nicht dran glauben. Du kannst es auch einfach als Experiment sehen. Kannst ja Buch darüber führen, wie das Kundenfeedback ausfällt. Bei welchen Entwürfen bekommst du die positivere Resonanz: bei den kühlen Kopfentscheidungen nach Kundenbriefing oder bei denen, wo du auf dein

Bauchgefühl gehört hast? Am Ende hast du das Ergebnis dann schwarz auf weiß und brauchst dich nicht mehr ständig infrage zu stellen.«

Davie unterbrach das Einräumen der Spülmaschine und warf ihr einen überraschten Blick zu. »Wieso denkst du, dass ich mich ständig infrage stelle?«

»Na ja, weil du es halt tust.« Susan war sich nicht sicher, ob sie lachen oder ihn bedauern sollte. »Dein selbstbewusstes Auftreten ist doch meist nur Fassade, hinter der einer der größten Zweifler steckt, die ich kenne.«

Sie sah, wie sein Adamsapfel zuckte. Dann räumte er schweigsam weiter die Spülmaschine ein und wischte das Kochfeld sauber.

»Manchmal ist es mir unheimlich, wie gut du mich kennst«, sagte er schließlich, als er zum Tisch zurückkehrte.

»Du kennst mich doch genauso gut – und hast keine Scheu, mir meine Schwächen unter die Nase zu reiben. Gibt ja auch genügend davon.«

»Den Kleister-Krieg von Kirkby würde ich jetzt nicht als Schwäche bezeichnen.« Er grinste schief.

»Ich auch nicht, doch das Dorf wird es so betrachten.«

»Wir brauchen alle ab und zu mal was zum Lachen.«

»Ja, mag sein. Wie sieht's aus, willst du mir jetzt von der Familienfeier erzählen?«

Er schüttelte den Kopf. »Dieses Wochenende will ich einfach nur vergessen, und je weniger ich darüber spreche, desto besser.«

»Okay, dann will ich dir meine Neuigkeiten nicht vorenthalten: Ich werde mir einen Hund anschaffen!«

Er glotzte sie an, als hätte sie eine Begegnung mit Außerirdischen erwähnt. »Einen Hund?«

»Ja, du weißt schon, das sind diese Tiere, die als bester Freund des Menschen gelten. Weiches Fell, treue Augen«, entgegnete sie sarkastisch. »Was ist denn los mit dir?«

»Jon hat heute auch versucht, mir einen seiner Welpen aufzuschwatzen.«

»Aber das wäre doch toll. Stell dir vor, wenn wir uns beide gleichzeitig einen Welpen zulegen, dann hätten die beiden immer einen Spielgefährten, und wir könnten gemeinsam zur Hundeschule gehen und solche Sachen machen.« Susans Augen begannen bei dieser Vorstellung zu leuchten.

»Was soll ich denn mit einem Hund anfangen?«, fragte er und klang erschütternd fassungslos. »Und noch viel wichtiger, wie willst du das machen? Du bist doch jeden Tag von morgens bis abends im Kindergarten und kannst dich gar nicht um einen Welpen kümmern.«

»Er kommt natürlich mit. Denkst du etwa, ich würde ihn allein zu Hause lassen?«

»Aber nun stell dir mal vor, beim heutigen Kleister-Chaos wäre auch noch ein junger Hund involviert gewesen.« Er schien ihren Gedanken total abwegig zu finden, was Susan zunehmend irritierte.

»Glücklicherweise passieren solche Dinge bei uns nicht täglich. Aber im Fall der Fälle würde ich es bestimmt auch in den Griff kriegen. Hunde haben einen guten Einfluss auf Kinder. Ich werde den Welpen auch als Therapiehund ausbilden, da ist es gut, wenn er schon frühzeitig mit allen möglichen Umweltreizen konfrontiert ist.«

»Ich denke, du stellst dir das einfacher vor, als es ist«, brummte er.

»Und ich denke, du hast keine Ahnung. Ich habe in Schweden einige Zeit mit Therapiehunden gearbeitet. Du glaubst gar nicht, wie positiv sich die Anwesenheit eines solchen Tiers auf die Kinder auswirkt. Davon könnte auch der Kirkby-Nachwuchs profitieren.«

»Das ziehe ich auch gar nicht in Zweifel, aber ein winziger Welpe weiß doch noch gar nicht, dass er mal Therapiehund werden soll. Der ist bestimmt erst mal genauso bekloppt wie die Kinder. Meinst du nicht, dass das eher zu noch mehr Chaos führen wird?«

»Nein, das meine ich nicht. Es kommt natürlich drauf an, dass ich den richtigen Welpen aussuche – und dass ich darauf achte, dass die Kinder Regeln einhalten. Aber die sind nicht doof. Weder Menschen- noch Hundekinder. Ich werde mich in den nächsten Wochen intensiv damit befassen, und vielleicht kann ich sogar noch einen Auffrischungskurs machen, aber ich bin überzeugt davon, dass es ein Erfolg wird.« Sie funkelte ihn an, um weiteren Widerspruch gleich im Keim zu ersticken.

»Wenn du das sagst …« Er hob die Hände und schenkte ihr ein kleines Lächeln. »Und was ist mit deinen Joggingrunden? Ein so junger Hund wird da nicht mithalten können.«

»Himmel, ich bin doch nicht blöd. Natürlich kann er das nicht. Aber ich bin mir sicher, dass er nach einem Tag im Kindergarten gerne ein Schläfchen hält, sodass ich laufen kann. Und sobald er alt genug dafür ist, kommt er garantiert voller Begeisterung mit.«

»Wenn du das sagst«, wiederholte er noch einmal und presste dann die Lippen aufeinander, wie um weitere Kommentare zu verhindern. Gut so.

»Wolltest du mir nicht die Entwürfe für die Mehrzweckhalle zeigen?«, wechselte sie das Thema und konnte ihm seine Erleichterung regelrecht ansehen.

»Unbedingt. Da brauche ich dringend noch professionellen Input. Soll ich die Modelle holen, oder magst du mit in die Werkstatt kommen?«

Susan zögerte einen Moment. Sie liebte die große Werkstatt, an die sich eine Lagerhalle anschloss, die ihr wie Aladdins Schatzkammer vorkam, weil es so viele tolle Dinge zu entdecken gab. Aber sie wusste auch, dass sie dann ewig nicht mehr wegkommen würden, und ihr war eher nach einem gemütlichen Abend auf dem Sofa. »Hol sie doch. Ich geh inzwischen schon ins Wohnzimmer.«

KOMMENTARE VON DER ERSATZBANK

ROBBIE WAR WIRKLICH eine enorme Bereicherung, freute sich Susan drei Tage später. Erwartungsgemäß hatte sich Nora am Dienstag nach dem Kleister-Drama krankgemeldet, doch Susan war abends bei der jungen Frau vorbeigefahren und hatte ihr den Vorschlag gemacht, schon jetzt mit Robbie zu tauschen und in die Kleinkindergruppe zu wechseln.

Das hatte schlagartig für mehr Ruhe im System gesorgt. Nora fühlte sich bei den Kleinsten viel wohler, und Robbie mit seiner lustigen Art kam bei den Größeren bombig an. Gerade hatte er sie nach dem Mittagessen in die Bücherecke gelotst und las ihnen jetzt mit seiner erstaunlich sonoren Stimme ein Michel-aus-Lönneberga-Abenteuer von Astrid Lindgren vor. Die Kinder hingen ihm dermaßen an den Lippen, dass Susan sich kurz in ihr Büro zurückzog, um auch administrativ wieder auf den Stand der Dinge zu kommen.

Nach dem Chaos-Montag hatte es ein paar böse Mails von aufgebrachten Eltern gegeben, doch sie ging davon aus, dass sich die Wogen bald wieder glätten würden. Sie hatte jeweils höflich und knapp geantwortet und war mit keiner Silbe auf die Kommentare eingegangen, die sie persönlich angegriffen hatten. Das hatte in den meisten Fällen funktioniert, nur Toms Mutter ließ sich nicht so schnell beschwichtigen. Es lag schon wieder eine Mail von ihr vor, aber Susan beschloss, sie zu ignorieren. Sollte sich die Frau halt bei der Gemeinde beschweren oder ihren Sohn in den Kindergarten des Nachbarortes schicken, wie sie es androhte. Letzteres wäre ihr sogar sehr recht, doch sie war sich sicher, dass das genauso wenig passieren würde, wie sie mit ernsthaften Konsequenzen aus dem Rathaus zu rechnen hatte.

Wie aufs Stichwort klingelte das Festnetztelefon, und am anderen Ende meldete sich die aufgeräumte Stimme von Leslie Turner. Wollte Collums Sekretärin ihr doch einen offiziellen Rüffel erteilen?

»Schön, dass ich dich auf diesem Weg erreiche. Auf meine Nachrichten am Handy hast du ja nicht reagiert«, tönte es milde anklagend aus dem Hörer.

»Wir wollen den Kindern hier mit gutem Beispiel vorangehen und haben deshalb ein Handyverbot«, sagte Susan ruhig und fragte sich zum x-ten Mal, ob das wirklich so schwer nachzuvollziehen war. Alle Welt beklagte sich über den dramatisch gestiegenen Medienkonsum bei Kindern, da sollte man doch wenigstens im Kindergarten ein Zeichen setzen und einen bildschirmfreien Alltag etablieren. Trotzdem angelte sie nun parallel in den Untiefen ihrer Tasche nach dem Telefon und konnte nur mit einiger Mühe einen Seufzer unterdrücken. Drei verpasste Anrufe aus dem Rathaus, zwei Textnachrichten von Collum, eine von Davie – und eine von Hetty. Dafür hatte sie jetzt keine Zeit.

»Das finde ich auch gut und richtig«, sagte Leslie. »Aber es ist auch ein bisschen unpraktisch. Was, wenn dich mal jemand schnell erreichen muss?«

»Dafür gibt es immer noch das Festnetz. Ist ja nicht so schrecklich schwierig, diese Nummer anzuwählen, oder? Da geht auch immer jemand dran.«

»Ja, hast ja recht.«

»Außerdem gibt es selten dringende Notfälle, die über Krankmeldungen von Kindern hinausgehen«, sprach Susan weiter.

»Ist ja gut«, lenkte Leslie ein. »Ein Notfall ist es auch nicht, aber wir haben heute wieder eine sehr spontane Sitzung anberaumt und wollten dich gerne dabeihaben. Wir starten in einer Stunde.«

»Eine Sitzung? Geht es um die Kleister-Geschichte?« Diesmal entließ sie den genervten Seufzer ungebändigt ins Freie.

»Kleister? Nein, es geht um den Sportplatz und die Mehrzweckhalle. Collum hat kurzfristig einen Termin mit einem Unternehmen vereinbaren können, das Sportanlagen baut. Die haben aber nur heute Zeit.«

»Natürlich«, brummte Susan. »Und meine Arbeitszeit ist ja nicht so wichtig, was?«

»Selbstverständlich ist sie das!«, beeilte sich Leslie zu betonen. »Es ist uns auch sehr unangenehm, aber Collum kennt sich auf dem Gebiet einfach nicht so gut aus und hätte gerne jemanden dabei, der …«

»Ich kenne mich mit Sportanlagenbau auch nicht aus. Nur weil ich mein halbes Leben auf Sportplätzen verbracht habe, bedeutet das nicht, dass ich Ahnung davon habe, wie man sie baut. Ich bin Kindergärtnerin und ehemaliger Fußballprofi, aber keine Expertin für … nun ja, für das alles halt.« Susan war sich sicher, dass man ihr Augenrollen sozusagen durchs Telefon hören konnte, doch das war ihr egal.

»Mag sein, aber es gibt niemanden hier, der so viel Expertise hat wie du«, beharrte Leslie und schien sie nicht so leicht vom Haken lassen zu wollen. »Collum wäre dir sehr dankbar, wenn du ihn dabei unterstützen könntest.«

Susan schwieg ein paar Sekunden lang. »Na schön, ich schaue, ob ich es einrichten kann. Wenn Moira Zeit hat, werde ich da sein, wenn nicht, dann nicht.«

»Danke«, kam es erleichtert von Leslie. »Dann sehen wir uns gleich.«

»Ich habe gesagt, dass ich erst …«, protestierte Susan, aber Leslie hatte bereits aufgelegt.

Susan fühlte sich beinahe wie am Murmeltiertag, als sie eine gute Stunde später, wieder als Letzte, den Besprechungsraum im Rathaus betrat. Das würde hoffentlich nicht zu einer regelmäßigen Einrichtung werden. Doch die Zusammensetzung der Teilnehmenden war diesmal eine etwas andere. Und in der Tischmitte lagen nicht nur Scones, sondern auch knusprige Brezeln. Da entwickelte sich offensichtlich bereits ein neuer Trend.

»Schön, dass du es einrichten konntest«, sagte Collum und schickte ihr ein dankbares Lächeln.

»Solange es nicht zu etwas Dauerhaftem wird und ich ständig meine Arbeit vernachlässigen muss«, entgegnete sie und nahm neben Davie Platz, der mal wieder ziemlich angespannt wirkte.

»Beim heutigen Termin planen wir idealerweise die wesentlichen Dinge, sodass wir dich danach nicht mehr so oft brauchen«, antwortete Collum und stellte die Gruppenmitglieder dann einander vor.

Der Sportanlagenbauer hieß Matt Irving und gab sich mit seinen zurückgegelten blonden Haaren betont dynamisch. Susan war er sofort unsympathisch. Was womöglich auch daran lag, dass er sie optisch extrem an Lasse erinnerte.

Nach einigen kurzen einführenden Worten begann Matt mit seiner Präsentation, bei der er ein riesiges Sportareal mit Fußballplatz, Laufbahn und kompletter Leichtathletik-Anlage skizzierte. »Ich mag deinen Ansatz, keine halben Sachen zu machen, Collum«, sagte er jovial zum Bürgermeister. »Natürlich ist mein Vorschlag eine enorme Investition für eine kleine Gemeinde wie Kirkby. Aber nur, wenn man es auf den Moment fokussiert. Auf lange Sicht betrachtet wird es sich auszahlen und dadurch viel günstiger werden.«

»Ich verstehe nicht viel von Mathe, aber die Logik, dass diese absurd hohe Summe irgendwann billiger werden soll, erschließt sich mir nicht«, platzte es aus Susan heraus, ehe jemand anders die Chance hatte, das Wort zu ergreifen. »Diese vollkommen überdimensionierte Sportanlage ist ja zweifellos mit üppigen regelmäßigen Erhaltungs- und Wartungskosten verbunden. Wie soll das günstiger werden?«

»Ich kann das gerne so erläutern, dass es auch die Kindergärtnerin versteht«, entgegnete Matt schmallippig.

»Oder auch der Hauptinvestor«, fiel ihm Marlin Fraser ins Wort, der dem Vortrag mit düsterem Stirnrunzeln gelauscht hatte. »Ich verstehe eine Menge von Geld, Mathematik und sinnvollen Investitionen, doch mir erschließt sich das Ganze ebenfalls nicht.«

»Warum soll sich ein Ort, der hinsichtlich so vieler Aspekte einzigartig ist und als Vorreiter der gesamten Region gilt, mit einer unterdurchschnittlichen Sportanlage zufriedengeben?« Matt warf Collum einen Beifall heischenden Blick zu.

»Gar nicht«, entgegnete Susan, die merkte, wie sie die Geduld mit diesem aufgeblasenen Fatzke verlor. »Aber ein Dorf mit rund sechshundert Einwohnern braucht auch keine Anlage, die vergleichbar ist mit der meines ehemaligen Clubs, der immerhin zu einer Großstadt gehört.«

Matt lachte, als hätte sie einen besonders guten Witz gemacht. »Was war das denn für ein Club? Die Strickliesein von Inverness?«

Susan hörte, wie um sie herum mehrfach scharf Luft eingesogen wurde, und sie spürte, wie Davie ihr beruhigend eine Hand aufs Bein legte. Sie war so sauer, dass sie mit aller Macht die Zähne aufeinanderbiss, damit ihr keine unflätigen Kommentare entschlüpften.

Dieser Matt Irving jedoch fand das alles offenbar wahnsinnig amüsant und bemerkte nichts von der eisigen Stimmung im Raum. Stattdessen fuhr er unbeeindruckt mit seinen Beleidigungen fort. »Natürlich sollten wir uns auch dringend über die Gestaltung der Halle unterhalten. Dieses Klein-Klein, das den Entwurf prägt, ist für mich symbolisch für eine gewisse Kleingeistigkeit – aus der Kirkby doch dringend herauskommen möchte. Stimmt's, Collum?«

Susan starrte den Bürgermeister an, der für einen Augenblick wie vom Donner gerührt zu sein schien. Bei dem Wort »Kleingeistigkeit« hatte sich Davies Hand um ihr Bein gekrampft, und von Marlin kam ein Geräusch, das sie nur als Grollen bezeichnen konnte.

»Ich fürchte, mir ist es nicht gelungen, den Geist von Kirkby und die Besonderheiten unserer Gemeinschaft angemessen zu transportieren, sonst hättest du mich wohl nicht dermaßen falsch verstehen können«, sagte Collum zu Matt, und Susan bewunderte ihn für seine Diplomatie. Sie selbst hätte ganz andere Worte gewählt – und es war nicht ausgeschlossen, dass sie die noch aussprach. »Es tut mir leid, wenn wir mit unserer

Anfrage deine Zeit vergeudet haben«, fuhr der Bürgermeister fort. »Aber auf dieser Ebene werden wir nicht zusammenfinden.« Er stand auf und bedeutete dem nun ziemlich verdatterten Matt, dass sein Einsatz beendet war.

»Ähm, aber das war ja nur ein erster Entwurf«, ruderte Matt zurück. »Der perfekte Masterplan sozusagen. Wir können das Konzept jederzeit nach unten korrigieren.«

»Ein perfekter Masterplan orientiert sich an den Bedürfnissen des Auftraggebers«, grätschte Marlin dazwischen. »Nicht mehr und nicht weniger. Wir geben uns hier nicht mit Konzepten zufrieden, die für unsere kleingeistigen Bedürfnisse und den Strickliesel-Club nach unten korrigiert werden müssen.« Auch er war aufgestanden, und Susan fand es beeindruckend, wie imposant dieser schmale und drahtige alte Mann auf einmal wirkte.

Matt schaute ein paarmal zwischen Marlin und Collum hin und her, packte dann aber kopfschüttelnd seinen Laptop in die Tasche und verließ mit den gemurmelten Worten »Perlen vor die Säue«, aber ohne Verabschiedung den Raum.

»Ich weiß nicht, was ich sagen soll«, begann Collum nach ein paar Momenten des Schweigens. »Er hat bei unserem ersten Gespräch einen wirklich seriösen und kompetenten Eindruck gemacht, und er hat sehr gute Referenzen. Das Briefing war eindeutig, und ich habe keine Erklärung dafür, wie er mit solchen

Ideen ankommen konnte. Es tut mir aufrichtig leid. Vor allem dass er euch auch noch persönlich beleidigt hat«, fügte er an Susan und Davie gewandt hinzu und klang zutiefst zerknirscht.

»Solche nichtsnutzigen Blender gibt es in jeder Branche«, entgegnete Marlin fast schon tröstend. »Vermutlich hat er deinen Enthusiasmus falsch interpretiert und war der Meinung, dass er uns provinzielle Dörfler über den Tisch ziehen kann.« Nun grinste er verschmitzt. »Aber da war er bei uns an der falschen Adresse.«

»Danke, Marlin, das bedeutet mir viel. Vor allem von dir. Aber trotzdem hätte ich ihn vorher besser abchecken sollen. Tut mir leid, dass ich euch völlig umsonst die Zeit gestohlen habe.« Er sah nun wieder zu Susan und Davie.

»Wo wir schon alle zusammen sind, können wir vielleicht kurz über ein paar Dinge sprechen?«, schlug Marlin vor. »Wenn wir genau wissen, was wir wollen und brauchen, können wir auch gezielter Angebote einholen.«

Davie nickte und nahm seine Hand von Susans Bein.

»Meinetwegen«, meinte sie und griff sich eine Brezel vom Teller.

»Ich denke, die Laufbahn und die Leichtathletik-Anlage können wir getrost streichen«, begann Marlin, als alle wieder saßen. »Oder sieht das jemand anders?«

»Nein.« Susan schüttelte den Kopf. »Laufen kann man hier wirklich erstklassig auf den Feldwegen, und die paar Leute, die es mit Leichtathletik womöglich ernst meinen, können auch nach Inverness fahren.«

»Denke ich auch«, pflichtete ihr Davie bei.

»Gut«, übernahm Marlin wieder das Wort. »Wie ist es mit dem Belag des Fußballplatzes? Das mit der Drainage scheint mir einleuchtend zu sein, wenn man nicht riskieren will, auf einem Schlamm-Areal zu spielen. Aber was ist mit Kunstrasen? Ist das wirklich sinnvoll?«

»Wie alles im Leben hat auch Kunstrasen Vor- und Nachteile. Gerade auf stark belasteten Plätzen in notorischen Schlechtwetterregionen kann das Sinn machen«, erklärte Susan. »Wir haben in Malmö auch oft auf Kunstrasen trainiert. Ich persönlich hab's immer gehasst, weil es sich wirklich ganz anders anfühlt als echtes Gras. Das Verletzungsrisiko ist auch höher, weil Kunstrasen rutschiger ist und man sich wirklich fiese Schürf- und Brandverletzungen zuziehen kann. Da ich nicht davon ausgehe, dass der Platz jeden Tag acht Stunden lang bespielt wird, sondern eher höchstens acht Stunden pro Woche, plädiere ich für echten Rasen. Und meiner Meinung nach brauchen wir auch keine Profi-Drainage. Ich schätze, dass eine Schicht Kies unter einer dünnen Erdschicht und der Grasnarbe vollkommen ausreichend wäre. Aber ich bin hier ja nur die doofe Kindergärtnerin vom Strickliesel-Club. Vielleicht wollt ihr lieber eine echte Profimeinung einholen?« Den letzten Kommentar konnte sie sich nicht verkneifen, denn die Spitze von diesem Matt saß doch tiefer, als sie wahrhaben wollte.

»Bitte vergiss diesen Schwachkopf«, bat Collum und betonte: »Deine Meinung kommt von einem Profi und ist deshalb die einzige, die für mich relevant ist. Niemand kann es so gut beurteilen wie du.«

»Sehe ich genauso«, sagte Marlin und nickte. Er hatte sich fleißig Notizen gemacht und wirkte nun wieder erheblich zufriedener als noch vor wenigen Minuten. »Dann lasst uns über die Pläne für die Halle sprechen«, bat er.

Davie räusperte sich. »Die Pläne sind noch sehr rudimentär, weil ich nicht dazu gekommen bin, sie detailliert auszuarbeiten, aber ich kann gerne die Modelle präsentieren.« Er stand auf und holte die drei Holzkonstruktionen, die hinter ihm auf einem Sideboard auf ihren Einsatz gewartet hatten.

»Das finde ich sowieso viel besser.« Collum lächelte sichtlich erfreut. »Ich bin gespannt, was du da noch geändert hast.«

»Eine Menge, denn unser Profi hier hat mir am Montag noch ein paar sehr wertvolle Hinweise gegeben«, berichtete Davie mit einem Seitenblick auf Susan.

So viel hatte sie doch gar nicht zu kritisieren gehabt, dachte sie, doch sie war überrascht, wie rasch und detailverliebt er ihre Ideen umgesetzt hatte. »Wow, das ist ja toll!«, rief sie aus, als sie das Modell mit der Innenaufteilung genauer betrachtete.

»Ich habe den Kraftsportbereich komplett vom Multifunktionsbereich getrennt«, erklärte Davie den anderen Anwesenden sein Konzept. »So kommt man sich nicht in die Quere.«

Der Bereich für Ballsport, Gymnastik und Turnen befand sich nun auf einer Seite der Halle. Im Mittelteil gab es die Umkleidekabinen, die sanitären Anlagen, ein Büro und ein Materiallager. Auf der anderen Seite war der Kraftsport untergebracht – mit einem riesigen Panoramafenster.

»Wow, das ist echt toll geworden.« Susan war begeistert. »Schön, dass du den Kraftraum so licht und hell angelegt hast. Da macht das Training gleich viel mehr Spaß. Und man kann auch besser lüften! Wenn man jahrelang in einem Keller ohne Tageslicht trainieren musste, weiß man das zu schätzen.« Sie grinste und warf Davie einen vielsagenden Blick zu. In seinem ursprünglichen Konzept war die Mucki-Ecke in einem kabinenartigen Kabuff direkt neben der Ballsporthalle untergebracht gewesen.

»So gefällt mir das auch viel besser«, pflichtete ihr Collum bei. »Hast du das Fenster als komplette Panoramascheibe geplant, oder kann man es irgendwie öffnen?«

»Das hängt ein bisschen vom Budget ab«, gab Davie zu. »Eine durchgehende Scheibe wäre eindeutig günstiger. Lüften kann man natürlich trotzdem über die zwei Fenster an den anderen Seiten und über die Oberlichter, die sich elektrisch öffnen und schließen lassen und einen Wind- und Regensensor bekommen – genau wie die Oberlichter in den Kabinen und der Haupthalle. Wir können aber auch eine Schiebefenster-Konstruktion verwenden, wie ich sie für Lennox' Studio gebaut habe. Dann könnte man bei gutem Wetter sogar praktisch im Freien trainieren. Ich sag's aber gleich dazu, das ist nicht ganz günstig.«

»Aber es wäre verdammt cool«, stellte Collum mit leuchtenden Augen fest.

»Ja, schon. Aber nicht unbedingt notwendig«, gab Davie zu bedenken. »Wie gesagt, die Lüftung kriegen wir auch anders hin. Vielleicht sollten wir auch mal über den Bodenbelag in der Halle sprechen? Da gibt es ja diverse Möglichkeiten – in sehr unterschiedlichen Preisklassen. Ich habe intensiv recherchiert und bin nun der Meinung, dass ein Holzboden die beste Lösung wäre. Das ist wie Parkett, aber mit einem etwas anderen Unterbau als im Wohnbereich, damit er der Belastung standhält und gleichzeitig ein wenig Elastizität bringt. Holzböden sind zwar nicht der letzte Schrei, aber aus guten Gründen immer noch sehr beliebt. Die verschiedenen modernen Beläge haben zwar auch viele Vorteile, sind aber deutlich pflegeintensiver und zum Teil auch schon bei der Erstanschaffung erheblich teurer. Wenn ein Holzpaneel kaputtgehen sollte, kann man es ganz einfach ersetzen. Außerdem lässt sich der gesamte Boden abschleifen und versiegeln, das klappt bei anderen Belägen auch nicht so gut«, dozierte er.

Susan nickte. »Ich finde Holzböden auch am besten.«

»Gut, dann spricht von meiner Seite aus nichts dagegen«, sagte Collum.

»Eine Grundsatzfrage gäbe es noch«, übernahm Davie wieder das Wort. »Wir haben noch nicht über das Baumaterial geredet. Du hast von einer scheunenartigen Konstruktion gesprochen, weshalb ich von einem reinen Holzbau ausgegangen bin. Das ist aber kein Muss. Vermutlich wäre es sogar sinnvoll, wenn wir das untere Drittel mauern und nur den Aufbau mit Holz gestalten. Wir können es aber auch komplett mauern und die Fassade mit Holz verkleiden.«

Collum zuckte mit den Schultern und sah fragend Marlin an. »Da bin ich überfragt. Ist eine Bauweise den anderen eindeutig überlegen?«

Marlin schüttelte den Kopf und blickte dann zu Davie.

»Überlegen nicht. Alle Varianten sind möglich und können sinnvoll sein. Es geht eher um individuelle Vorlieben. Ich persönlich fände eine Hybridlösung gut. Also unten gemauert – dann komplett aus Holz. Das ließe sich wohl auch am schnellsten umsetzen. Wobei ›schnell‹ auch relativ ist. Dieses Jahr kriegen wir das nicht mehr hin, aber bis Anfang nächsten Jahres wäre es machbar.«

»Ja, damit habe ich schon gerechnet.« Collum fuhr sich über seinen Dreitagebart. »Ich nehme an, die anderen beiden Varianten gehen auch nicht schneller?«

Davie schüttelte den Kopf. »Sicher nicht. Vor allem die komplett gemauerte dürfte viel länger dauern, weil im Winter nichts oder nur wenig daran gemacht werden kann. Ich kann das aber gerne alles durchkalkulieren.«

»Dann haben wir doch einen Plan.« Marlin nickte zufrieden in die Runde. »Wenn also weiter nichts ansteht für heute, sollten wir diese Sitzung beenden.« Er sah sich fragend um und fuhr, als er keinen Widerspruch erntete, fort: »Leslie, du hast ja bestimmt alles mitgeschrieben, was wir zum Sportplatz gesammelt haben. Auf dieser Basis können wir jetzt neue Angebote für den Platz einholen. Vielleicht sollten wir unseren Horizont auch etwas erweitern und nicht nur Menschen fragen, die Fußballplätze bauen, sondern Leute, die Golfplätze anlegen, oder Landschaftsgärtner. Die wissen auch, wie man eine bestimmte Bodenbeschaffenheit hinbekommt.«

»Gute Idee, Marlin«, sagte Collum, und Leslie nickte nur, während sie sich weiter eifrig Notizen machte.

»Okay, dann pack ich's jetzt auch«, kündigte Susan an und schnappte sich eins der Modelle, um Davie zu helfen.

»Ähm, falls du noch ein paar Minuten hast, würde ich gerne mit dir über Montag sprechen.« Collums Gesicht nahm eine ungesunde Farbe an, und er schien sich in seiner Haut plötzlich sehr unwohl zu fühlen.

»Was war denn am Montag?«, wollte Marlin wissen.

»Glaub mir, beim Kleister-Krieg von Kirkby mischen wir uns besser nicht ein«, sagte Davie vergnügt, nahm Susan das Hallenmodell weg und drückte es Marlin in die Hand. »Sehen wir zu, dass wir verschwinden.« Er zwinkerte seiner Freundin zu und verließ mit Marlin im Schlepptau den Gemeindesaal.

• • •

»Was sagst du?«, wollte Davie am frühen Abend des nächsten Tages von Lennox wissen. Davie hatte Wort gehalten und mit seinem Team in den letzten Tagen die Einzelteile des Musikschranks in der Werkstatt vorproduziert. Wie sie das bei dem Zeitdruck hinbekommen hatten, war ihm schleierhaft, zumal er reichlich Zeit in die Turnhallenmodelle investiert hatte. Doch irgendwie hatten sie es geschafft, und er war mittags mit Kim, seiner jungen Mitarbeiterin, im Transporter zur Remise gefahren. Dort hatten sie Lennox davon überzeugt, dass er lieber reiten gehen sollte, statt dem Aufbau beizuwohnen und ihn damit ziemlich sicher deutlich zu verzögern.

Nun jedoch war Lennox zurück, gerade als Davie das letzte Scharnier so eingestellt hatte, dass sich die Tür lautlos und auf sanfte Berührung hin öffnete und schloss.

»Das ist der totale Wahnsinn«, befand Lennox, der ein ziemlich penetrantes Aroma nach Pferden und Stall verströmte, aber über beide Backen strahlte. »Vom Eingang aus merkt man gar nicht, dass da überhaupt ein Schrank steht. Es wirkt ja genauso wie die restliche Wand.«

»Das war auch der Plan«, entgegnete Davie mit einem stolzen Grinsen. »Deshalb auch das präzise Nachmessen. Schau dir mal das Seitenteil an. Das passt sich absolut nahtlos an die Scheunenwand an, die alles andere als schnurgerade ist. Da habe ich mit dem Laserscanner die Struktur gespeichert und es dann von der Maschine auslesen lassen, die statt einer gerade Linie ein passgenaues Profil gefräst hat.«

»Ich habe zwar nicht genau kapiert, was du da eben gesagt hast, aber ich bin tief beeindruckt«, gab Lennox zu und fuhr mit dem Finger die Kante zwischen Außenwand und Schrank nach. »Da ist ja wirklich keine Lücke«, stellte er staunend fest.

»Ich kann es nicht leiden, wenn irgendwo Lücken klaffen. Das sieht immer improvisiert aus, und außerdem sammelt sich darin endlos viel Staub an. Innen im Schrank haben wir allerdings eine separate Rückwand eingezogen, die ganz gerade ist, denn wenn wir jedes einzelne Fach und Regalbrett hätten anpassen müssen, wären wir längst noch nicht fertig – und du müsstest fast das Doppelte zahlen.«

»Darauf kann ich gut verzichten.« Lennox grinste. »Wie gesagt, von Weitem merkt man gar nicht, dass es ein Schrank ist. Und eigentlich auch nicht aus der Nähe. Gibt es noch keine Griffe oder Knöpfe?«

»Nein. Wird es auch nicht geben. Das zerstört sonst nur den schönen Look der aufgearbeiteten alten

Holzplanken«, erklärte Davie. Über dieses Detail hatte er mit Lennox gar nicht gesprochen und dann eigenmächtig beschlossen, es so zu lösen. »Schau mal, wenn du hier an diese Stellen tippst, gehen die Türen auf. Das Gleiche gilt für die Schubladen.«

»Ist das geil!«, befand Lennox enthusiastisch und begann selbst damit, die Türen und Schuber auf- und zuzumachen.

»Freut mich, wenn es dir gefällt. Dann lass dir mal alles zeigen, was wir gebaut haben.«

»Brauchst du mich dafür noch?«, wollte Kim wissen und klang irgendwie merkwürdig.

»Ähm, nein?« Davie warf ihr einen fragenden Blick zu. »Wir brauchen hier aber auch nicht mehr lange, dann nehm ich dich mit zurück zur Werkstatt.«

»Ich würde einfach zu Fuß gehen, ja?«

»Okay, wenn du meinst. Dann schönen Feierabend und ein nettes Wochenende. Wir sehen uns am Montag.« Davie schaute seiner Mitarbeiterin hinterher, die zu seinen Worten nur knapp nickte und dann hastig die Scheue verließ. »Was hat die denn für ein Problem?«

»Du bist echt ahnungslos, was?«, fragte Lennox.

»Was?«

»Sie ist total verknallt in dich und enttäuscht, weil du sie komplett ignorierst«, behauptete Lennox.

»Was?«, rief Davie erneut und starrte seinen Kumpel konsterniert an.

»Du hast mich schon richtig verstanden.«

»Wie kannst du behaupten, dass Kim in mich verknallt ist?«

»Weil es offensichtlich ist? Mann, du musst mal deine Sensoren ein bisschen nachschärfen. Sie himmelt dich doch schon seit Wochen an. Zuletzt bei den Highland Games …«

»So ein Quatsch, das hätte ich doch wohl mitbekommen«, unterbrach ihn Davie. »Sie ist eine total geschätzte Mitarbeiterin und supertalentiert. Ich arbeite einfach gerne mit ihr zusammen, und wir ergänzen uns gut. Bei der Arbeit«, fügte er hastig hinzu, als Lennox anzüglich grinste. »Und selbst wenn es so ist, dann macht es doch überhaupt keinen Sinn, dass sie jetzt einfach so abhaut, statt in ein paar Minuten mit mir im Wagen zurückzufahren«, schob er dann noch mit bestechender Logik hinterher.

»Ihr wart jetzt stundenlang alleine hier, und offensichtlich hast du keinerlei Versuche unternommen, eure Kompatibilität auch außerhalb der Arbeit zu überprüfen. Und dann gerätst du geradezu in Ekstase, während du mir den Schrank erklärst. Ich schätze, da ist ihr so langsam aufgegangen, dass es bei dir tatsächlich nichts zu holen gibt außer Spänen und Holzstaub.«

»Das ist doch ausgemachter Blödsinn!«, wehrte Davie ab, der die schiere Idee, dass eine Mitarbeiterin in ihn verliebt sein könnte, vollkommen absurd fand. Erst recht bei Kim, der coolen, superpatenten jungen Frau, die sich immer so süß zurechtmachte – soweit man das angesichts des Arbeitsoveralls und der obligatorischen Sicherheitsschuhe überhaupt sagen konnte. Scheiße. »Sie ist doch erst vierundzwanzig.«

»Und in diesem Alter verliebt man sich nicht in seinen Boss?«

»Du musst gar nicht so sarkastisch tun, Mann. Das ist ein verdammtes Problem.« Davie hatte das Gefühl, dass plötzlich jede Energie aus ihm herausfloss, und er ließ sich auf den Klavierhocker fallen.

»Es ist nur dann ein Problem, wenn du eins draus machst«, behauptete Lennox. »Sie ist doch ganz süß, deine Kim. Sie arbeitet im selben Job, teilt also deine Leidenschaft, und findet dich gut. Das sind doch viele Argumente, die für sie sprechen.«

»Willst du mich etwa mit meiner Mitarbeiterin verkuppeln?« Davie traute seinen Ohren nicht.

»Wäre das so abwegig?«

»Total. Erstens ist sie meine Angestellte, und es wäre allein deshalb schon total unangemessen …«

»Ach komm schon, das gibt's doch überall und ständig«, beharrte Lennox.

»Mag sein, aber für mich kommt das nicht infrage. Und außerdem bin ich kein bisschen in sie verliebt!« Er schüttelte den Kopf, weil er allein die Vorstellung abwegig fand.

»Bist du dir sicher?« Lennox schien ihm sein vehementes Leugnen nicht ganz abzunehmen.

»Natürlich bin ich mir sicher. Ich werde doch wohl wissen, was ich fühle und was nicht.« Davie merkte, dass er langsam richtig sauer wurde.

»Hm.«

»Was ›Hm‹?«

»Ich meine damit, dass man durchaus auf andere Gedanken kommen könnte, wenn man dich und Susan sieht.«

»Was hat denn Susan damit zu tun? Sie ist meine beste Freundin.«

»Freundin. Hm.«

»Was soll dieses blöde ›Hm‹ die ganze Zeit?« Er sprang vom Hocker auf und baute sich in voller Größe vor Lennox auf, der deutlich kleiner und schmaler war als er selbst. Beeindruckt von der deutlichen Kraftdemonstration schien Lennox aber trotzdem nicht zu sein.

»Vergiss es. Ich mag mich irren, aber ich habe den Eindruck, dass du dir ganz schön viel vormachst, was deine Gefühle für Frauen betrifft. Aber gut, Susan ist deine Kumpelfreundin und Kim deine geschätzte Mitarbeiterin.«

»Ja, genau so ist es. Was ist dein Problem?«

»*Ich* habe damit kein Problem.« Lennox grinste. »Aber ich glaube, dass *du* eines bekommen könntest.«

Davie wurde das jetzt alles zu bunt, und er wechselte rasch das Thema: »Zurück zum Schrank, wenn es dir nichts ausmacht.« Er öffnete sämtliche Türen und Schubladen und zeigte Lennox, wo er welche Features eingebaut hatte: Beleuchtung, Steckdosen, gepolsterte Fächer für sensiblen Kleinkram und vieles mehr. Einige dieser Dinge hatte sich Lennox gewünscht, andere waren ihm selbst sinnvoll vorgekommen.

»Das ist wirklich absolut genial«, freute sich Lennox und schien dankenswerterweise keinen Gedanken mehr an die fragwürdige Gefühlswelt seines Gegenübers zu verschwenden. »Allein die Kabelschublade ist der Wahnsinn.« Er ließ die in zwanzig Fächer aufgeteilte flache Lade raus- und wieder reinfahren.

»Keine Entschuldigung mehr für Kabelsalat«, entgegnete Davie grinsend und schaute bedeutungsvoll in Richtung Mischpult, unter dem sich wild etliche Kabel knäuelten. »Die Dinger sind ja richtig teuer, habe ich mir sagen lassen.«

»Allerdings. Mir juckt es richtig in den Fingern, gleich mit dem Einräumen anzufangen. Ich schätze, wenn ich damit fertig bin, wird nichts mehr hier im Raum herumfliegen, sondern alles sinnvoll verstaut sein.«

»Hoffentlich geht dabei nicht die kreative Energie verloren.« Davie hatte seine gute Laune wiedergefunden und grinste den Musiker an. »Wo Kunst doch angeblich aus dem Chaos erwächst und so.«

»Quatsch.« Lennox schüttelte den Kopf. »Ich bin einfach nur ein bisschen schlampig, aber das wird sich mit sofortiger Wirkung ändern. Mein Vater hat in seinem Haus übrigens ein Zimmer, das viele Jahre lang nur er betreten hat, um heimlich zu komponieren. Wenn er meinen Schrank sieht, kannst du dich definitiv schon auf den nächsten Großauftrag einrichten.«

»Es wäre mir ein Vergnügen.«

»Vielleicht hilft dir die süße Kim ja wieder dabei …« Lennox' Augen blitzten frech auf.

Davie ignorierte diesen Kommentar und verabschiedete sich. Er musste jetzt dringend mit jemandem über die Kim-Sache sprechen, der nicht so pubertär war.

KABINENGESPRÄCHE

DAVIE RIEF SUSAN noch auf dem Heimweg vom Transporter aus an. Oder vielmehr versuchte er es, denn natürlich erreichte er wieder nur ihre Mailbox. Wofür diese Frau ein Mobiltelefon hatte, wusste wohl nur sie selbst. Jedenfalls nicht, um es auf klassische Weise zu benutzen.

Er tippte also eine Textnachricht, die sie vielleicht sehen würde, vielleicht aber auch nicht: *Kommst du nachher zum Essen zu mir? Pasta und frische Bolo! Bräuchte deinen Rat.*

Die Werkstatt lag verwaist in der Abendsonne. Klar, alle Mitarbeiter waren längst im Wochenende. Trotzdem ging er noch einmal durch die großzügigen Räume und schaute nach dem Rechten. Alles wirkte aufgeräumt und sauber, nur auf dem »Basteltisch« standen einige seiner Modelle und der Anfang des Stallgebäudes, das er für den Kindergarten bauen wollte – was er schon ewig versprochen hatte. Bislang war er nicht dazu gekommen, aber vielleicht dieses Wochenende?

Er schloss die Tür hinter sich ab und lief dann den schmalen Weg entlang bis zum alten Mühlhaus, das er für sich zur Wohnung umgebaut hatte. Genau genommen war er immer noch dabei, denn an dem großen Gemäuer gab es immer etwas zu tun. Ein Blick aufs Handy verriet ihm, dass Susan seine Nachricht noch nicht einmal gelesen hatte. Vermutlich rannte sie sich gerade wieder die Seele aus dem Leib. Nun ja, irgendwann würde sie sich schon melden und idealerweise auch direkt bei ihm vorbeikommen.

Er zog sich die schweren Sicherheitsstiefel aus und schlüpfte aus seinen Arbeitsklamotten, dann verschwand er im Bad und sprang rasch unter die Dusche. Es tat gut, sich den Schweiß und den Staub des Tages abzuwaschen. Blöderweise funktionierte das nicht mit seinen Gedanken, die wieder um Kim und Lennox' dämliche Kommentare kreisten.

Je länger er darüber nachdachte, desto eindeutiger erschienen ihm in der Rückschau Kims Signale. War sie wirklich in ihn verliebt, oder wollte sie einfach nur ein bisschen unverbindlich flirten? In seinem Team herrschte eine lockere Atmosphäre, in der man sich gerne auch mal freundschaftlich kabbelte und auf den Arm nahm, und es konnte sein, dass einige seiner Kommentare ebenfalls nach Flirt geklungen hatten. Nur dass er es ganz sicher nicht so gemeint hatte. Niemals. Zu keinem Zeitpunkt. Oder?

»Was für ein Scheiß«, fluchte er leise, als er aus der Dusche stieg und sich mit dem Handtuch trocken rubbelte. Aus dem Spiegel traf ihn ein missmutiger Blick, als er sich die Haare kämmte. Er streckte sich selbst die Zunge raus und fragte sich, ob er mal wieder zum Friseur gehen oder die Haare einfach wachsen lassen sollte. Lennox und Töpfer Sean hatten längere Haare und banden sie oft zu einem Zopf zusammen. Würde ihm das auch stehen? Fände Kim das am Ende noch anziehender? »Hör auf damit!«, schimpfte er mit sich selbst und zog sich Jeans und ein frisches T-Shirt an.

Anschließend lief er nach unten in die Küche und machte sich ans Kochen. Denn egal, ob Susan sich nachher noch die Ehre gab oder nicht, das Hackfleisch, das er heute früh gekauft hatte, musste verkocht werden. Er schwitzte gerade die gehackten Zwiebeln an, als er ein Klopfen am Fenster hörte und gleich darauf Susans fröhliches Gesicht sah. »Tür ist offen!«, rief er und fühlte, wie sich Erleichterung in ihm breitmachte. Es war ihm fast unmöglich, in ihrer Gegenwart schlechte Laune zu haben – jedenfalls dann, wenn sie ihm nicht gerade mit ihrer ausweichenden Art, private Probleme anzugehen, auf die Nerven fiel. Doch heute waren seine Probleme dran, und da hatte sie sich bislang immer als perfekte Ratgeberin erwiesen.

»Hi«, begrüßte sie ihn und stellte die Flasche Wein, die sie mitgebracht hatte, in den Kühlschrank. Dann schwang sie sich auf die Arbeitsfläche und grinste ihn an.

»Was ist?«, wollte er wissen und fühlte sich seltsam ertappt.

»Ich frag mich gerade, was das über uns aussagt, dass du mir um halb sechs am Freitagabend eine Nachricht schickst, mich zum Essen einlädst und wie selbstverständlich davon ausgehst, dass ich nichts anderes vorhabe.«

»Dass du nichts Besseres vorhast?«, schlug er vor. »Oder dass du für meine sensationelle Bolognese selbst vielversprechende Verabredungen in den Wind schießt?«

»Ich fürchte, es ist Ersteres«, gab sie mit einem melodramatischen Seufzer zu. »Von vielversprechenden Verabredungen kann ich doch nur träumen.«

»Ach komm, du bist einfach zu anspruchsvoll«, entgegnete er.

»Bin ich nicht. Denn mich kann man mit einem selbst gekochten Essen schon sehr, sehr glücklich machen.«

»War dieser – wie hieß er gleich noch? Derek? – etwa kein begnadeter Hobbykoch?«, zog er sie auf, wohl wissend, dass der fragliche Herr erstens Dennis hieß und es zweitens nach dem One-Night-Stand während der Highland Games zu keiner weiteren Begegnung gekommen war.

Sie wusste auch, dass er das wusste, und bewarf ihn mit einem Topflappen. »Selbstgefälliger Idiot.«

»Er oder ich?«, erkundigte er sich.

»Im Zweifel beide.« Sie verdrehte die Augen. »Und was ist deine Ausrede?«

»Ich hab keine. Ich war heute Morgen endlich mal wieder groß einkaufen und wollte kochen«, entgegnete er schulterzuckend.

»Männer, die kochen können – vor allem auf einem Niveau wie dem deinen –, stehen bei Frauen doch extrem hoch im Kurs. Also warum bin ich hier und nicht eine heiße Braut?«

Er verzog gequält das Gesicht, während er im Topf herumrührte.

Natürlich hatte sie das bemerkt. »Oh? Jetzt wird's interessant!«, rief sie erfreut. »Raus mit der Sprache, ich will alles wissen!«

»Ich glaube, dass Kim in mich verliebt sein könnte.«

Sie lachte laut auf, als hätte er einen besonders dreckigen Witz gemacht. »Du *glaubst* es?«

»Ähm …?«

»Ich *weiß* es. Jeder in Kirkby weiß, dass sie dich total anhimmelt.«

Ernsthaft? Nach Lennox nun auch noch Susan? »Warum hast du dann nie etwas gesagt?«, fragte er und ärgerte sich nur ein bisschen über seinen anklagenden Tonfall. Den hatte sie auf jeden Fall verdient.

»Was hätte ich denn sagen sollen? ›Du, Davie, nur falls es dir noch nicht aufgefallen ist, Kim ist in dich verknallt‹ – so in etwa?« Sie kräuselte die Nase, sodass ihre Sommersprossen zu tanzen schienen, doch davon wollte er sich jetzt nicht ablenken lassen.

»Zum Beispiel. Ich hätte das hilfreich gefunden.«

»Gut, dann merke ich mir das für die Zukunft, denn ich wäre nicht drauf gekommen, dass du in diesen Dingen ernsthaft so ignorant sein kannst.« Sie stupste ihn spielerisch mit der Fußspitze an und fand das Ganze offenbar immer noch ziemlich witzig.

»Kapierst du denn nicht, dass ich jetzt ein Riesenproblem habe?«

»Nein. Wieso auch?«

»Weil sie meine Mitarbeiterin ist. Sie kann sich doch nicht einfach in mich verlieben. Ahnt sie denn nicht, was für einen Stress das verursacht?« Nun klang er geradezu verzweifelt, doch auch das spiegelte seine Stimmung ganz wunderbar. Von wegen, er wäre nicht im Einklang mit seinen Gefühlen … Pfff.

»Nun, sie hat es sicher nicht mit Absicht getan, denn wenn sie dich nur ein bisschen kennt, müsste sie wissen, dass du im Romantik-Sektor eher minderbemittelt bist.« Susan hatte den Nerv, zu kichern.

»Und jetzt?«

»Keine Ahnung. Was ist denn jetzt anders als gestern?«, wollte sie wissen. »Wann ist bei dir der Groschen gefallen?«

»Vorhin bei Lennox. Wir haben ab mittags seinen Wunderschrank eingebaut und stundenlang an den Feinheiten gefeilt. Alles war ganz normal, wie immer. Bis dann Lennox zurückgekommen ist und sich über seinen Schrank gefreut hat. Da war sie plötzlich irgendwie bockig und hat gefragt, ob sie eher gehen kann.« Davie kratzte sich am Kopf. Er verstand die Situation immer noch genauso wenig wie vor ein paar Stunden.

»Hm, klingt ganz danach, als hätte sie da kapiert, dass bei dir nichts zu holen ist«, befand Susan in erschreckender Übereinstimmung mit Lennox' Diagnose.

»Hast du mit Lennox geredet?«, fragte er daher misstrauisch.

»Schon länger nicht mehr, warum?« Sie sah ernsthaft verwirrt aus.

»Weil du genau das Gleiche sagst wie er. Das scheint mir mehr als nur ein simpler Zufall zu sein.« Er hob den Topfdeckel und rührte in der Soße.

»Mit Zufall hat das nichts zu tun«, widersprach Susan. »Vermutlich würde dir jeder andere Mensch hier im Dorf genau dasselbe sagen.«

»Aber das ist doch total bescheuert.« Er ließ den Deckel scheppernd auf den Topf zurückfallen und verschränkte die Arme vor der Brust.

»Nein, das ist eine ganz normale Analyse der Situation. Ich verstehe nur nicht, warum du dich so aufregst.«

»Warum ich mich so aufrege?«, polterte er fassungslos. »Weil ich nicht weiß, was ich jetzt tun soll!«

»Ja nichts halt.« Susan riss die Augen auf, bis sie wirkten wie riesige blaue Murmeln.

»Wie, nichts?«

»Himmel, du bist doch ein leidlich intelligenter Mensch. Wie kann es sein, dass du mit einem Mal so unfassbar verbohrt bist?« Sie stieß lautstark Luft aus. »Ich bin die ganze Zeit davon ausgegangen, dass du

Kims Gefühle zwar registrierst, aber nicht erwiderst und deshalb so tust, als sei nichts – in der Hoffnung, dass sie irgendwann aufgibt. Und dieser Punkt ist jetzt wohl erreicht. Also brauchst du gar nichts zu tun. Behandle sie einfach wie immer.«

»Aber …« Konnte es wirklich so simpel sein?

»Vielleicht wird sie in den nächsten Tagen oder Wochen manchmal ein bisschen bockig und nicht ganz so willfährig sein wie bisher, aber sie wird darüber hinwegkommen.« Susan schien sich ihrer Sache sehr sicher zu sein.

»Richtig toll sind diese Aussichten aber auch nicht.«

»Wieso? Für dich bleibt doch alles beim Alten. Für Kim ist es halt blöd, aber das war es ja die ganze Zeit. Hat ohnehin lange genug gedauert, bis sie geschnallt hat, dass du nichts von ihr willst.«

»Und wenn das nicht stimmt?«

»Wenn was nicht stimmt?« Gleich würden die blauen Kulleraugen aus ihren Höhlen fallen. »Sag bloß, sie ist dir doch nicht gleichgültig?«

»Nein. Ja. Also … Oh Mann, du verdrehst mir jedes Wort im Mund!«

»Ich verdrehe gar nichts. Du sprichst nur in Rätseln. Also, was soll nicht stimmen?«

»Na ja, eure doofe These halt, dass sie in mich verliebt ist.«

»Wenn sie nicht stimmen sollte, was ich für extrem unwahrscheinlich halte, ist es doch noch besser für dich. Dann wird sich nämlich gar nichts ändern.«

Susans Logik war nicht von der Hand zu weisen, doch so ganz konnte und wollte er der Sache nicht trauen.

»Es könnte sein, dass ich versehentlich falsche Signale gesendet habe«, gab er etwas zerknirscht zu.

»Ach?« Ihre Mundwinkel zuckten. »Wie kann man denn versehentlich falsche Signale senden?«

»Ich dachte halt, dass es Spaß war, und ich habe entsprechend reagiert. Man könnte es als Flirten bezeichnen.«

Nun machte sich das Pippi-Langstrumpf-Grinsen in ihrem Gesicht breit. »Das halte ich für vollkommen ausgeschlossen. Wenn du eine Sache nicht kannst, dann ist das Flirten.«

»Das ist doch gar nicht wahr!« Es wurde echt immer besser. Erst betrachtete man ihn als Gefühlsanalphabeten, und dann unterstellte Susan ihm auch noch Flirtunfähigkeit.

»Wann hast du denn das letzte Mal erfolgreich eine Frau angeflirtet?«, wollte sie wissen und hob provozierend eine Braue.

»Was heißt ›erfolgreich‹?«, wich er aus.

»Dass sich ein nettes Gespräch ergeben hat, eine Einladung zum Kaffee, ein Abendessen, mehr.«

»Wie du weißt, hat es in den letzten Jahren schon immer mal wieder …«, begann er, doch sie unterbrach ihn.

»Ich meine nicht deine Fick-Dates über eine App, sondern natürliche Kontakte in freier Wildbahn.«

»Manche dieser Frauen habe ich ein paarmal getroffen, und wir waren auch essen und so«, verteidigte er sich, konnte jedoch nicht verhindern, dass er sich ertappt fühlte.

»Das bedeutet nur, dass du womöglich ein kompetenter Liebhaber bist, nicht aber, dass du über so viel Charme verfügst, dass es zu einer erfolgreichen Kalt-Akquise kommt.«

Peng. Das saß. Er öffnete den Mund, um zu protestieren, doch blöderweise hatte sie mit ihrem Kommentar vollkommen recht. »Scheiße.«

»Ach was, das beweist nur, dass du sicher nicht mit Kim geflirtet hast. Die hat sich einfach in ein Wunschbild von dir hineingesteigert. Ich bin überzeugt davon, dass sich das wieder legt bei ihr.«

»Meinst du wirklich?«

»Klar. Habe ich selbst ein paarmal erlebt.« Sie seufzte.

»Ist aber schon länger her, was? Ich kann mir nämlich beim besten Willen nicht vorstellen, dass du einem Mann hinterherschmachtest. Eher siehst du doch zu, dass du sie dir schnell wieder vom Leib schaffst.«

»Mag sein, aber um mich geht es gerade nicht. Aber ja, es ist schon länger her, dass es mir so gegangen ist. Da war ich vielleicht Anfang zwanzig. Also hör auf, dir Sorgen zu machen.«

»Findest du Kim süß?«, hörte er sich zu seiner eigenen Überraschung fragen.

»Was ist denn das für eine Frage?« Sie schüttelte den Kopf. »Sie ist ein hübsches, nettes Mädel, aber … Findest *du* sie etwa süß?«

»Weiß nicht. Also abstrakt vielleicht schon, aber konkret …«

»Ich glaube, du bist unterzuckert und musst endlich was essen. Mir geht es jedenfalls so. Aber eines weiß ich sicher, wenn man echte Gefühle für jemanden hegt, muss man nicht darüber nachdenken. Dann weiß man es. Und diese Gefühle schwanken auch nicht zwischen ›abstrakt‹ und ›konkret‹, sondern sind einfach da.«

Er nickte nachdenklich und warf dann Nudeln in den anderen Topf, in dem schon die ganze Zeit Wasser simmerte. Susan hatte ganz bestimmt recht. Seine Gefühle für sie waren jedenfalls eindeutig: Er konnte sich kein Leben ohne diese sommersprossige Nervensäge vorstellen, die ihn regelmäßig zum Lachen und zum Nachdenken brachte.

• • •

Susan musste auch am nächsten Tag immer wieder über Davies verquere Denkweise schmunzeln. Er hatte den restlichen Abend über immer wieder von dem Thema angefangen, aber wenigstens war er nach zwei riesigen Tellern Penne bolognese und drei Gläsern Wein offenbar davon überzeugt gewesen, dass er definitiv kein Interesse an Kim hatte, das über das gemeinsame Montieren von Schränken hinausging. Seltsamerweise hatte sie das erleichtert. Dabei wünschte sie Davie von ganzem Herzen eine Partnerin, bei der er sich wohlfühlen konnte und seine sensible Seele in Sicherheit war. Sie war nur eben auch ganz sicher, dass Kim für diese anspruchsvollen Jobs nicht die richtige Kandidatin war.

Er hatte sie gefragt, ob sie ihn heute auf eine Tour über die Dörfer der Umgebung begleiten wollte. Er war auf der Suche nach Material, das er für das Scheunenhotel verwenden konnte – und so wie sie ihn einschätzte, machte er dabei vor nichts halt. Alte Holzplanken waren ihm genauso recht wie historische Werkzeuge, rostige Heuraufen und steinerne Viehtränken. Bei derartigen Expeditionen kam er voll ins Jäger-und-Sammler-Fieber, während ihr der Sinn nach ihrem gemütlichen Sofa stand. Untätig war sie allerdings auch nicht gewesen, denn sie war gleich am frühen Morgen nach Inverness gefahren und hatte – inspiriert von Davies Großeinkauf – auch ihre Vorräte aufgestockt und den Kühlschrank gefüllt. Auf dem Rückweg hatte sie auf dem samstäglichen Dorfmarkt noch ein paar Kleinigkeiten gekauft und sich mit dem aktuellen Klatsch und Tratsch versorgt.

Dummerweise spielte sie selbst dabei immer noch eine schillernde Rolle. Der Kleister-Krieg war noch nicht ganz vergessen. Collum hatte ihr am Donnerstag von zwei offiziellen Beschwerden berichtet: einer besonders vehementen, wenn auch nicht sonderlich überraschenden von Toms Mutter und einer von den Eltern von Finley, jenem Unglückswurm, wegen dem die ganze Sache überhaupt erst hatte eskalieren können. Die Eltern fanden es besonders verwerflich, dass

Susan den Kleinen nicht erst ordnungsgemäß wieder verpackt hatte, ehe sie versuchte, das Chaos zu kontrollieren. Nun ja, sie hatte ihre Sicht der Dinge geschildert, Collum hatte herzhaft gelacht und die Sache für erledigt erklärt. Konsequenzen würde sie nicht zu befürchten haben. Die Alternative wäre ja, den Kindergarten zu schließen, denn es war wahrlich nicht so, dass sich ausgebildete Erzieherinnen um einen Job in einem Landkindergarten rissen.

Bei der Gelegenheit hatte sie Collum aber auch über ihre Pläne in Kenntnis gesetzt, sich einen Hund anzuschaffen und ihn als Therapietier auszubilden. Die Gemeinde als offizieller Träger des Kindergartens hatte noch am selben Abend ein E-Mail-Rundschreiben an die Eltern verfasst und dieses Vorhaben skizziert. Wenig verwunderlich bei der hundeverrückten Bevölkerung hatte niemand Einwände. Nicht einmal Toms Familie.

Daher lag sie nun mit ihrem Laptop auf dem Sofa und recherchierte über den Einsatz und die Ausbildung von Therapiehunden. Vieles wusste sie noch aus ihrem Studium in Schweden, allerdings gab es in Großbritannien einige Regularien, die anders waren als dort. Sie hatte schon zwei Hundeschulen in der Nähe gefunden, die Kurse für angehende Therapietiere anboten – inklusive offiziell anerkannter Prüfungen. Während die meisten Tiere erst zum Einsatz kamen, wenn sie schon erwachsen und fertig ausgebildet waren, gab es auch Fälle, in denen bereits die Welpen in den Kindergarten- oder Schulalltag integriert wurden.

Diese Berichte fand Susan besonders spannend, denn so würde es in ihrem Fall ja auch ablaufen. Ihr war inzwischen klar, dass ihr zukünftiger Vierbeiner dringend eine eigene Ruhezone haben musste, in der er auch von den Kindern nicht belästigt werden konnte. Eine große Hundebox war dafür vermutlich ideal geeignet, anfangs vielleicht sogar kombiniert mit einem Zaun, den weder Hund noch Kinder überwinden konnten. Und alles stand und fiel natürlich auch damit, wie gut sie die Kinder auf den neuen Spielgefährten vorbereitete. Doch da war sie zuversichtlich, denn die meisten ihrer Schützlinge waren hunde- oder zumindest haustiererfahren und würden schnell kapieren, dass ein flauschiger Welpe kein Spielzeug war, sondern ein Lebewesen, das es zu respektieren galt.

Etwas mehr Kopfzerbrechen bereitete ihr die Auswahl des richtigen Jungtiers. Sie hatte keine Ahnung, ob sie kompetent genug war, um bei einem wenige Wochen alten Welpen Rückschlüsse auf dessen Charakter ziehen zu können. Da würde sie sich auf die Expertise von Ainslee und Paul verlassen müssen, oder besser noch, auf die von Heather und George Stewart, die schon viele Würfe großgezogen hatten. Allerdings waren die beiden auf Airedale Terrier spezialisiert, die auf der Liste der geeigneten Therapiehunde nicht ganz oben angesiedelt waren. Da standen vor allem Labradore und Golden Retriever, gefolgt von Doodles – Mischungen aus Pudeln und gutmütigen anderen Rassen. Unter anderem wurden explizit

Newfypoos erwähnt, also Pudel-Neufundländer-Mixe. Von denen gab es im Herrenhaus auch eine ganze Menge. Bislang war Susan immer auf reinrassige Großpudel fixiert gewesen, doch die standen ebenfalls nicht besonders weit oben auf der Liste. Polly dagegen war eine tiefenentspannte und sehr liebe Neufundländerin. Womöglich fand sich unter ihren Welpen eher ein passender Kandidat?

Nun ja, sie würde das mit allen Hundeprofis auf Monroe Manor besprechen, sobald sie die Chance hatte, die Welpen zu besuchen. Und vielleicht könnte auch Marlin Fraser einen guten Rat geben, der ja ein selbst erklärter Hundeflüsterer war und von sich behauptete, aus jedem Hund einen Hütehund machen zu können. Vielleicht konnte er also auch erkennen, welcher Welpe der richtige für sie sein könnte.

Sie machte Listen dazu, was sie alles an Erstausstattung brauchte, und freute sich schon auf einen ausgedehnten Besuch im Tierladen, wo es garantiert die süßesten Betten, Decken, Halsbänder und Leinen gab, die ein Hund sich wünschen konnte. Bei dem Gedanken, dass bald ein aufgeweckter Vierbeiner um sie herumwuseln würde, bekam sie ein ganz warmes Gefühl im Bauch. Es fühlte sich gut und richtig an und so, als wäre sie endgültig in ihrem Zuhause angekommen. Denn eines war klar: Mit einem Hund fielen ausgedehnte Auslandsreisen flach.

Kurz schoss ihr Hetty durch den Kopf, die ihr am Donnerstag nach längerer Funkstille eine Nachricht geschickt hatte. Eine Art verbaler Olivenzweig, um den Kontakt wieder aufzunehmen. Susan schämte sich ein bisschen dafür, wie sehr das letzte Gespräch eskaliert war, und sie wusste, dass sie Hetty endlich die Wahrheit über Lasse erzählen musste, wenn sie ihre langjährige Freundschaft retten wollte. Nur hatte sie keine Ahnung, wie sie das bewerkstelligen sollte. Also tat sie, was sie am besten konnte: nichts.

Stattdessen lenkte sie sich weiter mit Hundeüberlegungen ab. Mit der Frage, ob Rüden oder Hündinnen geeigneter waren, auch wenn es da offensichtlich keine Präferenzen gab. Mit einer Liste von Hundenamen für beide Geschlechter. Mit einer Pinterest-Recherche zu Einrichtungsideen. Da waren Sachen dabei, die sie regelrecht elektrisierten. Beispielsweise ein Hochbett für Zweibeiner, mit einem kuscheligen, höhlenartigen Schlafplatz für den Vierbeiner darunter. Oder eine zauberhafte hölzerne Indoor-Hütte, die viel schöner aussah als diese Plastik- oder Drahtboxen, die sonst in Gebrauch waren. Davie könnte ihr da sicherlich etwas Tolles bauen.

Nur war Davie blöderweise kein besonderer Fan von ihren Hundeplänen und lehnte es kategorisch ab, sich selbst einen Hund anzuschaffen. Warum auch immer. Seit gut drei Jahren waren sie so eng befreundet, doch es gab immer noch weiße Flecken an ihm, die sie nicht vollständig erforscht hatte. Ob es umgekehrt genauso war?

Ihr Telefon piepste, und als hätte er gefühlt, dass sie gerade so intensiv an ihn dachte, tauchte eine Nachricht von ihm auf ihrem Display auf. Er hatte zwei Fotos geschickt: Auf dem ersten war ein Berg aufgehäufter Viehtränken zu sehen, das zweite war ein Selfie, auf dem er geradezu debil in die Linse grinste. *So sieht Glück aus!*, hatte er dazugeschrieben.

Du bist ein SEHR merkwürdiger Mann, tippte sie rasch und fügte noch ein *Viel Spaß weiterhin!* hinzu.

Er reagierte nicht mehr auf ihren Kommentar – vermutlich weil er zu sehr damit beschäftigt war, die Tröge in seinen Lieferwagen zu packen und seine Schätze dann nach Hause zu bringen. Susan wollte sich wieder in die Hunderecherche vertiefen, aber irgendwie war jetzt die Luft raus. Sie klappte ihren Laptop zu, stand auf und tigerte ziellos durch ihr kleines Cottage. In der Küche öffnete sie den endlich wieder gut gefüllten Kühlschrank, doch hungrig war sie eigentlich nicht. Auch der Schokoladenvorrat lockte sie nicht. Sie lief ins Schlafzimmer, hob dort ein paar Wäschestücke auf und brachte sie ins Bad. Waschen wäre eine gute Idee. Putzen könnte sie auch mal wieder. Sie sah sich um. Das Cottage bestand aus zwei Zimmern, Küche, Bad und Flur und war klein wie ein Puppenhaus – kein Vergleich zu dem riesigen Haus am Stadtrand von Malmö, in dem sie in den letzten Jahren mit Lasse gewohnt hatte. Das war mehr wie eine Villa gewesen, aber dort hatte sie meist nicht selbst geputzt, sondern einen

Reinigungsservice engagiert, der regelmäßig sauber gemacht hatte.

Mal abgesehen davon, dass sie sich das von ihrem Erzieherinnengehalt kaum leisten könnte, käme es ihr hier in Kirkby auch absurd vor. Nicht dass Geld ein großes Problem war. Sie hatte in ihrer Profizeit gut verdient – vor allem auch durch ein paar lukrative Sponsorenverträge –, und sie hatte das Geld ordentlich angelegt. Aber das war ihr Sicherheitsnetz für später, wenn sie einmal alt war oder schlimmstenfalls arbeitsunfähig werden sollte. Nein, an dieses Geld würde sie nicht rangehen – schon gar nicht für eine Tätigkeit, die sie ganz bequem auch selbst erledigen konnte. So klein, wie ihre Bude war, brauchte sie selten länger als eine Stunde, bis alles wieder sauber und ordentlich war.

Während sie saugte, fragte sie sich, woher diese seltsamen Gedanken so plötzlich kamen und wieso sie ihren heiligen Samstagnachmittag mit Putzen verbrachte, statt etwas zu tun, was ihr wirklich am Herzen lag. Sie merkte, dass die Antwort auf all diese Fragen knapp unter der Oberfläche schlummerte, aber sie scheute sich, genauer hinzusehen. Immer wieder fiel ihr Blick jedoch auf ihr Handy, das auf dem Laptop lag und keinen Mucks von sich gab. Die Antwort war nicht verborgen, sie war total offensichtlich. So sehr, dass sie sie nicht länger ignorieren konnte, obwohl sie es nach Kräften versuchte. Wenn sie die Sache mit Hetty nicht ein für alle Mal klärte, würde sie keine Ruhe finden.

Sie schaltete den Staubsauger aus, griff sich das Telefon und stellte fest, dass ihr Herz vor Aufregung raste und ihre Hände ganz feucht waren. Aber sie würde sich jetzt nicht mehr beirren lassen. Oder?

Vielleicht war Hetty gar nicht zu Hause? Das war nicht mal so unwahrscheinlich, es war schließlich Samstagnachmittag. Da konnte es gut sein, dass sie im Stadion war, entweder weil sie selbst spielte oder weil sie sich das Spiel eines anderen Clubs anschaute. Vielleicht von der Konkurrenz. Oder ein Spiel aus der Männerliga. Früher hatte Susan die Spieltage aller wesentlichen Ligen im Kopf gehabt. Nicht nur die der schwedischen Frauenliga, sondern auch die anderer Länder. Doch inzwischen ging sie nur noch selten ins Stadion und guckte noch viel seltener Spiele im Fernsehen an. Das fühlte sich neuerdings immer wie verlorene Zeit an.

Nicht ablenken lassen!, ermahnte sie sich und schloss einen Pakt mit sich selbst: Wenn Hetty erreichbar war und Zeit für ein Gespräch hatte, dann würde sie jetzt alles erfahren. Wenn nicht, war es eine Schicksalsentscheidung, und Susan würde sich die Erlaubnis geben, das Thema Lasse für immer unangesprochen zu lassen.

Der rationale Teil ihrer inneren Stimmen murmelte zwar etwas von Selbstbetrug, wurde aber vom Rest des Chors überstimmt, der das für eine sensationelle Idee hielt.

»Sie ist garantiert nicht daheim«, murmelte Susan leise, holte einmal tief Luft und dann noch mal. Und wieder. Sollte sie anrufen oder es lieber im Video-Chat versuchen? Für den unwahrscheinlichen Fall, dass Hetty erreichbar war, wäre es bei der Bombe, die Susan platzen lassen würde, zweifellos besser, ihr Gesicht zu sehen. Leichter wäre es aber am Telefon, ohne Bild.

Hm.

Hm.

Hm.

»Jetzt stell dich nicht so an, und tu es einfach!«, forderte sie sich selbst energisch auf und drückte dann, ohne es weiter zu überanalysieren, auf das Videosymbol.

Es klingelte und klingelte, und die fast unerträgliche Anspannung wich mit jeder Sekunde und jedem Herzschlag einer gewissen Erleichterung. Die sich jedoch dummerweise auch irgendwie falsch anfühlte.

Und dann tauchte Hettys Gesicht auf dem Display auf. Sie sagte nichts, sondern schaute Susan nur an. Sie sah angespannt aus, beinahe schon etwas verhärmt, und der harte Zug um ihren Mund verhieß nichts Gutes.

»Ist es gerade ein schlechter Moment?«, fragte Susan. Sie erinnerte sich, dass Hetty keine Freundin von sinnlosem Small Talk war, aber diese Frage war ja wohl erlaubt, oder?

»Kommt drauf an«, entgegnete die Schwedin knapp.

»Ich wollte, dass du weißt, dass es mir leidtut, wie es zuletzt zwischen uns gelaufen ist. Wie ich mich benommen habe. Das muss aus deiner Perspektive ziemlich gedankenlos wirken und so rüberkommen, als wäre ich nicht mehr an dir und deinen Gefühlen interessiert«, sagte Susan rasch und war selbst ein bisschen erstaunt, dass die Worte nur so aus ihr herausflossen.

»Gibt es noch eine andere Perspektive?«, fragte Hetty. Sie klang nicht direkt unfreundlich, aber weit von ihrem sonst so warmherzigen Selbst entfernt.

»Es gibt doch immer eine andere Perspektive«, antwortete Susan sachte. »Meine beispielsweise.«

»Natürlich. Wie konnte ich das vergessen? Deine einzigartige Perspektive auf alle Dinge des Lebens verdient natürlich besondere Beachtung«, kam es mit böser Ironie zurück. »Dabei ist der Sachverhalt doch auch objektiv betrachtet eindeutig: Ich heirate und bitte meine – vermeintlich – beste Freundin, meine Trauzeugin und Brautjungfer zu werden. In der irrigen Annahme, dass sie sich darüber freuen wird. Dass sie sich auch für mich freuen wird.«

»Aber ich freu mich doch«, erwiderte Susan halbherzig und leider auch nicht ganz wahrheitsgemäß.

»Ernsthaft? Jetzt auch noch lügen?« Hetty sah zur Seite – auf eine Art, dass Susan sich fragte, ob noch jemand anders mit im Raum war. Ben vielleicht? Das wäre ihr ausgesprochen unangenehm.

»Wenn diese große Hochzeit mit Ben dein Herzenswunsch ist, dann freue ich mich wirklich für dich. Für euch. Ich habe nur ein Problem mit meiner zugewiesenen Rolle, das sollten wir vielleicht auseinanderhalten. Ich werde sehr gerne für die Hochzeit nach Schweden kommen, ich zieh mir auch ein albernes Kleid an, wenn dir das wichtig ist, aber mehr …« Sie beendete den Satz nicht, weil sie selbst nicht so recht wusste, was genau sie sagen wollte. Oder vielmehr: wie genau.

»Liegt es an Lasse?«, wollte Hetty nun überraschend wissen.

»Ähm …« Susan fühlte sich überrumpelt. Natürlich lag es an Lasse, aber sicher anders, als Hetty es sich vorstellte. Dass sie seinen Namen ins Spiel brachte, fand Susan etwas verstörend. Auch wenn es nicht völlig unerwartet war – Lasse war schließlich zwangsläufig eine wichtige Figur in Hettys Leben, als Bruder ihres zukünftigen Ehemanns.

»Es wird sich nicht vermeiden lassen, dass ihr euch seht«, sprach Hetty weiter. »Er gehört immerhin zur engsten Familie. Liegt es daran, dass er jetzt mit Lina zusammen ist?«

»Was? Nein.« In Susan zog sich alles zusammen. Hetty unterstellte ihr offensichtlich Eifersucht, dabei war alles, was sie gerade fühlte, Panik. Lina war ein paar Jahre jünger als sie und eine superhübsche, sehr talentierte Mittelfeldspielerin. Allerdings eine, die immer von Unsicherheiten gequält wurde – auf dem Platz und außerhalb davon. So jemand und Lasse? Ihr wurde regelrecht schlecht.

»Hm, ein Dementi wirkt irgendwie anders«, befand Hetty. »Ich hab mit ihm gesprochen, und er hat mir versichert, dass er keinen Groll mehr gegen dich hegt.«

In Susan drehte sich nun alles. »Wie schön für ihn«, krächzte sie hervor.

»Weißt du, dass ich dir nie wirklich abgenommen habe, dass du ihn verlassen hast, weil er dich angeblich betrogen hat?«, fuhr Hetty fort. »Dafür ist er doch gar nicht der Typ. Er hat dich angebetet und hätte alles für dich getan. Für ihn ist eine Welt zusammengebrochen.«

Susan schloss die Augen, um ihr inneres Gleichgewicht wiederzufinden. Die Betrugsgeschichte war ihre offizielle Erklärung gewesen – und außerdem die Wahrheit, doch eben auch nur die Spitze des Eisbergs. Die Vorstellung, dass Hetty mit Lasse über sie diskutierte …

»Er meinte aber auch, dass er über dich hinweg ist und mit niemandem mehr über den Nachmittag deines angeblichen Unfalls sprechen wird. Du hast also nichts zu befürchten«, fügte Hetty hinzu.

Ich habe nichts zu befürchten?, schrie Susan in Gedanken, aber sie brachte die Worte nicht heraus.

»Ich wusste nicht, dass es dir damals so schlecht ging, dass du an Selbstmord gedacht hast«, erklärte Hetty – offensichtlich blind für Susans innere Qualen. »Wenn ich etwas davon geahnt hätte … Ach, Süße, ich wäre doch für dich da gewesen. Warum hast du nie etwas gesagt? Wir hätten über alles reden können. Aber dass du dich absichtlich von den

Klippen gestürzt und hinterher nie darüber geredet hast … Ich meine, es bricht mir das Herz für dich, aber ich fühle mich irgendwie auch etwas verarscht. Du hast mir immer vorgespielt, dass alles in Ordnung wäre und dass du nach dem Unfall einfach eine Auszeit brauchtest. So geht man doch nicht mit Freunden um.«

Obwohl Susan ernsthafte Probleme damit hatte, diese absurde Fantasiegeschichte zu verarbeiten, fand sie es bemerkenswert, wie ihre Freundin den Spagat zwischen »betroffen« und »beleidigt« hinbekam. Und die Verwunderung darüber entzündete ein Flämmchen der Wut in ihr, das ihr genug Energie gab, dass sie wieder sprechen konnte.

»Wenn ich tatsächlich in einer so existenziellen Krise gewesen wäre, wie du sie skizzierst – findest du es vor diesem Hintergrund wirklich okay, mir Vorwürfe zu machen?«

»Ja. Also nein. Ich meine … Es erklärt ja so vieles. Aber es wäre mir lieber gewesen, ich hätte die Wahrheit von dir erfahren und nicht von Lasse. Und schon vor drei Jahren und nicht vorgestern.«

»Die Wahrheit …« Susan schnaubte. »In diesem Punkt hast du recht. Ich hätte es dir erzählen sollen. Vor drei Jahren. Aber ich konnte es nicht. Wahrscheinlich, weil ich zu feige war und weil ich mich geschämt habe.«

»Für psychische Probleme braucht man sich doch nicht zu schämen«, sagte Hetty, nun ganz sanft.

»Nein, braucht man nicht. Aber die hatte ich auch nicht. Ich habe mich geschämt, weil ich mich nicht getraut habe, Lasse anzuzeigen. Weil ich zugelassen habe, wie er mich in unserer Beziehung jahrelang behandelt hat. Oder vielmehr *misshandelt* hat. Ich war mir sicher, dass mir keiner glauben würde, weil ich ja nicht das typische Opfer bin, sondern eine starke, selbstbewusste Frau. Ich schäme mich immer noch deswegen. Lasse ist ein gefährlicher Mann. Ein charmanter Blender, der alle um den Finger wickeln kann. Der lieb ist, solange jeder tut, was *er* möchte. Ich habe mich damals nicht freiwillig von den Klippen gestürzt. Ich hatte herausgefunden, dass er fremdgegangen ist. Mal wieder. Er hat es nicht mal abgestritten und mir stattdessen vorgeworfen, dass ich selbst schuld sei. Es kam dann zuerst zu einem Wortgefecht, dann zu einer Rangelei. Und dann hat er mich geschubst. Es ist also irgendwie süß, wenn er behauptet, *ich* hätte nichts zu befürchten.«

Hettys Gesichtsausdruck wechselte zwischen Ungläubigkeit, Skepsis und Fassungslosigkeit und rastete schließlich bei einer Fratze ein, die Susan als Ausdruck angewiderten Ärgers bezeichnet hätte. Eine ganze Weile schwieg Hetty, doch dann erhob sie die Stimme: »Das ist selbst für deine Verhältnisse ein unerreichter Tiefpunkt. Leb wohl.« Im nächsten Moment wurde das Display schwarz.

STRAFVERSETZT AUF DIE TRIBÜNE

SUSAN HATTE KEINE AHNUNG, wie lange sie gelaufen war. Sie konnte sich nicht mal richtig daran erinnern, dass sie sich umgezogen hatte und losgerannt war, aber nun war sie so erschöpft, dass jeder Schritt zur Qual wurde. Ihre Muskeln zitterten, ihr war übel, und vor ihren Augen tanzten schwarze Punkte. Nicht gut. Gar nicht gut.

Es fiel ihr wahnsinnig schwer, sich zu orientieren, doch sie zwang sich dazu, so ruhig zu atmen, wie es irgendwie ging, und die Umgebung in sich aufzunehmen. Sie war an einer Tierweide, die an den Mühlbach grenzte. Die Sonne stand inzwischen tief, und die Rinder starrten sie an. Machte das Sinn? Vermutlich nicht.

Mühlbach? Sie drehte sich um und sah in einiger Entfernung die Silhouette der alten Mühle, die ihr in diesem Moment wie ein Leuchtturm vorkam. Ohne groß darüber nachzudenken, stolperte sie in diese Richtung. Davie würde wissen, was zu tun war. Ganz bestimmt.

Aber Davie war nicht zu Hause. Öffnete nicht die Tür für sie. Die schwarzen Punkte wurden größer und flackerten stark. Vielleicht sollte sie sich einfach ein bisschen ausruhen? Nur ein paar Minuten lang?

»Susan? Susan? Was um Himmels willen ist los mit dir?« Jemand rüttelte an ihrer Schulter, doch in ihren Lidern war Blei. Sie konnte unmöglich die Augen öffnen. Reden ging auch nicht. »Scheiße«, hörte sie die Stimme besorgt murmeln, und im nächsten Moment fühlte sie, wie sie hochgehoben und ins Warme getragen wurde.

Fast sofort begannen ihre Zähne zu klappern.

»Scheiße, Susan, was ist los mit dir?« Es war Davie, der mit ihr sprach, das war ihr inzwischen klar. Etwas Weiches umfing sie. Eine Decke? »Susan, wenn du nicht augenblicklich die Augen öffnest und etwas sagst, dann …« Ihm fiel wohl keine geeignete Drohung ein.

»Nicht hauen«, brachte sie mit allergrößter Mühe hervor und schaffte es sogar, ihre Augen einen winzigen Spalt weit zu öffnen.

»Gott sei Dank«, entfuhr es ihm. »Und dir ist hoffentlich klar, dass ich dich niemals hauen würde!«

»Mhm.« Ihre Augen fielen wieder zu.

»Susan, du zitterst am ganzen Leib. Soll ich Anna anrufen? Brauchst du ärztliche Hilfe?«

»Nein«, krächzte sie. »Wasser.« Langsam konnte sie wieder klarer denken, ein kleines bisschen jedenfalls. Sie war vermutlich vollkommen dehydriert und unterkühlt. Wie lange sie wohl auf der Schwelle vor Davies Haus gesessen hatte?

Er war in der Küche verschwunden und kam mit einem großen Glas Wasser zurück. »Hier«, sagte er und reichte es ihr. Doch sie zitterte immer noch so stark, dass er ihr das Glas fürsorglich an die Lippen führte. Sie trank einen Schluck. Ihre Kehle brannte wie Feuer, aber sie wusste, dass sie Flüssigkeit brauchte, also nahm sie einen weiteren Schluck und dann noch einen.

»Wir müssen dich dringend warm bekommen«, stellte Davie schließlich fest. »Du bist eiskalt. Ich lass dir Wasser in die Badewanne ein und koche einen Tee. Das kalte Wasser allein ist vielleicht auch nicht so gut.«

»Okay«, murmelte sie und griff dann mit beiden Händen nach dem Glas. So würde es womöglich klappen mit dem Trinken.

Es dauerte nicht lang, da war Davie wieder bei ihr. »So, die Wanne ist bereit. Denkst du, du kannst gehen?«

»Ich weiß nicht«, gab sie zu und versuchte, sich vom Sofa hochzurappeln. Doch es funktionierte nicht. Ihre Beine gaben sofort wieder nach.

»Ich trag dich«, entschied Davie und hob sie im nächsten Moment hoch, als wäre sie leicht wie eine Feder und nicht … na ja … wie eher keine Feder.

Im Bad setzte er sie auf den Wannenrand und zog ihr Schuhe und Laufsocken aus. »Schaffst du den Rest?« Er warf ihr einen prüfenden Blick zu und schüttelte dann den Kopf. »Wohl eher nicht, was?« Er half ihr wieder auf die Beine, schob ihr rasch und ohne hinzusehen die Laufshorts und den Slip herunter und streifte ihr das Top und schließlich den engen Sport-BH über den Kopf. Dann hob er sie erneut hoch und ließ sie vorsichtig in die warmen, herb duftenden Fluten sinken.

Sie stöhnte leise, als das warme Wasser wie Nadelstiche auf ihrer Haut prickelte.

»Das wird sich gleich besser anfühlen«, behauptete er mit einer Zuversicht, die sie selbst nicht spürte. Aber sie war entschlossen, daran zu glauben.

Davie blieb ein paar Minuten lang an ihrer Seite, wohl um sich davon zu überzeugen, dass sie in der luxuriös großen Wanne nicht absoff. Die Nadelstiche ließen nach, und langsam merkte sie, wie das Wasser sie entspannte.

»Schön, du bekommst wieder etwas Farbe«, befand er schließlich. »Das ist ein gutes Zeichen. Kann ich dich kurz allein lassen? Ich mach rasch Tee und suche dir dann etwas zum Anziehen raus. Nicht ertrinken, ja?«, schärfte er ihr noch ein und verließ das Badezimmer.

Die wohlige Wärme tat nichts dafür, Susans Sinne zu schärfen, aber das machte nichts. Sie wollte nicht nachdenken müssen. Sie war einfach dankbar, dass sie sich sicher fühlte. Hier konnte ihr rein gar nichts passieren.

»So, da bin ich wieder.« Davie war also zurück, dabei war er doch gerade erst gegangen, oder? »Es ist

Zeit, aus der Wanne aufzustehen«, kündigte er an. »Du warst jetzt zwanzig Minuten im Wasser. Mehr ist schlecht für den Kreislauf.«

Seit wann war ihr Freund Experte in solchen Dingen? »Das hast du gegoogelt, was?«, fragte sie und sah ihn an. Ihre Lider waren immer noch schwer, gehorchten aber wieder besser ihrem Willen.

»Fein, dir geht's besser, wenn du zu solchen Kommentaren fähig bist. Und nein, ich habe nicht gegoogelt, sondern Anna angerufen. Sie hat mir eingeschärft, dich im Auge zu behalten und sie im Zweifel gleich wieder anzurufen. Also jetzt raus mit dir.«

»Spielverderber ...« Sie seufzte.

»Brauchst du wieder Hilfe?«, wollte er wissen.

Diesmal schaffte sie es allein. Ihr tat zwar alles weh, aber wenigstens hatte sie wieder rudimentäre Kontrolle über ihren Körper. Davie hielt ein großes, flauschiges Handtuch ausgebreitet vor sich und wickelte es um sie, sobald sie mit einem Fuß wieder auf festem Boden stand. Sie kam dabei etwas ins Straucheln, und er zog sie instinktiv an sich.

»Nicht wieder umkippen«, murmelte er in ihre Haare und schlang seine Arme um sie.

Seltsame Gefühle fluteten Susan. Gefühle, die ihr geschundener Körper und ihr verwirrter Geist jedoch nicht eindeutig identifizieren konnten. Was vielleicht auch besser war. Sie schloss die Augen und genoss einfach die Wärme und Stabilität, die Davie ausstrahlte. Es war total vertraut und gleichzeitig vollkommen fremd. Aufregend und entspannend. Zärtlich und pragmatisch.

»Nicht einschlafen«, ermahnte er sie und begann, sie energisch abzurubbeln.

»Ich schaff das jetzt«, behauptete sie und klappte wie zum Beweis die Augen auf. Sein Blick traf sie bis ins Mark. Die Sorge, die sie darin las, und noch etwas anderes.

»Gut.« Er räusperte sich. »Ich hab dir einen Jogginganzug und dicke Socken hingelegt. Du wirst darin versinken, aber die Sachen sind trocken, sauber und warm. Und wenn du runterkommst, gibt's Tee und heiße Brühe und vielleicht später etwas Richtiges zum Essen.«

»Danke«, brachte sie noch hervor, ehe er sie endgültig losließ und hastig das Badezimmer verließ.

• • •

Tee und Brühe zu kochen, war ärgerlicherweise nicht anspruchsvoll genug, um Davie zu beruhigen. Er tigerte nervös durch seine geräumige Wohnküche, während er darauf wartete, dass Susan die Treppe herunterkam – oder ihn zu Hilfe rief. Was um alles in der Welt war mit ihr geschehen? Den Anblick, den sie auf seiner Türschwelle geboten hatte, würde er wohl nie in seinem Leben wieder vergessen. Wie ein geschundenes Häufchen Elend, aus dem jede Energie verschwunden war. Energie, über die sie sonst doch in schier nie versiegenden Mengen verfügte – jedenfalls hatte sie deutlich mehr davon als er selbst. Durfte er sie fragen, was los war? Würde sie ihm eine echte Antwort geben? Oder sollte er einfach nur für sie da sein?

Vermutlich war die letzte Option die beste, denn er wusste ja, wie ungern sie Probleme anging und offen darüber sprach. Aber dass sie sich ohne jeden Grund so komplett verausgabt hatte, um dann ausgerechnet bei ihm zu stranden, hielt er für ausgeschlossen. Irgendwas war passiert. Irgendwas hatte ihre sonst so stabilen Schutzwälle durchdrungen. Er konnte sich nur einen Grund vorstellen – und diese Option gefiel ihm ganz und gar nicht.

»Hi«, tönte es plötzlich hinter ihm. Susan hatte einen offensichtlich lautlosen Treppenabstieg fertiggebracht und lächelte ihn nun an. Gut, es war ein kleines Lächeln. Ein sehr kleines, das nichts gemein hatte mit ihrer ansteckenden Lache und dem dreisten Pippi-Langstrumpf-Grinsen, das er so mochte. Aber es war ein Lächeln. Und unter ihren zahllosen Sommersprossen war ihre Haut rosig und nicht mehr so kalkweiß wie vorhin. Kleine Fortschritte.

»Wie fühlst du dich?«, erkundigte er sich.

»Hm. Bin mir nicht sicher«, gab sie zu.

»Das wird schon wieder. Komm, setz dich aufs Sofa.« Er legte ihr eine Hand auf den Rücken und schob sie sanft zur großen, L-förmigen Couch. Großzügig überließ er ihr den Platz auf der Récamiere, um den sie sich sonst immer zankten, wenn sie zum Filmegucken bei ihm war. Dann deckte er sie mit dem kuscheligen Wollplaid im Kirkby-Tartan zu, das Susan ihm im Mai zum Geburtstag geschenkt hatte. »Bin gleich wieder da.«

In der Küche befüllte er die drei Tassen, die er schon vorbereitet hatte: eine mit heißer Brühe und zwei mit Tee und Milch. Die platzierte er auf einem Tablett und trug es zurück zur Couch, wo er es neben Susan stellte und sich dann selbst setzte. »Tee und Brühe«, erklärte er. »Und ich bestehe darauf, dass du beides trinkst.« Er nahm sich seine eigene Tasse und atmete den Duft des feinen Earl-Grey-Tees ein, den er nur gekauft hatte, weil Susan ihn so mochte. Er selbst war sonst eher ein Assam-Fan, doch schlecht schmeckte die Bergamotte-Note nicht.

Susan trank erst ein paar kleine Schlucke Tee, dann nahm sie sich die Tasse mit der Brühe vor – und verbrannte sich fast die Lippen. »Die ist ja kochend heiß«, beklagte sie sich und pustete auf die Flüssigkeit.

»Ich hab noch nicht rausgefunden, wie man lauwarme Brühe kocht«, entgegnete er.

»Klugscheißer«, murmelte sie und probierte dann noch einen Schluck. Wenige Minuten später waren beide Tassen leer und Susans Wangen gerötet.

»Besser?«, wollte er wissen

»Viel besser«, gab sie zu. »Sehr viel besser.«

»Gut.« Er merkte, wie sich Erleichterung in ihm breitmachte. Erleichterung und viele Fragen. »Magst du …«, begann er.

»Wie war dein Tag?«, fragte sie gleichzeitig.

»Sehr erfolgreich, wie du ja schon auf den Fotos gesehen hast. Ich kann dir meine Schätze bei Gelegenheit gern mal zeigen. Außerdem habe ich ein paar gute Tipps dazu bekommen, wo eventuell noch was zu holen sein könnte. Darum kümmere ich mich in den nächsten Wochen. Aber …«

»Cool«, fiel sie ihm wieder ins Wort. »Und aus diesen Wassertrögen für Rinder sollen Waschbecken für Menschen werden?«

»Ja, aber ich möchte jetzt nicht so gerne über Hotelausstattungen sprechen«, erwiderte er ruhig, aber sehr bestimmt. »Möchtest du noch Tee und Brühe?«

Er wartete nicht auf eine Antwort, sondern stand auf, nahm das Tablett und befüllte die Tassen erneut. Sein Magen knurrte, denn seine letzte erwähnenswerte Mahlzeit war schon ein Weilchen her, doch richtiges Essen musste noch ein bisschen warten. Erst brauchte Susan weitere Flüssigkeit – und er Informationen.

»Hier.« Er drückte ihr die Teetasse in die Hand und setzte sich wieder auf das Sofa.

»Danke«, sagte sie nach einer Weile und einigen weiteren Schlucken. »Für alles. Ich glaube … ich glaube, du hast mich gerettet.«

Davie sah ihr an, wie schwer ihr diese Worte fielen. Die stets patente, fröhliche, robuste und bärenstarke Susan fand nichts schwieriger, als Schwäche zuzugeben. Würde noch eine Erklärung kommen? »Ich würde es immer wieder tun«, entgegnete er schließlich, als sie nichts mehr sagte. »Ich werde es auch immer wieder tun, sollte es nötig sein. Aber es wäre mir lieber, wenn ich dir auf anderer Ebene helfen könnte, ehe du dich mit Sport umzubringen versuchst.«

Bei den letzten Worten zuckte sie wie getroffen zusammen, und er merkte erschrocken, dass ihre rosige Gesichtsfarbe schlagartig wieder kalkweißer Blässe wich, auf der ihre Sommersprossen extrem hervorstachen.

»Du hast doch nicht ernsthaft versucht, dich mit deiner Rennerei umzubringen?«, fragte er entsetzt. »Ich hab nur einen Witz gemacht.«

»Natürlich nicht!«, betonte sie, aber besonders überzeugend klang sie nicht.

»Susan, du machst mir Angst.« Er stellte seine Tasse ab und griff über das Tablett hinweg nach ihrer Hand. »Was ist geschehen?«

Sie schüttelte matt den Kopf.

»Schon klar, du willst nicht darüber reden, aber das lasse ich nicht gelten. Was ist passiert?«

»Ich habe mit Hetty telefoniert«, brachte sie schließlich mit einiger Mühe hervor, und er sah ihr regelrecht an, dass es eine Qual für sie war, sich mit diesen Erinnerungen auseinandersetzen zu müssen.

»Hast du ihr alles erzählt?« Er drückte sanft ihre Finger. Das konnte kein einfaches Gespräch gewesen sein.

»Mhm.«

»Und ich schließe scharfsinnig, dass es nicht gut gelaufen ist.«

Sie lachte freudlos auf. »Das wäre eine ziemliche Untertreibung.«

»Vermutlich war es ein Schock für sie, die Wahrheit über Lasse zu erfahren«, mutmaßte er.

»Wenn, dann hat sie es gut überspielt.« Sie trank ihren Tee aus und starrte in die leere Tasse, in der sie wohl vergeblich nach hilfreichen Hinweisen suchte.

Er nahm ihr die Tasse ab und stellte sie zu den anderen. »Ich brauche mehr Informationen«, bat er.

»Du weißt, ich habe Hetty nie erzählt, was genau an jenem Nachmittag abgelaufen ist. Soweit sie und alle anderen im Club wissen, bin ich unglücklich ausgerutscht und habe mir dabei das Knie ruiniert. Als offiziellen Grund für die Trennung von Lasse habe ich seine notorische Untreue angegeben. Sie hat diese Erklärungen jahrelang akzeptiert, aber …« Susan stockte.

»Aber dann hat sie es irgendwann nicht mehr geglaubt?«, hakte er nach.

»Genau. Sie ist ja nicht blöd und hat sicher irgendwann kapiert, dass ich nicht wegen ihr nicht zurück nach Malmö will, sondern wegen Lasse. Und weil ich zu feige war, ihr die Wahrheit zu erzählen, hat sie schließlich ihn gefragt.« So bitter wie jetzt hatte Davie seine Freundin noch nie erlebt.

»Nicht sehr wahrscheinlich, dass er akkurat berichtet hat, was?« Er merkte, wie sich eine irrationale Wut auf diesen Scheißkerl in ihm breitmachte, den er nie persönlich getroffen hatte, aber mehr hasste als alle anderen Menschen. Sogar mehr als seinen Vater.

»Er hat ihr jedenfalls eine Geschichte erzählt, die sie glaubhafter fand als meine.« Susan schnaubte – und er war froh darüber, denn Ärger war so viel besser als diese bleierne Verzweiflung.

»Ich …«, begann er, doch sie winkte ab.

»Ich hab jetzt angefangen, also bekommst du auch das ganze Elend zu hören.« Sie atmete forciert aus. »Offensichtlich hat er ihr weisgemacht, dass ich schon lange depressiv war und an diesem Tag meine Suizidgedanken schließlich in die Tat umsetzen wollte. Dass ich mich also absichtlich die Klippen hinuntergestürzt habe.«

»Das hat er nicht!«, rief Davie schockiert.

»Das hat er. Und Hetty war deswegen angeblich total bestürzt und gleichzeitig sauer, weil ich sie nicht ins Vertrauen gezogen hatte.«

»Puh.«

»Weißt du, sie hat ja recht mit ihren Vorwürfen. Ich hätte sie ins Vertrauen ziehen müssen. Nicht erst nach dem Unfall, sondern schon viel früher. Ich hätte sie als Verbündete brauchen können. Vielleicht hätte sie mir damals geglaubt. Aber ich habe mich einfach nicht getraut. So gesehen bin ich wohl doch selber schuld.«

»Du. Hast. Keine. Schuld!«, sagte er langsam und prägnant. »Das darfst du dir gar nicht erst einreden.«

»An manchen Tagen weiß ich das«, erwiderte sie leise. »An anderen nicht. Und es spielt auch keine Rolle, denn Hetty glaubt natürlich lieber seine Geschichte als meine. Sie hält mich für ein verlogenes

Biest und will vermutlich nie wieder etwas mit mir zu tun haben.« Zu seinem Entsetzen sah er, wie eine Träne, die sich in ihrem Auge gesammelt hatte, ihre Wange hinunterpurzelte.

Er wischte sie mit dem Daumen weg. »Das wäre eine sehr dumme Entscheidung von ihr.«

»Kann sein, dass es nicht meine Schuld war, dass mich Lasse behandelt hat, wie er es getan hat. Aber es war ganz sicher meine Schuld, dass die Freundschaft mit Hetty in die Brüche gegangen ist.« Nun folgten der einzelnen Träne viele weitere. »Ich hätte es ihr längst sagen müssen. Natürlich glaubt sie mir jetzt nicht mehr. Wahrscheinlich würde ich es selbst auch nicht glauben.«

»Es wäre bestimmt gut gewesen, wenn du offener gewesen wärst, aber du hattest Angst. Aus guten Gründen. Und ich finde schon, dass sie dir auch jetzt noch glauben müsste. Ich tue es schließlich auch.«

»Ach Davie ...« Sie schniefte und versuchte sich mit beiden Händen die Tränen wegzuwischen. »Ich bin dir so dankbar dafür, dass du mir glaubst, aber manchmal verstehe ich nicht, warum. Woher willst du wissen, dass ich dir die Wahrheit erzählt habe? Gelegentlich denke ich, dass ich selbst nicht mehr so genau weiß ...«

Davie stellte das Tablett auf seine andere Seite und rückte eng an Susan heran, dann nahm er sie fest in den Arm. »Natürlich weißt du ganz genau, was geschehen ist. Du wirst das nie wieder vergessen. Und ich weiß, dass es die Wahrheit ist, weil sich niemand so etwas Schreckliches ausdenken würde.«

»Darauf würde ich nicht wetten.«

»Mag sein, aber *du* würdest dir so etwas nicht ausdenken!« Er hoffte, dass die tiefe Überzeugung, die er empfand, auch bei ihr ankam. Er erinnerte sich an einen Tag vor gut drei Jahren. Da war sie gerade erst zwei oder drei Wochen in Kirkby und er mit Arbeiten in ihrem Cottage beschäftigt gewesen. Sie hatte eine Nachricht oder einen Anruf von Lasse erhalten und war daraufhin völlig zusammengebrochen. Er hatte sich selten überforderter gefühlt als in diesem Moment, doch er hatte alles versucht, um sie zu beruhigen und zu trösten – und irgendwann war dann die ganze schreckliche Geschichte aus ihr hervorgebrochen. Seit diesem Tag hasste er Lasse mit jeder Faser seines Herzens und malte sich manchmal schillernd aus, was er mit dem Dreckskerl anstellen würde, sollte er ihm einmal begegnen. Dieser Tag hatte aber auch die tiefe Freundschaft zwischen ihm und Susan besiegelt, denn nach ihrer Offenbarung war schnell klar gewesen, dass sie keine Geheimnisse mehr voreinander haben würden. Er war sich sicher, dass er keinen anderen Menschen besser kannte als Susan – und das kein anderer Mensch mehr über ihn wusste als sie.

»Nein, das würde ich nicht«, sagte sie schließlich.

»Und es ist Hettys Problem, wenn sie lieber einem miesen, gewalttätigen Lügner und Betrüger glaubt als ihrer Freundin.«

»Ich vermisse sie trotzdem«, murmelte sie gegen seine Brust.

»Ich weiß. Es tut höllisch weh, aber ohne Vertrauen funktioniert eine Freundschaft eben auch nicht. Aus irgendwelchen Gründen konntest du ihr nicht vertrauen, und sie zieht es vor, auf diesen Lügner zu hören statt auf deine Worte. Das sagt doch auch einiges aus, oder?«

Sie schob ihn ein Stückchen zurück und sah ihn verwundert an. »So habe ich das noch nie betrachtet.«

»Das ist offensichtlich.«

»Ich habe immer gedacht, dass es an mir liegt. Dass *ich* zu feige bin, um mit ihr zu reden. Ich habe gar nicht in Betracht gezogen, dass es auch daran liegen könnte, dass ich *ihr* nicht vertrauen kann.« Die Tränen waren versiegt, aber ihre Augen wirkten noch trauriger als vorhin. »Ich weiß nicht, ob ich diese Variante besser finde.«

»Du musst es ja nicht bewerten, es reicht doch schon, wenn du anerkennst, dass es so sein könnte. Weißt du, ich habe mir oft überlegt, dass es sehr erstaunlich ist, wie scheinbar mühelos du dein altes Leben abhaken und hier ein vollkommen neues beginnen konntest. Und versteh mich nicht falsch, ich bin total froh, dass du hier bist, denn ohne dich wäre Kirkby nicht der Ort, an dem ich leben wollte. Aber du scheinst nicht die geringste Sehnsucht nach Malmö, Fußball und deinem schwedischen Umfeld zu haben. Von Hetty einmal abgesehen.«

»Darüber habe ich nie nachgedacht.« Sie wandte sich von ihm ab und starrte zum Fernseher, der still und mattschwarz an der Wand hing. »Ich wollte damals einfach nur noch weg. In der Reha war ich damit beschäftigt, wieder gehen zu lernen und parallel einen Neuanfang zu organisieren. Und als ich dann hier angekommen bin, war es für mich wie ein brandneues Kapitel in meinem Lebensbuch. Und ich hatte nur wenig Interesse daran, zurückzublättern.«

»Aber vermisst du denn gar nichts davon? Ich meine, das war doch ein ganz anderes Leben«, bohrte Davie nach. Es war nicht so, dass Susan nie über ihre Profizeit sprach, ganz im Gegenteil, ihre Anekdoten waren legendär. Doch sie waren eben auch nur das: kleine Randnotizen, launig vorgetragen, aber ohne echte Emotion.

»Es war toll. Ich habe vieles daran geliebt: die engen Spiele, die hitzigen Situationen auf dem Platz, die Triumphe, die Niederlagen. Es war toll, dass ich Champions League spielen konnte und wir da in schicken Hotels untergebracht waren. Und natürlich auch die Spiele mit der Nationalmannschaft – auch wenn wir da eigentlich immer lausig waren. Ich mochte sogar das harte Training. Aber irgendwie war mir immer klar, dass diese Zeit nur eine begrenzte Phase meines Lebens sein würde. Gut, ich bin davon ausgegangen, dass ich etwas länger im Rennen sein würde, aber es war halt nicht so.« Sie zuckte mit den Schultern. »Um deine Frage zu beantworten: Nein, ich vermisse es nicht. Überhaupt nicht. Und glaub mir, das überrascht mich vermutlich mehr als dich.«

»Ich freu mich aus rein egoistischen Gründen sehr darüber«, sagte er mit einem Lächeln, auch wenn er tatsächlich nicht ganz glauben konnte, dass sie alles so einfach abgehakt hatte. Aber vermutlich sollte er sie besser in diesem Glauben bestärken.

»Ich habe immer gedacht, dass ich Hetty vermisse«, sprach sie jedoch weiter. »Jetzt bin ich mir nicht mehr so sicher.«

»Ich schätze schon, dass sie dir fehlt. Ihr wart doch so viele Jahre lang so eng miteinander.«

»Ja, waren wir. Aber so richtig tief ging es halt offensichtlich doch nicht. Und in den letzten Wochen war ich fast schon panisch, wenn ich eine Nachricht oder einen Anruf von ihr bekam. So sollte sich eine Freundschaft doch auch nicht anfühlen, oder?«

»Ich bin kein Experte, aber ich gehe davon aus, dass es auch in Freundschaften nie immer nur Friede, Freude, Eierkuchen gibt, sondern auch mal schwierigere Phasen. Wie in Liebesbeziehungen auch. Wenn das Fundament stabil ist und man dieselben Werte teilt, übersteht man diese Phasen. Wenn nicht, dann trennen sich die Wege.«

»Das ist jetzt regelrecht philosophisch«, bemerkte sie, und in ihren Augen blitzte kurz der übliche Schalk auf.

»Das traust du einem simplen Schreiner nicht zu, was?« Er lächelte schief.

»Du bist vieles, aber ganz bestimmt nicht simpel. Und du hast sicher recht – auch wenn ich nicht weiß, woher du die Erfahrung nimmst. Denn nach allem, was ich über deine bisherigen Beziehungen und Freundschaften weiß, war da wenig dabei, was Anlass zu Optimismus gäbe.« Sie schenkte ihm ein fast schon liebevolles Lächeln. »Gerade in Liebesdingen bist du doch noch unbedarfter als ich, und das will echt was heißen.«

»Nur weil ich es selbst noch nicht erlebt habe, bedeutet das nicht, dass es nicht wahr ist«, verteidigte er sich. Leider lag Susan nämlich richtig mit ihrer Behauptung, dass er es bisher nie geschafft hatte, schwierige Beziehungsklippen erfolgreich zu umschiffen. »Es ist eine universelle Wahrheit, und ich glaube fest daran, dass es funktionieren kann.«

»Daran würde ich gerne auch glauben.« Sie seufzte. »Allerdings weiß ich nicht, ob Hetty und ich tatsächlich dieselben Werte teilen, und unser gemeinsames Fundament dürfte ziemlich brüchig sein.«

»Vieles in unserem Leben hat seine Zeit – hast du doch eben selbst gesagt. Der Fußball war für dich eine Phase, die nun abgeschlossen ist. Du kannst liebevoll und dankbar darauf zurückblicken, aber es ist nicht mehr relevant für dein weiteres Leben. Vielleicht gilt das auch für Freundschaften?«

»Vielleicht.« Wieder fixierte sie nachdenklich einen Punkt an der Wand. »Ich würde gerne einen Schlussstrich ziehen, aber …«

»Aber?«

Sie mied seinen Blick, und er sah, wie sie mit sich rang. »Ich habe erfahren, dass Lasse jetzt mit Lina zusammen ist. Ich kenne sie noch aus unserer gemeinsamen Zeit im Team. Sie ist Mittelfeldspielerin wie ich, sehr talentiert auf dem Platz, aber wahnsinnig unsicher als Person. Die kleinste Kritik konnte sie aus der Bahn werfen. Und wenn es nicht einmal mir gelungen ist, mich gegen Lasse zur Wehr zu setzen, wie soll Lina das schaffen?«

»Scheiße«, murmelte er.

»Ich sollte wohl mal mit ihr sprechen, oder?«

Davie wusste nicht, was er ihr raten sollte, und fühlte sich mit einem Mal vollkommen hilflos und überfordert. »Spontan würde ich sagen, ja. Aber … ach, ich weiß auch nicht. Vielleicht solltest du erst mal mit einem Profi reden? Jemandem, der sich mit derart missbräuchlichen Beziehungen auskennt und dir Tipps dazu geben kann, *wie* du sie am besten ansprichst, damit du sie nicht gleich verschreckst?«

»Das ist eine gute Idee.« Sie nickte. »Und vielleicht sollte ich mir auch juristischen Beistand suchen und abklären, ob es Sinn macht, ihn doch noch anzuzeigen.«

»Das klingt nach einem guten Plan«, bestätigte er. »Nach einem besseren jedenfalls, als bis zur totalen Erschöpfung durch die Gegend zu rennen. Mach das bitte nie wieder.« Er schaute sie eindringlich an. »Das hätte viel schlimmer ausgehen können.«

»Hast ja recht. Ich habe allerdings nicht darüber nachgedacht.«

»Das ist mir klar, allerdings macht es das kaum besser.«

»Ich weiß. Ich war nur … Keine Ahnung, irgendwie hatte ich das Gefühl, dass alle Synapsen durchgebrannt sind und ich davonlaufen musste. Es ist total gruselig, aber ich habe keine Erinnerung daran, dass ich mir meine Laufklamotten angezogen habe, und auch von dem Lauf selbst weiß ich fast nichts mehr.«

»Das ist sogar extrem gruselig.« Er schluckte, als er sich erneut ausmalte, was geschehen wäre, wenn er sie nicht vor seiner Tür gefunden hätte. Wenn sie zum Beispiel irgendwo im Wald zusammengebrochen wäre.

»Es wird nicht wieder vorkommen«, versprach sie. »Ich kann mir nämlich kaum vorstellen, jemals wieder in eine vergleichbare Situation zu geraten.«

»Ich wünsche es dir, aber sicher wissen kann man so etwas nie. Können wir vereinbaren, dass du mich anrufst oder mir eine Nachricht schickst, wenn sich mal wieder so eine Ausnahmesituation anbahnt?«

»Dir gefällt wohl die Rolle des Retters.« Wieder ein kleines Lächeln.

»Ich wäre lieber als Freund für dich da, ohne dich vorher retten zu müssen«, sagte er bestimmt.

»Das wäre sicher besser«, gab sie zu. »Mir tut nämlich alles weh. Also restlos alles. Ich werde mich tagelang nicht wirklich bewegen können.«

»Das hätte sich durch einen kleinen Anruf verhindern lassen. Achtung, hier ist eine Binse: Man kann nicht vor seinen Problemen davonlaufen, sie kommen immer mit.«

»Jaja, schon gut. Ich hab's ja kapiert. Aber ehe du noch mit weiteren Kalenderweisheiten rausrückst, bräuchte ich etwas im Magen, das substanzieller ist als die dünne Brühe. Hast du noch was von der Bolo von gestern?«

• • •

Ihr Leben war doch nicht so schlecht, dachte Susan ein paar Stunden später schläfrig und kuschelte sich tiefer unter die Decke, die ein wenig nach Davie roch. Er hatte darauf bestanden, dass sie die Nacht bei ihm verbrachte, und ihr ritterlich sein Bett überlassen. Er selbst nahm mit dem Sofa vorlieb.

Beim Essen – zum Glück war noch reichlich von der leckeren Bolognese übrig, die heute fast noch besser schmeckte als gestern – hatten sie dann über alle möglichen anderen Dinge gequatscht. Er hatte von seinem erfolgreichen Ausflug berichtet, sie von ihrer Hunderecherche. Dabei hatte er ihr aufmerksam zugehört und sich jeden negativen Kommentar gespart. Ganz im Gegenteil, Davie hatte sogar versprochen, eine Indoor-Hütte für ihr Cottage zu bauen und eine stabile Abgrenzung für den Kindergarten. Einmal für den Gemeinschaftsraum und einmal für den Garten.

Vermutlich hatte er recht damit, dass für Freundschaften ein solides Fundament und ähnliche Werte wichtig waren. Man musste nicht in allen Dingen gleicher Meinung sein, aber es war schön, wenn man sich trotzdem gegenseitig unterstützte. Sie war traurig darüber, dass sie das mit Hetty nicht hatte, vielleicht sogar nie gehabt hatte. Doch das Gefühl der Dankbarkeit überwog. Davie war ein wahrer Freund, und mit ihm an ihrer Seite konnte ihr nichts Schlimmes mehr geschehen.

Mit diesem Gedanken sank sie in einen tiefen, traumlosen Schlaf.

TRANSFERVERHANDLUNGEN

DER FOLGENDE MITTWOCH war ein guter Tag, beschloss Susan. Sie war ohne Schmerzen aufgewacht, was schon mal ein sehr gutes Zeichen war, und außerdem hatte sie endlich einen richtig guten Einfall dazu gehabt, wie sie mit ihren Schützlingen den »Collum-Day« begehen konnte. Tagelang hatte sie auf eine zündende Idee gewartet und auf sinnvollen Input von Moira, Nora und Robbie gehofft, doch die waren lediglich mit dem Vorschlag von umgedichteten Liedern dahergekommen. Das war nicht schlecht, aber eben auch nicht aufregend, zumal die Zwerge bei beinahe jeder Dorfveranstaltung ihr Gesangstalent unter Beweis stellten. Das war, jedenfalls für Susans Geschmack, viel zu vorhersehbar.

»Wir studieren ein kleines Theaterstück ein«, kündigte sie ihrem Team an, während alle Kinder den milden, sonnigen Oktobervormittag nutzten und im Garten herumtollten.

»Ein Theaterstück?« Moira hob zweifelnd eine Braue. »Wie soll das denn funktionieren?«

»Ich habe an zwei, drei typische Szenen aus Collums Alltag gedacht, die wir nachstellen könnten. Einmal eine Gemeinderatssitzung, dann vielleicht eine Veranstaltungseröffnung und noch was anderes«, erklärte Susan. »Ich würde das Ganze ›Ich habe eine großartige Idee‹ nennen, denn so fangen ja die meisten Vorhaben von Collum an. Aber natürlich spielen wir nicht einfach was nach, sondern überlegen uns eigene Themen.«

»Und was könnte das sein?« Moira klang immer noch total skeptisch.

»Irgendwas Passendes halt. Beispielsweise könnte unser Collum-Darsteller proklamieren: ›Ich habe eine großartige Idee! Was, wenn alle Kindergartenkinder einen eigenen Hund bekämen?‹ Daraus könnte sich eine absurde Diskussion entspinnen, mit den großen Kindern als Gemeindemitgliedern und den Kleinen als Hundewelpen.«

»Hm, ich weiß ja nicht.« Moira ließ ihren Blick über die Kinderschar gleiten, die, für den Moment jedenfalls, friedlich spielte. »Wahrscheinlich führt das dann vor allem dazu, dass tatsächlich alle Kinder einen Welpen haben wollen. Und wer soll überhaupt Collum spielen?«

»Die wollen doch sowieso alle einen Hund. Die meisten haben ja auch schon einen, das finde ich jetzt nicht problematisch. Und ich denke an Tom als Collum. Ayana spielt dann Leslie Turner, denn sie lässt sich von Tom nicht einschüchtern, sondern bietet ihm kräftig Paroli.«

»Findest du, dass der Störenfried auch noch eine Belohnung verdient hat?«, mischte sich Nora ein, die seit dem Kleister-Krieg nicht gut auf Tom zu sprechen war.

»Ich denke, so eine Aufgabe könnte seine überbordende Energie in sinnvollere Bahnen lenken«, hielt Susan dagegen. »Er ist ja nicht ernsthaft bösartig, sondern vor allem unausgelastet und kämpft immer noch um seinen Platz in der Gemeinschaft. Dass ihn seine Mutter immer wie einen kleinen Halbgott behandelt, macht die Sache nicht besser, aber das ist ja nicht seine Schuld.«

»Schon, aber ich weiß trotzdem nicht, ob das nicht das falsche Signal ist«, grummelte Nora.

»Ich finde die Idee super.« Robbie grinste enthusiastisch. »Also beides – die Sache mit dem Sketch und dass Tom dic Rolle des Bürgermeisters übernehmen soll. Vermutlich hält seine Mutter das für total großartig, weil sie der Meinung ist, dass ihr Prinz endlich mal die nötige Anerkennung erhält, und hört auf, uns täglich zu nerven.«

Susan zwinkerte ihrem jungen Mitarbeiter zu, der ihren teuflischen Masterplan auf Anhieb begriffen hatte.

»Aber was spricht denn gegen lustige Lieder?«, versuchte es Moira erneut.

Susan unterdrückte ein Seufzen – und dann kam ihr ein brillanter Gedanke. »Nichts. Gar nichts sogar. Wir machen nämlich kein Collum-Theaterstück, sondern ein Collum-Musical. Das ist ja noch viel besser und witziger.« Sie rieb sich begeistert die Hände und rief dann: »Finley, lass die Hose an! Wenn du auf die

Toilette musst, sag Bescheid, aber mit dem Piepmatz wird nicht gespielt.«

»Ich mach das«, erbot sich Robbie und sprintete zu dem Kleinen, der seit der Kleister-Sache deutliche exhibitionistische Anwandlungen hatte.

»Männer!«, brummte Moira. »Irgendwie sind sie doch alle gleich – egal in welchem Alter.«

Susan musste lachen. »Jetzt wird's interessant. In meinem Umfeld gibt es – glücklicherweise! – nicht allzu viele Kerle, die öffentlich an ihrem besten Stück herummachen.«

»In meinem auch nicht«, entgegnete die ältere Kollegin indigniert. »Ich meinte nur dieses männliche Selbstverständnis, dass sie meinen, sie könnten sich jederzeit alles herausnehmen.«

»Da gebe ich dir allerdings recht.« Susans Lachen war einem Stirnrunzeln gewichen, weil ihr spontan wieder Lasse einfiel. Das war auch einer dieser Kandidaten, die sicher waren, mit allem durchzukommen. Wurde Zeit, dass da mal jemand einen Riegel vorschob. Nein, dass *sie selbst* es tat!

Sie hatte Glück, dass Ayana heute von ihrer Mutter abgeholt wurde und nicht wie sonst fast immer von ihrem Dad.

»Ich bräuchte mal juristischen Rat«, sagte sie leise zu Robin Stewart, während die ihrer Tochter beim Schuhe-Anziehen half. »Könnte ich vielleicht einen Termin bei dir vereinbaren?«

»Bist du in Schwierigkeiten?« Robin warf ihr einen besorgten Seitenblick zu.

»Nein, aber eine Freundin könnte es sein. Und womöglich müsste ich jemanden anzeigen.« Sie biss sich auf die Unterlippe. »Finley, was haben wir zur Hose gesagt?«, wandte sie sich an den Jungen, der sich die Wartezeit, bis sein Abholer auftauchte, wieder auf recht spezielle Weise vertrieb.

»Du bist doof«, maulte der Zwerg und streckte ihr die Zunge raus. Immerhin ließ er sich von Susan die Hose wieder hochziehen.

»Es ist mir ein Rätsel, wie du das den ganzen Tag durchhältst«, bemerkte Robin mit einem Grinsen.

»Ach, das ist harmlos«, winkte Susan ab. »Aber …«

»Komm doch einfach heute noch auf Monroe Manor vorbei, sobald du hier fertig bist, dann reden wir über deine Sache, ja?«

»Danke. Ich schätze, ich könnte so gegen sechs, halb sieben da sein, wenn das in Ordnung ist. Oder esst ihr dann mit den Kindern?«

»Die haben heute Großeltern-Abend. Sky ist vorhin nach London geflogen, und ich habe später noch ein paar Video-Calls mit Kollegen in Los Angeles. Aber sechs, halb sieben ist ideal. Bis dann.« Robin drückte der nonstop plappernden Ayana einen Kuss auf die wilden Locken und nahm die Kleine dann an die Hand. »Bis dann.«

Glücklicherweise ging die restliche Abholung unkompliziert und ohne längere Diskussionen mit Eltern über die Bühne, sodass Susan um Viertel vor sechs bei sich zu Hause ankam. Kurz überlegte sie, ob sie zum Herrenhaus joggen sollte, jetzt, wo ihr nichts mehr wehtat, doch sie entschied sich dagegen. Ganz traute sie sich selbst noch nicht über den Weg, und wer wusste schon, was ein erneutes Gespräch über Lasse bei ihr auslösen würde? Also schrieb sie Davie eine Nachricht: *Ich hab jetzt gleich einen Termin bei Robin. Fahre mit dem Auto. Wenn ich mich bis halb acht nicht gemeldet habe, ruf bei mir an.*

Es dauerte keine dreißig Sekunden, bis seine Antwort eintraf: *Sehr gut. Viel Erfolg und danke fürs Bescheidgeben. Bis nachher.*

Ein Teil von ihr fand es etwas albern, dass sie Davie über jeden ihrer Schritte unterrichtete, aber ein anderer war dankbar dafür, dass es jemanden gab, der sich wirklich für sie und ihre Probleme interessierte. Und der – ohne auch nur ansatzweise Druck auf sie auszuüben – subtil dafür sorgte, dass sie sich den Dingen nun endlich stellte. Außerdem fühlte es sich gut an, so beschützt zu sein. Das war ein ganz anderes Gefühl als die permanente Kontrolle durch Lasse.

Sie steckte das Telefon in ihre Handtasche, schnappte sich den Autoschlüssel und fuhr mit ihrem Elektroflitzer die kurze Strecke bis zum Herrenhaus. Dort angekommen überlegte sie, ob Robin sie wohl im Haupthaus oder im Westflügel erwartete, wo die

Anwältin ihr Büro neben den Räumlichkeiten der Weberei hatte. Während sie noch unentschlossen neben ihrem Auto stand, öffnete sich ein Fenster im zweiten Stock, und Robin steckte ihren Kopf heraus.

»Hättest du Lust auf einen kleinen Spaziergang?«, rief sie. »Ich bräuchte nämlich ein bisschen frische Luft, bevor ich den restlichen Abend wieder vor dem Monitor verbringe.«

»Gerne.« Susan lehnte an ihrem knallgelben Auto und genoss das abendliche Vogelgezwitscher, bis sie von einem enthusiastischen schwarz-braunen, felligen Kugelblitz angesprungen wurde. »Hey, wen haben wir denn da?«

»Dad hat mich gebeten, Abby mitzunehmen. Die kommt wegen der Welpen gerade ein bisschen zu kurz«, sagte Robin, die hinter der Hündin auf den gekiesten Vorplatz getreten war.

»Wie geht's denn den Winzlingen?«, erkundigte sich Susan und kraulte den lockigen Kopf der freundlichen Airedale-Terrier-Hündin.

»Offenbar sehr gut. Sie sind jetzt um die zwei Wochen alt, öffnen langsam die Augen und werden mobiler.«

»Ich kann's kaum erwarten, sie kennenzulernen. Hoffentlich finde ich einen passenden.«

»Da habe ich keinen Zweifel. Schwieriger dürfte es sein, nicht alle haben zu wollen.« Robin grinste und deutete auf einen Pfad, der in den nahe gelegenen Wald führte. »Wollen wir?«

Abby lief voran, und Susan überlegte, wie sie das Gespräch beginnen sollte.

»Du hast vorhin von einer Freundin gesprochen, die womöglich in Schwierigkeiten ist«, ergriff Robin das Wort, als von Susan nichts kam. »Wie kann ich dabei helfen?«

»Lina ist eine ehemalige Teamkollegin in Schweden«, begann Susan und merkte, wie ihr Hals eng wurde. Energisch schluckte sie gegen dieses beklemmende Gefühl an. »Ich habe vor ein paar Tagen erfahren, dass sie mit meinem Ex-Partner zusammen ist.« Der Kloß wurde dicker.

»Okay. Und das ist problematisch, weil …?«, erkundigte sich Robin sachte.

»Ich bin nicht eifersüchtig oder so«, beeilte sich Susan zu versichern. »Und ich will ihn ganz sicher nicht zurückhaben. Aber ehrlich gesagt habe ich Angst um sie.«

»Ich fürchte, ich brauche mehr Kontext.«

Natürlich musste sie Robin jetzt alles erzählen, genau deswegen war sie ja auch hier, aber es fiel Susan unendlich schwer, die richtigen Worte zu finden.

Robin drängte sie nicht, sondern ging in flottem Tempo über den federnden Waldboden und schien die Ruhe und die gute Luft zu genießen. Vielleicht konnte sie einfach so tun, als hätte sie es sich anders überlegt? Als hätte sie überreagiert und … Es war ja nicht so, dass sie Robins Zeit stahl, oder? Das hier war kein offizielles Anwaltsgespräch, sondern ein

Abendspaziergang durch den Wald. Ja, das könnte funktionieren.

Nein! Deswegen bist du nicht hier!, schrie ihre innere Stimme aufgebracht. *Denk an Lina und all die anderen Frauen, die ganz bestimmt nach ihr kommen würden.*

»Lasse war einer der Physiotherapeuten beim FC Rosengård«, begann sie schließlich mit etwas brüchiger Stimme. »Oder ist es immer noch, nehme ich an. Jedenfalls kannte ich ihn schon lange, bevor wir irgendwann zusammengekommen sind. Er wurde von den Spielerinnen ziemlich umschwärmt, weil er so charmant und witzig war und gleichzeitig wirklich magische Hände hatte, die jede Verspannung und jede Muskelverhärtung in den Griff bekamen. Ich fand ihn auch immer nett, war aber nie Mitglied in seinem Fanclub. Ich nehme an, das war der Grund, warum er sich schließlich für mich interessiert hat. Es war unglaublich, was er alles getan hat, bis er mich rumgekriegt hatte.«

Robin sagte nichts dazu, doch Susan merkte, dass sie aufmerksam zuhörte.

»Es waren die ganz großen romantischen Gesten: Liebeserklärungen vor der halben Mannschaft, Blumensträuße in meinem Schlafzimmer, solche Sachen.«

»Moment mal, wie hat er die Blumensträuße in dein Schlafzimmer gebracht? Da wart ihr noch nicht zusammen, oder?«, unterbrach Robin nun doch.

»Ich zitiere ihn wörtlich: ›Ein verliebter Mann findet Mittel und Wege!‹«, erwiderte Susan und konnte ein Frösteln nicht unterdrücken, obwohl es nicht kalt war.

»Das ist in der allerfreundlichsten Interpretation mindestens übergriffig. Aber eigentlich würde ich es schon als Stalking und Hausfriedensbruch bezeichnen.« Robins Augen wurden ganz schmal. »Ich kann jedenfalls jetzt schon sagen, dass ich deinen Ex nicht besonders schätze.«

»Ich fand's auch nicht so toll, habe mir damals aber nicht so viel dabei gedacht. Alle meine Kolleginnen haben mich beneidet, weil sich der tolle Typ, in den alle verknallt waren, in mich verliebt hatte. Irgendwie war das auch schmeichelhaft, obwohl ich mit derart überbordenden Liebesbekundungen gar nichts anfangen kann.« Susan rieb sich über die Oberarme. »Jedenfalls habe ich mich weichkochen lassen und mir eingebildet, dass ich auch in ihn verliebt wäre. Die erste Fehleinschätzung von vielen«, fasste sie bitter zusammen.

»Ich kann's mir lebhaft vorstellen«, kam es von Robin.

»Ja?«

»Ausgehend von den wenigen Sätzen, die du über diesen Mann gesagt hast, habe ich schon ein recht klares Bild von ihm. Natürlich ist das ein Vorurteil – im engsten Wortsinn –, und ich will unbedingt die ganze Geschichte hören, aber das Muster ist absolut typisch für einen Narzissten.«

»Echt?« Susan war vollkommen verblüfft. Sie hatte gedacht, dass Lasse ein ganz besonders fieses Exemplar war und sie selbst unendlich naiv, feige und, ja, dumm, weil sie auf ihn hereingefallen war.

»Darf ich kurz skizzieren, wie ich mir denke, dass es mit euch weitergegangen ist?«

»Ähm, klar?«

»Dieser Lasse hat dir das Gefühl gegeben, dass du der wichtigste, tollste, einzigartigste Mensch bist und er alles für dich tun würde«, begann Robin.

Susan nickte nur.

»Das hat er so lange getan, bis du ihm alles geglaubt hast, bis er dich sicher hatte. Ab diesem Moment hat er sein Verhalten dann dramatisch geändert, nicht wahr?«

»Woher weißt du das?«, krächzte Susan.

»Reine Spekulation. Ich nehme an, ihr seid schnell zusammengezogen?«

»Ja, sehr schnell. Das war noch in der Phase der großen Verliebtheit. Meine beste Freundin Hetty war zu diesem Zeitpunkt schon ein Weilchen mit Lasses Bruder Ben zusammen, und sie waren auf Häusersuche. Dabei haben sie am Stadtrand von Malmö zwei wunderschöne, frei stehende Einfamilienhäuser mit großen Gärten entdeckt. Neubau, Erstbezug und direkt nebeneinander. Hetty war total begeistert von der Vorstellung, dass Lasse und ich das Haus neben ihrem beziehen. Und so kam es dann auch, obwohl ich meine Wohnung in der Innenstadt eigentlich viel lieber mochte.«

»Habt ihr das Haus gekauft?«, wollte Robin wissen.

»Nein, glücklicherweise nur gemietet. Aber natürlich war die Miete fast viermal so hoch wie die von meiner Wohnung. Nun werden Profifußballerinnen in Schweden ordentlich bezahlt, und ich konnte es mir leisten, aber …«

»Heißt das, du hast die Miete allein bezahlt?«

»Ja. Lasse war ja nur Physio und hat deutlich weniger verdient als die Spielerinnen.«

»Angeblich«, brummte Robin.

»Ich komm mir so dämlich vor im Nachhinein.«

»Musst du nicht. Auch das ist typisch. Also, ihr seid in dieses Riesenhaus gezogen, du hast alles bezahlt – ich nehme an, auch teure Einrichtung und so.«

»Ja, es musste ja standesgemäß sein. Lasse fand meine Wohnung viel zu studentisch.« Susan winkte ab. »Ist auch egal, es ist ja wohl meine Schuld, dass ich mich darauf eingelassen habe.«

»Nein, so darfst du gar nicht denken. Solche Menschen sind die perfekten Manipulatoren. Ich wette, du hast die ganze Zeit geglaubt, es sei dein eigener Wunsch und deine eigene Idee gewesen, nicht wahr?«

»Ja, so ungefähr.«

»Und wann fing dann der Kontrollwahn an?«

»Woher weißt du das?«

»Ebenfalls ein typisches Verhaltensmuster. Männer wie er brauchen die totale Kontrolle über ihre Partnerinnen.«

»Es ging praktisch sofort los. Ich musste mich immer abmelden, wenn ich etwas vorhatte. Spontane

Treffen mit Kolleginnen waren eigentlich gar nicht mehr drin. Aber meist wusste er ohnehin, wo ich war, weil er ja fast immer in der Nähe war. Beim Training, bei den Spielen. Nur bei den Präsenzseminaren an der Uni und bei den Praktika war er nicht dabei. Aber da musste ich ihm über jede Minute Rechenschaft ablegen. Wann geht es los, wann ist es zu Ende? Wer sitzt im Seminar? Welche Leute sind sonst noch da? Alles. In der Rückschau erscheint es mir total absurd, dass ich das mit mir habe anstellen lassen, doch in der Situation war es anders. Er hat mich glauben lassen, dass es normal wäre. Dass er sich um mich sorgt, weil er mich doch so unendlich liebt …« Susan schüttelte sich vor Ekel.

»Ist er gewalttätig geworden?«

»Ich … wie definierst du ›gewalttätig‹?«

»Ist er handgreiflich geworden? Hat er dich geschubst? Geschlagen? Gewürgt? War er brutal beim Sex? Hat er dich vergewaltigt?«, zählte Robin so abgeklärt auf, als würde sie über die Farben von Legosteinen referieren.

»Nie so, dass man was gesehen hätte«, murmelte Susan.

»Und lass mich raten: Wenn ihm die Hand ausgerutscht ist, hat er dir die Schuld daran gegeben.«

»Ja.« Das Wort war kaum mehr als ein Hauch. »Ich komm mir so blöd vor, weil ich das alles mit mir habe machen lassen. Ich hätte nie gedacht, dass mir das passieren könnte. Ich bin doch kein typisches Opfer!

Ich bin selbstbewusst, ich habe Kraft und kann mich wehren, aber …« Nun brach ihre Stimme endgültig weg.

»Es gibt keine typischen Opfer. Es kann wirklich jede treffen«, sagte Robin sanft. »Jede!«, beharrte sie noch einmal. »Du glaubst gar nicht, was wir in der Kanzlei schon alles erlebt haben. Frauen aus allen Schichten, aus den unterschiedlichsten Herkunftssituationen, auf jedem Ausbildungsniveau. Frauen, die im Rampenlicht stehen. Es kann jede treffen!«

»Ich bin mir nicht sicher, ob mich das trösten soll oder mir nur noch mehr Angst macht«, gab Susan zu.

»Vielleicht beides. Ich weiß übrigens sehr gut, wovon ich spreche, denn ich habe das selbst erlebt.«

»Du?« Susan stolperte fast über eine Wurzel, weil sie nicht mehr auf den Weg achtete, sondern schockiert auf Robins schmal zusammengepresste Lippen starrte.

»Ich«, bestätigte sie. »Mir ist lediglich die gewalttätige Komponente erspart geblieben. Ihm ging es nicht um mich, ihm ging's nur um mein Geld und um meine vermeintliche Macht. Ich habe am Tag vor unserer Hochzeit herausgefunden, was für ein Spiel er jahrelang mit mir gespielt hat. Er war komplett verschuldet und in die absurdesten Dinge verstrickt, und ich habe davon nichts geahnt. Und mein Fachgebiet ist Wirtschaftskriminalität. Das war ein riesiger Skandal und hat mich zunächst meinen Job und ziemlich nachhaltig meinen guten Ruf gekostet.«

»Krass«, murmelte Susan.

»Ja. Das war es. Und einer der härtesten Tage meines Lebens war der, an dem ich bei seinem Prozess als Zeugin aussagen musste.«

»Oh Mann.« Susan wusste gerade nicht, was sie denken oder fühlen sollte. Es hatte sie aufgewühlt, ihre Geschichte zu erzählen, und sie war entsetzt darüber, dass es offensichtlich kein Einzelfall war. Und gleichzeitig fühlte sie sich zum ersten Mal nicht mehr so allein.

»Am schlimmsten ist neben den kleinen und großen Demütigungen ja das Gefühl, dass man es besser hätte wissen müssen«, fuhr Robin fort. »Und weißt du, was für mich die größte Herausforderung war? Oder eigentlich immer noch ist?«

»Was denn?«

»Mir selbst zu verzeihen. Und anzuerkennen, dass ich es in der Situation nicht besser hätte wissen können, weil er so ein talentierter Manipulator ist. Das fällt mir immer noch unendlich schwer.«

»Ich weiß nicht, ob ich das jemals schaffen werde. Bei mir ist es die Scham. Ich schäme mich so sehr vor mir selbst, weil ich das habe mit mir anstellen lassen. Das war schon während der Beziehung so. Da habe ich mich nicht getraut, mit Hetty darüber zu reden. Ich war mir sicher, sie würde mir nicht glauben und …« Sie schüttelte traurig den Kopf. »Sie hat mir auch nicht geglaubt, als ich ihr jetzt davon erzählt habe. Stattdessen hört sie auf die absurden Lügengeschichten von Lasse.«

»Passt leider perfekt ins Bild.« Robin legte Susan kurz eine Hand auf die Schulter. »Wie hast du es denn geschafft, dich von ihm zu lösen?«

Susan deutete auf ihr rechtes Knie.

»Ich verstehe nicht.«

»Lasse hat mich nicht nur manipuliert und immer wieder die Hand gegen mich erhoben, er hat mich auch nach Strich und Faden betrogen. Er hat sich nicht einmal bemüht, es zu verheimlichen. Doch dann habe ich mitbekommen, dass er sich bei meiner Uni-Abschlussfeier an eine Kommilitonin herangemacht hatte. Eine andere Studienfreundin hat mir ein Foto von den beiden geschickt. Ein sehr eindeutiges Knutschfoto. Natürlich habe ich ihn zur Rede gestellt. Er hat es nicht abgestritten, sondern behauptet, dass es alles meine Schuld sei, weil ich ihn vernachlässigt hätte. Training, Spiele, Lernen, Prüfungen – da blieb nicht mehr viel Raum für anderes. Ich hab ihm gesagt, dass es mir leidtäte, dass bald alles besser würde, jetzt, wo die Uni endlich vorbei war. Ich habe einen Spaziergang vorgeschlagen. Da hat dann wieder mein Handy geklingelt, und ich habe gesehen, dass eine weitere Nachricht von der Studienfreundin vorlag. Mit noch mehr Fotos. Lasse hat mir das Handy aus der Hand gerissen. Ich habe versucht, es wiederzukriegen. Es kam zu einem Gerangel, und dann hat er mich hart geschubst, und ich bin einen steilen Abhang runtergestürzt. Dabei habe ich mir mein Knie ruiniert.«

Robin sog scharf Luft ein. »Das könnte man auch als Mordversuch werten«, sagte sie.

Darüber hatte Susan noch nie nachgedacht. »So weit würde ich nicht gehen, aber …« Sie zögerte. »Aber vielleicht hast du tatsächlich recht. Es war mehr als nur eine Überreaktion im Eifer des Gefechts. Aber ich hab es ja überlebt. Und als ich nach der OP in die Reha kam und zum ersten Mal seit langer Zeit ein paar Tage Abstand von ihm hatte, wurde mir klar, dass ich die Beziehung beenden musste. Die Rehaklinik hatte superstrenge Besuchsregelungen. Drei Wochen lang durfte niemand kommen – und das war meine Rettung. Ich weiß nicht, woher ich in meinem angeschlagenen Zustand die Kraft genommen habe, doch irgendwie habe ich es geschafft, einen Schlussstrich zu ziehen. Ich habe Lasse geschrieben, dass ich ihn verlasse, habe den Mietvertrag für das Haus und meinen Vertrag mit dem Club gekündigt, weil ich wohl ohnehin nie mehr fit genug für Spieleinsätze geworden wäre. Und ich habe mein neues Leben in Kirkby organisiert. Niemand aus meinem Umfeld hat das wirklich verstanden, aber es konnte auch niemand etwas tun. Mein Telefon war ja futsch, und ich hatte mir kein neues besorgt. Ich hatte nur meinen Laptop. Und da keiner genau wusste, wann ich entlassen werde, habe ich es so getimt, dass das Team – inklusive Lasse – gerade bei einem Champions-League-Spiel in Frankreich war. Ich habe nur meine persönlichen Sachen eingepackt. Klamotten, Dokumente, ein paar Erinnerungsstücke.

Und dann habe ich mich mit Krücken in den nächsten Flieger nach Edinburgh gesetzt, mich dort noch ein Weilchen von meinen Eltern päppeln lassen und bin schließlich nach Kirkby gekommen.«

»Wow. Ich weiß gerade nicht, ob ich beeindruckt oder geschockt sein soll«, sagte Robin. Sie war stehen geblieben und sah Susan aus ihren moosgrünen Augen an. »Du bist eine sehr tapfere, sehr starke Frau, Susan. Ich hoffe, du weißt das.«

»Fühlt sich jedenfalls nicht immer so an.« Susan lief weiter, weil ihr das Sprechen so leichterfiel. »Ich habe gedacht, dass ich hier, in meiner alten neuen Heimat, einen unbelasteten Neuanfang hinlegen könnte, und vordergründig ist mir das auch gelungen, aber …«

»Die Dämonen verfolgen dich immer noch«, vervollständigte Robin den Satz.

»Ja, genau. Bei jedem Telefonat mit Hetty beispielsweise. Weißt du, sie war meine beste Freundin. Fast zehn Jahre lang haben wir alles miteinander geteilt – und dann …«

»Ihr habt nicht alles miteinander geteilt«, mutmaßte Robin. »Du hast ihr nichts von Lasses Verhalten erzählt, oder?«

»Nein, habe ich nicht. Davie meint, es liegt daran, dass ich ihr nicht genug vertraut habe.«

»Das kann gut sein. Aber vor allem liegt es wohl daran, dass Lasse immer noch Macht über dich hat. Oder hatte, denn inzwischen hast du es ja offenbar Davie und deiner Freundin erzählt. Und mir.«

»Davie wusste es fast von Anfang an. Er ist der Einzige, der jedes scheußliche Detail kennt. Hetty habe ich es erst am Samstag erzählt. Offensichtlich behauptet Lasse inzwischen, mein Sturz wäre ein Suizidversuch von mir gewesen.«

»Was?« Robin verzog angewidert das Gesicht. »Dieser Mann hat sich einen ganz besonderen Ort in der Hölle verdient.«

»Das hat er wohl. Die ganze Sache kam überhaupt nur deshalb ins Rollen, weil Hetty und Ben nächstes Jahr heiraten wollen. Ganz groß und mit allem denkbaren Brimborium. Ich sollte Trauzeugin und Chefbrautjungfer werden – und dafür idealerweise wieder nach Malmö ziehen. Hetty hat sogar die tollsten Jobangebote für mich gefunden.« Susan schluckte. »Irgendwann hat sie mir meine Ausreden und Ausflüchte nicht mehr abgenommen, und weil ich nicht mit der Wahrheit rausrücken wollte, hat sie dann Lasse gefragt. Ihren zukünftigen Schwager. Und natürlich glaubt sie seine Geschichte und nicht meine.«

»Das ist so mies«, meinte Robin mitfühlend. »Es tut mir wirklich unglaublich leid. Und du denkst, dass nun auch Hetty in Gefahr ist?«

»Was? Nein. Hetty ist ja mit Lasses Bruder Ben verlobt, und ich hoffe, dass er sie besser behandelt. Ich hoffe es wirklich. Aber sie hat mir gesagt, dass Lasse nun mit Lina zusammen ist. Sie ist ein paar Jahre jünger als ich und, so wie ich sie einschätze, noch anfälliger für seine Manipulationsversuche, als ich es war.

Ich glaube nicht, dass sie ihm viel entgegenzusetzen hat, und das macht mir wirklich Sorgen. Was, wenn er sich irgendwann nicht mehr auf Handykontrolle, Haareziehen, Schläge und Schubsen beschränkt? Was, wenn er richtig gewalttätig wird?«

»Er *ist* längst richtig gewalttätig!«, betonte Robin. »Ich kenne natürlich die schwedischen Gesetze nicht so gut, aber ich gehe davon aus, dass häusliche Gewalt auch dort strafbar ist. Ich glaube sogar, dass die Skandinavier diesbezüglich viel strenger sind als wir hierzulande.«

»Ich weiß es auch nicht. Kannst du da was rausfinden?«, bat Susan. »Und ich würde so gerne irgendwas für Lina tun, aber ich kann es nicht riskieren, sie anzurufen oder ihr eine Mail zu schreiben, denn garantiert kontrolliert er das alles.«

»Davon ist auszugehen«, bestätigte Robin. »Ich werde mich umhören. Leider haben wir keine Dependance in Schweden, aber ich kenne ein paar Kolleginnen, die ich fragen kann. Überlegst du, ihn anzuzeigen?«

»Ich bin ehrlich gesagt noch unentschlossen. Ich weiß, ich sollte es tun. Dringend sogar. Aber was würde es bringen? Und vor allem, würde man mir glauben? Ich meine, es ist drei Jahre her, und Lasse ist *sehr* überzeugend, während ich …«

»Ich versteh dich. Aber du bist kein bisschen weniger überzeugend. Ich glaube dir, Davie glaubt dir offensichtlich auch und …«

»Aber ihr kennt Lasse nicht!«, unterbrach Susan sie. »Ich wette, es würde anders aussehen, wenn ihr mit ihm gesprochen hättet.«

»Das denke ich nicht«, behauptete Robin. »Aber das spielt auch keine Rolle. Lass mich mit meiner Kollegin darüber reden, wie die rechtlichen Rahmenbedingungen in Schweden sind. Vermutlich gibt es dort auch spezialisierte Opferschutzorganisationen, die wissen, wie man Frauen wie Lina ansprechen kann, ohne dass sie Angst vor ihrem übergriffigen Partner haben müssen. Außerdem ist anzunehmen, dass Lasse mit früheren Partnerinnen schon ein ähnliches Spiel getrieben hat. Womöglich sogar mit seinen Affären. Wenn wir da einige Frauen finden, die ebenfalls bereit sind, ihn anzuzeigen und vor Gericht gegen ihn auszusagen, dann hätten wir eine deutlich bessere Situation, als wenn nur deine Aussage gegen seine steht.« Robin klang so, als sei das alles keine größere Sache, und Susan spürte, wie sich ein klein wenig Erleichterung in ihr breitmachte.

Nein, das war vielleicht schon zu viel gesagt, aber Hoffnung. Und Dankbarkeit, dafür, dass sie in Robin eine Mitstreiterin gefunden hatte. Robin nahm sie ernst, glaubte ihr ohne Wenn und Aber und stellte nichts infrage.

»Sollen wir es so angehen?«

»Das wäre toll«, sagte Susan und merkte, wie sie lockerer und leichter wurde. Sie musste diese Last nicht mehr allein tragen.

»Gut, dann kümmere ich mich darum. Sobald ich etwas herausgefunden habe, melde ich mich bei dir. Wenn du mir ein paar Namen liefern könntest, von Lina, den Affären, der einen oder anderen Vorgängerin, dann wäre das sehr hilfreich.«

»Das kann ich machen.«

»Und Susan?«

»Ja?«

»Ich will nicht paranoid klingen, aber besorg dir eine neue Handynummer.«

»Lasse hat meine aktuelle nicht. Nachdem er mich in meinem ersten Jahr hier einige Male angerufen hat, habe ich mir bereits eine neue Nummer besorgt. Und außerdem habe ich all seine Kontaktdaten blockiert. Er kann mich also gar nicht anrufen.«

Robin sah sie nur an.

»Oh. Du meinst, wegen Hetty. Und er könnte selbst auch eine andere Nummer haben.«

Robin nickte.

»Gut, das mach ich. Ich schätze, es wird niemandem auffallen, wenn ich nicht erreichbar bin, weil ich ja sowieso fast nie mein Telefon dabeihabe. Seit diesem Spaziergang vor drei Jahren …«

»Ich versteh schon. Aber du darfst natürlich deinen sonstigen vertrauenswürdigen Kontakten deine neue Nummer mitteilen. Nur halt vielleicht nicht deiner Freundin Hetty.«

»Die wird sich ohnehin nicht mehr bei mir melden. Ich glaube, sie ist fertig mit mir.«

»Sieh nicht so schwarz. Vielleicht renkt sich auch alles wieder ein, aber für den Moment wäre es besser, sie bekommt deine neue Nummer nicht.«

»Soll ich die alte Nummer trotzdem behalten? Vielleicht meldet sich Lasse ja wirklich – und vielleicht ist er so dumm und hinterlässt eindeutige Drohungen?«

»Ganz so dumm sind diese Leute in der Regel nicht, aber wenn er das Gefühl hat, dass es für ihn eng wird, könnte er einen Fehler machen.« Robin kratzte sich nachdenklich am Kinn. »Es ist jedenfalls keine schlechte Idee. Sobald du deine neue Nummer hast und all deine Freunde Bescheid wissen, kannst du mir deine aktuelle SIM-Karte geben. Wir haben ein paar Spezialisten in Edinburgh, die auf diese Weise Beweise sichern könnten, sollte sich Lasse tatsächlich zu Drohungen hinreißen lassen. Wir hätten dann etwas in der Hand, ohne dass es dich belastet.«

»Okay, ich kümmere mich gleich darum«, versprach Susan. Sie hatte gar nicht gemerkt, dass sie einen weiten Bogen gelaufen waren und das Herrenhaus wieder in Sichtweite kam. »Danke, dass du dir Zeit für mich genommen hast.«

»Wieso? Wir haben doch nur einen netten Abendspaziergang gemacht.« Robin lächelte sie an.

»Das war weit mehr als nur ein netter Spaziergang«, beharrte Susan.

»Es war genau das, was uns beiden geholfen hat. Mach dir keine Sorgen, für die nächsten Schritte sorge ich.«

»Noch mal danke.«

»Jederzeit.« Robin pfiff nach der Hündin, die irgendwo im Unterholz herumschnüffelte. »Was hast du heute noch vor? Bestimmt aufregendere Dinge als Video-Calls mit Kollegen in L. A.«

»Ich fahre jetzt heim, sag Davie Bescheid, damit er sich nicht sorgen muss, und dann kümmere ich mich um die Namensliste und meine neue SIM-Karte.«

»Du und Davie …« Robin ließ den Satz im Nichts austrudeln.

»Sind die besten Freunde!«, betonte Susan. »Und ich bin sehr froh, dass ich ihn habe.«

»Das kann ich mir vorstellen. Er ist auch wirklich toll. Abby, jetzt komm endlich!«

»Darf ich dich noch etwas fragen?«

»Klar. Solange es sich nicht um Hundeerziehung dreht.« Robin grinste schief, als die Hündin total verschlammt und mit einem sehr zufriedenen Gesichtsausdruck zu den beiden Frauen geschlendert kam. Offensichtlich hatte sie irgendwo ein Matschloch entdeckt.

»Wie hast du es geschafft, nach dem Erlebnis mit deinem Ex wieder einem Mann zu vertrauen?« Susan sah Robin eindringlich an. Sie hatte nie darüber nachgedacht, dass sie seit Lasse ein Vertrauensproblem mit Männern hatte. Allerdings hatte sie sich seitdem auch auf keine ernsthafte Beziehung mehr eingelassen, sondern höchstens auf unverbindliche Kurzaffären. Doch seltsamerweise erschien ihr die Antwort auf diese Frage jetzt wichtiger als das gesamte Gespräch zuvor.

Robin lächelte. »Ich hab nicht erwartet, dass ich das jemals wieder schaffe, aber dann habe ich Sky getroffen und …«

»Es war Liebe auf den ersten Blick?«, mutmaßte Susan mit einem beinahe schon enttäuschten Seufzer.

»Nein, im Gegenteil. Wir mussten uns eine Wohnung teilen und fanden uns erst ziemlich unerträglich. Aber dann sind wir Freunde geworden. Und es war eine Freundschaft, wie ich sie nie für möglich gehalten hätte. Schon gar nicht zwischen einem Mann und einer Frau. Ich konnte ihm alles erzählen – selbst meine düstersten und traurigsten Geheimnisse, und ich wusste alles von ihm. Tja, und irgendwann …« Robins Lächeln wurde so liebevoll, dass Susan fast neidisch war. »Ich glaube also, dass Freundschaft die Basis für Vertrauen ist. Bei mir war es jedenfalls so.«

»Klingt schön. Und freut mich sehr für euch.«

»Danke. Das ist es auch. Aber ich habe den Eindruck, dass du auch einen Freund hast, dem du absolut vertraust.«

»Hm«, brummte Susan abwehrend.

»Schon gut. Mehr sag ich nicht dazu. Geht mich auch nichts an. Aber ich muss jetzt rein, dieses Schlammbiest säubern und mich dann auf meine Konferenzen vorbereiten. Hab noch einen schönen Abend, Susan. Und liebe Grüße an Davie.«

HALBZEITVERWICKLUNGEN

DAVIE WUSSTE KAUM NOCH, wo ihm der Kopf stand. Nachdem sich Jon und Alex endlich auf ein gemeinsames Konzept geeinigt hatten, machten sie richtig Druck und waren entschlossen, den Umbau vor Weihnachten fertigzustellen, idealerweise bis Ende November. Das war ein sehr ambitioniertes Ziel und eigentlich kaum machbar, doch in Davie war der Ehrgeiz geweckt.

Dieser Hotelumbau nach seinen Entwürfen könnte … Nein, daran wollte er gar nicht denken, Wettbewerbe hatte er längst aus seiner Lebenswirklichkeit gestrichen. Aber er war vor ein paar Tagen über eine Ausschreibung in einer Architekturzeitschrift gestolpert, bei der es um »Landhotels, neu interpretiert« ging. Die Bewerbungsfrist lief noch bis Ende des Jahres, und wenn *The Kirkby Barn* bis dahin tatsächlich fertig war, würde er es vielleicht wagen.

Die Woche war jedenfalls wild gewesen. Er hatte sein gesamtes Team zu dieser Baustelle beordert, wo sie sich mit den Fliesenlegern und Installateuren ins Gehege gekommen waren, aber immerhin schon einige Fortschritte erzielt hatten. Leider hatte er immer noch nicht genügend alten Kram zusammen. Etliche der Viehtränken vom letzten Samstag waren bei näherer Betrachtung ungeeignet als Waschbecken. Er hatte noch einen Tipp in petto, doch da konnte er erst morgen hinfahren, weil der Bauer am Wochenende anderweitig verplant war. Nun ja, dann war das eben so. Um die detaillierten Entwürfe für die Sporthalle hatte er sich bislang nicht weiter kümmern können, da saß er gerade dran und musste sich auch ein bisschen beeilen, denn nachher hatte ihn Susan zu sich zum Essen eingeladen.

Er war so froh, dass sie sich nach dem Horrorerlebnis vom letzten Samstag wieder vollkommen stabilisiert hatte. Ihr Gespräch mit Robin hatte dazu enorm beigetragen. Davie hoffte, dass es gelingen würde, diesem Scheißkerl Lasse ein für alle Mal das Handwerk zu legen, damit Susan endlich ihren Frieden damit machen konnte. Und alle anderen Frauen ebenfalls. Es widerte ihn so an, wie grauenvoll manche Männer waren.

»Stör ich?«

Davie fuhr herum. Er war so in Gedanken versunken gewesen, dass er nicht gehört hatte, wie sich die Werkstatttür geöffnet hatte. Konnte aber auch an der Musik liegen, die laut aus den Boxen schallte. Rock aus den Achtziger- und Neunzigerjahren.

»Hi, Kim«, sagte er überrascht und drehte die Musik etwas leiser. Er fühlte sich spontan unbehaglich – nicht nur wegen seines uncoolen Musikgeschmacks, sondern auch wegen der plötzlichen Nähe zu seiner Mitarbeiterin. Die hatte sich zu seiner Erleichterung die ganze Woche über normal verhalten, und fast war es ihm gelungen, die steile These von Lennox und Susan zu vergessen, dass sie ihn verliebt sei. Leider nur fast.

Sie lächelte ihn an, als wartete sie auf einen weiteren Kommentar von ihm, dann fiel ihr Blick auf die Pläne vor ihm und seinen Laptop. »Kann ich dir dabei helfen?«, erkundigte sie sich.

»Ähm …« Grundsätzlich hätte er wahnsinnig gerne Hilfe bei der lästigen Arbeit, seine Modelle in echte Baupläne umzusetzen, aber … Himmel, nun stotterte er schon in Gedanken.

»Mein Dad ist Bauzeichner«, sprach sie weiter. »Er hat mir schon als kleinem Mädchen gezeigt, wie es geht.«

»Echt? Ähm … Das ist … toll?« Verdammt, was war nur los mit ihm?

»Normalerweise läuft es doch andersrum, oder? Der Architekt entwirft ein Gebäude, macht detaillierte Pläne – oder lässt sie von Menschen wie meinem Dad erstellen – und baut dann erst ein Modell. Wobei, wer baut heutzutage noch echte Modelle?«

»Alle Studenten an der Uni, und für manche Ausschreibungen werden immer noch physische Modelle verlangt und nicht nur 3-D-Präsentationen am Computer«, entgegnete Davie, einerseits erleichtert darüber, dass er wieder einen geraden Satz formulieren konnte, andererseits zunehmend irritiert vom Verlauf des Gesprächs.

»Ich finde es jedenfalls total cool, dass du erst die Modelle baust«, fuhr sie fort und schien sein Unbehagen überhaupt nicht zu bemerken. »Und die Sporthalle ist wirklich toll geworden. Ich freu mich schon drauf, sie fertig zu erleben.«

Wann genau hatte sie sich die Modelle angesehen? Er sparte sich die Frage, denn seine Modelle waren ja nicht weggesperrt, sondern standen in der Werkstatt im Regal. Allerdings wäre er nicht auf die Idee gekommen, dass sich jemand dafür interessierte. Eigentlich hatten sie ja auch andere Dinge zu tun.

»Was machst du denn an einem Sonntagnachmittag hier?«, wollte er stattdessen von ihr wissen.

Ein Hauch von Röte überzog die Wangen ihres herzförmigen Gesichts und bildete einen aparten Kontrast zu ihrem hellen, makellosen Teint, den interessanten grünbraunen Augen und den dunklen Haaren. »Ich will ein Puppenhaus für meine kleine Nichte bauen«, erklärte sie. »Als Weihnachtsgeschenk. Und da wollte ich fragen, ob ich vielleicht in meiner Freizeit hier arbeiten dürfte.«

Das war an sich kein ungewöhnliches Anliegen. Davie war an den Wochenenden selten allein, weil oft jemand aus seinem Team an eigenen Projekten herumbastelte. Da war er großzügig mit Material und Maschinen. Aber Kim?

»Ja, klar. Kein Problem«, sagte er jedoch, denn ihm fiel kein gutes Argument ein, das dagegensprach.

»Ich kann dir aber auch erst bei den Plänen helfen«, bot sie an und zog sich einen Hocker heran, um neben ihm Platz zu nehmen.

Sehr nah neben ihm. So nah, dass er ihren zarten Duft wahrnehmen konnte, der irgendwie rosig war – genau wie die Farbe ihrer Wangen. Sie trug heute auch nicht ihren Arbeitsoverall, sondern Jeans und eine enge weiße Bluse. Nicht gerade das ideale Outfit für Holzarbeiten, schoss es ihm durch den Kopf. Wie zierlich sie darin aussah! Nun beugte sie sich schräg über den Plan, sodass er einen Blick in ihren Ausschnitt erhaschen konnte. Er an ihrer Stelle hätte einen Knopf mehr zugemacht, damit nicht jeder Idiot auf die appetitlich in Spitze gehüllten Brüste starren konnte. Rasch drehte er sich weg. Der Idiot war er. Aber hatte sie das am Ende sogar geplant?

»Ich komm klar«, sagte er hastig und ein wenig harscher als geplant. »Ich notiere mir nur in groben Zügen die wichtigsten Eckdaten. Die Details arbeite ich dann an meinem Rechner im Büro ein. Da habe ich den großen Monitor und …« Er sprach nicht weiter, denn nun rückte sie noch näher und legte ihre rechte Hand auf seinen Oberschenkel.

»Ich würde dir wirklich sehr, *sehr* gerne helfen«, raunte sie und ließ die Hand Zentimeter für Zentimeter höher gleiten.

»Du … ich …« Er hasste sich dafür, wie sehr ihn ihre Berührungen erregten. »Das Puppenhaus!«, rief er und stoppte ihre Hand, ehe sie die unübersehbare Beule in seiner Hose erreichte.

»Das war eine Ausrede«, gab sie unumwunden zu. »Ich habe nicht mal eine Nichte.« Sie zog ihre Hand unter seiner weg und schlängelte sich in einer so atemberaubend schnellen und fließenden Bewegung auf seinen Schoß, dass er überrascht aufkeuchte.

»Kim«, krächzte er und spürte im nächsten Moment ihre weichen Lippen auf seinen, ihre Zunge, die um Einlass bat, ihre erstaunlich üppigen Brüste, die sich gegen seinen Torso pressten, und … Oh Gott, jetzt rieb sie ihren Schritt auch noch gegen seinen.

»Lass es geschehen, Davie«, hauchte sie in sein Ohr und drückte zahllose kleine Küsse auf seinen Hals. »Wir tanzen schon viel zu lange umeinander herum, und ich merke doch, wie sehr du mich willst.« Wieder rieb sie sich an ihm. »Ich will dich genauso.« Sie stöhnte kehlig und griff nach seiner Hand. »Willst du fühlen, wie nass ich bin? Wie ich eigentlich auch immer sofort feucht werde, wenn du in meiner Nähe bist.«

»Das ist keine gute Idee, Kim«, presste er hervor und zog seine Hand weg.

»Oh doch, das ist die beste Idee überhaupt. Ich will dich endlich in mir spüren und testen, ob du mich genauso gut zum Kommen bringst wie in meiner

Fantasie. Oder ich mich selbst, wenn ich an dich denke. Und ich denke sehr oft an dich.« Nun öffnete sie ihre Hose und ließ ihre Hand hineingleiten.

Jedenfalls nahm Davie das an. Sehen konnte er es nicht, denn er hatte die Augen geschlossen und überlegte fieberhaft, wie er sich aus dieser Situation befreien konnte. Das alles war einfach komplett falsch.

»Hi, Davie, sorry für die Störung am Sonntag …«, tönte es plötzlich von der Tür her. »Ach du Scheiße, wir sind schon wieder weg!«

»Bleib!«, rief Davie fast panisch. Er hatte Lennox' Stimme erkannt, und er und wer auch immer ihn begleitete, würden nun seine Rettung sein. Er packte Kim energisch an beiden Armen und schob sie von sich herunter, ohne ihr in die Augen zu schauen. Dann drehte er sich um und wandte sich seinen Besuchern zu. »Was kann ich für euch tun?«

Lennox antwortete nicht, sondern starrte wie gebannt schräg an ihm vorbei. Seine Freundin Anna hatte sich eine Hand vor den Mund geschlagen, und Davie konnte nicht erkennen, ob sie sich ein Lachen verkneifen musste oder total schockiert war.

»Bist du sicher, dass wir nicht stören?«, erkundigte sie sich schließlich.

»So sicher, wie ich selten in meinem Leben war«, entgegnete er und hörte ein ersticktes Schluchzen neben sich. Gleich darauf rannte Kim, ohne ein weiteres Wort zu verlieren, aus der Werkstatt.

»Was war denn das?«, wollte Lennox mit einem breiten Grinsen wissen. Er schien die Situation jedenfalls witzig zu finden.

»Ich habe keine Ahnung«, erwiderte Davie, obwohl das angesichts der eindeutigen Indizienlage eine selten dämliche Behauptung war. Scheiße, war das alles peinlich!

»Also aus unserer Perspektive sah es so aus, als wärt ihr gerade dabei, so richtig loszulegen«, sprach Lennox weiter.

»*Sie* war gerade dabei, richtig loszulegen«, stellte Davie klar. »Ich war viel zu geschockt, um irgendwas zu tun.«

»Eine hübsche junge Frau wirft sich dir buchstäblich an den Hals, und du bist geschockt? Ich könnte dir ein paar Hinweise dazu geben, wie Mann sich in einer solchen Situation verhält.« Lennox lachte dreckig und erntete von seiner Freundin einen Ellbogenstoß in die Seite.

»Idiot«, schimpfte Anna. »Das ist eine verdammt vertrackte Situation. Das arme Mädel – und armer Davie.« Sie schenkte ihm ein mitfühlendes Lächeln.

»Danke, Anna«, murmelte Davie. Langsam wurde ihm bewusst, wie vertrackt genau die Situation war. Wie sollte er nach dieser Aktion jemals wieder normal mit Kim umgehen können? Und sie mit ihm? Er mochte sich gar nicht ausmalen, wie sie sich nun fühlen musste. Hatte er tatsächlich so verwirrende Signale ausgesendet? Das konnte er sich kaum vorstellen.

Er hatte sie doch immer behandelt wie alle anderen auch.

»Ich verstehe wirklich nicht, was an dieser Situation kompliziert sein soll und warum wir die beiden bedauern sollten«, sagte Lennox mit seltener Ignoranz. »Außer dafür, dass wir sie von etwas mutmaßlich Großartigem abgehalten haben. Das ist natürlich schon doof.«

»Halt jetzt einfach mal die Klappe«, fuhr ihm Anna energisch über den Mund. »Wie ich die Sache sehe, war Kim in ihrer fehlgeleiteten Leidenschaft bereit, Davie zu verführen, stimmt's?«

Er nickte matt.

»Aber du willst das nicht.« Es war eine Feststellung, keine Frage, und dafür war Davie sehr dankbar.

»Nein, ich will das nicht. Ich meine, Kim ist eine sehr attraktive Frau, und natürlich habe ich auf sie reagiert, aber ich wollte es keine Sekunde lang. Und ich will es auch in Zukunft nicht. Darum bin ich auch so froh, dass ihr …« Er sprach den Satz nicht zu Ende, sondern schüttelte den Kopf. Das war eine verdammte Katastrophe.

»Es hätte dir vielleicht mal gutgetan«, behauptete Lennox. »Wann hast du zum letzten Mal mit einer Frau geschlafen? Und vielleicht hättest du dabei gemerkt, dass du doch mehr für sie empfindest als nur Sympathie. Damit wäre das Problem gelöst gewesen.«

»Was an ›Halt die Klappe‹ hast du nicht verstanden?« Anna klang so ärgerlich, wie Davie die sonst immer superliebe Ärztin noch nie erlebt hatte.

»Ich mein ja nur«, brummte Lennox.

»Stell dir vor, die Situation wäre andersherum gewesen. Dass also Davie sich so offensiv an Kim rangemacht hätte. Würdest du dann immer noch so argumentieren?«

»Oh.« Das machte Lennox tatsächlich sprachlos.

»Das wäre eine verdammte Grenzüberschreitung gewesen. Nein, eigentlich schon ausgemachte sexuelle Nötigung«, sprach Anna weiter.

»Aber …«

»Kein Aber. Es ist auch in diesem Fall so. Nur weil in der überwiegenden Zahl der Fälle Männer die Aggressoren sind, heißt das nicht, dass es nicht auch umgekehrt sein kann.« Anna sprach sich nun regelrecht in Rage.

»Im Gegensatz zu den meisten Frauen hätte ich mich aber wohl wehren können«, gab Davie zu bedenken. Annas klare Worte schockierten ihn fast noch mehr als Kims Avancen.

»Macht es das besser? Also gefühlsmäßig?«

Davie zuckte mit den Schultern. »Ich weiß es nicht. Ich weiß gerade gar nicht, was ich denken oder fühlen soll. Und vor allem weiß ich nicht, wie ich ihr morgen bei der Arbeit begegnen soll.«

»Kann ich gut verstehen. Du kannst jedenfalls hoffen, dass sie in ihrer verschmähten Liebe nicht so durchknallt, dass sie am Ende behauptet, du hättest sie belästigt.«

»Was?« Davie spürte, wie ihm die Farbe aus dem Gesicht wich. »Das denkst du doch nicht wirklich, oder?«

»Gekränkte Menschen sind zu vielen Dingen fähig.«

»Meinst du, ich sollte mit ihr reden? Heute noch?« Allein bei der Vorstellung wurde Davie ganz anders, aber er würde natürlich alles tun, um … tja, was eigentlich?

»Nein, das ist wohl keine gute Idee. Ich könnte mir vorstellen, dass sie sich morgen krankmeldet und …«

»Das habe ich nach letztem Freitag schon für diese Woche erwartet, aber sie ist ganz normal am Montag zur Arbeit erschienen. Ich hab sie dann auch ganz normal behandelt und fast vergessen, dass … Aber dass es jetzt so eskaliert? Vielleicht hätte ich schon die Tage das Gespräch mit ihr suchen und ihr erklären sollen, dass ich nicht interessiert bin.« Davie rieb sich mit beiden Händen übers Gesicht, doch das half nicht dabei, seine Gedanken zu beruhigen.

»Ich weiß ja nicht, was letzte Woche war, aber ich denke schon, dass die Message diesmal eindeutig angekommen ist«, stellte Anna fest. »Sie war leichenblass und hat sehr geweint.«

»Das wollte ich alles nicht«, meinte Davie kläglich.

»Natürlich nicht, und du darfst dir jetzt auch keine Schuld geben. Du bist schließlich …«

»Sag jetzt nicht ›das Opfer‹«, fiel er ihr harsch ins Wort. »Ich bin kein Opfer! Das würde alle echten Opfer verhöhnen.«

Anna sah so aus, als könnte sie dazu noch einiges sagen, doch sie behielt ihre Worte dankenswerterweise für sich.

»Ich schätze, du kannst im Moment gar nichts machen, Mann«, schaltete sich Lennox wieder ein. »Warte einfach ab, was passiert.«

»Meine Lieblingsoption«, entgegnete Davie sarkastisch.

»Manchmal erledigen sich die Dinge auch von allein«, behauptete Lennox. »Mach dir nicht so einen Kopf.«

Das war ein Rat, wie er wortgleich auch von Susan stammen könnte, dachte Davie. Aber trotzdem merkte er, dass er unbedingt mit ihr darüber sprechen wollte. Jedenfalls lieber als mit Lennox und Anna. »Warum seid ihr eigentlich hier?«, fiel ihm wieder ein.

»Wir wollten dich fragen, ob du in den nächsten Tagen abends mal Zeit für ein konspiratives Treffen in meinem Studio hast. Wir wollen die Ideen für den Collum-Day zusammentragen und einen Ablaufplan erstellen.«

»Ja, klar, ich kann es mir fast immer einrichten. Gibt es inzwischen einen Termin?« Davie war froh über den Themenwechsel – auch wenn er immer noch keine praktikable Idee für seinen möglichen Beitrag hatte.

»Den werden wir dann auch festlegen. Vermutlich in der letzten Novemberwoche. Dann sind Harriet und Collum von ihrem Honeymoon zurück, und es ist noch vor dem Weihnachtsbrimborium«, sagte Anna.

»Was wird denn dein Beitrag? Ein Gratis-Check-up für den Herrn Bürgermeister?« Der etwas müde Scherz kam Davie längst nicht so locker über die Lippen, wie es normalerweise der Fall gewesen wäre, doch er rang um Normalität.

»Genau – inklusive aller fälligen Impfungen, und danach reiche ich ihn gleich an Brodie weiter, für eine Wurzelbehandlung.« Anna verdrehte die Augen. Offensichtlich hatte sie diesen lahmen Witz schon häufiger gehört.

»Im Moment stehen für unser Treffen Mittwoch und Donnerstag zur Auswahl. Ich geb dir Bescheid, sobald sich für einen Termin eine Mehrheit abzeichnet«, sagte Lennox.

»Ist gut. Mir ist beides recht.« Davie sah unschlüssig zu seinen Besuchern. Eigentlich müsste er sich jetzt wirklich dringend um die Hallenpläne kümmern, aber das erschien ihm gerade total abwegig.

»Was machst du heute noch?«, erkundigte sich Anna. »Wir wollten in den Pub gehen. Komm doch mit. Ich finde, du solltest jetzt nicht alleine sein.«

»Danke, aber ich bin gleich bei Susan zum Essen eingeladen. Auch wenn ich mir noch nicht sicher bin, ob das wirklich ein Grund zur Freude ist.« Susans Kochkünste waren überschaubar und manchmal sehr experimentell. Aber egal, wie ungenießbar das Mahl auch sein würde, ihre Gesellschaft war das allemal wert.

»Sehr gut, dann richte ihr bitte liebe Grüße aus, und frag sie auch wegen Mittwoch oder Donnerstag. Ich hatte ihr vorhin eine Nachricht geschickt, aber sie hat noch nicht darauf reagiert.« Lennox zog sein Handy hervor. »Sie hat sie noch nicht mal gelesen.«

»Kann sein, dass du ihre neue Nummer noch nicht hast«, entgegnete Davie. »Ich geb ihr Bescheid und frage sie wegen des Treffens.«

»Hat sie ihr Handy verloren? Wobei das ja kaum möglich ist, wenn sie es nie dabeihat.« Lennox grinste.

»So ähnlich«, wich Davie aus. »Wie gesagt, ich geb ihr Bescheid, und sie meldet sich bestimmt bei dir. Habt noch einen schönen Abend.«

Als die beiden gegangen waren, gab er den Hallenplänen noch eine Chance, doch er konnte sich einfach nicht darauf konzentrieren. Es war, als spukte Kims Geist über seinem Arbeitsplatz, und fast hatte er das Gefühl, dass er ihren Rosenduft immer noch roch. Er stand so abrupt auf, dass sein Stuhl polternd umfiel. Er stellte ihn wieder hin, brachte seine Modelle und die rudimentären Pläne ins Büro und schloss die Tür ab – was er sonst nie tat. Genau wie die Werkstatttür, aber irgendwie hatte sein Urvertrauen heute einen kleinen Dämpfer erhalten. Weil er sich seltsam schmutzig fühlte, stopfte er seine Kleidung in die Wäschetonne, um alle Spuren von Kim zu beseitigen, und sprang unter die Dusche.

Es war ihm objektiv betrachtet doch nichts geschehen, und im Grunde gab er sich sogar selbst die Schuld daran, dass er Kim falsche Signale gesendet hatte. Er mochte sich gar nicht ausmalen, wie sich Frauen in dieser Situation fühlen mochten. Am meisten widerte ihn an, wie sein Körper reagiert hatte, wie hart sein Schwanz unter ihren Berührungen geworden war. Er war sich nicht sicher, ob er ohne die Unterbrechung von außen wirklich in der Lage gewesen wäre, sich zu wehren. Er drehte die Mischbatterie auf »kalt« und japste, als eisiges Wasser auf ihn herabprasselte. Das war die Strafe, die er verdient hatte.

• • •

»Ist irgendwas?« Susan sah Davie alarmiert an, als er am frühen Abend vor ihrer Tür stand und wie ein verprügelter Hund wirkte.

»War es Absicht, dass du Lennox deine neue Telefonnummer noch nicht gegeben hast?«, wollte er wissen und ging an ihr vorbei in Richtung Küche.

Sie schloss die Tür und eilte ihm hinterher. »Ich habe die neue Karte doch erst seit gestern und habe noch längst nicht allen Bescheid geben können.« Sie runzelte verwundert die Stirn. »Und das ist der Grund, warum du so …« Sie wollte den geschmacklosen Vergleich mit einem misshandelten Vierbeiner nicht erwähnen, aber so seltsam hatte sie ihren Kumpel noch nie erlebt.

»Nein. Quatsch. Es ist total peinlich.«

Wurde er etwa rot? Das wurde ja immer mysteriöser. »Wie peinlich kann es schon sein, dass du es mir nicht erzählen kannst? Komm, lass uns ins Wohnzimmer gehen. Der Shepherd's Pie braucht noch mindestens eine halbe Stunde.«

»Es gibt Shepherd's Pie?« Er schnupperte, und ein kleines Lächeln stahl sich auf seine Lippen. »Das wäre die beste Nachricht des Tages.«

Dann war es wohl kaum der richtige Zeitpunkt dafür, ihm zu gestehen, dass ihre Version des Pies mit veganem Hack und Auberginen zubereitet worden war und nicht mit echtem Fleisch. Vielleicht würde es ihm nicht auffallen? »Ich weiß doch, dass ich einem echten Kerl nicht mit den Grünkohlplätzchen zu kommen brauche, die ich gestern ausprobiert habe«, scherzte sie und lotste ihn auf ihr Sofa, wo sie sich neben ihn setzte.

»Grünkohlplätzchen …« Er verzog angewidert das Gesicht.

»Die sind echt lecker. Jedenfalls dann, wenn man sie mit viel Käse überbäckt.« Sie grinste. »Aber jetzt raus mit der Sprache. Was ist so Peinliches passiert? Ich dachte ja eigentlich, dass du für die Indoor-Hundehütte Maß nehmen willst. Habe ich erwähnt, dass ich mir morgen die Welpen ansehen darf?«

»Zuletzt heute Mittag am Telefon«, entgegnete er trocken. »Die Information ist also noch nicht restlos bei mir eingesickert.«

»Ich freu mich halt so sehr. Komm doch mit, vielleicht verliebst du dich ja auch?«

Sein Gesicht verdüsterte sich schlagartig. »Kein Bedarf«, knurrte er.

»Ja, schon gut. Ich hab kapiert, dass du keinen Hund haben willst, aber das ist kein Grund, mich so anzublaffen.« Sie rückte ein Stückchen von ihm ab und musterte ihn misstrauisch. Was hatte er bloß für ein Problem? »Außerdem sollte dir schon klar sein, dass es mich demnächst nur noch im Doppelpack gibt.«

»Tut mir leid.« Er griff nach ihrer Hand, und sein Blick war ungefähr so flehend wie der eines Welpen. »Ich meinte ja gar nicht die Hunde, sondern dass ich keinen Bedarf daran habe, mich zu verlieben.«

»Das ist ja ganz was Neues.« Sarkasmus konnte sie auch. Seit sie Davie kannte, hatte es eine ganze Reihe von Frauen gegeben, die er gedatet hatte, aber meist nicht intensiver als sie ihre eigenen Kurzzeitliebhaber. Warum sie sich nach ihrer Erfahrung mit Lasse nicht leicht auf eine neue Beziehung einlassen konnte, war ihr klar. Was Davies Grund war, ahnte er womöglich selbst nicht. Soweit sie wusste, hatte er keine traumatische Beziehung gehabt – außer der zu seinem Vater, aber das zählte in diesem Kontext vielleicht nicht. Wenn sie so richtig darüber nachdachte, hatte er noch nie eine ernsthafte längere Beziehung gehabt. Über einen Mann von achtunddreißig sagte das wohl einiges aus.

Er antwortete nicht, sondern starrte auf den leeren Kamin.

»Hat der einsame Wolf vielleicht festgestellt, dass er auf Jungs steht?«, erkundigte sie sich sachte. Das konnte sie sich zwar kaum vorstellen, doch womöglich war das die Erklärung.

»Was?« Er riss seinen Blick vom Kamin los und glotzte sie konsterniert an. »Ich bin doch nicht schwul!«

»Ich weiß, du bist ein echter Kerl. Weder schwul noch vegan. Wobei beides nicht schlimm wäre, weißt du? Ich hätte dich trotzdem gern.«

»Ich bin auch nicht engstirnig!«, empörte er sich. »Ich habe nichts gegen homosexuelle Menschen, wie du sehr genau weißt. Ich bin's nur nicht. Auch wenn mir das heute Nachmittag sehr zupassgekommen wäre.«

»Willst du dann vielleicht endlich damit rausrücken, was passiert ist, oder muss ich weiterraten?« Sie seufzte und verschränkte die Arme vor der Brust.

»Kim«, kam es tonlos von ihm.

»Kim was?«

»Kim war in der Werkstatt und …« Er fuhr sich aufgebracht mit den Händen durch die Haare, sodass sie wild abstanden.

»Und?«

»Angeblich wollte sie ein Puppenhaus bauen oder mir alternativ bei den Plänen für die Sporthalle helfen«, fing er an. »Wusstest du, dass ihr Vater Bauzeichner ist oder war? Und sie beherrscht es angeblich auch.«

»Wusste ich nicht, finde ich auch nicht spannend, und ich würde wetten, dass es nichts mit der Sache zu tun hat.« Susan hatte Mühe, ihre Ungeduld zu zügeln. Es war total untypisch für Davie, so herumzudrucksen. Normalerweise war er jemand, der immer sofort auf den Punkt kam.

»Stimmt. *Die Sache* war nämlich eine andere.« Sein Adamsapfel zuckte sichtbar. »Sie hat erst mit ihren Möpsen vor mir rumgewedelt und sich dann auf meinen Schoß gesetzt und mich geküsst.«

»Die Frau weiß, was sie will.« Susan war insgeheim ein bisschen beeindruckt. »Ich dachte, sie hätte geschnallt, dass du kein Interesse hast.« Davie hatte vor ein paar Tagen erleichtert berichtet, dass Kim sich völlig normal verhielt und keine Anzeichen von Liebeskummer oder Ähnlichem zeigte.

»Offensichtlich nicht.« Er presste sich die Handballen auf die Augen. »Sie hat sehr deutlich gemacht, dass sie … dass sie …«

»Dass sie scharf auf dich ist?«, half Susan aus.

»Genau. Sie hat sich an mir gerieben wie eine rollige Katze und mir Sachen ins Ohr geraunt.« Er verzog bei der Erinnerung das Gesicht.

»Was für Sachen?«

»Na Sachen halt. Sex-Sachen. Sachen wie ›Du willst es doch auch‹ und ›Lass es einfach zu, Davie‹. So Zeug.«

»Mutig«, befand Susan. »Vor allem, wenn du es nicht wolltest.«

»Das ist es ja«, stöhnte er frustriert. »Ich hatte einen Mörderständer – was sie natürlich gemerkt hat. Das hat sie noch mehr angefeuert.«

»Wow«, hauchte Susan und wusste nicht, was sie zu dieser Offenbarung sonst noch sagen sollte. Sie und Davie teilten viel und lachten auch über schiefgelaufene Dates, aber so explizit war er bisher noch nie geworden.

»Sie wollte, dass ich fühle, wie feucht sie ist«, sprach er weiter, und Susan verzog das Gesicht – was er nicht sehen konnte, denn er hatte immer noch die Hände vor den Augen. »Dass sie immer feucht ist, wenn ich in der Nähe bin, und dass sie unbedingt herausfinden will, ob ich sie in echt genauso gut kommen lassen kann wie in ihrer schmutzigen Fantasie.«

»Puh.« Susan schüttelte sich und wagte kaum, die nächste Frage zu stellen. »Und hat sie es herausgefunden?«

»Zum Glück nicht. Aber es war haarscharf. Plötzlich standen nämlich Lennox und Anna in der Werkstatt.« Davie nahm die Hände von seinen Augen, und Susan bemerkte seinen gequälten Blick. »Aber ich weiß nicht, was ohne die Störung passiert wäre«, gab er zu.

»Es ist aber nichts passiert. Das ist doch das Wichtigste. Oder?«

»Oder was?«

»Oder tut es dir leid, dass nichts passiert ist?«

»Natürlich nicht. Wie kannst du so etwas denken? Ich habe mich die ganze Zeit derart unbehaglich und überfordert gefühlt. Ich wusste gar nicht, was ich tun soll. Nur mein Schwanz fand es geil«, spie er so verächtlich aus, dass Susan zusammenzuckte.

»Das ist doch nur ein Reflex. Und vielleicht braucht er einfach etwas Zuwendung, du weißt schon.«

Er warf ihr einen ärgerlichen Blick zu.

»Ist ja gut, war nur ein Vorschlag. Ihr Jungs spielt doch immer so gerne mit eurem besten Stück herum.« Vor allem der kleine Finley, der inzwischen regelrecht besessen war.

»Susan!«, kam es warnend zurück.

»Ich sag doch gar nichts. Also, noch einmal von vorne: Es ist nichts geschehen, weil Anna und Lennox euch überrascht haben. Und dann?«

»Dann ist Kim schluchzend aus der Werkstatt gerannt, Lennox hat mich ausgelacht, und Anna wollte mir einreden, dass Kim mich sexuell genötigt hätte«, fasste er knapp zusammen. »Als ob ich ein Opfer wäre.«

Susan lagen die Worte »Bist du doch auch« auf der Zunge, doch sie verkniff sie sich. »Es tut mir sehr leid, dass dir das passiert ist«, erwiderte sie stattdessen.

»Das klingt so, als würdest du mich auch als Opfer sehen«, motzte er.

»Ich weiß, dass du das nicht hören willst, aber in gewisser Weise bist du eins. Und ich weiß, wie schwer es ist, sich das selbst einzugestehen. Ich spreche da aus einer gewissen Erfahrung …« Sie seufzte. »Ich weiß auch, dass du dich schämst.«

»Davon habe ich nichts gesagt.«

»Musst du auch nicht. Ich kenne dich lange genug, und vor allem weiß ich, wie ich mich gefühlt habe – immer noch fühle. Die Scham wird erst dann weniger, wenn man sich nicht mehr davon definieren lässt. Haben mir kluge Menschen erklärt. Ich kann es nicht beurteilen, denn so weit bin ich leider auch noch nicht.«

»Scheiße.« Nun suchte Davie ihren Blick. »Das ist ein echtes Kackgefühl.«

»Ist es. Und ich kann dir nur raten, dich da nicht so tief reinziehen zu lassen, wie ich es getan habe. Das ist ein sehr dunkler Ort.«

»Damit hast du ganz sicher recht.« Sie merkte, dass die Wut in ihm verpuffte und einer Traurigkeit Platz machte, die sie ebenfalls gut kannte. »Ich habe nur keine Ahnung, wie ich mit der Situation umgehen soll. Ich meine, sie ist ja nach wie vor meine Mitarbeiterin, und ich muss ihr jeden Tag begegnen. Für sie wird das ganz bestimmt auch grässlich sein.«

»Das hätte sie sich vielleicht vorher überlegen sollen«, entgegnete Susan wenig mitfühlend.

»Hast du denn nie bescheuerte Dinge gemacht, wenn du verknallt warst? Ich meine, sie ist vierundzwanzig, fast noch ein Kind. Und ich bin achtunddreißig. Ich hätte das erkennen und frühzeitig abbiegen müssen.«

»Erstens ist man mit vierundzwanzig längst erwachsen, zweitens war ich nie derart übergriffig – du ganz sicher auch nicht –, und drittens bist du nicht für das Fehlverhalten anderer erwachsener Menschen verantwortlich! Es ist nicht deine Schuld.« Sie sprach eindringlich das aus, was zuletzt Robin und davor Davie selbst in ähnlicher Form zu ihr gesagt hatte. Sie hatte selbst noch Schwierigkeiten, an den Wahrheitsgehalt dieser Worte zu glauben, aber sie arbeitete daran.

»Ich habe gerade ein Déjà-vu«, murmelte er. »Nur mit verteilten Rollen.«

»Es ist nicht weniger wahr, wenn ich es ausspreche«, meinte sie – und dann klingelte die Ofenuhr. »Ich schätze, der Auflauf ist fertig.«

»Dann lass uns essen und anschließend über das Ställchen für deinen neuen Mitbewohner sprechen.« Sein Lächeln war noch nicht ganz überzeugend, aber Susan hoffte, dass er auf dem richtigen Weg war.

ERNIE UND BERTHA WERDEN EINGEWECHSELT

SUSAN WAR NIE jemand gewesen, der das Ende eines Arbeitstags herbeisehnte, und sie bedauerte all jene, die schon montags vom kommenden Freitag träumten. Doch heute war alles anders. Heute am frühen Abend würde sie die Welpen kennenlernen und womöglich schon ihren neuen Mitbewohner aussuchen. Die Vorstellung, bald nicht mehr nur für sich selbst verantwortlich zu sein, sondern ein Wesen um sich zu haben, um das sie sich kümmern musste, das sie lieben konnte und von dem sie mutmaßlich ebenfalls geliebt werden würde, war elektrisierend. Und beängstigend. Und vermutlich nicht ganz unähnlich den Gefühlen, die werdende Eltern empfanden. Jedenfalls hatte sie einige Schwierigkeiten mit dem Im-Hier-und-Jetzt-Sein und war froh, als endlich das letzte Kind abgeholt worden war.

»Ich kann gerne aufräumen, dann kannst du schon losziehen«, bot Robbie ihr an.

»Nein, das machen wir schnell zusammen. Außerdem erwartet man mich nicht vor sechs im Herrenhaus«, entgegnete sie.

»Ich finde es jedenfalls total aufregend, dass du dir einen Hund anschaffst und ihn mitbringen wirst. Das wird für uns alle toll werden.« Robbies Enthusiasmus stand dem ihren kaum nach.

»Die Kinder werden jedenfalls begeistert sein. Ich hoffe nur, dass der Welpe das gut mitmacht.«

»Das wird schon.« Er klang absolut zuversichtlich. »Komm, lass uns loslegen.«

Wann war sie das letzte Mal so nervös gewesen? Susan musste fast über sich selbst lachen, weil sie so fahrig war, als sie in ihr Auto stieg und zum Herrenhaus aufbrach. Einen altmodischen Benziner hätte sie garantiert mehrmals abgewürgt, doch ihr Elektroflitzer ließ sich nicht beirren. Vor dem Gesundheitscheck beim FC Rosengård hatten ihre Nerven ähnlich geflattert, fiel ihr ein, als sie auf dem Parkplatz vor Monroe Manor anhielt. Der Transfer von Glasgow nach Malmö war ihr damals wie das größte denkbare Abenteuer in ihrem Leben vorgekommen – und irgendwie war es jetzt ganz ähnlich. Nur dass es hier nicht interessieren würde, wie stabil ihre Knochen, Bänder und Muskeln waren, sondern ob sie eine verantwortungsvolle Hundemutter sein könnte.

Als sie zum Haupteingang lief, trat gerade ein rotwangiges Paar, das sie nicht kannte, aus der Tür und verabschiedete sich von George Stewart. Hatten sich die beiden ebenfalls die Welpen angesehen? Und sich am Ende ihren ausgesucht? Eine irrationale Eifersucht wallte in Susan auf, aber sie schluckte sie gleich wieder herunter. Stattdessen nickte sie dem Pärchen freundlich zu und schenkte George, der ihr die Tür aufhielt, ein Lächeln.

»Bereit, überwältigt zu werden?«, fragte er mit einem verschmitzten Grinsen.

»Ich hoffe es.« Sie folgte ihm durch die große Eingangshalle zu einer Tür, die zum Keller führte. Gleich darauf traten sie in einen Raum, der längst nicht so düster und »kellerartig« war, wie sie befürchtet hatte, sondern sehr geräumig und dank großer Souterrain-Fenster auch hell und freundlich. An der hinteren Wand gab es drei durch Gitterzäune voneinander abgetrennte Bereiche – für jede Hundefamilie einen –, mit je einer großzügigen Wurfbox und einer mit Zeitungspapier ausgelegten Freifläche. Davor gab es einen ebenfalls eingezäunten Bereich, der Susan sehr an den Kindergarten erinnerte. Zahllose Spielsachen lagen dort herum. Bälle, Plüschtiere, eine Art flache Holzwippe, ein Wackelbrett, wie sie es selbst gerne für Gleichgewichtsübungen mit ihren Kindern nutzte, und noch allerhand anderer Kram. Doch all diese Dinge nahm sie nur am Rande wahr. Sie hatte nur Augen für die Hunde.

»Paul und Isla kommen auch gleich«, kündigte George an. »Und Kendrick schaut nachher ebenfalls vorbei, um die kleinen Racker zu begutachten. Aber sie entwickeln sich alle prächtig.« Er öffnete die Gittertür zum Spielbereich, sodass Susan näher an die drei Wurfbereiche herantreten konnte. »Lass dich von dem Geknurre der Damen nicht beeindrucken. Das sind sehr engagierte Mütter, die sich um ihre Welpen sorgen«, warnte er sie. Prompt trat seine Airedale-Hündin Joy mit leicht gefletschten Zähnen und einem echt bedrohlich klingenden Knurren an den Zaun und fixierte Susan misstrauisch.

»Keine Sorge, ich tu deinen Babys nichts«, sagte sie und wagte nur einen kurzen Blick auf Joys Kinderschar, die sie nach ihren Recherchen eigentlich ohnehin schon verworfen hatte.

Die schicke schwarze Pudeldame Ivy, die sonst zu jedermann sehr freundlich war, verhielt sich kaum einladender, als Susan näher kam. Ivys zehn Kinder, vier rostbraune, drei schwarze und drei gescheckte Knäuel, schliefen gerade alle – was Susan erstaunlich fand, denn Pollys Welpen machten ein ziemliches Getöse.

»Wahnsinn«, entfuhr es ihr, als sie an den dritten Verschlag trat, in dem es nur so wuselte. Polly stand fröhlich wedelnd im Zentrum des Gewühls.

»Ja, die sind echt der Knaller«, befand George lächelnd. »Vielleicht weil Polly selbst noch so jung und verspielt ist.«

Eine rationale Entscheidung war es bestimmt nicht, aber Susan war sich instinktiv sicher, dass sie unter der farbenfrohen Kinderschar der Neufundländer-Hündin ihren Liebling finden würde. »Hallo, Polly«, lockte sie die Hundemutter an, die sofort freundlich zu ihr trabte und ihr vertrauensvoll die Hand ableckte. Susan bekam eine Gänsehaut.

»Ich schätze, damit ist schon mal geklärt, dass du einen von Pollys Welpen nehmen wirst«, sagte George.

»Meinst du?« Susan glaubte das ebenfalls, aber sie hatte ja keine Ahnung und wollte dem erfahrenen Hundemann vertrauen.

»Ganz sicher«, bestätigte er. »Das Paar, das dir eben entgegengekommen ist, war erst völlig auf einen der reinrassigen Pudel fixiert, doch Ivy hat die beiden nicht mit dem Hintern angeguckt, und Polly war total abweisend zu ihnen. Joy dagegen hat sie regelrecht in ihren Bereich eingeladen.«

»Echt?« Das konnte Susan kaum fassen, so unfreundlich, wie die Terrierhündin bei ihr gewesen war.

»Ja, ganz echt. Und sie haben sich prompt in den wildesten Scheißer aus ihrem Wurf verguckt. Den Rüpel mit dem grauen Halsband.«

»Kann man so früh schon etwas zum Charakter der Kleinen sagen?«, fragte Susan etwas ungläubig.

»Du kannst doch auch schon was zum Charakter deiner Kinder sagen, selbst der ganz Kleinen, oder?«, konterte George gutmütig.

»Ja, schon, aber die sind mindestens ein Jahr alt, wenn sie zu uns kommen.«

»Als Vater kann ich dir versichern, dass bereits neugeborene Babys ziemlich eindeutige Charakterzüge haben. Das ist bei Hunden nicht anders. Solange sie noch taub und blind sind und nur kriechen können, scheinen sie ausschließlich ans Fressen und Schlafen zu denken, aber schon dann kann man erkennen, wer besonders zielorientiert ist, wer verträumt ist, wer gerne kuschelt und wer keinem Wettbewerb aus dem Weg geht. Sobald sie mobil werden, hören und sehen können, wird es noch eindeutiger«, behauptete er. »Ich kann dir über jeden der neunundzwanzig Welpen etwas erzählen.«

»Das kann er wirklich, und es ist extrem beeindruckend«, bemerkte Isla, die zusammen mit Paul in den Welpenraum gekommen war. »Aber er verbringt auch die meiste Zeit mit den Kleinen. Mich brauchst du jedenfalls nicht zu fragen, denn ich finde sie alle einfach nur zuckersüß.« Ihre Augen leuchteten, als sie in den Verschlag zu ihrer Hündin Polly ging, sich auf den Boden setzte und gleich darauf von der tapsigen Bande in Beschlag genommen wurde.

»Ich könnte dir ein bisschen was zu Ivys Babys erzählen, aber längst nicht so viel wie George«, bestätigte Paul mit einem fast lächerlich stolzen Blick auf die Kinderschar seiner Ivy, die sich vertrauensvoll an ihn schmiegte.

»Wie stellst du dir deinen Hund vor?«, wollte George von Susan wissen. »Wie soll er charakterlich sein, was hast du für Pläne?«

»Ich will ihn zum Therapiehund ausbilden und ihn schon als Welpen mit in den Kindergarten nehmen. Es sollte also ein ziemlich ausgeglichenes, nervenstarkes und verspieltes Tier sein«, antwortete Susan und fügte hinzu: »Ich hätte aber auch nichts dagegen, wenn er zu Hause gern mit mir kuscheln und mich später beim Joggen begleiten würde. Außerdem hatte ich noch nie einen eigenen Hund und mache am Anfang vermutlich viele Fehler, auch wenn ich in Schweden bei einem Praktikum viel mit Therapiehunden gearbeitet habe.«

»Joggen könntest du mit Polly vergessen«, sagte Isla und quiekte gleich darauf, weil einer der Welpen sie in die Hand gezwickt hatte. »Sie hat's gerne gemütlich, und ihr Lieblingssport ist Schwimmen.«

»Als Joggingbegleiter wären natürlich die Pudel ideal«, befand George. »Auch die Welpen von Joy, aber ich glaube, die sind zu aufgedreht für den Kindergarten. Auch wenn sie garantiert verspielt genug wären.« Er sah zu den kleinen Rabauken, die ihre Mutter gerade um einen kleinen Milchsnack anbettelten.

»Also eines von Pollys Babys«, schloss Susan und nahm an, dass sie inzwischen genauso strahlte wie Isla.

»Zweifellos«, bestätigte George. »Das hat ja bereits Polly entschieden. Ich achte immer sehr auf die Reaktion der Mütter, wobei meine Mädels eigentlich immer erst mal misstrauisch sind. Allerdings waren Joy und Ivy sehr deutlich in ihrer Reaktion auf dich. Genau wie Polly. Geh einfach mal rein, setz dich auf den Boden, beobachte die Welpen, und spiel ein bisschen mit ihnen. Ich habe zwei, drei von ihnen im Hinterkopf, die meiner Meinung nach infrage kommen könnten, aber ich würde gerne sehen, wie sie auf dich reagieren und du auf sie.«

Nun schlotterten Susans Knie eindeutig heftiger als vor ihrem Transfer nach Schweden vor rund dreizehn Jahren. Sie bekam kaum den Schnappverschluss der Gittertür auf, doch dann war sie drinnen und setzte sich neben Isla auf den Boden – und wurde gleich darauf von neugierigen Flauschkugeln bedrängt, die nicht zögerten, die Widerstandsfähigkeit ihrer Schuhe und ihrer Jeans mit nadelspitzen Zähnen zu testen.

»Autsch«, quiekte sie, wie vorhin Isla, als ein schwarz-weißer Fellball sie in den Unterarm biss. Es war absolut überwältigend – und komplett überfordernd. Die elf Welpen kletterten auf ihr und Isla herum, während Polly entspannt danebenlag und das Gewusel beobachtete.

»Die sind so viel aktiver als die anderen Welpen«, befand Susan verwundert und deutete auf die anderen beiden Verschläge.

»Sie sind die ältesten. Fünf Tage älter als Ivys Welpen und drei Tage älter als Joys«, erklärte Isla. »In dem Alter macht jeder Tag einen Riesenunterschied. Vor drei, vier Tagen waren Pollys Babys auch noch viel ruhiger. Aua!« Sie sah leicht konsterniert auf ihre Hand, wo nun tatsächlich Blut floss. »Und diese Zähne sind die Hölle!« Sie rappelte sich vorsichtig auf. »Schau sie dir in Ruhe an«, sagte sie zu Susan und rettete sich dann aus dem Gehege.

Auch Susan wurde malträtiert, aber das machte ihr nichts aus. Die Kratzer würden schnell heilen. Nur hatte sie keine Ahnung, wie sich für einen Welpen entscheiden sollte. Die waren alle unfassbar süß.

»Ich bin komplett überfordert«, gab sie nach einer ganzen Weile zu und blickte Hilfe suchend zu George und Isla, die sie lächelnd beobachteten.

»Bist du nicht«, behauptete George. »Und ich glaube sogar, dass die Entscheidung schon längst gefallen ist. Vielleicht nicht deine, aber die von deinem Hund.« Er deutete auf ihren Schoß.

Susan, die im Schneidersitz auf dem Boden saß, hatte gar nicht gemerkt, dass sich einer der Kleinen auf ihrem Schoß zusammengerollt hatte, doch da lag ein braunes Bündel und schlummerte selig.

»Das ist Miss Lila, und sie hat beschlossen, dass du ihr Mensch werden sollst«, sprach George weiter. »Und was am schönsten ist: Sie war auch meine Favoritin für dich.«

• • •

Davie war sich nicht so sicher, was er von seiner Ausbeute halten sollte. Er war gut zwei Stunden gefahren, bis er den Hof in der Nähe von Pitlochry erreicht hatte, der angeblich massenhaft alte Viehtränken und andere tolle Dinge zur Abholung bereithielt.

Der Vorteil war, dass er bereits am frühen Morgen hatte losfahren können und nicht erst eine mutmaßlich peinliche Begegnung mit Kim hatte ertragen müssen. Gut, ein sehr großer Vorteil. Doch richtig erquicklich war der Tag bislang nicht gewesen. Der alte Plunder war längst nicht so gut erhalten, wie der Bauer am Telefon behauptet hatte, und er hatte abenteuerliche Preisvorstellungen, dafür, dass Davie ihm im Grunde vor allem eine kostspielige Entrümpelung ersparte. Nach stundenlanger Räumarbeit hatte er schließlich ein halbes Dutzend Tränken in seinen Lieferwagen gewuchtet, dazu ein paar hölzerne Rechen und Mistgabeln und einen völlig verstaubten, uralten Apothekerschrank, den er in den Untiefen der Scheune entdeckt hatte. Es würde eine Höllenarbeit werden, dieses Teil aufzuarbeiten, doch danach würde es garantiert ein wundervolles Schmuckstück sein. Für all das hatte er einen Preis gezahlt, der deutlich über dem Wert der abgehalfterten Nutzgegenstände lag, aber erfreulicherweise unter dem für den Schrank. Er konnte es nicht leiden, wenn Menschen mit ihren Sachen nicht pfleglich umgingen, aber diesmal war er froh, dass der Bauer offensichtlich nicht einmal ahnte, was der Apothekerschrank wert sein könnte.

»Nicht mein Problem«, murmelte er, als er die Hecktür des Lieferwagens schloss und seine schmutzigen Hände am ebenfalls völlig verdreckten Overall abwischte. Vielleicht durfte er sich wenigstens noch die Hände waschen? Gegen einen Schluck Tee und etwas zu essen hätte er auch nichts, aber das war wohl nicht zu erwarten.

Davie ging zum Stall, in dem der Bauer verschwunden war, nachdem das üppige Bündel Pfundnoten den Besitzer gewechselt hatte. Dort drin stank es derart bestialisch, dass es ihn beinahe würgte. Im dämmrigen Licht erkannte er entlang eines verdreckten Mittelgangs zahllose Koben, in denen sich dicht an dicht schmutzige Schweine aller möglichen Größen und Rassen tummelten. Glücklich sahen die Tiere nicht aus, fand er und überlegte, ob er einfach wieder gehen sollte. Doch ohne sich zu verabschieden, wollte er dann doch nicht weg. Ziemlich am Ende des Stalls entdeckte er dann den Bauern, der gerade aus einer der Boxen auf den Mittelgang trat – mit einem winzigen Ferkel unterm Arm.

»Ich fahr jetzt los«, sagte Davie etwas unschlüssig und konnte den Blick nicht von dem kleinen Schweinchen lassen, das erbärmlich und herzzerreißend quiekte.

»Ist gut«, entgegnete der Bauer und wandte sich um.

»Was ist mit dem Ferkel?«, fragte Davie, ehe er sich bremsen konnte.

»Das ist ein Micker, der es nicht schaffen wird. Ich mach ihn weg, ehe die Sau ihn selbst plattmacht.«

»Sie ziehen das Ferkel mit der Hand auf?« Das wären ja gute Nachrichten.

»Was?« Der Bauer lachte auf, als hätte Davie einen besonders absurden Witz gemacht. »Ich entsorge es.«

»Entsorgen?«

»Das Vieh hat keine Chance, also will ich es nicht unnötig leiden lassen«, sagte der Bauer und klang inzwischen eindeutig ungeduldig.

Das Schweinchen schien sich seinem grausamen Schicksal jedoch nicht so einfach fügen zu wollen. Es strampelte mit seinen kurzen Beinchen und schrie aus Leibeskräften.

»Ich nehm es mit!«, beschloss Davie, ohne nachzudenken.

»Was wollen Sie denn mit einem solchen Micker, der die nächsten Stunden nicht überleben wird?«, fragte der Bauer misstrauisch.

»Das ist ja wohl meine Sache. Sie wollen das Tier entsorgen, ich erspare Ihnen die Mühe.« Davie richtete sich noch ein Stückchen mehr auf. Der Bauer war fast einen Kopf kleiner als er, aber er hatte Pranken wie Klodeckel und verfügte zweifellos über ordentliche Kräfte. Davie war sich nicht sicher, ob er aus einer Prügelei mit ihm siegreich hervorgehen würde. Aber er wollte sich ja auch nicht prügeln, sondern das Ferkel retten.

Der Bauer schien seine Optionen abzuwägen. »Zwanzig Pfund«, verlangte er schließlich.

Davie ärgerte sich maßlos über die Dreistigkeit dieses Kerls, doch er ließ sich nichts anmerken. Stattdessen zog er erneut sein Portemonnaie aus der Hosentasche, fische einen Zwanzig-Pfund-Schein hervor und reichte ihn kommentarlos dem Bauern. Dann nahm er ihm vorsichtig das kleine, schwarz-weiß gescheckte Ferkel ab und verließ rasch den Stall.

»Naiver Sozialromantiker!«, plärrte ihm der Bauer gehässig hinterher, aber Davie ignorierte es und stieg in seinen Lieferwagen.

»Und was machen wir jetzt mit dir?«, fragte er das kleine Tier, das nicht mehr schrie, aber nun schrecklich zitterte. Aus Angst oder vor Kälte? Davie hatte keine Ahnung, aber er wollte so schnell wie möglich von diesem ungastlichen Hof wegkommen. Also öffnete er, ohne groß darüber nachzudenken, seinen Overall und steckte das Schweinchen hinein. Dann schnallte er sich an, vorsichtig, um es nicht zu zerquetschen, und fuhr los.

Nach ein paar Meilen wurde das Zittern weniger, und nach einer weiteren halben Stunde hatte er das Gefühl, dass das Ferkelchen eingeschlafen war. Doch wenn es wirklich so schlechte Chancen hatte, wie der Bauer dachte, brauchte es wohl ganz dringend etwas zu fressen und tierärztliche Behandlung. Kurz entschlossen wählte Davie die Nummer des einzigen Tierarztes, den er näher kannte, und Augenblicke später meldete sich Kendrick McIntosh über die Freisprechanlage.

»Hi, Davie, was kann ich für dich tun?«

»Ich hab gerade ein Ferkel gerettet und weiß jetzt nicht, was ich mit ihm anfangen soll.«

Schweigen.

»Bist du noch dran?«, fragte Davie.

»Bin ich. Ich hab nur verstanden, dass du ein Ferkel gerettet hast und …«

»Genau. Aus einem völlig abgeranzten Schweinestall in der Nähe von Pitlochry. Der Bauer wollte es entsorgen, weil es angeblich viel zu mickrig ist.«

»Verstehe«, brummte Kendrick – doch es war glasklar, dass dem nicht so war.

»Ich hatte jedenfalls nicht den Eindruck, dass es ein Todeskandidat ist, denn es hat gestrampelt und gequiekt, was das Zeug hielt«, berichtete Davie. »Aber dann hat es schrecklich gezittert, als ich es zum Auto getragen habe, also habe ich es in meinen Overall gesteckt. Seit ein paar Minuten ist es ganz ruhig.«

»Atmet es noch?«

»Ja«, bestätigte Davie. »Es zuckt auch gelegentlich leicht. Wie im Schlaf.«

»Vermutlich schläft es auch. Weißt du, wie alt es ist? Oder was für eine Rasse?«

»Nein, keine Ahnung. Es ist jedenfalls winzig und recht leicht und hat ein helles, leicht schwarz gesprenkeltes Fell.«

»Hm, das hilft uns jetzt nicht weiter. Wo bist du denn gerade?«

»Ich bin unterwegs in Richtung Kirkby und schätze, dass ich noch eine gute Stunde brauchen werde. Eher anderthalb. Soll ich unterwegs irgendwo zu einem Tierarzt gehen?«

»Solange du es warm halten kannst und es ruhig schläft, ist das vielleicht nicht nötig. Ruf noch mal an, kurz bevor du in Kirkby ankommst, dann sag ich dir, wo ich gerade bin. Vermutlich aber im Herrenhaus bei den Welpen.«

»Okay, mach ich. Drück mir die Daumen, dass ich flott durchkomme. Ich hoffe, wir können es retten.«

»Wenn der Bauer ihm keine guten Überlebenschancen eingeräumt hat, würde ich die Hoffnung lieber nicht zu hoch hängen. Die wissen in der Regel sehr gut darüber Bescheid, wie es ihren Tieren geht«, entgegnete Kendrick sachte.

»Diesen Tieren geht's allen beschissen«, rief Davie aufgebracht. »Ich hätte große Lust, ihn anzuzeigen. Ich kenn mich echt nicht aus damit, aber nach artgerechter Haltung sah mir das nicht aus.«

»Lass uns nachher über alles reden«, beschwichtigte ihn der Tierarzt. »Fahr vorsichtig, und bring den kleinen Patienten sicher heim. Dann sehen wir weiter. Bis bald.«

»Danke. Bis bald.«

Davie war fast ein wenig erschrocken über die starken Beschützergefühle, die er für das kleine Wesen, das an seinen Bauch geschmiegt schlummerte, empfand. Er hatte nie ein Haustier gehabt und zumindest im Erwachsenenalter auch kein Bedürfnis mehr nach einem verspürt, doch gerade war er sich sicher, dass für dieses Schweinchen so gut wie alles tun würde.

Die Fahrt kam ihm endlos vor, obwohl der Verkehr glücklicherweise flüssig lief und es nur in Inverness zu einer kleinen Feierabend-Verzögerung kam. Doch sobald er die Universitätsstadt durchquert hatte, waren es nur noch ein paar Kilometer bis nach Kirkby. Wieder wählte er Kendricks Nummer.

»Ich brauch ungefähr noch zwanzig Minuten«, sagte er statt einer Begrüßung.

»Gut, dann treffen wir uns im Herrenhaus, da stehe ich nämlich schon auf dem Parkplatz. Wie geht's dem Ferkel?«

»Unverändert. Es schläft immer noch.«

»Das ist ein gutes Zeichen. Bis gleich.«

Davie beendete das Gespräch und griff wieder einmal in seinen Overall, um das kleine Schwein zu streicheln. »Hast du gehört? Der Tierarzt meint, es ist ein gutes Zeichen. Halt durch, mein Kleiner, wir haben es gleich geschafft.«

• • •

»Miss Lila.« Susan streichelte den Kopf des schlafenden Welpen und spürte ein unbeschreibliches Glücksgefühl durch ihre Adern pumpen. Das hier war ihr Hund! »Darf ich ihr einen anderen Namen geben, oder muss sie Miss Lila heißen?«

»Du darfst sie nennen, wie du willst«, sagten Isla und George wie aus einem Mund.

»Die Welpen haben nach der Geburt alle Halsbänder in unterschiedlichen Farben bekommen, damit wir sie auseinanderhalten und auf diese Weise ihre Fortschritte dokumentieren können«, erklärte George. »Bei geplanten Würfen erhalten die Welpen dann einen offiziellen Zwingernamen, der immer mit demselben Buchstaben anfängt, aber das fällt diesmal ja aus. Zumindest bei Joy und Polly.« Er lachte. »Ich glaube aber, dass Paul und Ainslee das bei Ivy anders sehen.«

»Wir haben jedenfalls viele tolle Namen, die mit A anfangen«, erwiderte Paul. »Und da beide Hunde eine offizielle Zuchtzulassung haben, werden wir die Welpen wohl auch eintragen lassen. Wie die neuen Besitzer die Kleinen letztendlich nennen, bleibt aber ihnen überlassen.«

»Hast du denn schon eine Idee?«, wollte Isla von Susan wissen.

»Ich hab mir alle möglichen Gedanken gemacht«, gab sie zu. »Kein Name hat mir richtig gut gefallen, aber jetzt spukt mir eine völlig bekloppte Idee durch den Kopf.« Sie nahm das schlafende Hündchen hoch und betrachtete es von vorne. »Gott, sie ist so süß, da kann ich ihr diesen Namen nicht antun.« Sie kicherte leise und drückte dem Welpen dann impulsiv einen Kuss auf den Kopf.

»Jetzt bin ich aber gespannt«, sagte George.

»Ich auch«, fielen Isla und Paul unisono ein.

»Ich habe keine Ahnung, warum, aber ich glaube, ich muss sie Ernestine nennen. Kurz Ernie.« Susan sah kurz zu den drei anderen und drückte den Welpen an ihren Hals.

»Ich finde Ernie super«, kommentierte George amüsiert. »Die passenden Augenbrauen hat sie auch. Oder nein, die hat ja Bert.«

Isla prustete los, und Paul grinste. »Jetzt musst du wohl noch einen zweiten Hund nehmen und ihn Bert nennen.«

Polly wuffte.

»Ihr seid noch alberner als ich«, befand Susan und wandte ich dann an ihre kleine Hündin, die gerade wieder die Augen aufschlug. »Möchtest du Ernie heißen?«

Im nächsten Moment fühlte sie die winzige rosa Zunge an ihrem Hals und merkte, dass sie ganz feuchte Augen bekam.

»Ich werte das mal als Zustimmung«, sagte Isla und klang genauso gerührt, wie Susan sich fühlte.

»Na, wie geht es der Rasselbande?«, tönte es von der Tür her, und Susan sah, wie Tierarzt Kendrick zusammen mit Georges Frau Heather den Raum betrat.

»Sie entwickeln sich prächtig«, erwiderte George stolz. »Und zwei von den neunundzwanzig haben heute schon ihre neuen Familien ausgesucht.«

Susan fand es irgendwie schön, wie George das formulierte. Sie war hierhergekommen, um den passenden Welpen für sich auszuwählen – hatte sie jedenfalls gedacht –, doch dann hatte die kleine Ernie sie aktiv auserkoren.

»So soll es sein«, antwortete der Tierarzt und kraulte Airedale-Hündin Joy, die ihn kurz warnend angeknurrt hatte, sich aber sofort mit einem Leckerli hatte bestechen lassen. »Ich schau mir die Kleinen nur kurz an, denn ich erwarte gleich einen Notfall.«

»Oh weh, was ist passiert?«, fragte Isla alarmiert.

»Davie hat offenbar ein Ferkel gerettet und bringt es jetzt hierher«, erklärte er, während er einen von Joys Welpen nach dem anderen hochnahm, mit routinierten, aber vorsichtigen Handgriffen abtastete und Augen, Ohren und Gebiss kontrollierte.

»Davie hat was?«, entfuhr es Susan.

»Ein Schweinchen vor dem sicheren Tod bewahrt«, wiederholte Kendrick in einem Tonfall, als sei dies die normalste Sache der Welt. »Ich hab ihm gesagt, er soll hierherkommen, damit ich mir den armen Wurm anschauen kann. Offen gestanden habe ich nicht viel Hoffnung, dass wir das Ferkel retten können, denn Bauern wissen meist sehr gut, welches Jungtier Überlebenschancen hat und welches nicht. Aber Davie sieht das anders.«

»Aber Davie macht sich nichts aus Tieren«, beharrte Susan, die nun aufgestanden war, immer noch mit der kleinen Ernie im Arm. Sie stellte fest, dass Polly sie aufmerksam beobachtete, aber nicht besorgt zu sein schien.

Kendrick zuckte mit den Schultern. »Ich hab keine Ahnung, ich kann nur wiedergeben, was er mir am Telefon erzählt hat.« Die kleinen Airedoodles hatten die Prozedur überstanden, und der Tierarzt stieg über den Gitterzaun und ließ sich von George die Tabelle zeigen, in der der erfahrene Züchter täglich die Gewichtszunahme der Welpen, etwaige Auffälligkeiten und wesentliche Entwicklungsschritte notierte. »Ich bin sehr zufrieden mit diesem Wurf«, befand Kendrick und ging dann weiter zu Pudelmutter Ivy.

Susan konnte sich auf die jüngsten Neuigkeiten keinen Reim machen. Wenn sie daran dachte, wie wenig enthusiastisch Davie auf ihren zukünftigen Hund reagiert hatte, erschien es ihr vollkommen abwegig, dass er sich ausgerechnet für ein Schwein interessieren sollte. Jedenfalls in der atmenden Version. Gebraten auf einem Teller natürlich jederzeit, aber dass er ein Ferkel in Not rettete? Verrückt. Hoffentlich hatte er nicht vor, seine Schnitzel in spe persönlich großzuziehen. Bei dem Gedanken schauderte es sie, doch das traute sie ihrem Freund dann doch nicht zu. Dafür war er hinter seiner Echter-Kerl-Fassade ein viel zu großer Softie, und womöglich hatte ihn das Erlebnis mit Kim gestern mehr aus der Bahn geworfen, als er sich selbst eingestehen wollte.

Verübeln könnte sie es ihm nicht. Sie war ziemlich geschockt gewesen von seiner Geschichte – mehr, als sie sich hatte anmerken lassen. Sie konnte seinen widersprüchlichen Gefühlsmix so gut nachvollziehen und wurde zunehmend ärgerlich auf Kim, die, aus welchen Gründen auch immer, Davies gutwilliges Naturell ausgenutzt hatte. Vielleicht weil sie wirklich in ihn verliebt war und eine Reaktion hatte erzwingen wollen? Vielleicht aber aus ganz anderen Gründen. Jedenfalls war für Susan sonnenklar, dass ihr bester Freund damit überhaupt nicht umgehen konnte. Er war einer von den Guten, der alle Menschen respektvoll behandelte und selbst niemals auf die Idee käme, in irgendeiner Art und Weise übergriffig zu werden. Ein bisschen naiv war er auch, weil er annahm, dass alle anderen Menschen genauso tickten.

»Erstklassiger Zustand auch bei den Pudeln«, befand Kendrick und kletterte aus dem zweiten Stall heraus. »Bei diesen schicken Eltern sind die Welpen garantiert zukünftige Champions. Ich hoffe, ihr lasst sie offiziell eintragen«, sagte er zu Paul, der nun fast noch stolzer grinste als George.

»Ich schätze, da haben wir gar keine Wahl, was?«, entgegnete der Historiker und streichelte den schwarzen Lockenkopf seiner Ivy, die die Untersuchung ihrer Welpen stoisch, aber aufmerksam beobachtet hatte.

»Ich geh mal hoch und halte nach Davie Ausschau«, kündigte Heather an und verschwand durch die Tür nach oben.

Kendrick wandte sich nun Polly zu, die ihn schwanzwedelnd begrüßte und interessiert beschnüffelte. »Dir geht's doch nur ums Fressen, oder?«, sagte er belustigt zu der stattlichen Neufundländer-Hündin und schob ihr einen Bestechungshappen zwischen die Zähne. »Darf ich mir jetzt auch deine Babys ansehen?« Wieder nahm er einen Welpen nach dem anderen hoch und kontrollierte alles, was man bei einem so jungen Hund checken konnte. »Miss Lila müsste ich mir bitte auch anschauen«, wandte er sich schließlich an Susan, die das braune Knäuel nur ungern aus der Hand gab.

»Sie heißt Ernestine, nicht Miss Lila«, korrigierte sie ihn.

»Sorry, mein Fehler.« Er zwinkerte ihr amüsiert zu.

Ernie, die zufrieden in Susans Arm geschlummert hatte, protestierte bei der Behandlung. Polly wuffte leise, und Susan rief besorgt: »Tu ihr nicht weh!«

»Keine Angst, das wird nicht passieren. Sie ist wie alle anderen in bester Verfassung und darf jetzt auch wieder zu ihrer Mama.« Kendrick schickte sich an, den Welpen auf den Boden zu setzen, doch Susan schnappte ihn sich und raunte dem Winzling tröstende Laute ins weiche Fell. Schlagartig beruhigte sich Ernie wieder und kuschelte sich an Susans Hals.

»Da herrscht ja schon die ganz große Liebe«, stellte Kendrick lächelnd fest und stieg über die letzte Absperrung. »Ich hoffe, wir finden für die anderen Babys genauso gute Familien.«

Isla seufzte. »Vielleicht nicht für alle, damit ich doch einen oder zwei behalten kann …«

Susan sah, wie Kendrick und George bei diesen Worten einen vielsagenden Blick wechselten, doch sie verkniffen sich beide einen Kommentar. »Ich bin jedenfalls froh, dass Ernie und ich uns gefunden haben«, erklärte sie.

»Ich auch«, bestätigte Isla.

»Und ich frage mich, wo nun Davie und sein Notfall bleiben.« Kendrick sah sich etwas ratlos um. »Vor einer halben Stunde meinte er, dass er in zwanzig Minuten hier wäre.«

Susan merkte, wie eine irrationale Sorge in ihr wuchs. Hoffentlich war nichts geschehen? Sollte sie

Davie anrufen? Doch ehe sie nach ihrem Telefon tasten konnte, das garantiert sowieso nicht in ihrer Hosentasche war, öffnete sich erneut die Tür. Ein sehr zerzaust wirkender, ziemlich verdreckter und streng riechender Davie trat in den Raum und öffnete seinen Overall.

• • •

Er hatte es geschafft! Er hatte das Ferkel lebend nach Kirkby gebracht, und gleich würde Kendrick ihm hoffentlich alle weiteren Sorgen abnehmen. Kurz nachdem Davie den Tierarzt vorhin angerufen hatte, war das Schweinchen aufgewacht und hatte wieder angefangen, aufgeregt zu quieken. Nein, nicht aufgeregt, sondern verzweifelt. Er war kurz an den Straßenrand gefahren und hatte versucht, es zu beruhigen, doch das hatte nur dazu geführt, dass es sich auf ihm erleichtert hatte. Er fand es erstaunlich, zu wie viel Output so ein winziges Wesen fähig war. Noch dazu eines, das angeblich kaum etwas zu fressen bekommen hatte und dem Tode geweiht war. Er hatte, so sanft es ihm möglich war, auf das Tierchen eingeredet, hatte ihm versprochen, dass bald alles gut werden würde und dass es nur noch ein paar wenige Minuten durchhalten müsse. Nach einem Weilchen war es wieder deutlich ruhiger geworden, aber nur solange er es, mit einer Hand bedeckt, gegen seine Brust drückte. Womöglich entspannte es Davies Herzschlag? Blöderweise konnte er so kaum Auto fahren, aber irgendwie hatte er das letzte Stückchen dann doch bewältigt und war wohlbehalten am Herrenhaus angekommen.

Heather Stewart musste auf der Lauer gelegen haben, denn die imposante Eingangstür hatte sich schon geöffnet, als er gerade aus dem Lieferwagen gestiegen war, das verängstige Ferkelchen immer noch gegen seine Brust gepresst.

Heather hatte nicht viele Worte verloren, sondern war sofort in den Keller vorausgelaufen, wo nicht nur Kendrick wartete, sondern gefühlt halb Kirkby sowie drei erwachsene Hunde und unzählige, meist schlafende Welpen. Susan war auch da. Sie hielt einen der Welpen auf gleiche Weise im Arm wie er das Schwein und warf ihm einen beinahe ungläubigen Blick zu. Verübeln konnte er es ihr nicht, denn er konnte selbst kaum glauben, was heute geschehen war.

»Da ist ja unser Patient«, sagte Kendrick und nahm ihm das Ferkel ab, das sogleich wieder jämmerlich zu schreien anfing. Der Tierarzt setzte das Schweinchen auf einen Tisch, auf dem eine Waage stand und einige Listen herumlagen. Dann stopfte er sich die Enden seines umgehängten Stethoskops in die Ohren und hörte das Tier ab. Anschließend kontrollierte er mit routinierten Handgriffen Augen, Ohren und Maul und tastete es vorsichtig ab. »Hm«, meinte er dann.

»Was heißt ›Hm‹?«, wollte Davie nervös wissen. »Ist es schlimm?«

»Ehrlich gesagt habe ich erwartet, dass es in einem viel schlechteren Zustand ist, doch die junge Dame wirkt recht munter. Sie ist vielleicht etwas dehydriert und hat ganz sicher einen mörderischen Kohldampf, aber krank ist sie offenbar nicht.«

»Heißt das, dass sie eine echte Überlebenschance hat?« Davie konnte kaum glauben, was er da hörte. Das wäre die beste Nachricht des ganzen Tages.

»Das hat sie. Wir müssen nur überlegen, wie wir sie aufpäppeln. George, du hast doch bestimmt Fläschchen und Welpenmilch da, oder?«

»Natürlich«, entgegnete der Schlossherr und machte sich sofort am Wandschrank zu schaffen.

»Besser wäre es natürlich, wenn wir eine Amme für die Kleine fänden. Sie scheint mir wirklich noch sehr jung zu sein. Garantiert keine zwei Wochen alt.« Er kratzte sich am Kopf. »Ich kann mal die Bauern in der Umgebung durchtelefonieren, ob gerade jemand Ferkel in dem Alter hat.«

»Sie ist doch viel zu klein«, entgegnete George. »Die wird sich niemals gegen die anderen Ferkel durchsetzen können. Ich schätze, die Flasche ist die beste Option.«

Dem Schweinchen gefielen diese Überlegungen offensichtlich alle nicht. Wieder stieß es ein herzerweichendes Weinen aus, das Davie bis ins Mark traf, und instinktiv nahm er seinen kleinen Schützling wieder hoch und drückte ihn an sich. Auch die drei Mutterhündinnen wurden bei diesen Geräuschen nervös, sie tigerten in ihren Verschlägen herum, als wollten sie ihren eigenen Nachwuchs kontrollieren.

Der stattlichen schwarzen Neufundländerin von Isla und Jon schien das jedoch nicht zu genügen. Sie sprang mit einem mächtigen Satz, den Davie dem eher gemütlichen Tier gar nicht zugetraut hätte, über den Zaun, lief schnurstracks zu ihm und stupste ihn auffordernd an.

»Was …?« Er hatte keine Ahnung, was sie von ihm wollte.

»Ich glaube, sie will sich das Ferkel ansehen«, sagte Susan mit seltsam erstickter Stimme, und von Isla kam ein Ton, den Davie als unterdrückten Schluchzer interpretiert hätte, wenn er so was von der sonst so taffen Spitzenköchin erwartet hätte.

»Sie wird es aber nicht totbeißen, oder?«, fragte er besorgt.

»Ich denke nicht«, beruhigte ihn Kendrick und forderte ihn auf: »Lass sie mal schnuppern.«

Er ging in die Hocke und hielt Polly das Ferkel hin, bereit, sie wegzurempeln, sollte sie auf dumme Ideen kommen. Doch Polly schnupperte und begann dann, das Schweinchen – und seine Hände – abzulecken.

»Setz es auf den Boden«, raunte George, und Davie hatte das Gefühl, dass alle im Raum die Luft anhielten.

Auch wenn er kein gutes Gefühl dabei hatte, ließ er das Tierchen runter. Polly leckte es weiter intensiv ab, dann legte sich die Hündin auf die Seite und schien das Ferkel an die Milchbar bugsieren zu wollen. Doch die Kleine brauchte keine Aufforderung. Von einem mächtigen Überlebensinstinkt gesteuert, dockte sie bei der Hündin an und saugte mit erstaunlicher Vehemenz.

»Ich denke, die Ammenfrage ist hiermit geklärt«, stellte George zufrieden fest.

»Davon gehe ich aus«, bestätigte Kendrick und lächelte breit. »Die Natur ist doch immer wieder für Überraschungen gut.«

»Heißt das …« Davie stand auf und sah fragend zu den beiden Männern.

»Das heißt, dass Polly dein Schweinchen als zwölften Welpen adoptiert hat und sich zunächst um die weitere Aufzucht kümmern wird«, bestätigte Kendrick.

Davie wusste nicht, was er dazu sagen sollte, aber seltsamerweise brannten nun seine Augen ein klein wenig.

Und nicht nur seine. Isla hatte sich neben der Hündin auf den Boden gesetzt, schluchzte tief gerührt in das weiche schwarze Fell und erzählte ihr, wie stolz sie auf sie sei. Auch Susan hatte glasige Augen.

»Das hier ist übrigens Ernie«, stellte sie den braunen Welpen in ihren Armen vor. »Ernestine offiziell. Sie wird mein Hund werden. Und du brauchst jetzt einen Namen für dein Schwein.«

»Mein Schwein …«, murmelte er.

»Wie wäre es mit Bertha?«, schlug Heather vor. »In der Sesamstraße gibt es Ernie und Bert, in Kirkby dann eben Ernie und Bertha.«

ELEGANTER FALLRÜCKZIEHER

DASS ER NUN EIN SCHWEIN hatte, konnte Davie drei Tage später immer noch nicht ganz glauben, obwohl er Bertha erst gestern wieder besucht hatte und mehrmals täglich Fotos geschickt bekam – entweder von George oder von Isla. Das Ferkel fühlte sich im Kreise seiner neuen hündischen Geschwister offensichtlich sehr wohl und entwickelte sich prächtig. Davie hatte keine Ahnung, was er mit der Kleinen tun sollte, wenn sie älter wurde, aber das war vielleicht ein Problem für später. Im Moment war er vor allem sehr erleichtert, dass Bertha gerettet war.

Außerdem schien sie ihm auch sonst Glück zu bringen: Kim hatte sich erstaunlicherweise nicht krankgemeldet oder gar gekündigt, sondern war ganz normal zur Arbeit aufgetaucht. Wobei »ganz normal« nicht völlig stimmte. Sie war am Dienstagmorgen extrem zerknirscht zu ihm gekommen, hatte sich für ihren »unerklärlichen Aussetzer« am Sonntag entschuldigt und die Hoffnung geäußert, dass er darüber hinwegsehen konnte.

Auch wenn er es für unwahrscheinlich hielt, dass er diesen Nachmittag so schnell vergessen würde, hatte er die Sache großzügig für erledigt erklärt und war zum

Normalbetrieb übergegangen. Zwar mahnte eine kleine innere Stimme, dass er die Tatsache, dass sie gleich mehrere Grenzen überschritten hatte, nicht völlig unter den Teppich kehren durfte, sondern besser ein klärendes Gespräch mit ihr führen sollte. Doch er ignorierte sie. Schließlich war Kim schon genug gestraft, oder? Und dass er sich nach einem solchen Gespräch besser fühlen würde, wagte er ohnehin zu bezweifeln. Nein, es war leichter, nicht mehr daran zu rühren.

Er war einfach froh, dass ihm Kim als Mitarbeiterin erhalten blieb, denn sie war fleißig und talentiert und darum nicht so ohne Weiteres zu ersetzen. Schon gar nicht im Moment, wo sie unter Hochdruck an dem Scheunenhotel arbeiteten. Zwanzig Zimmer richteten sich schließlich nicht selbst ein, vor allem dann, wenn sämtliche Betten, Schränke und sonstigen Einbauten aus Holz sein sollten. Immerhin machten die Badezimmer Fortschritte, sodass die Fliesenleger und Installateure morgen fertig sein würden. Dann würden sie sich auch nicht mehr so sehr gegenseitig auf den Füßen stehen.

Davies Blick fiel auf den Apothekerschrank, den er am Montag genauso vor dem Bauern aus Pitlochry gerettet hatte wie Bertha. Es juckte ihn in den Fingern, das wunderbare Möbelstück, das so vernachlässigt war, wieder aufzuarbeiten, doch leider fehlte ihm die Zeit dafür. Vielleicht im Winter, wenn es etwas ruhiger wurde? Man durfte wohl hoffen.

Sein Handy piepste, und er stellte überrascht fest, dass Susan ihm eine Nachricht geschrieben hatte:

Willst du vor dem Treffen bei Lennox noch eine schnelle Runde mit mir laufen?

Er lachte leise. Das Treffen begann in anderthalb Stunden. Nach Susans Definition bedeutete eine schnelle Runde zehn Kilometer in maximal vierzig Minuten. Sie hätte danach noch bequem Zeit für eine Dusche und einen Snack. Er bräuchte ein Sauerstoffzelt und intravenöse Infusionen und hätte garantiert keine Kapazität mehr für kreative Überlegungen zum Collum-Day. Er antwortete: *Manchmal frage ich mich, ob du mich überhaupt kennst.*

Danach klingelte sein Telefon. »Ich dachte an eine wirklich lockere Runde. Maximal dreißig Minuten, und danach könnten wir zusammen zu Lennox fahren«, sagte sie statt einer Begrüßung.

»Ja, aber du hast nicht erwähnt, wie viele Kilometer du in diesen dreißig Minuten runterreißen willst«, entgegnete er.

»Nicht so viele. Sechs, sieben vielleicht. Höchstens acht. Wir könnten dabei ein bisschen quatschen.«

»Du darfst nicht vergessen, dass nicht alle solche Leistungssportler sind wie du. Wenn ich sieben Kilometer in dreißig Minuten laufen soll, kann ich dabei nicht auch noch reden.«

»Du solltest wirklich an deiner Form arbeiten«, grummelte sie.

»Meine Form ist tipptopp, vielen Dank. Aber ich laufe halt lieber ein-, zweimal in der Woche zur Entspannung und nicht weil ich mich für Olympia qualifizieren will oder für eine Flucht vor wilden Tieren trainieren möchte.«

»Dich würde vermutlich sogar Bertha mit ihren kurzen Beinen einholen.« Susan kicherte.

»Wenn mich dieser Kommentar motivieren sollte, muss ich dich enttäuschen. Lauf du deine Runde, und wir treffen uns nachher bei Lennox, ja?«

»Na gut.« Sie gab mit einem Seufzer auf. »Aber beklag dich nicht, ich würde mich nicht für deine Fitness engagieren.«

»Niemals«, schwor er. »Wir sehen uns gleich.«

Er legte auf und ging gemütlich von der Werkstatt zu seinem Haus. Doch während er duschte und zu Abend aß, wollte ihm eine Sache nicht aus dem Kopf. »Wir könnten dabei ein bisschen quatschen«, hatte Susan vorgeschlagen. Das war ungewöhnlich, denn normalerweise war sie jemand, der immer nur eine Sache machte. Sie hörte ja nicht einmal Musik beim Laufen, geschweige denn, dass sie reden wollte. Das konnte eigentlich nur bedeuten, dass ihr etwas auf der Seele brannte. Und er hatte es ignoriert.

Natürlich meldete sie sich jetzt nicht mehr, als er sie anrief. Mist. Nun ja, er würde sie fragen, wenn er sie gleich sah.

Als er eine halbe Stunde später bei Lennox ankam, war der Parkplatz voll. Halb Kirkby schien sich im Studio versammelt zu haben, das plötzlich lange nicht mehr so großzügig wirkte wie bisher.

»Das wird Collum doch bestimmt auffallen, wenn niemand im Dorf unterwegs ist und der Pub wie ausgestorben ist«, bemerkte Davie, während er sich auf einem Sitzkissen neben Shona niederließ. Alle anderen Sitzgelegenheiten waren längst belegt.

»Harriet ist vorhin mit ihm zu der Goldschmiedin gefahren, die die Eheringe der beiden herstellt. Die sitzt in Fort Augustus. Danach gehen sie dort essen, und Harriet hat gesagt, sie wird dafür sorgen, dass sie vor zehn nicht wieder zurück sind«, berichtete Shona.

»Sehr ausgefuchst.« Er grinste und scannte den Raum nach Susan, doch von ihr war noch nichts zu sehen.

»Sie will um jeden Preis verhindern, dass er Lunte riecht. Das wäre der Coup schlechthin, wenn wir diesen Tag organisiert bekämen, ohne dass er etwas mitkriegt.«

»Wohl wahr. Gibt's denn jetzt schon einen definitiven Termin?«

»Nein, aber das wird sicher gleich der erste Tagesordnungspunkt sein.« Shona schaute sich ebenfalls im Raum um. »Sind wir komplett?«

»Susan wollte noch kommen«, antwortete er. »Und Kendrick ist auch noch nicht da.«

»Der kommt auch nicht, er ist bei einem Notfall. Ein Pferd hat eine Kolik, das kann dauern.«

»Oh weh.«

Shona zuckte mit den Schultern. »Los eines Landtierarztes. Tiere halten sich nicht an die Sprechzeiten, wenn es ihnen schlecht geht.«

»Tun Menschen ja auch nicht.« Die Tür öffnete sich, und Susan und Ainslee schlüpften herein. Lennox bot den beiden die Klavierbank vor dem Flügel als Sitzgelegenheit an, und Susan winkte Davie kurz zu.

Wirkte sie besorgt? Er musterte sie verstohlen, doch sie sah nicht mehr in seine Richtung, sondern tuschelte angeregt mit Ainslee.

»Schon verrückt, wie unterschiedlich Rothaarige sein können«, bemerkte Shona leise und sprach damit exakt seine Gedanken aus.

Die Schneiderin und Susan waren beide ziemlich groß und hatten langes Haar, doch während an Ainslee alles elegant, grazil und fast schon ätherisch wirkte, umgab Susan eine sehr irdische, sehr athletische Energie.

»Susans Haare sind heller, und sie hat Sommersprossen«, fasste er die offensichtlichsten Unterschiede zusammen.

»Bravo, du wärst ein großartiger Zeuge«, wisperte Shona sarkastisch. »Aber darum geht's doch gar nicht. Die eigentlichen Unterschiede liegen auf einer ganz anderen Ebene.«

»Hm.«

»Wenn jetzt auch noch Isla dabei wäre, hätten wir vermutlich das ganze Spektrum abgedeckt«, redete Shona weiter, offensichtlich schwer fasziniert von dem Thema. »Echt verrückt.«

»In deiner Sippe gibt's doch noch mehr Rothaarige«, sagte Davie, weil er den Eindruck hatte, dass ein thematisch angemessener Kommentar erforderlich war. »Hailey, deine Tante Heather, Alex, Colleen«, zählte er auf und war stolz auf seine Beobachtungsgabe.

Doch Shona hatte nur einen mitleidigen Blick übrig. »Hailey ist erdbeerblond, Heathers Haare waren vielleicht mal ähnlich wie Islas, doch das weiß keiner mehr so genau, denn sie färbt ja seit Jahrzehnten. Colleens Haarfarbe würde ich eher als Kastanienbraun bezeichnen, und Alex ist ein Mann.«

»Und deshalb ist er nicht rothaarig?«, fragte Davie verwirrt. Und auch »erdbeerblond« und »kastanienbraun« schienen ihm keine Ausschlusskriterien zu sein.

»Doch natürlich, aber …«, begann Shona ungeduldig, wurde aber gleich darauf von ihrem Bruder Lennox unterbrochen, der nun glücklicherweise die Stimme erhob und das Treffen für eröffnet erklärte.

»Der erste Punkt der Tagesordnung sollte die Terminfestlegung sein«, fing er an. »Ich schlage den letzten Samstag im November vor, das ist der fünfundzwanzigste. Am Wochenende drauf ist der erste Advent und außerdem die Eröffnung des Weihnachtsmarktes. Da macht es dann keinen Sinn mehr. Und ich fände einen Tag am Wochenende besser als einen unter der Woche, weil dann ja nicht alle Zeit haben. Spricht etwas dagegen?«

Ainslee meldete sich zu Wort. »Ich bin mir nicht sicher, aber die Abgabe der Welpen beginnt in der

Woche ab dem zwanzigsten November, und ich schätze, dass einige von ihnen in Kirkby bleiben werden.«

»Und warum ist das problematisch?«, wollte Lennox wissen.

»Weil junge Hunde ungefähr so viel Aufmerksamkeit beanspruchen wie neugeborene Babys. Ich kann mir kaum vorstellen, dass die neuen Hundeeltern dann noch die Nerven für den Collum-Day haben«, erklärte Ainslee.

»Da ist was dran«, gab Lennox zu. »Wer wird denn einen Welpen haben?«, fragte er in die Runde, und einige Finger gingen nach oben. Natürlich auch der von Susan.

»Hm, das sind wirklich einige«, brummte er.

»Und Davie hat dann ja auch einen neuen Mitbewohner«, bemerkte Susan und grinste ihn an.

»Wo und wie Bertha leben wird, ist noch nicht geklärt«, beeilte er sich zu sagen. »Doch der Fünfundzwanzigste ist ja ohnehin schon raus. Können wir es am Wochenende davor machen?« Er zog sein Handy aus der Jeanstasche und öffnete den Kalender. »Am Achtzehnten vielleicht?«

»Was soll das heißen: Es ist noch nicht geklärt, wo Bertha leben wird?«, zischte ihm Shona leise ins Ohr. »Sie ist dein Schwein. Natürlich wird sie bei dir wohnen!«

»Schweine brauchen Artgenossen«, raunte er zurück, während im Saal eine lautstarke Termindiskussion entbrannte. »Das habe ich im Internet gelesen.«

»Das stimmt. Aber das gilt nicht unbedingt für Schweine, die sich für einen Hund halten. Die brauchen dann vielleicht eher einen Hundekumpan«, gab Shona zurück. »Aber abgesehen davon werden Schweine auch superzahm, und man kann sie erziehen wie einen Hund. Sie sind extrem clever und werden im Handumdrehen stubenrein. Schweine als Haustiere werden immer beliebter, und viele werden sogar als Therapietiere eingesetzt«, plapperte sie rasch weiter. Offensichtlich war Shona auf den gleichen Seiten im Internet unterwegs gewesen wie er selbst.

»Ich werde auf jeden Fall dafür sorgen, dass Bertha ein gutes und artgerechtes Zuhause bekommt«, versprach er, um die Diskussion zu beenden. »Wo auch immer das sein wird.«

»Wann kommen denn Harriet und Collum von ihrer Hochzeitsreise zurück?«, rief jemand lautstark.

»Am zwölften November«, wusste wieder Ainslee zu berichten. »Das ist eigentlich noch ein Argument mehr, das für den achtzehnten spricht. Dazwischen liegen dann nur sechs Tage, an denen man Collum alles verheimlichen muss. Noch eine Woche länger, und er findet es am Ende doch raus.«

»Keine Sorge, eine Woche lang kriege ich ihn im Rathaus beschäftigt«, mischte sich Leslie Turner ein. »Da werde ich Sitzungen einplanen, Projektbesprechungen und alle möglichen Aufgaben für ihn bereithalten. Ich verspreche euch, er wird so eingespannt sein, dass er nichts mitbekommt.«

»Hört sich gut an«, bestätigte Lennox. »Dann halten wir den achtzehnten November fest. Das heißt, wir haben noch fünf Wochen bis zum Tag X. Habt ihr denn alle schon Ideen?«

»Ich weiß nur, dass es am Ende ein großes Fest geben muss«, rief Shona. »Für einige Programmpunkte muss Collum womöglich vor Ort bei den jeweiligen Schenkern sein, aber eigentlich wäre es doch schön, wenn alle im Dorf was davon hätten, oder?«

»Darüber habe ich auch schon nachgedacht«, gab ihr Colleen recht. »Ansonsten geht auch viel zu viel Zeit dafür drauf, von einem Ort zum anderen zu kommen, und es könnte ganz schön stressig werden für Collum.«

»Vielleicht könnte man das Ganze als eine Art Talentshow aufziehen«, schlug Davie vor. »Jeder bekommt ein paar Minuten Bühnenzeit und präsentiert dabei sein oder ihr Geschenk für den Bürgermeister.« Er selbst hatte zwar immer noch keine Ahnung, was er präsentieren könnte, und schon gar keine, ob das dann bühnentauglich wäre. Aber das änderte ja nichts daran, dass seine Idee gut war.

Colleen nickte enthusiastisch. »Darüber habe ich auch schon nachgedacht. Je nachdem, wie viele Beiträge wir zusammenbekommen, können wir das Programm vielleicht sogar in zwei Blöcke teilen. Einen am Nachmittag, dann gibt's Essen, danach den zweiten Block und anschließend Party, bis alle nach Hause kriechen.«

»Also wie bei jedem Dorffest«, warf Susan ein und grinste.

»Das muss ja nichts Schlechtes sein«, entgegnete Lennox. »Und organisatorisch ist es am einfachsten.«

»Mag sein, aber ging es Harriet nicht darum, dass wir uns alle etwas Mühe für Collum geben?«, beharrte Susan, und Davie fragte sich, warum sie plötzlich so störrisch war.

»Aber das tun wir doch«, ergriff Colleen das Wort, ehe Lennox wieder etwas entgegnen konnte. »Vielleicht ist es für manche sogar mit viel größerer Mühe oder Überwindung verbunden, auf die Bühne zu gehen und das Geschenk vor Publikum zu präsentieren.«

»Eben«, pflichtete ihr Lennox bei.

»Und von der Logistik her ist es auch viel angenehmer. Stell dir mal vor, es herrscht das totale Mistwetter, wie es hier ja gelegentlich vorkommt, und er muss den ganzen Tag lang von einem Haus zum nächsten wandern. Da geht vermutlich selbst unserem Bürgermeister irgendwann die Luft aus. Und wir alle wissen, wie sehr er Publikum schätzt.« Colleen klang verbindlich und charmant wie immer, doch es wurde auch deutlich, dass weiterer Widerspruch nicht gut ankäme.

»Fein, mir soll es recht sein.« Susan lächelte genauso verbindlich. »Dann würde ich für meine Kids gern einen Slot am Nachmittag buchen.«

»Geht klar.« Colleen machte sich eine Notiz und wandte sich dann an die übrigen Anwesenden. »Ich denke, es ist am einfachsten, wenn ihr euch direkt bei mir meldet und mir mitteilt, was eure Idee für den Collum-Day ist. Idealerweise mit der Info, wie viel Zeit ihr dafür ungefähr benötigen werdet. Ich sammle alles und plane dann zusammen mit Lennox den Ablauf. Einverstanden?« Sie linste auf ihre Uhr und schien es eilig zu haben, die Veranstaltung zu verlassen.

»Ähm …« Lennox wirkte überrumpelt. »Ich dachte, wir brainstormen noch ein bisschen.«

»Wer das machen will, kann es gerne machen. Mich braucht ihr dafür ja nicht, oder? Ihr könnt mir einfach per Mail Bescheid geben oder in meinem Büro im Rathaus vorbeikommen. Ich fände es übrigens ganz schön, wenn nicht jeder von den Ideen der anderen erfährt. Dann ist es für alle eine Überraschung. Aber das ist auch nur ein Gedanke.« Sie stopfte ihr Notizbuch in die Handtasche, schlüpfte in ihre Jacke und verließ mit einem Winken die Versammlung.

»Das war strange«, befand Shona stirnrunzelnd. »Warum hat sie es denn so eilig?«

Davie zuckte mit den Schultern. »Keine Ahnung, aber ich finde, sie hat recht. Ich würde mich dann nämlich auch verabschieden.« Er hatte gesehen, dass Susan direkt nach Colleens Abgang aufgestanden war und nun ebenfalls aufbrach. Wie etliche andere Leute auch.

»Ihr seid ja Helden«, murmelte Shona kopfschüttelnd, doch das bekam Davie nur noch am Rande mit, denn er beeilte sich, hinter Susan aus dem Studio zu kommen.

»Warte doch«, rief er ihr hinterher, und sie blieb sichtlich unwillig stehen.

• • •

Mist. Das hatte nicht geklappt. Susan hatte darauf gebaut, dass sie einfach so verschwinden könnte. Sie drehte sich bei Davies Rufen widerstrebend um. »Gehst du auch schon?«, erkundigte sie sich und hoffte, dass ihre Stimme normal klang.

»Offensichtlich.« Er schien ihren Fluchtreflex zu spüren, denn nun legte er ihr seine rechte Hand auf die Schulter. »Was ist los?«

»Was soll los sein?« Warum piepste sie so? Sie räusperte sich und fügte hinzu: »Es ist alles in Ordnung.«

»Mhm.« Nun legte er seine linke Hand auch noch auf ihre andere Schulter. »Du wolltest vorhin mit mir reden. Tut mir leid, dass ich das nicht gleich kapiert habe, aber jetzt können wir gerne quatschen.«

»Hat sich erledigt«, murmelte sie knapp und versuchte, ihn abzuschütteln. Aber er hielt sie fest und brachte dabei das erstaunliche Kunststück fertig, nicht bedrohlich zu wirken wie Lasse in ähnlichen Situationen, sondern zugewandt und so, als wollte er wirklich wissen, was sie bewegte.

»Susan, ich kenne dich lange genug, um zu wissen, dass das nicht stimmt«, widersprach er sanft. »Ich meine, du musst mir natürlich nichts sagen, aber ich sehe doch, dass dich etwas belastet.«

»Nicht hier«, bat sie und schaute sich um. Ein paar Meter entfernt standen Sean, Hailey, Kristie und Yeshi und lachten über irgendwas, und Adley MacAlpine unterhielt sich mit Ainslees Verlobtem Paul.

»Wie bist du hier?«, erkundigte er sich.

»Mit dem Auto.« Sie deutete auf ihren kleinen gelben Flitzer, der an der Hofausfahrt am Straßenrand parkte.

»Ich auch. Soll ich zu dir kommen, oder willst du zu mir?«

»Vielleicht komme ich besser zu dir«, erwiderte sie und rannte dann fast zu ihrem Auto. Es war ganz bestimmt besser, wenn sie heute nicht mehr in der Nähe ihres Telefons oder ihres Computers wäre, dachte sie. Und vielleicht konnte Davie sie auf andere Gedanken bringen. Sie brauchte ein bisschen, bis sie den Autoschlüssel in ihrer Tasche gefunden hatte, und merkte, wie ihre Hände zitterten, als sie den Startknopf drückte. Verdammter, elender Mist. Davie war inzwischen ebenfalls vom Parkplatz gerollt und wartete darauf, dass sie sich hinter ihm einordnete. Was er sich wohl wieder dachte? Susan war sich nicht sicher, ob sie seine feinen Antennen feiern oder verfluchen sollte – und noch weniger sicher, wie er auf die neuesten Entwicklungen in Schweden reagieren würde.

»Tee oder heiße Schokolade?«, wollte er wissen, als sie wenige Minuten später hinter ihm die alte Mühle betrat.

»Es ist eigentlich eine Whisky-oder-Gin-Situation«, bemerkte sie mit einem schiefen Lächeln.

»Das habe ich geahnt, und genau deswegen gibt's Tee oder Kakao. Also, was ist dir lieber?« Er schloss die Tür, hängte seine Jacke an die Garderobe und zog sich die Schuhe aus.

»Dann heiße Schokolade, bitte.« Sie lief ihm hinterher in die Küche und freute sich über das vertraute Knarren der alten Dielen unter ihren Sohlen. Sie liebte dieses alte Gemäuer, das Davie so liebevoll und heimelig um- und ausgebaut hatte. Ihr winziges Cottage war wie ein kuscheliges Nest, manchmal jedoch fühlte es sich zu eng an für sie und ihre vielen wirren Gedanken und Sorgen. Die schienen dann von den niedrigen Decken und den engen Wänden direkt wieder abzuprallen und erneut auf sie einzuprasseln. In den deutlich großzügigeren Räumen der Mühle konnte sie ihre Gedanken einfach fließen lassen.

»Was ist?«, wollte er wissen – vermutlich weil sie einen seltsamen Laut von sich gegeben hatte.

»Ich hab nur mal wieder Konfetti im Kopf«, antwortete sie und schwang sich wie so oft auf die Arbeitsplatte.

»Kenn ich«, sagte er zu ihr. »Mein Konfetti ist derzeit geformt wie kleine Schweine.«

Das brachte das Lächeln zurück auf ihre Lippen. »Das ist das beste Konfetti: wenn es Schweinchen- und Newfypoo-Welpen-Form hat.«

»Es sind aber noch andere Teile dazwischen, stimmt's?«, mutmaßte er, während er Milch in einen Topf schüttete und ihn auf die Herdplatte stellte.

»Ja. Leider.« Sie seufzte und gab sich dann einen Ruck. »Robin hat mich heute angerufen und mir erzählt, dass ihre schwedische Kollegin in der Lasse-Sache bereits ein bisschen recherchiert hatte. Offenbar hat eine frühere Partnerin ihn schon vor sieben Jahren angezeigt – auch wegen häuslicher Gewalt –, doch dann hat sie bei der Verhandlung behauptet, es sei alles nicht so schlimm gewesen und sie habe bei der Polizei dramatisch übertrieben. Er wurde freigesprochen, und sie hat eine Strafe erhalten, wegen falscher Anschuldigungen oder so. Jemand aus dem Umfeld der schwedischen Juristin hat nun wieder Kontakt mit der Frau aufgenommen und vorsichtig nachgefragt, ob an der Sache doch mehr dran gewesen sein könnte. Sie hat zunächst alles abgestritten und ist erst dann aufgetaut, als die Anwältin angedeutet hat, dass es andere Opfer von Lasse gibt, die sich womöglich für Anzeigen und Aussagen vor Gericht entscheiden. Einer Sammelklage würde sie sich wohl anschließen.«

»Krass«, entgegnete Davie und rührte das Kakaopulver mit einem Schneebesen in die heiß werdende Milch.

»Die Recherchen laufen noch. Sie versuchen derzeit, noch andere Frauen ausfindig zu machen und auch mit Lina zu sprechen, aber Robin meinte, dass meine Aussage entscheidend werden könnte.«

»Das habe ich fast befürchtet.« Er warf ihr einen bedauernden Seitenblick zu und rührte dann weiter in der Milch herum.

»Ich auch. Allerdings habe ich gehofft, dass es mir erspart bleiben könnte.« Susan hasste es, wie klein und geknickt sie sich anhörte.

»Das ist ja immer noch möglich, oder?«, erkundigte er sich. »Vielleicht entschließt sich ja Lina zu einer Anzeige, und eine der anderen Frauen. Du hast Robin doch eine Namensliste gegeben, oder? Da wird bestimmt jemand dabei sein, der von einschlägigen Erlebnissen berichten kann.«

»Ja, vielleicht. Aber meine Stimme hätte wohl durchaus einiges Gewicht. Oh Mann, kann der Scheiß denn nicht einfach mal vorbei sein?«

Davie schob den inzwischen kochenden Milchtopf beiseite und stellte sich vor sie. Dann hob er mit zwei Fingern ihr Kinn, sodass sie ihn ansehen musste. »Ich befürchte fast, du wirst deinen Frieden erst dann machen können, wenn Lasse für seine Gewalttaten angemessen bestraft wird. Aber dir ist hoffentlich klar, dass dir nichts mehr passieren kann. Du bist hier in Sicherheit«, sagte er eindringlich.

Sie wollte es glauben.

Wirklich.

Von ganzem Herzen und aus tiefster Seele. Doch der schwarze, schleimig glänzende Kloß, der tief in ihren Eingeweiden lebte und den sie an guten Tagen völlig vergaß, lachte hämisch.

»Ich werde nicht zulassen, dass dir etwas geschieht«, betonte Davie, und der Blick seiner dunklen Augen bohrte sich tief in sie hinein. Fast erreichte er den Angstkloß.

Sie schluckte. Und noch einmal. »Danke«, brachte sie schließlich brüchig hervor und schlang die Arme um ihn.

Er zog sie fest an sich und hielt sie so lange, bis sie das Gefühl hatte, wieder leichter atmen zu können. »Wie war das mit der heißen Schokolade?«, murmelte sie nach einer Weile gegen seine Schulter und bedauerte es dann fast, als sich die solide Wärme seines Körpers von ihm entfernte.

»Wird sofort serviert«, kündigte er an und rührte das Getränk noch einmal durch, ehe er es in zwei Tassen füllte und ihr eine reichte. »Wollen wir aufs Sofa?«

Dort quetschten sie sich nebeneinander auf die Récamiere, und er legte ihr den Arm um die Schultern.

Susan trank einen Schluck von dem sehr schokoladigen Kakao und sagte dann: »Wie kommt es eigentlich, dass bei uns momentan so viel Drama ist? Lasse und Kim …«

»Ernie und Bertha«, vervollständigte er ihren Satz.

»Die beiden sind kein Drama, die sind ein Glücksfall – und der einzige Grund, warum ich momentan ganz gerne auf mein Handy gucke.«

»Das garantiert wieder irgendwo bei dir zu Hause liegt, stimmt's?«, mutmaßte er und drückte ihr seine Tasse in die Hand, damit er sein Telefon aus der

Hosentasche ziehen konnte. »George hat vorhin noch ein paar Fotos geschickt.« Er rief die letzte Nachricht von ihm auf und zeigte Susan die Bilder. »Schau mal, da liegen die beiden aneinandergekuschelt und schlafen.«

»Wie unschuldig sie aussehen.« Susan entfuhr ein gerührter Seufzer. »Unschuldig und zuckersüß. Aber wenn man George und Heather Glauben schenken darf, machen sie sich insgeheim schon bereit, die Weltherrschaft zu übernehmen.«

Er lachte leise. »Das wäre angesichts der aktuellen Lage vielleicht nicht die schlechteste aller Möglichkeiten. Wir sollten nur darauf achten, dass wir uns rechtzeitig gut mit ihnen stellen.«

»Da mach ich mir keine Sorgen. Du hast Bertha das Leben gerettet, das wird sie dir nie vergessen, und Ernie …«

»Hat dich auserwählt. Wir sind wirklich Glückspilze.« Er drückte ihr einen freundschaftlichen Kuss auf die Schläfe und klang kein bisschen ironisch, so wie sonst, wenn es um Tiere ging.

»Das sind wir«, bestätigte sie.

»Und das sollten wir nie vergessen – allen Lasses und Kims zum Trotz.« Er legte das Handy weg und nahm ihr seine Tasse ab.

»Wie ist denn die Kim-Lage?«, wollte sie wissen.

»Normal, denke ich. Sie hat sich ja am Dienstag entschuldigt, und seitdem tun wir so, als sei nie etwas geschehen.«

Susan wusste genau, was Davies Tonfall zu bedeuten hatte. Er wollte es gerne glauben, doch vermutlich wohnte auch in ihm ein schwarzer Kloß. Sie hoffte nur, dass der ihn nicht unter sich begraben würde.

GOLDEN GOAL

WAS UM ALLES in der Welt hatte sich der Wettergott dabei gedacht? Susan starrte einigermaßen fassungslos aus ihrem Schlafzimmerfenster. Es war Vormittag, und sie hatte ihren kleinen Garten dick verschneit vorgefunden. Davon war um drei Uhr morgens noch nichts zu ahnen gewesen, als sie von der zügellosen Vor-Hochzeitsparty in der alten Schule nach Hause gekommen war. Harriet und Collum hatten Wort gehalten und statt separater Junggesellenabschiede ein gemeinsames rauschendes Dorffest abgehalten. Sie war längst nicht die Letzte gewesen, die die Party verlassen hatte, und mochte sich gar nicht ausmalen, wie verkatert sich das Brautpaar heute wohl fühlen mochte, denn die beiden waren noch ausgelassen am Feiern gewesen, als sie gegangen war.

Susan öffnete das Fenster und ließ die beißende Kälte hereinströmen, die sie schlagartig wach machte. Himmel, es war der einundzwanzigste Oktober – schon ein bisschen arg früh für den ersten Schnee, oder? Sie fröstelte, blieb aber trotzdem ein paar Minuten am Fenster stehen und atmete tief ein und aus. Die frische Luft vertrieb die Müdigkeit, und sie war sich sicher, dass nach einer ausgedehnten Dusche und einer ordentlichen Portion Porridge plus reichlich starkem Tee auch der Anflug von Katerkopfschmerz verschwunden sein würde. Danach hatte sie noch ein paar Stunden, ehe um drei die Trauung in der Dorfkirche stattfand. Anschließend würde sich die ganze Gesellschaft zum Herrenhaus aufmachen, wo der Champagner-Empfang vermutlich mehr oder weniger nahtlos in ein zweifellos opulentes Dinner und in die nächste ausschweifende Feier übergehen würde.

Nachdem sie ausgiebig geduscht und gefrühstückt hatte, griff sie zu ihrem Handy und schaltete es ein. Natürlich ploppten sofort wieder diverse Nachrichten auf, doch erfreulicherweise stammten die meisten von George, der wieder zauberhafte Bilder von Ernie und den anderen Welpen geschickt hatte – und natürlich von Schweinchen Bertha. Ihr Herz machte bei dem Anblick gleich wieder einen großen Hüpfer. Es war unglaublich, wie rasend schnell sich die jungen Tiere entwickelten. Ernie sah gefühlt jeden Tag anders aus – und schaffte es dabei, immer niedlicher zu werden. Noch einen Monat, dann müsste Susan sich nicht mehr mit den täglichen Fotos und gelegentlichen Besuchen begnügen, sondern hätte Ernie immer um sich. Wenn es doch bloß schon so weit wäre!

Ihr Blick fiel wieder auf das Fenster. Draußen hatte es erneut zu schneien begonnen. Der Winterfrühstart war also wirklich ernst gemeint und brachte sie etwas in die Bredouille. Sie hatte nämlich vorgehabt, ihr einziges wirklich ausgehtaugliches Kleid zu tragen. Ein himmelblaues Cocktailkleid, knielang, ärmellos und definitiv nur mit den Strass-Sandalen zu kombinieren, die sie bislang genauso oft getragen hatte wie das Kleid: zweimal. Sie war zwar hartgesotten, aber auch ihre Leidensfähigkeit hatte Grenzen. Für kein Geld und keine Eitelkeit der Welt würde sie mit diesen Schuhen und nackten Beinen durch den Schnee stapfen.

In der Collum-Day-Orga-Gruppe, zu der Colleen sie blöderweise vor ein paar Tagen hinzugefügt hatte und deren Beiträge sie weitgehend ignorierte, ging es ebenfalls um kaum etwas anderes als das Wetter, das der Outfitplanung der Frauen einen Strich durch die Rechnung machte. Sie musste grinsen, als sie die teils verzweifelten, teils pragmatischen Kommentare las, und war schon sehr gespannt, was für interessante Kreationen sie nachher zu sehen bekommen würde. Die Männer hatten es gut, die würden alle in Kilts erscheinen, aber als Frau war man wieder einmal »gearscht«, wie Isla treffend kommentiert hatte.

Wieder meldete sich ihr Telefon, diesmal mit einer Nachricht von Davie: *Na, wie ist die Lage bei dir? Kater und Klamottenkrise?*

»Pfff«, entfuhr es ihr, und sie überlegte, ob das eine Antwort verdiente. Doch während sie noch nachdachte, schrieb er erneut: *Ich kann dich gerne über den Schnee tragen, damit deine Schuhe nicht ruiniert werden.*

Sie starrte auf die Nachricht, die sich klar auf Shonas Beitrag im Gruppenchat bezog. Shona hatte behauptet, sie würde sich vom Wetter keine anderen Klamotten diktieren lassen und ihr Kendrick würde sie eben über Eis und Schnee tragen.

Ich bin fit genug und brauch anschließend auch keine Physio.

Susan kicherte, denn genau das hatte Kendrick nach Shonas Ankündigung geschrieben. Kurz entschlossen wählte sie Davies Nummer.

»So gut habe ich mich an einem Samstagvormittag selten amüsiert«, sagte er, als er das Gespräch annahm. »Dieser Gruppenchat ist besser als Reality-TV.«

»Seit wann guckst du Reality-TV?«, fragte sie.

»Tu ich ja nicht, aber das hier ist besser.« Sie konnte sein Grinsen regelrecht hören.

»Dir ist schon klar, dass deine Aussagen kein bisschen Sinn ergeben.«

»Ach, wer braucht schon Sinn, wenn er Spaß haben kann?«, entgegnete er.

»Du hast ja wahnsinnig gute Laune heute«, befand sie und musste selbst schon wieder lächeln, weil seine Stimmung ansteckend war.

»Warum auch nicht? Das war ein tolles Fest gestern, und heute geben sich zwei der nettesten Menschen in Kirkby das Jawort. Eventuell sogar vor Zeugen, wenn es die Gäste durch den Schneesturm schaffen. Also, zurück zu meinem Angebot: Soll ich dich zur Kirche tragen?«

»Du bist ein Quatschkopf.« Sie lachte und freute sich, dass diese Facette von Davie mal wieder zum Vorschein gekommen war. In den letzten Wochen war davon nicht viel zu merken gewesen.

»Ja, bin ich. Aber das beantwortet nicht meine Frage. Ich mein's ernst, ich würde dich überallhin tragen.«

In Susan breitete sich ein warmes Gefühl aus. Sie hatte nicht den geringsten Zweifel daran, dass Davie alles für sie tun würde. »Ich weiß«, sagte sie deshalb. »Aber du müsstest dann auch meinen Thermoschlafsack tragen, in den ich mich einwickeln müsste, wenn ich bei meinem geplanten Outfit bleiben würde.«

Er hustete. Offensichtlich hatte er sich gerade an seinem Tee verschluckt. »Bitte mach das, das wäre der absolute Knaller! Und auf Monroe Manor packe ich dich dann aus, wie ein Weihnachtsgeschenk.«

»Davie Tomlinson, flirtest du etwa mit mir?«

Stille am anderen Ende der Leitung.

»Lebst du noch?«

Immer noch Stille.

»Ich hoffe, du bist nicht vor Schreck gestorben. Ich weiß doch, dass du mich nur veräppelt hast«, schickte sie rasch hinterher und wunderte sich selbst über die seltsame Richtung, die das Gespräch genommen hatte.

»Also kein Schlafsack?«, fragte er schließlich.

»Nein, kein Schlafsack. Aber wir könnten uns um halb drei bei mir treffen, und dann entscheiden wir, wie wir zur Kirche und anschließend nach Monroe Manor kommen.«

»Einverstanden. Bis nachher.« Er legte auf, ohne dass sie sich noch verabschieden konnte, und während der nächsten Minuten starrte Susan leicht verwirrt auf das Schneegestöber draußen. Was genau war da gerade zwischen Davie und ihr passiert?

Weil Grübeln über zwischenmenschliche Fehltöne jedoch keine Hilfe in Modefragen bot, stand sie schließlich auf und ging zu ihrem Kleiderschrank. Der war gut gefüllt mit Jeans, Shorts, T-Shirts, Blusen, Pullis und Sportklamotten, aber nur sehr spärlich mit Kleidung bestückt, die für formellere Anlässe geeignet war. Das war früher anders gewesen, weil sie da relativ regelmäßig mit dem Team oder allein mit Hetty auf coolen Partys gewesen war. Und natürlich hatte sie auch mit Lasse ständig irgendwelche Galas besucht. Doch diese Zeiten waren lange vorbei, und hier in Kirkby gab es nur sehr wenig Anlässe dafür, sich so richtig, *richtig* schick zu machen.

Das Cocktailkleid fiel eindeutig aus, aber im hintersten Winkel ihres Schranks entdeckte sie ein kupferfarbenes Paillettentop, das sie bei ihrer letzten Weihnachtsfeier in Malmö getragen hatte, zusammen mit einer gleichfarbigen schmalen Satinhose, die sie nun unter ihren Chinos hervorzog. Lasse hatte dieses Outfit gehasst – was der einzige Grund dafür war, dass sie das Ensemble mitgenommen hatte. Sie legte die beiden Teile auf ihr Bett und hörte in sich hinein, ob der Anblick irgendwelche unschönen Gefühle in ihr auslöste. Sie erinnerte sich an den Abend, der – von Lasses Kommentaren mal abgesehen – wirklich schön gewesen war. Sie hatte eine Auszeichnung bekommen für ihre Leistungen in der Saison und hatte sich in der Hose-Top-Kombi stark und schön gefühlt. Und auch ein bisschen besonders, denn sie war die Einzige aus dem Team gewesen, die kein Kleid getragen hatte.

Vielleicht war das ja das perfekte Alternativ-Outfit für den heutigen Tag? Sie könnte dazu sogar ihre knöchelhohen Fellstiefel tragen, und ihr voluminöser Steppmantel würde sie in der Kirche genauso warm halten wie der Thermoschlafsack. Auf Monroe Manor würde sie dann einfach die Schuhe wechseln und wäre im Handumdrehen festlich genug gekleidet für die Hochzeitsfeier.

Mit diesem Plan im Hinterkopf verschwand sie im Badezimmer und verbrachte die nächste Stunde damit, ihre spröde, wilde Karottenmähne in etwas zu verwandeln, das als Frisur durchging. Auf Make-up verzichtete sie, denn sie hasste es, sich ihr Gesicht mit so viel Foundation zuzuspachteln, dass man ihre Sommersprossen nicht mehr sah. Aber sie betonte ihre Augen mit einem Lidschatten in Goldbronze und reichlich Wimperntusche, sodass sie einen strahlenden Blick bekam. Etwas glänzenden Highlighter auf die Wangen und ein rosiges Lipgloss mit Goldschimmer auf die Lippen, und sie war fertig. Mehr war aus ihrem Gesicht nicht herauszuholen – jedenfalls nicht, wenn sie selbst Hand anlegte –, doch sie war zufrieden mit dem Ergebnis.

Sie schlüpfte in die Hose, zog sich das Top über den Kopf und bewunderte im Spiegel das Ergebnis. Ja, das würde funktionieren. Sie lächelte sich zu – mit einem ähnlichen Gefühl wie damals bei der Weihnachtsfeier: Sie war stark, schön und ein kleines bisschen sexy. Der Unterschied zu damals war lediglich, dass es in Kirkby niemanden gab, der ihr dafür Vorwürfe machen würde.

• • •

Hatte er wirklich mit Susan geflirtet? Diese Frage kreiste auch ein paar Stunden später noch durch Davies Kopf. Eigentlich war es doch nur ein freundschaftlicher Schlagabtausch gewesen, angeregt von den absurden Diskussionen im Gruppenchat. Aber Susan hatte seine Bemerkung wohl irgendwie falsch verstanden. Andererseits hatte er es absolut ernst gemeint mit seinem Angebot, sie über die schneebedeckten Wege zu tragen, damit sie ihre Schuhe nicht ruinierte. Eine Verarschung war es also definitiv nicht gewesen.

Er parkte seinen Wagen vor ihrem Häuschen und stellte fest, dass der Weg zur Straße geräumt war. Natürlich. Die patente und pragmatische Susan war keine Prinzessin auf der Erbse, sondern eine Piratentochter, die sich allen Widrigkeiten der Welt mutig stellte. Seltsamerweise tat ihm das fast ein wenig leid.

Denn irgendwie fand er die absurde Vorstellung, dass er sie in einem Thermoschlafsack erst in die Kirche, dann ins Herrenhaus trug und dort das Schlüpfen eines wunderschönen Schmetterlings aus dem Daunenkokon beobachten durfte, mehr als nur ein bisschen reizvoll. Er schluckte und schüttelte den Kopf. Was um alles in der Welt war mit ihm los? Seit wann bezeichnete ein Teil seines Unterbewusstseins seine beste Freundin, seine Sportkumpanin, seine persönliche Pippi Langstrumpf als wunderschönen Schmetterling?

Er konnte den verstörenden Gedanken nicht weiterverfolgen, denn Susan hatte ihn offensichtlich bereits erspäht und trat aus der Tür ihres Cottages. Schnell sprang er aus dem Auto, um sie ritterlich zu tragen, doch tatsächlich war das komplett unnötig. Sie hatte ihren blauen Steppmantel an, in dem sie fast versank, und ihre Füße steckten in Pelzstiefeln. Sie hatte sich jedoch eine große Tasche umgehängt, die vermutlich mit Ersatzschuhwerk befüllt war.

»Hi«, grüßte sie ihn lächelnd. »Was guckst du denn so enttäuscht?«

»Vielleicht habe ich doch auf den Thermoschlafsack gehofft«, entfuhr es ihm, ehe er sich bremsen konnte.

»Spinner.« Sie lachte und kletterte auf den Beifahrersitz. Ihre Tasche warf sie auf die Rückbank.

»Was hast du denn mit deinen Haaren gemacht?«, fragte er sie und machte keine Anstalten, loszufahren.

»Das nennt man Frisur«, gab sie mich leichter Ironie zurück und tastete mit beiden Händen die halb hochgesteckte Mähne ab. Der Teil, der offen über ihre Schultern fiel, wirkte so seidig und weich, dass er am liebsten darübergestrichen hätte, doch er konnte sich gerade noch bremsen.

»Es sieht jedenfalls toll aus«, beeilte er sich zu sagen, während ihm weitere ungewöhnliche Details auffielen. Ihre Nägel waren in einem schimmernden Bronzeton lackiert, und ihre Augen wirkten riesig und so einladend, dass er am liebsten darin eingetaucht wäre.

»Danke, du siehst auch nicht schlecht aus.« Sie schielte grinsend auf seine nackten Knie, die zwischen Kilt und Strümpfen hervorspitzten.

»Du hast den Schal an!« Das freute ihn unglaublich. Letztes Jahr hatte er sie Mitte Dezember nach Edinburgh begleitet, zu ihren Eltern, die über Weihnachten und Neujahr regelmäßig ausgedehnte Kreuzfahrten in der Karibik unternahmen und daher immer schon vorher Geschenke mit ihrer einzigen Tochter austauschten. Vor dem geplanten Abendessen waren Susan und er über den Weihnachtsmarkt in der Stadt geschlendert und hatten ein paar Kleinigkeiten gekauft. Das Wetter hatte auch damals Kapriolen geschlagen, allerdings nicht mit Schnee wie heute, sondern mit einem plötzlichen eisigen Wind, der sie an diesem zunächst so milden Tag hatte schlottern lassen. An einem Stand hatte er ein wunderschönes Tuch entdeckt – die eine Seite mit einem elaborierten

Paisleymuster in Kupfer-, Bronze und Goldtönen, die andere aus kamelfarbenem Kaschmir. Es hatte ihn spontan an Susan erinnert, und so hatte er es für sie gekauft, obwohl es wirklich absurd teuer gewesen war.

»Er passt heute einfach perfekt«, entgegnete sie mit einem Lächeln. »Er ist elegant *und* warm – die perfekte Kombi. Auch wenn ich immer noch der Meinung bin, dass es letztes Jahr auch ein simpler Fleeceschal getan hätte.«

»Ein simpler Fleeceschal tut es nie«, sagte er bestimmt. »Das hier ist ein wunderbares Stück Handwerk und wird dich hoffentlich lange begleiten. Vielleicht denkst du dann immer an mich?« Sein Hals wurde plötzlich ganz trocken, und er räusperte sich. Woher um alles in der Welt war das jetzt schon wieder gekommen?

»Ich denke doch immer an dich«, entgegnete sie leichthin und mit einem vergnügten Lächeln. »Und an das schräge Café, in das wir dann geflüchtet sind, als zu dem eisigen Wind auch noch Regen dazukam. Weißt du noch?«

Wie könnte er diesen Nachmittag jemals vergessen? In dem Café war die Stimmung irgendwie … magisch gewesen. Vielleicht hatte es am Eggnog gelegen oder an der besonderen Atmosphäre, aber damals hätte er sie um ein Haar unterm Mistelzweig geküsst.

»Wie hieß der Laden gleich noch?«, überlegte sie nun, offenbar völlig frei von aufgeladenen Erinnerungen, wie sie ihm gerade in den Sinn kamen.

»The Wylde Wynds«, antwortete er wie aus der Pistole geschossen, denn diesen Namen würde er genauso wenig vergessen wie den ganzen Tag.

»Stimmt. Da müssen wir unbedingt mal wieder hin. Du kommst dieses Jahr doch wieder mit, wenn meine Eltern ihr albernes Vor-Weihnachten begehen?«

»Natürlich, aber was machst du mit Ernie?«

»Und du mit Bertha! Du hast absolut recht. Mit den jungen Tieren können wir unmöglich durchs Weihnachtsmarktgewühl von Edinburgh laufen. Dann müssen sich meine Eltern eben ausnahmsweise mal nach Kirkby bemühen. Aber das mit dem Café machen wir trotzdem. Vielleicht als letzten romantischen Ausflug zu zweit, ehe der Nachwuchs da ist.« Sie zwinkerte ihm verschmitzt zu.

»Jetzt sollten wir aber erst mal zur Hochzeit. Wäre ja peinlich, wenn wir erst nach der Braut ankämen.« Er ließ den Wagen an und wendete, froh, dass er so eine gute Ausrede dafür hatte, nicht über romantische Ausflüge und Nachwuchs mit ihr sprechen zu müssen.

Blöderweise ließen sich seine Gedanken nicht so leicht abstellen. Die kreisten nun unablässig darum und ließen sich auch von der wirklich ergreifenden und schönen Trauung in der opulent geschmückten und bis auf den letzten Platz gefüllten Kirche nicht ablenken.

»Der Bürgermeister darf seine First Lady jetzt küssen«, tönte die Stimme von Pfarrer Jack McTavish durch das Kirchenschiff, und die einsetzende Orgelmusik hatte fast keine Chance gegen den Jubel der Gemeinde, die das sichtlich glückliche, brandneue Ehepaar lautstark feierte.

Davie sah, dass sich Susan verstohlen eine Träne aus dem Augenwinkel wischte und ihm dann ein verlegenes Lächeln schenkte.

»Albern, oder?«, sagte sie und wischte einen weiteren Tropfen weg.

»Kein bisschen. Es war ein wunderbarer Gottesdienst, bei dem niemand ungerührt geblieben ist«, versicherte er ihr, auch wenn er selbst recht wenig mitbekommen hatte.

»So muss eine Hochzeit sein. So voller Liebe, Freude und Spaß. Wo es egal ist, dass das Wetter verrücktspielt und die Gäste in merkwürdigen Verhüllungen in der Kirche sitzen«, sprach sie weiter, und er ahnte, dass sie wieder an das geplante Fest ihrer Freundin Hetty dachte. Ihrer ehemaligen Freundin, musste man wohl sagen, denn seit dem großen Knall hatte es keinerlei Kontakt mehr zwischen den beiden Frauen gegeben.

»Da gebe ich dir recht.« Er drückte ihre Hand und stand dann auf. »Komm, lass uns rausgehen.«

Vor der Kirche standen Harriet und Collum in dem Schneegestöber, das wieder eingesetzt hatte, das ihnen aber nicht das Geringste auszumachen schien. Sie strahlten mit ihren Gratulanten um die Wette.

»Das ist ein gutes Omen«, hörte er Susan zu den beiden sagen, als sie es bis zum Brautpaar geschafft hatte. »Ihr habt euch eine Herbsthochzeit gewünscht und ein Winterwonderland bekommen. Herzlichen Glückwunsch und ein wundervolles ›Für immer‹.« Sie nahm Harriet und Collum nacheinander in den Arm und machte dann Platz für Davie.

»Auch von mir alles, alles Gute für euch«, schloss er sich an. »Aber ich schätze, das wird ein Selbstläufer. Ein verliebteres Paar stand hier garantiert noch nie auf der Schwelle.« Auch er umarmte beide.

»Danke, Mann«, erwiderte Collum. »Sag das nicht so laut, denn da könnten einige Leute anderer Meinung sein.« Er zwinkerte ihm zu. »Wir sehen uns gleich auf Monroe Manor.«

Davie machte Platz für die nächsten Gratulanten und wandte sich Susan zu, die auf ihn wartete.

»In dir schlummert ja ein größerer Romantiker, als ich dachte«, bemerkte sie und hakte sich bei ihm ein. »›Ein verliebteres Paar stand hier garantiert noch nie auf der Schwelle‹«, zitierte sie ihn lächelnd.

»Was man halt so sagt«, brummte er. »Und natürlich bin ich ein Romantiker. Wie könnte ich auch nicht an einem Tag wie diesem?« Er deutete auf die dick verschneite Umgebung. »Wir werden das garantiert mit einem endlos langen, eklig nassgrauen Winter bezahlen, aber du musst zugeben, dass es schon ein bisschen magisch ist.«

»Total«, gab sie zu.

»Magisch und scheißkalt«, tönte Shona neben ihnen.

»Du stehst ja doch auf deinen eigenen Füßen«, stellte Susan grinsend fest.

»Ja, aber nur, weil mein Ehemann längst nicht mehr so romantisch drauf ist und mich vor die Wahl zwischen Stiefeln und Bandscheibenvorfall gestellt hat«, entgegnete sie mit einem gespielt bösen Blick zu Kendrick.

Davie musterte Shona, die fellgefütterte Winterstiefel trug, aber eindeutig keine Strumpfhose unter dem roten Taftrock, der unter einem Wollmantel hervorblitzte. Der Mantel war sicher lange nicht so warm wie Susans Daunenungetüm. Allerdings fröstelte er selbst ein wenig, denn auch unterm Kilt wurde es unangenehm kühl. »Dann lasst uns mal flott zum Herrenhaus fahren«, schlug er vor. »Seid ihr mit dem Auto da, oder können wir euch mitnehmen?«

»Mitnehmen wäre super«, sagte Shona eilig. »Kendrick war strikt dagegen, zu fahren.« Nun wurde der düstere Blick tatsächlich etwas feindselig.

»Aber nur weil ich sicher war, dass wir locker einen Transfer bekommen können«, erklärte der Tierarzt. »Und außerdem kann ich so sicherstellen, dass ich mich nicht doch zu einem spontanen Notfalleinsatz hinreißen lasse.«

»Und falls doch ein Tier schlimm krank wird?«, erkundigte sich Susan besorgt.

»Dann übernimmt die Tierklinik in Inverness den Notdienst«, entgegnete er. »Keine Sorge. Und bei den Welpen und Bertha ist sowieso alles in bester Ordnung.«

Sie waren beim Auto angekommen und stiegen ein.

»Und falls doch etwas geschehen sollte, bist du ja nur ein paar Treppenstufen von ihnen entfernt«, ergänzte Susan, als sie sich mit Shona auf die Rückbank setzte. Was gut war, denn so konnte sie das leichte Augenrollen von Kendrick nicht sehen, der neben Davie Platz nahm und ihm dann ertappt ein verstohlenes Grinsen schenkte.

»Kannst du bitte die Heizung hochdrehen?«, forderte Shona, als sie losfuhren und sich in die Kolonne der anderen Gäste einreihten.

»Natürlich, aber bis die richtig loslegt, sind wir längst angekommen.«

»Der Wille zählt.« Shona schlug den Kragen höher und rieb sich mit den Händen über die nackten Knie.

»Ich bewundere deine Konsequenz«, bemerkte Susan. »Bei mir hat das Kleid beim ersten Blick aus dem Fenster die Biege gemacht.«

»Und ich beneide dich um deine warmen Beine«, gab die Brennmeisterin zurück. »Aber egal, bald wird uns wieder richtig warm sein, und falls wir morgen alle erkältet sind, freut sich Anna über gute Geschäfte.«

»Ihr seid doch echte Schottinnen«, mischte sich Kendrick ein. »Da dürften euch ein paar frühe Schneeflocken doch wohl kaum etwas anhaben können, oder?«

»Auch wieder wahr«, gab Shona zu. »Aber verrückt ist es schon mit dem Wetter.«

»Verrückt, aber ein gutes Omen«, meinte Susan. »Ich bin mir sicher, dass es etwas zu bedeuten hat oder dass es magisch ist, wie Davie sagt.« Ihre Blicke trafen sich im Rückspiegel, und Davies Herz setzte einen Schlag lang aus. Gleichzeitig flatterten Susans Lider, und sie schaute hastig weg. Merkwürdig. Sehr merkwürdig.

Doch nun waren sie angekommen, und er konnte nicht länger über magische Geschehnisse nachdenken. In einem Nebenraum, der vom Foyer im Westflügel abging, konnten sie ihre Jacken und Mäntel abgeben. Davie wollte Susan galant aus ihrem Riesenmantel helfen, doch sobald sie aus den Ärmeln geschlüpft war, fiel er ihm aus der Hand. »Ach du Scheiße«, entfuhr es ihm völlig unpassend.

»Ist doch nicht so schlimm.« Sie drehte sich um und bückte sich lächelnd nach dem Mantel. Ein Fehler, ein katastrophaler Fehler, denn das kupferfarbene Paillettentop war beinahe komplett rückenfrei und …

»Holla die Waldfee!«, tönte Shona tief beeindruckt. »Das ist ja mal ein heißer Anblick.«

Susan stand auf und drückte Davie den Mantel in die Hand. Sie strahlte über das Lob. »Danke. Ich wusste gar nicht, dass ich das Top noch habe.«

Von vorn wirkte es auch regelrecht züchtig mit seinem dezenten runden Halsausschnitt, befand Davie verwirrt und konnte nicht anders, als sie anzustarren. Nein, »züchtig« war nicht das richtige Wort. Genau genommen war es sogar total falsch. Das feine Material mit den zahllosen funkelnden Pailletten umspielte ihren Torso und … Er schluckte. Sie trug keinen BH und … Himmel, was ging nur in seinem Kopf vor? Er hatte sie doch schon komplett nackt gesehen, neulich, als sie durchgefroren auf seiner Türschwelle gekauert und er sie in seine Badewanne verfrachtet hatte. An dem Abend hatte er keine Sekunde darüber nachgedacht. Aber heute?

Nun drehte sie sich wieder um, um ihre Wechselschuhe aus der Tasche zu ziehen, und er hatte das Gefühl, dass sich alles Blut in seinem Körper schlagartig in seiner Mitte sammelte. Wobei, nicht sämtliches Blut. Ein nicht unwesentlicher Teil schoss ihm ins Gesicht, sodass er mutmaßlich leuchtete wie eine blinkende Warnboje.

Es kostete ihn fast übermenschliche Anstrengung, wegzusehen und wie ein Zombie mit Susans Mantel und seiner Jacke zur Garderobe zu wanken. Undeutlich hörte er ein Kichern hinter sich. Lachte ihn da jemand aus?

»Da hat wohl jemand eine Marienerscheinung gehabt«, rief Shona und lachte dreckig.

Das ernüchterte ihn so weit, dass er es irgendwie schaffte, die Mäntel aufzuhängen und dann auch die Stiefel darunterzustellen, die Susan ihm reichte.

»Alles klar?«, erkundigte sie sich – offenbar ohne auch nur im Geringsten zu ahnen, was gerade mit ihm geschehen war.

»Ich denke schon«, krächzte er. »Ich glaube, ich brauche dringend was zu trinken.«

»Ich hol dir was«, versprach sie und wollte vorauslaufen, doch er hielt sie zurück. Unmöglich, dass er noch ein weiteres Mal den Anblick ihres nackten Rückens ertragen würde, über den wie ein seidiger Vorhang ihre Haare fielen. Er war immer ein »Brüste-Mann« gewesen, der auf sinnliche, weiche Rundungen stand, doch die definierten Muskelstränge an ihrem Rücken, die nackten Arme, die wirkten wie von einem Bildhauer gemeißelt, und ihr knackiger Po, der in dieser glänzenden Hose noch viel appetitlicher wirkte als in ihren knappen Laufshorts … Was um alles in der Welt war mit ihm los? Warum war er plötzlich scharf auf seine beste Freundin?

»Das ist der Schnee«, hörte er eine andere Stimme in der Nähe. Eine Aussage, die garantiert nichts mit seinem Zustand zu tun hatte, die aber trotzdem die Wahrheit war. Es musste der ungewöhnlich frühe Schnee sein. Eine andere Erklärung gab es nicht.

»Ich dachte, du hast Durst«, sagte Susan und schaute ihm verwundert erst in die Augen und dann auf seine Hand, die ihren Oberarm festhielt.

»Hab ich auch«, presste er hervor und nahm seine Hand weg. Körperkontakt war das Letzte, was er jetzt brauchte, und er war dankbar für den stabilen Wollstoff seines Kilts, den schweren, großen Sporran und vor allem für seine engen Boxershorts, die er in ignoranter Missachtung jeglichen Traditionsbewusstseins angezogen hatte. Zumindest sah man ihm seine Gefühle nicht an. Jedenfalls nicht unterhalb der Taille. Er konnte nur vermuten, wie rot sein Kopf war und wie irre seine Augen wohl glänzten.

Sie betraten den Ballsaal, und Susan entfuhr ein Laut der Bewunderung. »Wahnsinn, ist das schön geworden«, sagte sie andächtig und nahm zwei Gläser Champagner von einem der Kellner entgegen, die mit gut gefüllten Tabletts die Gästeschar versorgten.

»Wunderschön«, entgegnete er, als sie ihm ein Glas reichte, doch er hatte keinen Blick für den herrlich dekorierten Raum, sondern nur für die Frau, die seit über drei Jahren seine beste Freundin war und definitiv der Mensch, den er am besten kannte. Nun sah er sie plötzlich mit anderen Augen – und er wusste nicht, wie er mit dieser leicht verstörenden Erkenntnis umgehen sollte.

»Ich kann es nicht fassen, dass Harriet und Collum das alles in so kurzer Zeit organisiert haben«, sprach sie weiter. Glücklicherweise schien sie von seinem mentalen Schneesturm nichts mitzubekommen. »Ganz ohne professionellen Hochzeitsplaner und vor allem ohne monatelangen Vorlauf und Hysterie.«

»Die beiden hatten schon reichlich Unterstützung, und soweit ich weiß, war Colleen früher in Boston Hochzeitsplanerin«, wandte er ein und war erleichtert, dass er fast wieder normal klang. »Sie hatten also einen Vollprofi an ihrer Seite.«

»Ja, ich weiß, aber trotzdem. Ich meine, das hier ist einfach perfekt. Da wirkt nichts improvisiert, und gleichzeitig spiegelt es präzise wider, wofür das Brautpaar steht«, schwärmte sie, doch er bemerkte die Traurigkeit, die unter ihren Worten lag.

»Ich weiß, dass du Hetty vermisst.«

Sie zuckte mit den Schultern. »Ich bin mir im Moment nicht sicher, ob ich sie vermisse oder nur die Erinnerung an unsere Freundschaft. Wir hatten eine tolle Zeit zusammen, gerade am Anfang, aber wir haben uns in sehr unterschiedliche Richtungen entwickelt. Und nicht erst seitdem ich weg bin.« Sie seufzte leicht. »Aber lass uns jetzt nicht davon sprechen, sondern diesen wunderbaren Tag feiern.« Sie stieß mit ihrem Glas gegen seines. »Und wie du neulich so weise festgestellt hast: Manche Freundschaften begleiten einen eben nur eine gewisse Zeit lang. Ich will da nicht mit Bitterkeit draufschauen, sondern dankbar sein für die schönen Erinnerungen und für meine neue beste Freundin.«

Er hob fragend eine Braue, und sie lachte.

»Na, für dich! Unsere Freundschaft bedeutet mir mehr, als ich in Worte fassen kann.« Sie trank einen Schluck Champagner, doch Davies Hals wurde wieder ganz eng.

»Mir auch«, brachte er schließlich hervor und wünschte sich gleichzeitig mit einer schier überwältigenden Sehnsucht so viel mehr als reine Freundschaft. Er leerte das Glas fast auf ex und griff sich beim nächsten Kellner ein frisches. Es war sonnenklar, dass Susan sein Verhalten merkwürdig fand, doch ehe sie es angemessen kommentieren konnte, traf das Brautpaar ein und lenkte ihre Aufmerksamkeit wieder ab. Zum Glück.

Beim Essen waren sie in bunter Runde an einem Zehnertisch platziert. Susan saß Davie gegenüber, flankiert von Lennox und Kendrick, er hatte Anna an einer Seite und Hailey an der anderen. Das Menü war sensationell und die Stimmung großartig. Womöglich hatte er insgesamt schon ein bisschen viel Alkohol im Blut, aber das hatte vor allem den Vorteil, dass er etwas entspannter war. Er war dankbar für die gemischte Platzierung, denn ob er es ertragen hätte, Susan die ganze Zeit neben sich zu haben und um ihren nackten Rücken zu wissen … Den Blick von vorne konnte er gefahrlos wagen, obwohl sie natürlich auch aus dieser Perspektive wunderschön war. Warum war ihm das noch nie aufgefallen?

»Entschuldige bitte, was?« Er wandte sich Anna zu, die irgendwas zu ihm gesagt hatte.

»Ich wollte wissen, ob du nun endlich bereit bist, die Friendzone zu verlassen.« Die Ärztin sah ihn eindringlich und mit einem wissenden Blitzen in den Augen an.

»Was?«, wiederholte er einigermaßen stupide.

»Susan und du«, half sie ihm auf die Sprünge. »Ich frage mich, was noch alles passieren muss, bis ihr endlich begreift, dass ihr eigentlich schon richtig lange zusammen seid.«

»Wir sind nur …« Er räusperte sich und trank einen Schluck Wein.

»Jaja, ich kenn die Legende«, sprach Anna weiter, ehe er den Satz beenden konnte. »Ihr behauptet seit Jahren, dass ihr nur Freunde seid. Die besten Freunde, wie ihr beide immer betont. Dabei ist es so offensichtlich, dass ihr das perfekte Liebespaar wärt.«

»Was?«, entfuhr ihm das dümmste aller Fragewörter nun zum dritten Mal, diesmal aber deutlich lauter, sodass er reichlich Blicke erntete. Auch von Susan.

»Davie, muss ich wirklich bei den Blümchen und Bienchen anfangen?«, wollte Anna wissen und hatte sichtlich Vergnügen an dem Gespräch. Im Gegensatz zu ihm.

»Nein«, zischte er zurück. »Wir sind Freunde. Punkt. Susan hat mir erst vorhin versichert, dass ich ihre neue beste Freundin bin.« Die Bitterkeit, die bei diesen Worten in ihm aufstieg, spülte er mit einem weiteren Schluck Wein herunter.

»Ich kann sie verstehen, ich hätte dich auch gerne als beste Freundin«, zog Anna ihn auf, doch dann wurde sie gleich wieder ernst. »Ihr wisst schon, dass Freundschaft und Liebe kein Widerspruch sind, oder? Ganz im Gegenteil. Liebe allein ist nicht die beste Basis für eine stabile Beziehung. Aber ihr kennt euch so gut, vertraut euch blind und seid einfach so unglaublich süß miteinander. Wenn ich auf ein Paar in Kirkby Wetten abschließen müsste, dann wärt ihr ganz vorne mit dabei.«

»Nur dass wir eben kein Paar sind.«

»Ich weiß. Ich kann es aber nicht verstehen. Keiner kann das.«

Seltsamerweise ging es ihm plötzlich genauso, aber das konnte er unmöglich zugeben. Daher sagte er nichts, sondern trank Wein.

»Keine weiteren Fragen.« Anna zwinkerte ihm zu, und Susan schenkte ihm über den Tisch hinweg ein fragendes Lächeln.

Hatte sie etwas von der merkwürdigen Diskussion mitbekommen? Davie hatte keine Gelegenheit mehr, darüber nachzudenken, denn nun klopfte Jon mit einem Löffel gegen sein Glas, um die Gästeschar auf sich aufmerksam zu machen.

»Jetzt, wo wir alle das großartige Hochzeitsdinner von Isla genossen haben« – er schickte seiner Freundin einen Luftkuss –, »ist es Zeit für ein paar offene Worte über unseren Bräutigam hier, den ihr alle nur als unseren engagierten Bürgermeister kennt. Seine und meine gemeinsame Geschichte ist jedoch viel länger, und als sein Trauzeuge und euer Dorfwirt sehe ich es als meine Pflicht an, einige Informationslücken zu schließen …«

Nach der launigen Rede wischte sich Davie ein paar Lachtränen aus den Augenwinkeln. So liebevoll und charmant war wohl selten ein Bräutigam von seinem Trauzeugen verspottet worden. Falls Jon jemals nach einer alternativen Karriere Ausschau hielt, könnte er wohl jederzeit als Comedian anfangen. Einige Gäste gackerten immer noch und schienen sich gar nicht beruhigen zu können.

Während der donnernde Applaus noch durch den Saal schallte und Collum sichtlich darum rang, seine Rührung in den Griff zu bekommen, hatten Lennox und sein Vater Marlin zusammen mit einigen Musikern die Bühne geentert. Sie hatten schon gestern bei der Party einige Sets gespielt, und auch heute wollten sie für die musikalische Untermalung sorgen.

»Großartige Rede, Jon«, lobte Marlin, als er das Mikro ergriff. »Aber ich hoffe, dass der Bräutigam bald seine Fassung wiederfindet, denn nun werden wir gleich feststellen, wie geschmeidig er sich bewegen kann. Meine Damen, meine Herren – der erste Tanz.«

Die Musiker spielten die ersten Takte, während sich Collum und Harriet auf die Tanzfläche begaben.

»Ich kämpfe ehrlich gesagt noch ein bisschen mit der Kränkung, dass sich die beiden keinen Song von Starlight Lin gewünscht haben, sondern einen von Eurythmics«, sprach Marlin weiter. »Aber natürlich ist das eins der schönsten Liebeslieder, die jemals geschrieben wurden: *The Miracle of Love*.«

Alle Gäste strömten nun ebenfalls zur Tanzfläche und sahen zu, wie sich Collum und Harriet innig im Rhythmus der Musik bewegten. Nach und nach kamen immer mehr Paare dazu.

Davie hatte keine Ahnung, wie es passiert war, doch plötzlich hielt er Susan in den Armen und drehte sich langsam mit ihr auf dem Parkett. Die Stimme von Annie Lennox, die den Sound der Band so einzigartig gemacht hatte, fehlte, doch Marlin und Lennox beschworen »Das Wunder der Liebe« mit einer Hingabe, dass er jedes Wort glauben wollte.

»Glaubst du daran?«, raunte ihm Susan ins Ohr. Sie hatte ihm beide Arme um den Hals gelegt und schmiegte sich eng an ihn – sodass er gar nicht anders konnte, als über ihren bloßen Rücken zu streicheln.

»Ich würde es gerne«, gab er zu und merkte, dass sie eine Gänsehaut bekam. Wegen seiner Worte oder wegen seiner rechten Hand auf ihrem Rücken und seiner linken auf ihrer Hüfte?

Ihn schauderte ebenfalls. Aber dann umfasste sie plötzlich mit beiden Händen sein Gesicht und küsste ihn.

SCHWALBE, HANDSPIEL, FOUL-ELFMETER

ALS SUSAN AM nächsten Morgen wach wurde, fühlte sie sich einfach nur himmlisch. Bis ihr auffiel, dass sie nackt war und Davie neben ihr lag. Nein, nicht neben ihr, sondern halb unter ihr, die Arme um sie geschlungen. Richtig bequem war das eigentlich nicht, doch sie brachte es nicht über sich, die Position zu wechseln. Stattdessen lauschte sie seinem ruhigen Herzschlag und spürte, wie sich sein Brustkorb gleichmäßig hob und senkte. Das war vor ein paar Stunden noch ganz anders gewesen. Da hatte sein Puls zweifellos genauso gepoltert wie ihrer, und sein Atem war nur noch abgehackt gewesen, als er explosionsartig in ihr gekommen war – nachdem er sie zuvor zweimal zum Orgasmus gebracht hatte. Mit einer beinahe schlafwandlerischen Selbstverständlichkeit, von der sie bisher immer nur in Romanen gelesen hatte, die sie im wahren Leben jedoch niemals vermutet hätte.

Lasse hatte es jedenfalls nie auf diese Art geschafft, und meist hatte sie ihren Höhepunkt bei ihm auch einfach vorgetäuscht, um den Sex hinter sich zu bringen. Doch Davie hatte wie von allein die Stellen gefunden, an denen sie geküsst, geleckt oder gerieben werden wollte. Hatte die Intensität seiner Liebkosungen perfekt dosiert und so dafür gesorgt, dass sie sich einfach hatte fallen lassen können. Zweimal. Und so intensiv, wie sie noch nie zuvor gekommen war. Dabei war er doch ihr bester Freund, nicht ihr Liebhaber oder Partner. Und er war unfassbar betrunken gewesen, was ihr einerseits noch mehr Bewunderung für seine Feinfühligkeit und Selbstbeherrschung abnötigte und andererseits die Frage aufwarf, ob er sich überhaupt daran erinnern würde, was nach dem Kuss beim Brauttanz noch alles passiert war.

Vielleicht wäre es sogar besser, wenn er es nicht mehr so genau wusste? Dann könnten sie einfach Freunde bleiben und müssten nicht darüber nachdenken, was nun aus ihnen werden sollte.

Schwalbe, Handspiel, Foul-Elfmeter – warum kamen ihr jetzt diese blödsinnigen Fußballbegriffe in den Sinn? Vermutlich weil das hier auch nicht echt war. Diese Überlegung ernüchterte sie schlagartig. Im Fußball führten Trickserеien manchmal zum Ziel. Geschickt ausgeführt, war eine Schwalbe ein super Trick, um sich Vorteile zu verschaffen, doch so geschickt war eigentlich niemand. Und wenn es blöd lief, gab's dann Elfmeter für das gegnerische Team. Genau wie bei einem Handspiel.

Handspiel war letzte Nacht eindeutig zu beobachten gewesen. Sehr viel Handspiel sogar, und es hatte sich grandios angefühlt. Gleichzeitig aber auch fast so verboten wie beim Fußball. Gewann man ein Spiel durch einen Foul-Elfmeter, war das am Ende immer noch ein Sieg, aber einer, der einem nicht wirklich gut und verdient vorkam. Weil das Ergebnis durch einen Zufall erzielt worden war und nicht aus dem Spiel heraus, wie man so schön sagte.

Sie schnaubte frustriert, und Davie öffnete die Augen.

»Oh«, sagte er mit rauer Stimme. Das war nun nicht der Kommentar, mit dem sie gerechnet hatte.

»Oh?«

»Ich dachte, ich hätte das geträumt«, kam es verschlafen von ihm. Seine Hand strich über ihren Rücken und landete dann auf ihrem Po.

Das fühlte sich schön an, aber leider auch verdammt verboten. »Rote Karte wegen Handspiel«, rutschte es ihr raus, ehe sie sich zügeln konnte.

»Hm?« Er war immer noch schläfrig – oder tat so, was wiederum einer schlecht gemachten Schwalbe entsprach. Mit der anderen Hand zeichnete er nun die Kontur ihres Gesichts nach. Strich mit seinem Daumen erst über ihr Kinn, dann ganz zart über ihre Lippen. »Ich träume immer noch«, murmelte er, zog sie ein Stück höher und weiter auf sich und küsste sie.

Susan konnte sich nicht wehren. Nein, sie wollte sich nicht wehren. War das Foul schon vollbracht und der Strafstoß kurz vor der Ausführung, konnte man auch noch ein bisschen weitertricksen, ohne weitere Konsequenzen zu befürchten. Es musste am

Sauerstoffmangel wegen des Kusses liegen, dass sie nicht mal mehr ihre Fußball-Analogien unfallfrei durchdekliniert bekam. In einem Spiel könnte sie jederzeit vom Platz gestellt und auf die Tribüne geschickt werden. Das wollte sie hier auf gar keinen Fall riskieren. Nicht jetzt, wo er die Position gewechselt hatte, wo seine Finger, die eben noch ihr Kinn und ihre Lippen liebkost hatten, tiefer wanderten und ihr wenige Minuten später erneut bewiesen, wie versiert Schreiner Tomlinson im Handspiel war.

»Der beste Traum meines Lebens« war das Nächste, was sie hörte, als sie wieder etwas besser denken konnte.

»Mit links«, sprach sie dann idiotischerweise aus, was ihr gerade durch den Kopf schoss.

»Hm?«

»Dabei bist du doch Rechtshänder.« Sie war wirklich extrem beeindruckt.

»In Träumen wird nicht so viel wirres Zeug gequatscht«, beklagte er sich und küsste sie wieder.

»Doch. Gerade in Träumen passiert das«, beharrte sie jedoch und schob ihn mit einer Hand ein Stück weg. Dann stemmte sie sich auf den Ellbogen und richtete sich leicht auf. »Ich fürchte nur, das ist kein Traum.« Sie schluckte, als ihr Blick über Davies Körper glitt. Einen Körper, der ihr so vertraut war, den sie in allen denkbaren Outfits und fast nackt schon so oft gesehen hatte, dass sie die Geschichten zu all seinen Narben kannte. Und doch war er ihr heute gleichzeitig fremd und unglaublich erregend nah – was womöglich auch an seiner stattlichen Erektion lag, die außerordentlich einladend nach oben ragte. Sofort pochte es wieder verlangend in ihrem Schoß, obwohl sie doch gerade erst gekommen war.

Ohne es bewusst zu wollen, berührte sie ihn und ließ ihren Daumen über die pralle Eichel kreisen. Vielleicht war es jetzt an der Zeit, den Strafstoß auszuführen.

»In einem Traum würde …«, begann er, doch der restliche Satz blieb ihm im Hals stecken, als sie sich über ihn kniete und seinen Penis ganz langsam in sich aufnahm.

Gott, fühlte sich das gut an. Und dann dachte sie eine ganze Weile gar nichts mehr.

»Das war kein Traum, oder?«, hörte sie schließlich Davies Stimme an ihrem Ohr. Waren sie wieder eingeschlafen? Oder hatten sie das Bewusstsein verloren?

»Bäh, es klebt alles«, stellte sie fest, als sie sich von ihm herunterrollte.

»Eindeutig kein Traum«, sagte er und lachte. Er lachte!

»Ich meine, das erzählt einem als Teenager ja auch niemand, dass das, was reingeht, auch wieder rauskommt. Und dass es eine verdammt klebrige Angelegenheit ist«, beschwerte sie sich, weil es irgendwie einfacher war, als über Foul-Elfmeter in der Friendzone nachzudenken. Oder vielmehr über deren Konsequenzen. »In Filmen und Büchern gibt's seltsamerweise nie so eine Sauerei.«

»Warum hast du kein Kondom genommen?«, wollte er wissen.

»Weil wir die eine Nottüte aus meinem Nachttisch letzte Nacht verbraucht haben. Und du sollst nicht lachen. Das ist nicht witzig.«

»Ein bisschen schon«, behauptete er und drückte ihr einen Kuss auf den Mundwinkel. »Und du musst dir auch keine Sorgen machen. Du hast die Spirale, und ich habe bei Gelegenheits... nun ja, also, da verwende ich immer Gummis. Genau wie du. Wir sind also safe.«

War das die Art von Gespräch, die man nach einem bewusstseinserweiternden sexuellen Erlebnis mit seinem besten Freund führte? Vermutlich, denn bei den von Davie nicht ausgesprochenen Gelegenheitsficks wusste der jeweilige Typ natürlich nichts von ihrer Verhütungsspirale – im Gegensatz zu ihm. Er hatte sie nämlich zum letzten Wechsel nach Inverness gefahren und sie anschließend fürsorglich mit einer Wärmflasche versorgt. Trotzdem fühlte sich die ganze Situation hochgradig irritierend, ja fast schon verstörend an.

»Ich muss duschen!«

Als sie nach einer ziemlich ausgiebigen Dusche in ihr Schlafzimmer zurückkam, war von Davie nichts zu sehen. Dafür duftete es aus ihrer Küche nach frischem Kaffee. Normalerweise bevorzugte Susan morgens Tee, aber normalerweise schlief sie auch nicht mit ihrem besten Freund und wusste danach nicht, wie sie sich verhalten sollte. Sie schlüpfte also rasch in frische Unterwäsche, ihre Lieblingsjogginghose und einen Wollpulli und ging dann in die Küche. Dort saß Davie, vollständig bekleidet mit seinem Hochzeitsoutfit von gestern, am Tisch und nippte an seinem Kaffee.

»Mir war heute eher nach Kaffee, aber ich kann dir auch gerne einen Tee machen«, sagte er und schickte sich an, aufzustehen.

»Bleib bitte sitzen. Kaffee ist prima.« Sie goss sich was von dem Gebräu in eine Tasse, schüttete einen Schluck Milch dazu und setzte sich dann zu ihm.

»Wie hast du das vorhin eigentlich gemeint, dass ich Rechtshänder bin?«, erkundigte er sich schließlich nach längerem Schweigen.

»Ich …«, begann sie und schüttelte dann den Kopf. »Ich habe keine Ahnung. Wer weiß, wie viel Alkohol da gestern im Spiel war? Irgendwie scheint mein Kopf nicht richtig zu funktionieren.«

»Es war nicht so viel«, behauptete er.

»Du hast also keinen Filmriss?«

»Ich kann mich an jedes Detail erinnern.«

»Oh.«

»Und es war besser als jeder Traum.«

Susan schluckte, weil sie nicht wusste, ob sie froh darüber sein sollte oder Angst haben musste. »Es war trotzdem platzverweiswürdig.«

Er bedachte sie mit einem merkwürdigen Blick. Zweifel? Enttäuschung? Sie war sich nicht sicher. »Ich hatte in den letzten Stunden nicht den Eindruck, dass du mir die Rote Karte geben wolltest, um bei deiner Metapher zu bleiben.«

»Nein, das wollte ich nicht«, gab sie zu. *Und genau das könnte das Problem werden*, fügte sie in Gedanken hinzu.

»Vorschlag«, wechselte er ziemlich abrupt das Thema. »Ich fahre jetzt flott nach Hause, gönne mir ebenfalls eine Dusche und ein frisches Outfit, und dann komm ich wieder. Wir könnten …«

»… spazieren gehen!«, fiel sie ihm abrupt ins Wort, weil sie sich sicher war, dass er »über alles reden« hatte sagen wollen, und das war so ziemlich das Letzte, wonach ihr der Sinn stand.

»Genau. Nach Monroe Manor, um Ernie und Bertha zu besuchen«, sprach er weiter, als hätte er nie etwas anderes ins Spiel bringen wollen.

»Gute Idee. Ich freu mich, nachdem es gestern ja nichts geworden ist mit einem Besuch bei den Kleinen.«

»So wie die Biester drauf sind, hätten sie dein Top vermutlich geschreddert und auch die schöne Hose ruiniert.« Er grinste schief. »Ich überlege ernsthaft, meine Kevlarschürze mitzunehmen. Und Schutzhandschuhe.«

»Du übertreibst maßlos.« Sie lachte. »Außerdem ist Bertha doch ganz zärtlich.«

»Bertha ja, aber ihre aggressiven Pflegegeschwister nicht. Allen voran Ernie.« Er trank seinen Kaffee aus, stellte die Tasche in die Spülmaschine und hob an der Küchentür noch einmal die Hand. »Ich bin in spätestens einer Stunde wieder da«, kündigte er an und war gleich darauf verschwunden. Ohne Abschiedskuss oder Umarmung. Wie früher. Also alles ganz normal?

Dummerweise kam ihr gar nichts normal vor. Susan stand auf, um sich etwas zum Frühstücken zu machen. Für gebratene Eier oder Porridge fehlte ihr die Geduld. Also kippte sie stattdessen Müsliflocken in eine Schale, schnippelte einen Apfel und eine Banane dazu und vermatschte alles mit Joghurt und Milch. Während sie das Müsli in sich hineinschaufelte, versuchte sie ihre Gedanken und Gefühle zu sortieren. Was nicht gerade einfach war, denn ihre internen Systeme waren sich uneinig wie schon lange nicht mehr. Ihr Körper schien immer noch zu vibrieren und fühlte sich lebendiger an als seit einer Ewigkeit. Im Bad war sie regelrecht erschrocken, als sie sich im Spiegel gesehen hatte: Wimperntusche und Lidschatten verschmiert, aber glänzende Augen, rosige Wangen und sinnlich geküsste, pralle Lippen. Ihr Körper war also eindeutig der Meinung, dass Davies und ihr gemeinsames Foulspiel eine Spitzenidee gewesen war. Ihr Herz und ihre Seele dagegen waren völlig aufgescheucht, ja fast schon ängstlich, und ihr Kopf schrie praktisch ununterbrochen: *Rote Karte! Rote Karte!* Er warnte sehr eindringlich vor unübersehbaren Konsequenzen und drohte mit der erschreckenden Behauptung, dass es womöglich nie mehr einen Weg zurück in die komfortable Sicherheit ihrer Freundschaft geben würde.

Das war der Impuls, bei dem ihr Herz sich verkrampfte. Sie konnte es unmöglich riskieren, noch eine weitere Freundschaft zu verlieren. Das würde sie nicht überstehen.

• • •

Die Sonne, die noch dazu vom Schnee reflektiert wurde und Davie tierisch blendete, schien ihn regelrecht zu verhöhnen, als er mit halb zusammengekniffenen Augen nach Hause fuhr. Es war weiterhin eisig kalt, der überraschende Wintereinbruch ging wohl noch ein wenig in die Verlängerung.

Eiszeit in der richtigen Welt, Vulkanausbrüche in seinem Inneren. Meine Güte, was war das für ein Erlebnis gewesen? Als Susan ihn gestern auf der Tanzfläche überraschend geküsst hatte, war der erste Dominostein gefallen und hatte eine Kettenreaktion in Gang gesetzt, die nicht mehr aufzuhalten gewesen war. Nicht dass er es ernsthaft versucht hätte. Viel zu verlockend war das Versprechen ihrer Lippen gewesen, viel zu reizvoll ihre Reaktionen auf seine Berührungen. Natürlich hatten es alle mitbekommen, doch seltsamerweise hatte niemand etwas gesagt. Jedenfalls nicht zu ihm. Wahrscheinlich gab es momentan kaum ein anderes Klatschthema im Ort, aber das war ihm egal.

Er parkte vor seinem Haus und griff sich die Schneeschaufel, um den Weg zur Tür freizuräumen – und weil körperliche Arbeit so guttat, schippte er auch noch den Schnee vor der Werkstatt weg. Vermutlich würde der sowieso bald wieder wegtauen, doch sicher konnte man sich da nicht sein. Am Ende regnete es, und die Nässe fror dann auch noch fest, dann würde es richtig blöd werden.

Davie kam ordentlich ins Schwitzen, aber leider half ihm die Arbeit nicht dabei, klarer im Kopf zu werden. Und ein nicht unerheblicher Teil von ihm war damit auch ganz zufrieden. Der Teil nämlich, der sich in einem geradezu euphorischen Glückstaumel befand, weil er gefunden hatte, was offensichtlich – ohne dass er es geahnt hätte – sein sehnlichster Wunsch gewesen war: einen Menschen, mit dem er komplett verschmelzen konnte, ohne dass es sich bedrohlich anfühlte. Eine Frau, die sich bei ihm ohne Zögern fallen ließ und der er sich ebenso ungebremst hingeben konnte. Nicht nur körperlich. Auch emotional hatte er sich jederzeit absolut sicher gefühlt.

Kein Wunder, schließlich war Susan seine beste Freundin, die Person, der er als einziger auf der ganzen Welt absolut und bedingungslos vertraute. Das war ein unfassbares Glück.

Und eine herzzerreißende Katastrophe.

Potenziell jedenfalls.

Denn auch wenn Anna und offenbar halb Kirkby längst der Meinung waren, dass er und Susan ein wahres Traumpaar sein könnten, war die Realität eine andere. Sie waren Freunde. Erklärtermaßen platonische Freunde – bis vor ein paar Stunden jedenfalls. Was, wenn die so lange gewachsene freundschaftliche Intimität durch den hemmungslosen Sex Risse bekam? Wenn sich ihre Gefühle füreinander nicht gleichmäßig, sondern asymmetrisch weiterentwickelten?

Könnte er es ertragen, in Susan verliebt zu sein, während sie in ihm trotz allem nur den zuverlässigen Kumpel sah? Oder umgekehrt?

Er konnte nicht einmal mit Sicherheit behaupten, dass er in sie verliebt war. Dass er sie liebte, war ihm schon lange klar. Es war eine ganz stabile, innige, freundschaftliche Liebe, die aber nichts mit dem Gefühl frischer Verknalltheit zu tun hatte, wie man sie am Anfang einer Beziehung doch normalerweise empfand. Nicht, dass er darin Experte war …

Das Begehren hatte ihn gestern wie aus dem Nichts überfallen. Bis dahin hatte er nie auch nur darüber nachgedacht, ob er Susan sexuell attraktiv fand oder nicht. War er all die Jahre komplett blind und ignorant gewesen, oder war gestern etwas anderes geschehen? Es konnte ja wohl kaum daran liegen, dass sie sich schicker zurechtgemacht hatte als gewöhnlich. So oberflächlich war er nun wirklich nicht. Hoffte er jedenfalls. Oder hatte er tatsächlich zu viel getrunken, sodass er nicht mehr Herr seiner Sinne gewesen war?

Möglich. Aber das erklärte nicht, warum es ihr genauso gegangen war, denn sie war es ja gewesen, die den Kuss initiiert hatte, nicht er.

Der Schnee auf den Wegen und dem Vorplatz war geräumt, aber die merkwürdige Eisschicht auf seinen Gefühlen lag dort fest wie eine undurchdringliche Decke, und ihm fehlten die mentalen Schippen, Schaufeln oder Fräsen, um sie zu entfernen.

Im Haus hängte er Kilt und Sakko auf und stopfte seine restliche Kleidung in die Wäschetonne. Dann stieg er unter die Dusche, obwohl das auch bedeutete, Susans Geruch abzuwaschen. Ein Aroma, das ihn mehr berauschte, als er es sich eingestehen wollte. Ihr schien es anders zu gehen, denn sie hatte es vorhin ja sehr eilig damit gehabt, die Spuren ihrer zügellosen Lust verschwinden zu lassen. Was hatte sie die ganze Zeit für einen Unsinn gemurmelt? Von Platzverweisen und der Tatsache, dass er Rechtshänder war? Er verstand es immer noch nicht, aber es gab eigentlich nur zwei Erklärungsansätze: Entweder hatte sie noch größere Mühe als er selbst, die neue Entwicklung zwischen ihnen zu begreifen. Oder sie hatte begriffen und wollte diese Richtung nicht einschlagen.

Diese Erkenntnis ernüchterte ihn mehr als das Schneeräumen oder der kalte Wasserstrahl, der nun auf ihn einprasselte. Er drehte das Wasser ab und rubbelte sich mit einem Handtuch trocken. Was war ihm wichtiger? Die stabile, gewachsene Freundschaft mit Susan zu bewahren oder die Chance auf das ganz große Glück? Und wäre er überhaupt in der Lage, die letzten Stunden zu vergessen? Die Antwort auf die letzte Frage war leicht: Nein. Niemals würde er vergessen können, wie gut es sich angefühlt hatte, Susan in den Armen zu halten und alles mit ihr zu teilen.

Während er sich anzog, schossen ihm Annas Worte durch den Kopf. Ihrer Meinung nach waren Freundschaft und Liebe keine Gegensätze, keine Entweder-oder-Entscheidung, sondern funktionierten im Duett sogar besonders gut. Davie wollte gerne daran glauben, aber ein Zweifel blieb.

Kurze Zeit später die nächste Erkenntnis: Es war nicht das heiße Outfit gewesen, das ihm gestern den Kopf verdreht hatte. Susan öffnete ihm die Tür in Jeans, Stiefeln, einem khakigrünen Parka und einer knallroten Pudelmütze auf ihrer wilden Mähne, die heute nichts mehr von dem seidigen Kupferschimmer von gestern hatte. Trotzdem machte sein Herz wieder einen aufgeregten Hüpfer.

»Hi«, sagte er leicht verlegen und wusste nicht so recht, was er tun durfte. Was er *wollte*, war jedoch eindeutig: sie in seine Arme ziehen und um den Verstand küssen.

»Wollen wir?« Sie klang forciert fröhlich und drehte sich im nächsten Moment weg, um die Tür abzuschließen. Mist. Chance verpasst.

»Du hast ja doch keine Kevlarschürze dabei«, kommentierte sie, während sie losmarschierten. »Und weder Ketten- noch Lederhandschuhe.« Sie hatte mit ihrer Hand, die in einem selbst gestrickten Fäustling steckte, nach seiner gegriffen. Er hätte ihre Hand gern selbst gewärmt, aber allein die Tatsache, dass sie ihre Finger nicht gleich wieder wegzog, stimmte ihn ein klein wenig zuversichtlich. Er hatte schon oft ihre Hand gehalten. Bei schwierigen Gesprächen, zur Aufmunterung oder als Trost, wenn bei ihren gemeinsamen Filmabenden dramatische Szenen über den Bildschirm flimmerten. Aber noch nie beim Spazierengehen. Das war neu, und so klein und wenig bemerkenswert diese Geste auch sein mochte, er fand es wunderschön.

»Ich habe mir gedacht, wenn ich mit Kreissägen zurechtkomme, werde ich auch die Welpenmeute überleben«, nahm er den Faden auf. »Außerdem ist Bertha ja ganz lieb – und sie hat weder abartig spitze Zähne noch Krallen. Da mach ich mir eher Sorgen um dich.«

»Ich hab ein altes Sweatshirt angezogen, weil ich dachte, dass sie sich in einem Wollpulli schneller verheddern, und außerdem bin ich davon überzeugt, dass Ernie schon weiß, wer ich bin, und ihre Waffen stecken lässt.«

»Wir werden sehen. Falls nicht, gibt es im Herrenhaus bestimmt Verbandszeug.« Davie hätte gern ein anderes Gespräch geführt, doch er kannte Susan. Sie wich gerne aus – vor allem, wenn es emotional kompliziert wurde.

»Hast du dir jetzt eigentlich überlegt, was du mit Bertha anstellen willst?«, wollte sie wissen und eröffnete damit ein Thema, das für *ihn* emotional kompliziert war.

»Wenn es nach dir und Shona ginge, müsste ich sie wie einen Hund als Haustier halten, aber meinen Recherchen nach sind Schweine sehr soziale Tiere und brauchen unbedingt Artgenossen. Bei Hunden ist das anders, die akzeptieren den Menschen als vollwertigen Sozialpartner.«

»Wow, du hast dich ja echt in die Materie eingelesen«, sagte sie, klang aber höchstens milde beeindruckt.

»Natürlich habe ich das. Ich fühle mich für Bertha verantwortlich und will, dass es ihr gut geht. Ich bezweifle aber, dass ich ihr ein angemessenes Zuhause bieten könnte.« Er seufzte, denn dieses Dilemma trieb ihn ziemlich um. Kendrick hatte ihm die Illusion geraubt, dass man das Ferkel einfach zu einem der örtlichen Bauern geben könnte. Erstens hielten die ihre Schweine nicht als Haustiere, sondern zum Schlachten – was für Davie selbstredend undenkbar war –, und zweitens war eine Vergesellschaftung wohl nicht so einfach, wenn das Jungtier auf Hunde geprägt war. Das war das Hauptproblem: dass Bertha sich selbst vermutlich als Hund empfand und nicht als Schwein. »Vielleicht verliebt sich ja ein Welpeninteressent in sie und adoptiert sie zusammen mit einem Hund?«

Susan blieb abrupt stehen und stemmte ihre Hände in die Hüften. »Das ist jetzt nicht dein Ernst, oder?«

»Doch, wenn es das Beste für Bertha wäre«, entgegnete er sachte und streckte seine Hand wieder nach ihrer aus. »Kendrick ist der Meinung, dass man sie nicht allein halten soll. Ideal wäre ein Hof mit vielen Tieren, eventuell auch ein paar Schweinen, wo sie mit einem ihrer Hundegeschwister unterkommen könnte. Die zweitbeste Lösung wäre ein Schwein-Hund-Gespann.«

»Aber da hast du dann doch deine Antwort: Du musst dir einfach einen Hund anschaffen. Damit Bertha glücklich wird. Platz genug hast du ja bei dir.«

»Und wie soll das gehen? Sollen mich dann ein Schwein und ein Hund zu meinen Baustellen begleiten?« Er schüttelte den Kopf.

»So ein Quatsch, natürlich nicht. Das ist doch viel zu gefährlich für die Tiere. Aber du könntest in deinem Garten ein Gehege abzäunen und eine Hütte reinstellen, die für beide groß genug ist. Vielleicht passt da auch noch ein Hühnerstall rein, ich fände es sowieso toll, wenn du Hühner hättest. Jedenfalls könnten Hund und Schwein dann draußen im Auslauf sein, wenn du unterwegs bist, und ansonsten in der Werkstatt und in deinem Haus rumlungern.«

»Am Ende noch auf dem Sofa, was?« Er lachte ungläubig.

»Natürlich auf dem Sofa!«, beharrte Susan. »Du wirst Bertha doch nicht verwehren, was ein Hund darf?«

»Und wie kommst du auf die absurde Idee, dass ein Hund auf meine Couch dürfte?«

Dazu sagte sie erst mal nichts, sondern runzelte nur die Stirn. »Manchmal habe ich das Gefühl, dich gar nicht wirklich zu kennen«, nuschelte sie in ihren Schal und schritt dann energisch weiter.

Davie blieb zurück. Ihre Worte hatten ihn bis ins Mark getroffen, und ihm war nicht mal klar, warum ihn das so erschütterte. Nein, das war natürlich eine Lüge. Er wollte ihr nicht fremd sein, wollte nicht, dass sie ihn nicht verstand. Aber andererseits hatte er auch nie ein Geheimnis daraus gemacht, dass er sich nicht viel aus Haustieren machte. Wie kam sie so einfach auf die Idee, dass er sein Sofa gern mit einem Hund teilen würde – und mit einem Schwein? Obwohl, das war einfach zu beantworten, denn Susan würde ihren Hund natürlich auf ihre Couch springen lassen. Selbst dann, wenn das Biest irgendwann ausgewachsen war und den ganzen Platz für sich allein benötigte. Zweifellos ging sie davon aus, dass ihre Ernie, wenn sie ihn besuchten, auch auf seinem Sofa liegen dürfte. Wollte er das? Darüber hatte er bis eben noch nicht nachgedacht, aber ziemlich sicher würde er seine Gastfreundschaft auch auf Susans Hund ausweiten.

»Okay, hypothetisch betrachtet würde ich einen Hund wohl aufs Sofa lassen«, sagte er schließlich, als er wieder aufgeholt hatte und an ihrer Seite war. »Aber diese Newfypoos werden ja mutmaßlich so groß wie Polly, also riesig, und was für Dimensionen Bertha irgendwann haben wird, kann noch gar niemand abschätzen.«

»Deine Couch ist doch groß genug. Da passen notfalls auch mehrere Hunde und Schweine drauf«, behauptete sie. »Außerdem haaren die meisten Pudelmischlinge nicht, da musst du nicht mal ständig saugen.«

Haare waren noch sein geringstes Problem bei dieser Rechnung. »Ich sehe mich halt einfach nicht als Hundebesitzer – oder Schweineherrchen. Dafür fehlt mir echt die Fantasie.« Er bereute seine Worte sofort, als er die Enttäuschung auf ihrem Gesicht erkannte. Außerdem musste er zugeben, dass an ihrem pragmatischen Vorschlag etwas dran war. Er hatte auf seinem Grundstück wirklich Platz genug, um einen angemessen großen Auslauf für Bertha und den ein oder anderen Kompagnon anzulegen, und womöglich hätte er sogar Spaß daran, mit Tieren zu leben? Allein schon, um seine Familie zu provozieren, die ihn spätestens dann völlig abschreiben würde. Wobei, das war längst geschehen.

Seine Eltern hatten ihn erst ein einziges Mal in seinem Domizil in der ehemaligen Mühle besucht und kaum mehr als ein abschätziges Naserümpfen dafür übrig gehabt. Seine Schwester war noch nie da gewesen, und er bezweifelte stark, dass sich das jemals ändern würde. Er hatte seine Sippe mit seiner demonstrativen Abkehr vom Familiengeschäft zutiefst gekränkt. Da käme es auf abseitige tierische Mitbewohner auch nicht mehr an. Es schmerzte ihn immer noch, dass sie ihn so ausgrenzten, nur weil er keine Lust hatte, seelenlose Bürokomplexe zu bauen, mit denen »Tomlinson Architects« vorwiegend ihr Geld verdienten.

Ihm taten die Menschen leid, die in diesen Räumen so viel Lebenszeit verbringen mussten und sich dabei gar nicht gut fühlen konnten. Dabei könnte man selbst in solchen Büroﬂuchten relativ einfach für ein bisschen Heimeligkeit sorgen. Mit Holzverkleidungen, Pflanzen und Begegnungsbereichen, in denen es natürliches Licht gab und vielleicht ein bisschen Wasser plätscherte. Doch von diesen Ideen hatte sein Vater nie etwas wissen wollen. Holz war für seinen alten Herrn ein »primitiver Werkstoff« – vermutlich weil er sich von seinem eigenen Vater abgrenzen wollte, der in ihrem Heimatort Drumnadrochit Schreiner gewesen war. Wenn Davie so darüber nachdachte, verachtete ihn sein Vater womöglich gar nicht dafür, dass er ein nur mittelbegabter Architekt geworden war. Sondern dafür, dass er letztlich in die Fußstapfen seines Großvaters getreten war. Völlig absurd.

Falls er jemals eigene Kinder haben sollte, würde er jedenfalls alles dafür tun, sie als eigenständige Menschen zu betrachten und sie nicht mit absurden Erwartungen zu belasten. Seine Großeltern hatten übrigens auch immer Tiere gehabt. Er erinnerte sich, dass er nach der Schule immer viel lieber zu seinem Opa in die Werkstatt gegangen war als nach Hause. Nicht nur, um mit Holz zu basteln, sondern auch, weil dort garantiert irgendwo eine Katze schlief und ein

Hund auf einem Stück Holz herumkaute. Die Tiere hatten die Atmosphäre noch ein bisschen mehr besonders gemacht, fiel ihm in der Rückschau auf. Vielleicht würde ihm das auch guttun?

Er war derart in Gedanken versunken, dass er gar nicht bemerkt hatte, dass sie schon auf der Zufahrtsstraße zu Monroe Manor waren. Es waren ihnen kaum Menschen begegnet, obwohl es so ein wunderschöner, sonniger Sonntagvormittag war. Vermutlich besuchten die braven Bürger von Kirkby entweder gerade den Gottesdienst in der Kirche oder versammelten sich am heimischen Herd zum gemeinsamen Mittagessen. Was sicher auch für die Stewarts im Herrenhaus galt.

»Vielleicht hätten wir erst anrufen und fragen sollen, ob unser Besuch überhaupt gerade passend ist«, sagte er und hielt Susan am Ärmel fest, damit sie auch stehen blieb.

»Will ich wissen, wo du die ganze Zeit warst?«, erkundigte sie sich mit einem leichten Lächeln, ohne auf seinen Hinweis einzugehen.

»Da würde ich nicht drauf wetten. Es war ein kurzer, aber unschöner Erinnerungstrip in meine Vergangenheit, der aber zu der Erkenntnis geführt hat, dass ein Tier in der Werkstatt keine Katastrophe wäre und eigentlich wirklich nicht das Geringste gegen Hühner und einen eingezäunten Auslauf im Garten spricht«, erklärte er und freute sich über Gebühr, als sie ihn anstrahlte.

»Da sage noch einer, dass Nachdenken nicht zu Ergebnissen führt«, kommentierte sie.

»Ich glaube nicht, dass das irgendwann jemand behauptet hat. Ich jedenfalls nicht. Aber das klärt immer noch nicht die Frage, ob wir im Herrenhaus gerade willkommen sind. Vermutlich gibt's dort bald Mittagessen.«

»Ich hab angerufen und gefragt«, beruhigte sie ihn. »George meinte, dass sie heute den ganzen Tag über Besuch von Interessenten bekommen. Es ist also kein Problem.« Nun war wieder sie es, die seine Hand in ihre nahm und ihn energisch weiterzog. Tatsächlich fuhren zwei unbekannte Autos an ihnen vorbei, die sie kurze Zeit später auf dem Parkplatz wiedersahen. Und als ihnen Hamish, der Butler, die Tür öffnete, hörten sie schon Stimmgewirr aus dem Souterrain. »Da ist ja einiges los«, bemerkte Davie.

»Wie immer, wenn wir Welpen haben«, antwortete Hamish. »Allerdings ist wegen des dreifachen Kindersegens der Andrang besonders groß«, fügte er hinzu und verlor dabei nicht sein stoisches Lächeln.

»Kann ich mir vorstellen«, entgegnete Susan mitfühlend. »Wir finden den Weg nach unten.«

»Ah, da seid ihr ja«, begrüßte sie kurz darauf George, mit einem aufgeräumten Grinsen, das Davie angesichts des Gewühls ziemlich beeindruckend fand. »Wollt ihr Ernie und Bertha vielleicht nach oben in den Salon mitnehmen?«, schlug er vor. »Da hättet ihr mehr Ruhe mit ihnen und könnt sie besser kennenlernen und …« Er sprach den Satz nicht zu Ende, weil er ein kleines Mädchen davon abhalten musste, sich auf einen Pudelwelpen zu stürzen. »Etwas Kuddelmuddel bei den Terminen«, bemerkte er dann noch über seine Schulter.

»Klar«, sagten Susan und Davie gleichzeitig und traten an den Bereich, in dem Pollys Nachwuchs untergebracht war. Von den Hundemüttern war nichts zu sehen, doch die Welpen und Bertha wuselten aufgeregt durcheinander und kamen neugierig angewackelt.

»Denkst du, sie erkennen uns schon?«, wollte Susan mit einem seligen Lächeln wissen, das Davie ein bisschen an ihre Zeit im Bett vor ein paar Stunden erinnerte. Sie kletterte über den Zaun und streichelte die kleine rotbraune Hündin mit dem weißen Brustfleck, die schwanzwedelnd vor ihr stand.

»Ganz bestimmt«, bestätigte er und ignorierte die Tatsache, dass die übrigen Geschwister ebenfalls begeistert zu sein schienen vom Zweibeinerbesuch. Er folgte Susan in den umzäunten Bereich, hob Bertha hoch und stieg mit ihr zurück über den Zaun. Das Ferkel drückte sein Köpfchen in seine Hand und betrachtete ihn so seelenvoll, dass er sich sicher war, dass es ihn wiedererkannte.

»Da ist ja ein Schweinchen!«, rief das kleine Mädchen, das eben noch einen Pudel hatte herzen wollen, und baute sich vor ihm auf. »Das will ich haben.«

»Tut mir leid, junge Dame, aber Bertha gehört mir«, antwortete er dem Kind und wandte sich dann an Susan. »Lass uns hochgehen.«

Er ignorierte das Geschrei genauso wie Susans amüsiertes Glucksen und lief rasch die Stufen hoch. Ohne sich umzudrehen, ging er voran in den Salon. Er wusste, was Susan gleich zu ihm sagen würde, doch das war ihm egal. Er hatte sich soeben zu seiner Rolle bekannt und würde sie auch ausfüllen – selbst wenn das hieß, dass er sich einen ganzen Zoo anschaffen musste, damit Bertha glücklich wurde.

FAIR-PLAY-STRATEGIE

ES WAR ABSURD, wie glücklich Davies Worte Susan machten. »Bertha gehört mir!«, hatte er laut und deutlich verkündet und damit ein kleines Mädchen zum Weinen gebracht. Nun ja, die Kleine würde es verkraften, da war sich Susan sicher, und Bertha durfte sich zweifellos auf eine glückliche Zukunft freuen. Denn da war sich Susan ebenfalls sicher: Halbe Sachen kamen für Davie nicht infrage. Womöglich würde das Schweinchen nicht aufs Sofa dürfen, aber ansonsten erwartete es ein gutes Leben. Genau wie Ernie, die sich wieder so vertrauensvoll an sie gekuschelt hatte, wie sie es schon von den ersten Besuchen kannte.

Nun öffnete Davie die Tür zu dem Raum, den George »Salon« nannte. In früheren Zeiten hatte man da vermutlich in elegantem Ambiente Gäste empfangen, doch heute wirkte der Raum eher wie ein gemütliches Wohnzimmer. In XXL-Größe zwar, aber in den Details kaum anders als in normalen Häusern. Allerdings gab es nicht nur ein Sofa, sondern mehrere, plus diverse Sessel und andere Sitzgelegenheiten, die wie Inseln in einem Meer aus schönen und zweifellos wertvollen Orientteppichen angeordnet waren. Eine

Sitzgruppe war auf einen großen Flachbildfernseher ausgerichtet, eine andere auf den großen Kamin, dessen Sims mit reichlich Familienfotos dekoriert war. Es gab einen Flügel im Raum, der jedoch wahrscheinlich nicht gespielt wurde, sondern ebenfalls voller Fotos stand, und auf der anderen Seite einen Teetisch mit einigen Samtsesseln. Auf einem saß Robin mit ihrem Laptop. Auf dem Boden vor ihr lagen die beiden Airedale-Terrier-Hündinnen Abby und Joy sowie Polly und ließen sich von Robins Kindern, Ayana und dem kleinen Alex, geduldig beschmusen.

»Stören wir?«, erkundigte sich Susan. »Dein Dad hat gesagt, dass wir mit Ernie und Bertha besser hier oben spielen, weil unten viel zu viel Trubel ist.«

»Natürlich stört ihr nicht.« Robin klappte ihren Computer zu und stand auf. »Lasst sie ruhig runter.«

»Aber sie sind noch nicht stubenrein«, gab Davie zu bedenken.

»Glaub mir, die Teppiche haben schon Schlimmeres ausgehalten«, entgegnete Robin grinsend.

Sie setzten die Jungtiere auf den Boden. Susan hätte darauf gewettet, dass die beiden gleich zu Polly laufen würden, doch Neugier und Entdeckerdrang waren sichtlich stärker, und so eroberten die Winzlinge nach und nach das unbekannte Terrain.

Robin unterdrückte ein Gähnen und hielt ihre Kinder davon ab, sich auf die Baby-Vierbeiner zu stürzen. »Ihr dürft gleich mit ihnen spielen, aber erst müssen sie ihre Umgebung kennenlernen«, sagte sie zu Ayana, die verständig nickte, und nahm den knapp anderthalbjährigen Alex hoch, der sich erkennbar gern über die mütterlichen Anweisungen hinweggesetzt hätte.

»War's noch ein langer Abend gestern?«, erkundigte sich Susan, ohne Ernie aus den Augen zu lassen, die erstaunlich selbstbewusst und angstfrei losmarschierte.

»Ich war erst gegen fünf im Bett und Sky erst um sieben. Der pennt auch noch.« Nun gähnte sie so undamenhaft, dass Alex sich darüber halb kaputtlachte und es ihr nachmachte. »Leider waren meine Kinder der Meinung, dass halb acht am Sonntagmorgen eine gute Aufstehzeit wäre.«

»Damit fährst du ja noch ganz gut. Viele Kinder sind morgens schon viel früher wach«, entgegnete Susan mit wenig Mitleid. Das gehörte eben zum Familiengesamtpaket.

»Haha«, erwiderte Robin düster und setzte Alex wieder auf den Boden. »Ihr dagegen habt es ja nicht mal bis zum Brautstraußwerfen geschafft, sondern seid vor Mitternacht verschwunden.«

»Hm.« Susan warf Davie einen kurzen Seitenblick zu, und er zwinkerte ihr zu.

»Wir hatten eben Besseres vor«, sagte er zu Robin.

»Das war offensichtlich.« Die Anwältin grinste.

»Wer hat den Brautstrauß denn gefangen?«, wechselte Susan rasch das Thema.

»Oh, das war spektakulär. Es gab ein kleines Gerangel zwischen den unverheirateten Frauen, die sich auf Harriets Wunsch hin alle aufstellen mussten – ob sie nun Heiratspläne hegen oder nicht. Einige von ihnen haben alles gegeben, um den Strauß *nicht* zu fangen, während andere – ich nenne jetzt keine Namen – notfalls wohl auch über Leichen gegangen wären. Gelandet ist er letztlich bei Kristie.«

»Wow, das ist ja cool«, freute sich Susan, die der Bäckerin noch aus Kindheitstagen besonders verbunden war. »Hat sie Yeshi direkt einen Antrag gemacht, sodass wir uns auf die erste Regenbogenhochzeit in Kirkby freuen dürfen?«

»Zumindest keinen öffentlichen«, gab Robin zurück. »Aber ich würde mich auch sehr darüber freuen. Ich weiß allerdings nicht, ob Yeshi sich das wirklich trauen würde. Ihre Familie in Äthiopien ist recht konservativ und ahnt wohl immer noch nichts davon, dass sie mit einer Frau zusammen ist. Aber wir werden sehen.«

»Ich fände es toll, und die beiden hätten ihr öffentliches Happy End auch so sehr verdient.«

»Genau wie ihr beiden«, sagte Robin, und Susan spürte, wie ihr die Hitze in die Wangen schoss. Glücklicherweise bot Ernie gerade die perfekte Ablenkung, denn der knuffige Welpe tapste zielstrebig und verdammt flott in Richtung Kamin. Darin brannte zwar glücklicherweise gerade kein Feuer, aber Asche an Pfoten und Fell war auch keine so gute Idee. Susan sprintete los und bekam die unternehmungslustige Hündin noch rechtzeitig zu fassen. »Puh, bist du schnell.« Sie drückte der Kleinen einen Kuss auf das weiche Fell. Nun kam auch noch Bertha angeflitzt, die zunächst eine andere Ecke des Salons inspiziert hatte, und Susan griff auch bei ihr beherzt zu und verhinderte eine buchstäbliche Schweinerei. Bertha, die bei Davie immer die größte Schmusebacke aller Zeiten war, quiekte empört und strampelte mit ihren kurzen Beinchen.

»Wahnsinn, du klingst ja gerade so, als wollte dich jemand abstechen.« Susan setzte die beiden Tiere zurück auf den Boden, platzierte sich aber so vor dem Kamin, dass sie eine Spezialoperation der beiden jederzeit verhindern konnte. Doch der Kamin hatte offensichtlich seinen Reiz verloren. Stattdessen marschierten sie in trauter Eintracht in Richtung Flügel.

»Die zwei sehen so niedlich aus«, befand Robin. »Aber täuscht euch nicht. Ich wette, in Wirklichkeit planen sie schon die Weltherrschaft.«

»Das haben deine Eltern auch schon prophezeit, aber damit könnte ich leben.« Davie lachte, ohne das Duo aus den Augen zu lassen. »Für viel mehr Chaos, als wir Menschen derzeit anrichten, würden die beiden garantiert nicht sorgen. Ganz im Gegenteil, die Welt wäre ein besserer Ort, wenn Ernie und Bertha das Sagen hätten.«

Robin grinste schief. »Du hattest noch nie ein Haustier, oder?«

»Nein, aber das hindert mich doch nicht an der Erkenntnis, dass mein Schwein über bessere Instinkte verfügt als die meisten Politiker.«

Susan verkniff sich ein Lachen, weil sie es so zauberhaft fand, wie sehr sich Davie für sein Tier ins Zeug legte.

»Wir sprechen uns wieder, wenn sie ein paar Wochen älter sind und euer Leben auf den Kopf gestellt haben«, entgegnete Robin nur und schaute zu ihren Kindern. Dann wandte sie sich an Susan. »Ich wollte gestern bei der Hochzeit nicht davon anfangen, aber es gibt neue Entwicklungen in Schweden. Und ein paar Nachrichten an deine alte Handynummer. Vielleicht können wir darüber kurz reden, sobald ihr mit den Winzlingen fertig gespielt und sie wieder in den Keller gebracht habt.«

Robin hatte das fast nebenbei erwähnt, und doch fühlten sich ihre Worte an wie das verbale Äquivalent eines Magenschwingers. »Hat sich Hetty gemeldet?«, wollte Susan wissen.

»Unter anderem«, erwiderte Robin. »Aber das besprechen wir nicht vor minderjährigen Ohren.« Wieder linste sie zu ihren Kindern. »Ich bring sie mal eben zu ihrem Vater, ja?«

Als Robin mit Ayana und Alex den Salon verlassen hatte, ließ sich Susan im Schneidersitz auf dem Boden nieder und sagte zu Davie: »Scheiße, das war jetzt ein echter Stimmungskiller.«

»Ich schätze, es ist wichtig, sonst würde Robin bis morgen warten«, meinte er und setzte sich neben sie. Dann schnalzte er leise mit der Zunge, um die Aufmerksamkeit der zukünftigen Weltbeherrscherinnen zu wecken, und lockte sie herbei.

Als sei es das Selbstverständlichste der Welt, kletterte Ernie auf Susans Schoß, rollte sich auf den Rücken und verdrehte selig die Augen, als ihre Zweibeinerin gehorsam begann, ihr das Bäuchlein zu kraulen. Seltsamerweise fühlte sich Susan dadurch schlagartig besser.

Bertha tat es ihrer Hundeschwester gleich und kuschelte sich bei Davie ein, der sie ebenfalls hingebungsvoll streichelte. »Zumindest scheint an der These etwas dran zu sein, dass Tierekraulen beruhigend und blutdrucksenkend wirkt«, bemerkte er und musterte Susan aufmerksam. »Hast du denn inzwischen entschieden, ob du Lasse anzeigen wirst oder nicht?«

»Nein«, gab Susan tonlos zu. »Wobei, das stimmt nicht. Ich weiß, dass ich es machen muss. Zumindest machen sollte. Und ich weiß auch, dass er mir nichts mehr tun kann. Aber es war schlimm genug, mit der schwedischen Kollegin von Robin zu telefonieren und ihr Details zu erzählen.«

»Das wusste ich ja gar nicht«, sagte Davie und bemühte sich sichtlich um einen neutralen Tonfall.

Susan zuckte mit den Schultern. »Du warst bis über beide Ohren in Arbeit versunken, und da …« Sie sprach den Satz nicht zu Ende.

»Aber du weißt schon, dass es total egal ist, wie viel Arbeit bei mir anliegt? Du hast immer Priorität. Du kannst immer zu mir kommen, wenn du darüber reden willst.«

»Das weiß ich, aber das ist genau der Punkt. Ich wollte eben nicht schon wieder darüber reden. Nicht nachdem ich anderthalb Stunden lang mit der Anwältin gesprochen und ihr die Lasse-Highlights im Schnellverfahren präsentiert hatte.« Sie seufzte. »Ich wünsche mir doch nichts mehr, als endlich nicht mehr darüber nachdenken zu müssen.«

»Das kann ich gut verstehen. Wirklich, aber …« Er biss sich auf die Lippe.

»Aber was?«

»Nichts. Das ist albern. Es ist allein deine Sache, ob du jemandem von dem Gespräch mit der Anwältin erzählst oder nicht. Das geht mich doch gar nichts an.«

Irgendwas an seinem Tonfall ließ Susan aufhorchen. »Was soll das denn heißen?«

»Na ja, wie ich es sage halt. Es ist deine Entscheidung.«

»Und warum klingst du dann so gekränkt? So als wäre ich dir eigentlich doch Rechenschaft schuldig?« Irgendwie war es einfacher – und sicherer –, auf Davie sauer zu sein statt auf Lasse.

»Weder klinge ich noch bin ich gekränkt. Ich meine es genau so, wie ich es gesagt habe. Maximal bin ich etwas überrascht, weil du nichts erwähnt hast, aber du wirst schon deine Gründe dafür haben.«

»Der einzige Grund ist, dass ich unsere gemeinsame Zeit nicht mit Gesprächen über meinen widerwärtigen Ex vergiften will!«, rief sie lauter und ärgerlicher als beabsichtigt. Ernie sprang erschrocken auf, und Bertha quiekte, sodass selbst die dösende Polly am anderen Ende des Raums alarmiert wurde und angelaufen kam, um bei ihrem Nachwuchs nach dem Rechten zu sehen. »Um eben genau so etwas zu verhindern«, fuhr Susan mühsam beherrscht fort und kraulte Polly mit der einen und Ernie mit der anderen Hand. »Tut mir leid, ihr Süßen.«

»Weißt du, was? Ich bringe die beiden wieder runter und lass dich in Ruhe mit Robin reden, ja?« Davie legte ihr kurz eine Hand auf die Schulter, und Susan wünschte sich, dass er sich zu ihr beugte und sie küsste. Doch das tat er nicht. Er stand auf, nahm beide Jungtiere auf den Arm und ging mit Polly im Schlepptau zur Tür, die sich wie von Zauberhand öffnete, weil Robin zurück war.

»Willst du nicht bleiben?«, fragte die Anwältin.

»Ich bringe die Kleinen zu ihren Geschwistern. Ich bin in der Nähe, falls ihr mich braucht«, kündigte er an und verschwand.

»Ärger im Paradies?« Robin schloss die Tür hinter ihm und winkte Susan dann zu dem Teetischchen, auf dem immer noch ihr Laptop stand.

»Keine Ahnung. Er scheint sauer zu sein, weil ich ihm nicht erzählt habe, dass ich mit deiner schwedischen Kollegin Britta gesprochen habe. Erst wollte ich ja, aber dann hab ich's vergessen und …« Susan seufzte frustriert.

»Verstehe. Ich schätze, er macht sich einfach Sorgen um dich.«

»Ja, bestimmt sogar. Aber ich mag es nicht, wenn man sich um mich sorgt. Ich …« Wieder ließ sie den Satz im Nichts austrudeln.

»Du fühlst dich von ihm kontrolliert«, mutmaßte Robin. »Das ist natürlich ein machtvoller Trigger nach der Sache mit deinem Ex, und es ist mehr als nur verständlich, wenn du da dünnhäutig reagierst.«

»Was?« Susan starrte ihr Gegenüber entgeistert an. »Davie würde mich nie kontrollieren! Es ist nur … Ach, ich weiß auch nicht. Ich habe ihm gesagt, ich will nicht, dass Lasse unser Verhältnis vergiftet und mehr Raum bekommt, als er verdient. Aber ganz ehrlich, der Hauptgrund war, dass ich nicht dran gedacht habe. Nach dem Telefonat mit Britta bin ich zehn Kilometer gerannt und war anschließend bei Davie. Wir haben Pizza gegessen und einen Film geguckt, da habe ich keine Sekunde mehr an Lasse oder das Gespräch gedacht.«

»Kann es sein, dass du sehr gut im Verdrängen bist?« Robin klappte ihren Laptop wieder auf und tippte ihr Passwort ein.

»Wenn Verdrängen olympisch wäre, hätte ich bestimmt schon die ein oder andere Goldmedaille gewonnen«, gab Susan zu. »Ich weiß auch nicht, warum es so ein schlechtes Image hat. Manche Dinge muss man weder zerreden noch bearbeiten, sondern kann sie schlicht wegschieben.«

»Immerhin bist du in diesem Punkt ehrlich zu dir.« Die Anwältin lächelte. »Ich gebe dir insofern recht, als man nicht bei allen Dingen gleich die große Welle machen muss. Aber hast du schon mal darüber nachgedacht, dass dein ausgeprägtes Verdrängungstalent die Sache mit Lasse noch angefeuert hat?«

»Willst du damit etwa andeuten, ich wäre schuld daran, wie er mich behandelt hat?« Susan hatte große Mühe, ruhig zu bleiben.

»Nein, will ich nicht. Er trägt allein die Verantwortung für seine Taten. Es ist definitiv nicht deine Schuld«, entgegnete Robin ganz ruhig. »Aber deine absolut nachvollziehbare Flucht und dein ziemlich gründliches Verdrängen haben dazu geführt, dass wir jetzt die Situation haben, wie sie ist.«

»Und was genau ist die Situation?«, presste Susan verärgert hervor.

»Du hast dich von deiner besten Freundin entfremdet, und Lasse hatte drei Jahre Zeit, weitere Frauen zu missbrauchen.«

Diese gnadenlose – und leider absolut präzise – Analyse raubte Susan den Atem. Das war definitiv die andere Seite der Medaille. »Scheiße«, murmelte sie und merkte, wie der ganze Ärger verpuffte und wieder ihrer alten Freundin, der Scham, Platz machte. Keine besonders angenehme Alternative.

»Ich mach dir keine Vorwürfe, niemand tut das. Ich weiß selbst, wie gelähmt man sich fühlen kann, wie schambehaftet das alles ist und wie groß der Wunsch, einfach alles hinter sich zu lassen. Aber in manchen Fällen ist Verdrängung keine dauerhaft gute Lösung. Das Problem geht eben nicht von selbst weg.«

Susan seufzte und wünschte sich im Moment sehnlichst Ernie zurück, die sie kraulen könnte, bis sie sich wieder besser fühlte. »Für eine Anwältin hast du verdammt viel Ahnung von Psychologie.«

»Ich habe verdammt viel Ahnung von allen Dingen«, entgegnete Robin mit einem vergnügten Zwinkern und schien die Stimmung auflockern zu wollen. »Frag Sky, der hält mich für die größte Klugscheißerin unter der Sonne.«

»Ich ahne, was er durchmacht …«

»Mitleid ist nicht angebracht, aber nun zurück zu deinem Fall. Ich war ja ein paar Tage im Büro in Edinburgh, und am Freitag hat unser digitales Ermittlungsteam, dem wir deine SIM-Karte gegeben haben, Alarm geschlagen. Bis dahin gab es so gut wie keine Anrufversuche oder Nachrichten – von ein paar Dorfbewohnern mal abgesehen, die zu diesem Zeitpunkt deine neue Nummer noch nicht hatten –, aber am Freitag kamen mehrere Anrufe von schwedischen Telefonnummern. Eine Festnetznummer, eindeutig von einer Nebenstelle deines ehemaligen Fußballclubs, und eine Mobilnummer, die wir deinem Ex zuordnen konnten.«

»Woher hatte Lasse meine Handynummer?«, fragte Susan, obwohl sie die Antwort natürlich kannte. Oder zumindest ahnte.

»Wir gehen davon aus, dass er sie von deiner Freundin Hetty hat«, sprach Robin prompt ihre Befürchtungen aus. »Von ihr kamen nämlich auch einige Anrufe und eine Textnachricht.«

Susan schluckte.

»Ich kenne diesen Blick«, sagte Robin. »Du willst es gar nicht wissen, aber ich fürchte, das geht nicht. Ich kann dir die Wortlautprotokolle der Mailbox-Nachrichten vorlesen, genau wie die WhatsApps – oder es einfach zusammenfassen.«

»Zusammenfassen«, presste Susan hervor. Gleich mehrere Nachrichten auf ihrer Mailbox? Am Ende auch von Lasse selbst? Ihr wurde ganz schwindlig bei dem Gedanken, seine Stimme zu hören. Wie hatte Hetty ihr das bloß antun können?

»Offenbar hat sich Lina von Lasse getrennt und ihn nicht nur bei der Polizei angezeigt, sondern auch die Geschäftsleitung des Clubs informiert. Dabei hat sie mutmaßlich auch erwähnt, dass du ihre Anschuldigungen bezeugen und eigene hinzufügen könntest. Wahrscheinlich hat die Mitarbeiterin der Opferschutzorganisation, die Lina sachte angesprochen hat, etwas von deiner Aussage Britta gegenüber erwähnt. Ich weiß noch nicht, wie das sein kann, das hätte nämlich nicht geschehen dürfen, aber es ist passiert. Lasse wurde danach sofort freigestellt und scheint nun auf Rache aus zu sein. Und deine Freundin Hetty schlägt sich ohne Wenn und Aber auf seine Seite.«

Wenn das nur eine vorsichtige Zusammenfassung war, wollte sich Susan gar nicht ausmalen, wie sich die Originalnachrichten anhörten. »Ich weiß nicht, was ich sagen soll«, hauchte sie schockiert.

»Kann ich verstehen. Und es tut mir leid, wie es gelaufen ist. Das war definitiv nicht der Plan. Aber jetzt wäre eben auch der beste Moment dafür, aktiv zu werden und offiziell Anzeige zu erstatten.«

»Müsste ich dann auch bei einem Prozess aussagen?« Susan hasste es, wie klein und panisch ihre Stimme klang.

»Nicht zwangsläufig. Wenn sich genügend andere Frauen melden, kann es gut sein, dass von dir die polizeiliche Aussage reicht. Aber verlassen kannst du dich nicht darauf. Vermutlich würdest du als Zeugin vorgeladen werden.« Robin griff nach Susans Hand, die eiskalt war. »Ich weiß, wie belastend diese Vorstellung ist, aber ich weiß auch, dass so ein Prozess ein guter Schlussstrich sein kann. Auch für dich selbst. Bei mir war danach ein Neuanfang möglich.«

Die widerstreitenden Pole in Susan lieferten sich einen heftigen Kampf. Sie wollte am liebsten davonrennen, so schnell und so weit weg, wie es nur möglich war. Doch ihr Kopf sagte zum ersten Mal laut und deutlich Nein. Nein, sie würde nicht flüchten. Diesmal würde sie kämpfen. Wenn nicht für sich selbst, dann wenigstens für die Gerechtigkeit und für all die anderen Frauen, die das Pech hatten, Lasse Lindqvist über den Weg gelaufen zu sein, oder die ihm zukünftig in die Falle gehen könnten.

»Okay, ich mach's«, verkündete sie und freute sich, dass ihre Stimme erstaunlich fest klang. »Muss ich dafür …« Mit ihrem Mut war es fast schon wieder vorbei, als ihr einfiel, dass sie ihre Aussage wohl bei der Polizei in Schweden machen müsste.

»Das wäre am besten«, entgegnete Robin ruhig. »Aber du musst da nicht allein durch. Meine Kollegin Britta wird sich die ganze Zeit um dich kümmern und dir nicht von der Seite weichen. Und du kannst ja auch noch Davie zur moralischen Unterstützung mitnehmen.«

»Davie …« Der Name ihres besten Freundes kam ihr nur vollkommen tonlos über die Lippen. »Ich weiß nicht, ob das eine gute Idee ist.«

Robin sagte nichts, sondern sah sie nur aufmerksam an.

»Ich weiß nicht genau, wie wir gerade zueinander stehen«, sprach Susan weiter.

»Das weiß ich natürlich auch nicht, aber ich könnte dir eine Einschätzung von außen liefern«, schlug Robin sachte vor.

Susan winkte ab. »Vielen Dank, aber kein Bedarf. Ich weiß, wie die allgemeine Meinung lautet. Doch die hat nicht zwangsläufig etwas mit der Realität zu tun.«

»Vielleicht nicht, aber mit Verlaub – du bist auch nicht wirklich objektiv.«

»Wie auch? Ich bin gerade hochgradig verwirrt, und diese neue Komplikation mit Lasse macht es nicht eben besser.«

Robin nickte. »Kann ich nachvollziehen, aber darf ich dir noch einen Rat geben?«

»Will ich ihn hören?«

»Verdräng diesmal nicht alles. Rede mit ihm, vielleicht wird euch beiden dann klar, was ihr wollt und was ihr fühlt.«

»Aber was, wenn dadurch alles kaputtgeht? Wenn unsere Freundschaft zerbricht und ich am Ende gar nichts mehr habe?«

»Auch diese Überlegung kann ich nachvollziehen, und ich verstehe, dass du Angst hast. Das ist total verständlich. Aber ich als Nebenerwerbspsychologin bin absolut sicher, dass du diese Angst überwinden musst. Eure Freundschaft ist so stark, die wird nicht an eurer Liebe zerbrechen.«

»Wie das klingt …«

»Es ist manchmal nicht ganz einfach, das große Glück zu erkennen, wenn man das Gefühl hat, es nicht zu verdienen.«

»Wie kommst du auf die Idee, dass ich denke, ich verdiene kein Glück?«, fragte Susan einigermaßen konsterniert.

»Ich schätze, diese Frage kannst nur du dir beantworten«, gab Robin zurück und klappte ihren Laptop wieder zu. »Ich telefoniere morgen mit Britta und stimme mit ihr das weitere Vorgehen ab. Vielleicht kannst du ja schon mal schauen, wann du nach Malmö fliegen könntest?«

»Kann man auch am Wochenende zur Polizei gehen, um Anzeige zu erstatten? Ich kann unter der Woche nämlich eigentlich nicht weg.«

»Das wird bestimmt möglich sein, ich erkundige mich mal bei Britta. Aber die Kinder werden sicher auch mal einen Tag ohne dich klarkommen.«

»Ja, aber das sollte sich auf Notfälle beschränken und nicht …«

»Ich denke, das qualifiziert sich eindeutig als Notfall«, fiel ihr Robin ins Wort. »Frag Davie, ob er mitkommt. Egal ob als Freund oder Partner. Du wirst seine Unterstützung brauchen können.«

»Würdest du mich begleiten?«

»Das würde ich, aber ich kann dir nicht bieten, was Davie kann.«

Susan schoss die Farbe ins Gesicht.

»Das meinte ich nicht.« Robin lächelte. »Ich spreche von Vertrauen, Hingabe und absoluter Loyalität. Davie würde für dich durch einen brennenden Reifen springen, ohne zu zögern. Ich als deine Anwältin würde dafür einen Haufen Geld verlangen.« Sie stand auf. »Du schaffst das, ganz bestimmt. Ich sehe jetzt mal nach meinem Herzensmann, und du solltest mit deinem reden. Ich melde mich bei dir, sobald ich mehr weiß.«

Susan blickte Robin nachdenklich hinterher, als sie durch die Salontür verschwand. Mit diesem Verlauf des Vormittags hatte sie nicht gerechnet. Hätte ihr vor vierundzwanzig Stunden jemand die Geschehnisse prophezeit, die dann gefolgt waren, hätte sie den Betreffenden ausgelacht. Doch nun war ihr bester Freund plötzlich ihr Liebhaber, und ihr Psycho-Ex war auf dem Kriegspfad – und sie hatte keine Ahnung, wie sie mit diesen Entwicklungen umgehen sollte.

»Hi.« Davie war zurückgekommen und hockte sich vor Susan auf den Boden. »Tut mir echt leid, dass ich vorhin so blöd reagiert habe.«

»Mir tut's auch leid«, gab sie zu. »Also, meine Reaktion auf deine. Du hast natürlich jedes Recht, es zu erfahren, wenn es …«

»Nein, habe ich nicht«, unterbrach er sie und klang dabei sehr eindringlich. »Ich mein das ernst. Hab ich vorhin schon, auch wenn es nicht so geklungen hat. Du bist mir keine Rechenschaft schuldig, in keiner Hinsicht. Wirklich nicht. Und ich kann dein Argument auch gut verstehen, dass du unsere gemeinsame Zeit nicht mit Erinnerungen an Lasse verderben willst. Das ist sehr fürsorglich von dir. Aber ich will, dass du weißt, dass du jederzeit und immer mit mir reden kannst, wenn du das möchtest.«

»Das weiß ich.«

»Gut. Dann gibt es dazu nichts weiter zu sagen.« Er stand auf und hielt ihr die Hand hin, um sie ebenfalls hochzuziehen.

»Das stimmt leider nicht. Es gibt eine Menge Dinge, die ich dir erzählen will. Und ich habe eine Bitte. Würdest du mich in den nächsten Tagen nach Malmö begleiten? Ich werde ihn nämlich anzeigen.«

»Natürlich komm ich mit!«, erwiderte er rasch, doch die leichten Sorgenfalten auf seiner Stirn erzählten etwas anderes.

»Du hast zu viel zu tun, das weiß ich eigentlich. War blöd von mir, dass ich gefragt habe«, plapperte sie rasch, um ihre Enttäuschung und Verlegenheit zu überspielen. »Ich komm schon alleine klar. Zumal ich ja gar nicht alleine bin, sondern sich die schwedische Anwältin um mich kümmert.«

»Susan«, sagte er und fasste sie mit beiden Händen an den Schultern.

»Echt, das ist kein Problem. Ich weiß gar nicht, was ich mir dabei gedacht habe. Vergiss es einfach.«

»Susan!« Nun rüttelte er leicht an ihr, um ihren Redefluss zu stoppen. »Ich komme mit! Das ist wichtiger als das Hotel, die Turnhalle und der Collum-Day. *Du* bist mir wichtiger. Ende der Diskussion.«

»Aber …«

»Kein Aber.«

»Aber du hast so besorgt geguckt, da habe ich mir gedacht …«

»Susan. Hör bitte auf, mir ständig irgendwelche Dinge zu unterstellen, nur weil ich unangemessen aus der Wäsche gucke. Ich *bin* besorgt, wegen deiner Ankündigung, dass es viele Dinge zu erzählen gibt. Die dürften wohl nicht besonders angenehm sein. Aber das hat nichts mit meiner Entschlossenheit zu tun, dich nach Schweden zu begleiten.«

»Okay.« Ein Flämmchen Hoffnung zuckte in Susan auf. Davie würde sie nicht hängen lassen – egal, was geschah.

»Gut. Wie sieht's aus bei dir? Ich habe langsam richtig großen Hunger. Sollen wir in den Pub gehen?«

»Bist du bereit für die Blicke und das Gerede?« Susan war sich nicht sicher, ob sie das gerade aushalten würde. Andererseits knurrte ihr Magen ebenfalls.

»Mit dir an meiner Seite bin ich bereit für alles.« Er zog sie an sich und küsste sie endlich wieder. Und das war noch tröstlicher und schöner als ein flauschiger Welpe.

VORSTÖSSE IN DEN GEGNERISCHEN STRAFRAUM

ES TAT GUT, einen Plan zu haben, dachte Davie. Selbst wenn es ein Plan B, C oder gar Y war, weil die ursprünglichen Ideen nicht so funktionierten, wie man es sich vorgestellt hatte. Jedenfalls war der aktuelle und hoffentlich nicht mehr verhandelbare Plan, heute Abend mit Susan nach Edinburgh zu fahren, bei ihren Eltern zu übernachten und am frühen Freitagmorgen in den Flieger nach Malmö zu steigen. Dort würden sie von Britta, der Anwältin, abgeholt und zur Polizei gebracht werden, wo Susan gegen Lasse Anzeige erstatten wollte. Blöderweise ging der einzige Flug zurück schon um drei, und das war kaum zu schaffen. Also hatte Britta ihnen ein Hotelzimmer besorgt und einen Tisch in einem Restaurant reserviert. Am Samstag wollten sie dann wieder zurückfliegen und bis Sonntag in Edinburgh bleiben.

Die letzten Programmpunkte waren bisher eher dem Wunsch nach Normalität geschuldet als echte Planung. Womöglich wollte Susan am Ende einfach nur heim, aber da war er flexibel.

Deutlich mehr Kopfzerbrechen machte ihm die Ausschreibung für den Landhotel-Wettbewerb in der Architekturzeitschrift. Er hatte nämlich beim erneuten Lesen festgestellt, dass die Anmeldefrist schon am einunddreißigsten Oktober endete. Also in fünf Tagen. Bis dahin musste er nicht nur reichlich Fotomaterial liefern, sondern vor allem Pläne. Den Grundriss und die Innenaufteilung hatte er bereits in dem Programm angelegt. Nun fehlten noch zwei Musterzimmer, die Detailansichten der Lobby und idealerweise eine 3-D-Animation davon, wie das Ganze fertig aussehen sollte.

»Brauchst du Hilfe?«, hörte er plötzlich Kims Stimme hinter sich.

Davie drehte sich zu seiner Mitarbeiterin um, die für seinen Geschmack viel zu nah neben ihm stand. »Ich komm schon klar, danke«, sagte er und rollte mit seinem Drehstuhl wieder näher an den Schreibtisch.

»Ich hab das letzthin ernst gemeint, dass ich mich mit den Programmen gut auskenne. Mein Dad hat mir alles erklärt, und ich habe echt viel Spaß dabei.« Sie legte ihm eine Hand auf die Schulter und beugte sich zu seinem Monitor.

»Das ist schön für dich, aber ich komme wirklich zurecht.« Er schüttelte ihre Hand ab und fühlte sich extrem unbehaglich.

»Ich überlege, ob ich das Schreinern an den Nagel hänge und stattdessen Architektur studiere«, redete sie weiter.

»Das halte ich für eine sehr gute Idee!« Das wäre die Lösung all seiner Probleme.

»Ja? Warum hast du es dann aufgegeben?«, wollte sie wissen.

»Hab ich ja nicht, wie sich zeigt.« Er deutete auf seine Pläne. »Ich habe nur meinen Fokus verändert. Ich entwerfe nur noch Gebäude, die mir am Herzen liegen und die einen Mehrwert für die Menschen bieten.« Er hielt inne. Das war das erste Mal, dass er ausgesprochen hatte, wie seine Zukunft aussehen könnte. »Trotzdem werden für mich das Handwerkliche und die Arbeit mit Holz immer an erster Stelle stehen. Doch das heißt nicht, dass das der richtige Weg für alle ist.«

»Ich finde, das klingt toll.« Kims Hand war zurück auf seiner Schulter. »Und ich denke, das könnte auch die richtige Strategie für mich sein. Stell dir nur mal vor, was wir zusammen alles erreichen könnten. Damit würdest du dann vielleicht auch in einem Aufwasch deine Daddy Issues in den Griff bekommen.«

Davie konnte es nicht genau fassen, aber irgendwas am Tonfall ihrer Stimme ließ das Blut in seinen Adern gefrieren. Was eine absolut idiotische Redewendung war, sich für ihn aber verdammt real anfühlte.

Er musste ein für alle Mal reinen Tisch mit Kim machen. Also schob er ihre Hand von seiner Schulter, stand auf und stellte sich so hin, dass der Stuhl zwischen ihm und ihr stand. Kurz fiel sein Blick durch die große Glasscheibe in die Werkstatt, in der zwei

Kollegen arbeiteten. Allerdings trugen sie Ohrenschützer und veranstalteten an Säge und Fräse ein ziemliches Getöse. »Ich schätze dich als Mitarbeiterin«, begann er. »Du bist kreativ, präzise und zuverlässig. Du hast gute Ideen und setzt Anweisungen sehr gut um. Das ist bemerkenswert. Ich würde es bedauern, dich im Team zu verlieren, aber diese unangemessenen Zwischentöne müssen endlich ein Ende haben.«

»Ich verstehe nicht, was du meinst«, erwiderte sie, doch ihr unschuldiger Augenaufschlag war derart überzeichnet, dass er ihr die Verwirrung nicht abnahm.

»Du verstehst mich sehr gut, Kim. Aber um es noch einmal und hoffentlich zum allerletzten Mal deutlich zu sagen: Zwischen dir und mir wird es niemals ein anderes Verhältnis geben als ein kollegiales. Ist dir das klar?«

Es war offensichtlich, dass es nicht klar war, denn ihre Unterlippe begann zu beben. Davie wusste nur nicht, ob das auch wieder geschauspielert war oder echt. Und diesmal würde er nicht klein beigeben.

»Du und ich werden niemals ein Paar werden«, fügte er also noch hinzu, um alle Unklarheiten zu beseitigen.

»Aber das kannst du doch gar nicht mit Sicherheit behaupten«, entgegnete sie ungerührt. »Im Moment denkst du vielleicht, dass du in Susan verliebt bist, aber realistisch betrachtet werdet ihr niemals aus eurer Friendzone herauskommen. Ihr habt doch auch gar keine Gemeinsamkeiten, während du und ich für dieselben Dinge brennen.«

Das gefrorene Blut in Davies Adern schmolz in Sekundenbruchteilen und fing ohne Vorwarnung zu kochen an. »Lass Susan aus dem Spiel«, knurrte er Kim an, fassungslos darüber, was sie sich da offensichtlich zusammenreimte.

»Ich mein ja nur. Wenn ihr nächste Woche oder nächsten Monat feststellt, dass ihr doch lieber einfach nur Freunde sein wollt, dann stehst du wieder allein da. Und dann? Ich meine, du wirst auch nicht jünger und …«

Davie hob warnend eine Hand, um ihren absurden Redefluss zu stoppen. »Ein letztes Mal: Du und ich – das wird nicht passieren. Niemals und unter keinen Umständen. Völlig unabhängig von meinem Alter und meinen anderen Beziehungen.« Er merkte, wie sein Puls raste.

Kim zuckte nur mit den Schultern, als glaubte sie ihm kein Wort.

»Wenn du das weder begreifen noch akzeptieren kannst, sehe ich keinen anderen Weg, als dich freizustellen«, sprach er mühsam beherrscht weiter.

»Aus welchen Gründen? Weil wir Gefühle füreinander haben und du es nicht zugeben willst?«, provozierte sie ihn.

»Ich habe keine Gefühle für dich. Und du bildest dir deine womöglich auch nur ein. Willst du wirklich, dass das hier scheußlich wird?«

»Nein, im Gegenteil, ich wünsche mir ein Happy End. Für uns beide.«

»Das wünsche ich dir von Herzen, aber ein gemeinsames Happy End wird es nicht geben. Egal, wie sehr du dir das auch wünschen magst.« Zu seiner Wut kam nun Verzweiflung hinzu. Er hatte zunehmend Mühe, Ruhe zu bewahren. Außerdem fiel ihm wieder ein, wie Anna die Möglichkeit in den Raum gestellt hatte, dass Kim ihn der Übergriffigkeit bezichtigen könnte. Er brauchte ganz dringend neutrale Zeugen, aber aus der Werkstatt drangen immer noch die lauten Maschinengeräusche. Er griff nach seinem Handy und tat so, als wollte er lediglich die Uhrzeit checken, doch er aktivierte dabei auch die Aufnahmefunktion.

»Liebe ist eine Entscheidung«, beharrte Kim. »Ich habe mich für dich entschieden, dann kannst du das auch.«

»Nein.«

»Doch, das geht«, beharrte sie.

»Selbst wenn es ginge, würde ich mich niemals für dich entscheiden, Kim. Ich weiß nicht, wie oft ich es noch sagen muss, damit du es begreifst. Es wird nicht passieren.«

»Aber denk nur an die großartigen Dinge …«

»Dieses Argument zieht auch in der zweiten Wiederholung nicht.« Davie räusperte sich. Er würde sich auf keine weiteren Diskussionen einlassen. »Ich möchte, dass du mir jetzt deinen Werkstattschlüssel gibst und das Gelände verlässt. Du bekommst bis

Ende des Jahres dein Gehalt und auch eine schriftliche Kündigung.«

»Ich könnte dich anzeigen«, sprach sie ungerührt seine schlimmste Befürchtung aus.

»Aus welchem Grund?«

»Du hast mich bedrängt und mich sexuell genötigt.«

»Du weißt, dass es genau umgekehrt war.« Es kostete ihn unendlich viel Kraft, seine Stimme ruhig zu halten, und er betete, dass sein Handy das Gespräch auch tatsächlich aufnahm.

»Ich weiß das, aber wer wird dir schon glauben?« Sie hatte tatsächlich den Nerv, ihn anzugrinsen.

»Willst du mich etwa erpressen?«

»Als Erpressung würde ich es nicht bezeichnen, höchstens als kleine Motivation. Einen Stups in die richtige Richtung.« In Kims Augen glitzerte es irre. Sie wähnte sich offensichtlich auf der Zielgeraden, was die Erfüllung ihrer Träume betraf.

»Dir ist schon klar, dass die Werkstatt kameraüberwacht ist?«, log er. »Ich habe die Aufzeichnung von dem Sonntag neulich gesichert.«

Kim runzelte die Stirn, schien aber nur kurz aus dem Tritt geraten zu sein. »Quatsch. Hier gibt's keine Kameras. Dafür bist du viel zu gutgläubig. Dann hättest du ja schon längst mal was dagegen unternommen, dass hier ab und zu Dinge … nennen wir es … ausgeliehen werden. Ups, hab ich jetzt etwas verraten?« Ihr hübsches Gesicht erinnerte Davie gerade an die verzerrte Fratze des Jokers aus *Batman.* »Nun guck nicht so schockiert«, fuhr sie gnadenlos fort. »Ich bin mir sicher, Pete hat gute Gründe, warum er …«

»Schluss jetzt!«, herrschte er sie an. »Ich will keine weiteren Lügen aus deinem Mund hören. Du bist ja vollkommen verrückt.«

»Oh, fein. Beleidigungen sind noch ein Punkt, den ich meiner Anzeige hinzufügen kann.« Sie rieb sich die Hände.

»Du magst mir das mit der Kamera nicht glauben, aber ich habe die letzten Minuten unseres Gesprächs aufgezeichnet.« Davie griff nach seinem Handy und stoppte die Aufnahme. »Willst du es hören?«

Nun wurde sie leichenblass und versuchte dann blitzschnell, sein Telefon zu packen.

Er war jedoch viel größer als sie und hielt das Handy in die Luft. »Sinnlos. Selbst wenn du es erwischen würdest, die Aufnahme ist ja schon in der Cloud gespeichert.« Er hatte keine Ahnung, ob das stimmte, aber es klang jedenfalls überzeugend.

»Alles klar bei euch?«, ertönte Petes Stimme vom Türrahmen her. Davie war gar nicht aufgefallen, dass die Geräusche in der Werkstatt verstummt waren, doch nun stand sein langjähriger Vorarbeiter im Büro und hatte möglicherweise die letzten Sätze mitbekommen.

»Alles klar«, antwortete Davie. »Kim wird uns jedoch verlassen.«

»Oh?«

»Sie hat andere Pläne und möchte demnächst ihr Architekturstudium aufnehmen.« Davie sah keinen Grund, Kim vor den Kollegen bloßzustellen, und hoffte inständig, dass der Spuk bald endgültig vorbei sein würde.

»Cool, dann viel Erfolg dabei, Kim«, sagte Pete und kehrte in die Werkstatt zurück.

»Du hast alles verdorben.« Die Tränen, die sich nun in ihren Augen sammelten, schienen echt zu sein.

»Nein, Kim, *du* hast alles verdorben. Ich wünsch dir viel Glück in deinem Leben. Und solltest du eine Praktikumsstelle in einem Architekturbüro haben wollen, dann wende dich vertrauensvoll an Tomlinson Architects. Ich könnte mir vorstellen, dass du perfekt ins Team von meinem Vater und meiner Schwester passt. Allerdings wirst du dich dafür vom Holz verabschieden müssen, doch irgendwas sagt mir, dass du dich mit Stahl, Glas und Beton sehr wohlfühlen wirst. Jetzt gib mir bitte den Werkstattschlüssel, und lass dich hier nie wieder blicken.«

Kim zögerte einen Moment, dann zog sie ihren Schlüsselbund aus der Tasche, fummelte mit zitternden Fingern den Werkstattschlüssel herunter und knallte ihn auf seinen Schreibtisch. Danach drehte sie sich abrupt um und verließ wortlos erst das Büro und dann die Werkstatt.

Davie schaute aus dem Fenster auf den Hof und atmete tief durch, als sie sich mit ihrem Wagen entfernte. Glücklicherweise lebte Kim nicht in Kirkby, sondern in Inverness, sodass sie sich nicht ständig über den Weg laufen mussten. Und falls sie wirklich ein Architekturstudium beginnen wollte, würde sie vermutlich ganz aus der Gegend wegziehen.

»Will ich wissen, was das eben war?« Pete war zurückgekehrt und sah seinen Chef fragend an.

»Ich glaube nicht.« Davie schüttelte den Kopf.

»Ich habe übrigens nie etwas aus der Werkstatt geklaut oder auch nur ausgeliehen, ohne dich vorher zu fragen«, bemerkte Pete, der vorhin offensichtlich einiges mitbekommen hatte.

»Das weiß ich doch. Mach dir keine Gedanken. Kim war einfach … ein bisschen durch den Wind.«

»Sie ist halt verknallt in dich und will nicht wahrhaben, dass du jetzt mit Susan zusammen bist und sie wirklich keine Chance bei dir hat«, fasste der sonst so einsilbige Pete die Sachlage ziemlich präzise zusammen.

»Sie hätte auch sonst wirklich keine Chance gehabt«, wiederholte Davie zum gefühlt tausendsten Mal an diesem Tag. »Und ich hoffe, sie kapiert das jetzt endlich. Vor allem für sie selbst.«

»Da ist es sicher besser, wenn ihr euch nicht mehr ständig seht. Aus den Augen, aus dem Sinn.«

»So ist es.« Davie seufzte. »Ich muss jetzt zuschauen, dass ich die Pläne fertig kriege.«

»Schon kapiert, Boss. Viel Erfolg.« Pete schloss die Tür hinter sich und ließ Davie mit den vermaledeiten Hotelplänen und seinen düsteren Gedanken allein.

Denn bei aller Erleichterung, die er verspürte, weil Kim endlich und hoffentlich endgültig Vergangenheit war, nagten zwei ihrer Aussagen doch ziemlich massiv an ihm: Sie hatte ganz nebenbei seine angeblichen Daddy Issues in den Raum gestellt und behauptet, dass Susan und er niemals eine echte Beziehung würden führen können, weil sie schon viel zu lange Freunde waren.

Natürlich war das vor allem Freude an der Provokation gewesen und einfach so dahergequatscht, aber er fragte sich, woher Kim von dem schwierigen Verhältnis zu seinem Vater wissen konnte. Da kannte eigentlich nur Susan alle Details, die damit aber garantiert nicht hausieren ging. In der Architekturszene war es natürlich ein offenes Geheimnis, dass David Tomlinson seinen Sohn Davie fast öffentlich verstoßen hatte, aber wie sollte Kim davon erfahren haben? Im Grunde war es egal – vielleicht hatte ihr Bauzeichner-Vater mal für das Büro von Davies Familie gearbeitet und auf diesem Weg etwas von der zerrütteten Beziehung gehört.

Es sollte ihm langsam auch vollkommen gleichgültig sein, was seine Familie und die Szene, auf die er ohnehin keine Lust hatte, von ihm dachten. Er hatte einen anderen Weg eingeschlagen. Punkt. Und auch wenn er jetzt erstaunlicherweise doch wieder Freude daran hatte, Gebäude zu entwerfen, war das kein Zugeständnis an seinen Vater, sondern allein seine Entscheidung. Mit diesem Gedanken im Kopf machte er sich wieder an die Arbeit und finalisierte die Hotelpläne, sodass er sie heute noch einreichen konnte.

Ab heute Abend war dann genug Zeit, um sich mit dem anderen Thema auseinanderzusetzen: Konnten Susan und er wirklich ein Paar sein, oder waren sie zu ewiger Freundschaft verdammt?

• • •

Es tat gut, dass Davie an ihrer Seite war, doch trotzdem wünschte sich Susan nichts mehr, als einen Zeitsprung in die Zukunft machen zu können. In eine Zukunft, in der sie die ganze Lasse-Sache hinter sich lassen konnte und endlich frei und unbelastet war. Doch leider gab es die Technologie dafür nicht, und sie musste da wohl oder übel durch.

Der Flieger sank immer tiefer. In wenigen Minuten würden sie in Malmö landen und dann direkt zur Polizei fahren.

»Du schaffst das«, raunte ihr Davie zu und drückte ihre eiskalte Hand.

Woher er diese Zuversicht nahm, wusste sie nicht. Offensichtlich traute er ihr mehr Kraft zu als sie sich selbst. Er war gestern Abend auf der Fahrt nach Edinburgh ziemlich merkwürdig drauf gewesen und hatte auf Nachfragen nur einsilbig geantwortet. Vermutlich bereute er sein Angebot, sie zu begleiten, schon längst zutiefst und wollte es nur nicht zugeben. Susan schämte sich dafür, dass sie zu schwach war, um diese Aufgabe allein zu bewältigen, aber sie hatte es einfach nicht geschafft, auf ihn zu verzichten. Wie sie es auch nicht geschafft hatte, ihren Eltern die Wahrheit zu sagen – weder über den wahren Grund des Kurztrips nach Malmö noch über den geänderten Beziehungsstatus zwischen Davie und ihr. Wie selbstverständlich hatten sie also ihre üblichen Betten für die Nacht bezogen. Sie das Bett im Gästezimmer, er das Klappsofa im Büro ihres Vaters. Davie hatte nicht widersprochen.

Die Nacht vom letzten Sonntag auf Montag hatten sie wieder zusammen verbracht. Nach dem mittäglichen Pubbesuch waren sie zu ihm gefahren und hatten noch einmal ihre neu erweckte Leidenschaft füreinander ausgelebt. Doch mit dem Start der neuen Woche hatten die alten Routinen wieder ihre Zeit beansprucht. Beziehungsweise in Susans Fall gefühlt endlose Telefonate und Besprechungen mit Robin und Britta sowie die anschließende Planung der Reise nach Schweden. Da war dann irgendwie nicht mehr viel Platz für etwas anderes geblieben. Fühlte sich Davie am Ende zurückgesetzt, oder war er erleichtert, dass sie zu reiner Freundschaft zurückgekehrt waren?

Es rumpelte ein bisschen, als das Flugzeug auf der Landebahn aufsetzte. »Du schaffst das«, sagte Davie erneut, doch sein Lächeln hatte einen leicht grimmigen Zug.

»Hm.«

»Du wirst diesen miesen Arsch ein für alle Mal in seine Schranken weisen und dann frei sein.« Die Vehemenz seiner Worte verwunderte sie.

»Hoffentlich«, murmelte sie.

»Und sobald wir bei der Polizei raus sind, schauen wir uns ein bisschen die Stadt an, von der du mir so viel vorgeschwärmt hast. Ich will, dass du auch mit ein paar guten Erinnerungen an diesen Ausflug nach Hause kommst.«

»Ich fürchte, das wird ein frommer Wunsch bleiben, aber lieb von dir.« Susan entzog Davie ihre Hand und öffnete den Gurt. Sie wollte gerade keine Pläne schmieden, sondern einfach nur die nächsten paar Stunden überstehen. Wenn es nach ihr ginge, würde sie nach der Polizeibefragung direkt zum Hotel fahren und es erst morgen früh wieder verlassen.

Die Maschine leerte sich, und in der Abflughalle wartete bereits Britta Lund auf sie beide. Susan entspannte sich ein kleines bisschen. Die Anwältin hatte einen akkurat geschnittenen stahlgrauen Bob, eine schwarz gerahmte Brille und knallpink geschminkte Lippen. Sie war herzlich, wirkte aber gleichzeitig so resolut, dass Susan das deutliche Gefühl hatte, dass man sich besser nicht mir ihr anlegte. Im Grunde ganz ähnlich wie bei Robin. Es war gut, sie auf ihrer Seite zu wissen. Eine Frau wie Britta würde einen Mann wie Lasse vermutlich zum Frühstück verspeisen und sich nicht zum Spielball machen lassen wie sie selbst. Oder vielmehr zum Punchingball. Wie so oft, wenn sie an die Jahre mit Lasse dachte, wallte vor allem Scham in ihr auf, auch wenn sie wusste, dass dieses Gefühl wirklich gar nichts in ihr verloren hatte. Doch sie konnte es nicht wegschieben.

»Deine Zeugenaussage wird per Video aufgezeichnet«, erklärte ihr Britta während der Autofahrt. »Neben den Polizeibeamten und womöglich jemandem von der Staatsanwaltschaft wird zusätzlich auch eine Mitarbeiterin der Opferschutzorganisation da sein, die speziell darauf achten wird, dass die Befragung fair und ohne unangemessene Schuldzuweisungen abläuft«, sprach sie weiter. »Und ich werde natürlich ebenfalls die ganze Zeit dabei sein.«

»Wie lange wird es wohl dauern?«, wollte Susan wissen.

»Schwer zu sagen, aber angesichts der Fülle der Ereignisse sicher mehrere Stunden. Hast du ein paar Eckdaten notiert?«, wollte die Anwältin wissen.

»Ein paar. An viele konkrete Daten kann ich mich aber nicht mehr erinnern. Ich ärgere mich schwarz, dass ich kein Tagebuch oder so geführt habe. Wobei Lasse das garantiert entdeckt hätte.« Susan sah nach hinten auf die Rückbank, wo Davie saß und scheinbar unbeteiligt aus dem Fenster schaute. Seltsam, normalerweise konnte er sich mit Kommentaren kaum zurückhalten, wenn es um Lasse ging. Doch dann fiel ihr ein, dass sie und Britta ja Schwedisch sprachen und er kein Wort verstand.

»Lina hat ein Tagebuch«, riss Britta sie wieder aus ihren Gedanken. »Und es ist keine angenehme Lektüre.«

»Das kann ich mir vorstellen.« Susan schluckte, war aber insgeheim beeindruckt von Lina, die sie ganz anders eingeschätzt hätte. Als schwächer, ängstlicher als sie selbst, noch viel mehr Opfer. »Wie geht es ihr eigentlich?«

»Angesichts der Umstände erstaunlich gut«, entgegnete Britta. »Sie war nach der ersten vorsichtigen Ansprache durch den Opferschutz sofort bereit zu einer Anzeige.«

»Nachdem man ihr Details meiner Aussage dir gegenüber gesteckt hat«, gab Susan zu bedenken.

»Ja, das ist nicht so gelaufen wie geplant.« Britta wirkte jedoch recht unbeeindruckt ob dieser himmelschreienden Indiskretion. »Aber entscheidend ist doch, dass sie sofort Anzeige erstattet und dabei auch eine erschütternd detaillierte Dokumentation ihres Martyriums mitgebracht hat. Ihr Tagebuch und etliche Audioaufnahmen von ihrem Handy, bei denen seine Ausraster erstklassig zu hören sind.«

»Wie hat sie das nur geschafft? Lasse hat bei mir alles kontrolliert. Ein Tagebuch hätte er sofort gefunden.«

»Sie hat es als Mails an ihre Schwester in Neuseeland getarnt. Was besonders charmant ist, da sie gar keine Schwester hat. Ich habe keine Ahnung, wie sie es technisch hinbekommen hat, aber sie studiert Informatik und hat eine besondere Verschlüsselungstechnik benutzt. Sehr eindrucksvoll.« Britta klang regelrecht schwärmerisch, und Susan fühlte sich noch kleiner und nichtsnutziger als ohnehin schon.

»Weswegen musste ich dann überhaupt kommen?«, fragte sie so kläglich, dass Davie ihr tröstend eine Hand auf die Schulter legte.

»Weil er bislang nicht versucht hat, sie zu töten. Dich schon. Und womöglich noch eine weitere Frau«, sagte Britta.

»Er hat mich geschubst, ich weiß nicht, ob man das als Mordversuch bezeichnen kann.« Susans Hals war plötzlich wieder staubtrocken, als sie an diesen beinahe fatalen Nachmittag dachte.

»Erzähl einfach, was genau passiert ist, die entsprechende Einordnung übernimmt dann die Strafverfolgung.«

»Ist alles okay, Susan?«, fragte Davie von hinten.

»Ich weiß nicht, ob ich das kann«, gab sie kleinlaut zu. Am liebsten wäre sie aus dem fahrenden Auto gesprungen. Alles, nur um sich der Situation nicht stellen zu müssen.

»Ich weiß, dass du es kannst«, sagte er mit fester Stimme.

»Du tust es nicht nur für dich«, gab auch Britta zu bedenken – auf Englisch, sodass Davie sie verstehen konnte.

Susan sah, wie sich die beiden über den Rückspiegel einen Blick zuwarfen, doch sie hatte keine Ahnung, was für eine nonverbale Kommunikation da zwischen ihnen ablief.

»Wir sind die ganze Zeit bei dir«, versprach Davie. »Dir wird nichts Schlimmes geschehen.«

Dieses Versprechen trug Susan über die nächsten vier Stunden, auch wenn es sich zwischenzeitlich sehr so anfühlte, als könnten die beiden es nicht halten. Es war nämlich schlimm. Sehr schlimm sogar. So schlimm, dass sie zwischendurch immer wieder Pausen machen musste, in denen sie sich von Davie trösten ließ. Dabei waren die beiden Polizeibeamtinnen und die Staatsanwältin sehr freundlich und verständnisvoll bei ihrer Befragung. Aber leider auch sehr gründlich. Sie ließen sich nicht mit der reinen Aufzählung von Lasses Taten abspeisen, sondern verlangten Details. Sehr, sehr viele Details, die Susan sorgfältig verdrängt hatte, die jetzt jedoch ungezügelt an die Oberfläche sprudelten.

Nun war es früher Nachmittag, die Sonne schien und lockte zu einem Stadtbummel oder einem Spaziergang im Park. Doch Susan fühlte sich körperlich und seelisch derart erschöpft, dass sie nur noch ins Bett wollte. Außerdem hatte sie Angst, unterwegs zufällig Hetty oder, noch schlimmer, Lasse in die Arme zu laufen. So groß war Malmö nicht, dass man diese Möglichkeit ausschließen konnte.

»Du warst sehr tapfer«, erklärte Britta, als sie vor dem Hotel hielten. »Ich bin mir sicher, dass wir einen starken Fall gegen Lasse hinbekommen werden.« Sie tätschelte ihr die Hand. »Für morgen früh habe ich einen Limousinenservice vom Hotel zum Flughafen organisiert und für heute Abend einen Tisch im *Namu* reserviert. Das ist ein koreanisches Restaurant mit regional schwedischem Einschlag.

Klingt schräg, ist aber sehr lecker und gleich um die Ecke vom Hotel.«

»Danke«, erwiderte Davie, als Susan weiterhin schwieg. »Wir kommen schon klar.«

»Ich melde mich, sobald es Neuigkeiten gibt«, versprach Britta. »Versucht jetzt, das Beste aus dem Tag zu machen.«

Susan murmelte nur etwas Unverständliches, stieg wie auf Autopilot aus dem Wagen und ließ sich von Davie, der auch die Taschen trug, zur Rezeption lotsen.

»Es müsste hier eine Zimmerreservierung für Sutherland geben«, sagte er zu der jungen Frau am Tresen und kümmerte sich auch im weiteren Verlauf um den Check-in. Susan zeigte lediglich ihren Pass vor und unterschrieb das Formular.

»Was willst du jetzt machen?«, wollte er von ihr wissen, als sie ihr Zimmer betraten, eine großzügige Junior Suite im klassischen Nordic Design und mit einem einladenden Doppelbett.

Susan ahnte, dass Davie nun gerne die Stadt erkunden oder sie alternativ im Bett auf andere Gedanken bringen würde, doch momentan waren beide Optionen unvorstellbar. Sie fühlte sich dermaßen wund und ausgelaugt, dass sie keine Kraft mehr hatte. Weder für Sightseeing noch für Sex. »Ich muss mich ein bisschen hinlegen«, murmelte sie, blieb dann aber unschlüssig im Raum stehen. »Um zu schlafen«, fügte sie hinzu, damit er nicht auf dumme Gedanken kam.

»Kann ich gut verstehen. Vermutlich hast du letzte Nacht auch kein Auge zugetan, was?«

Auch? Sie sah ihn überrascht an, und tatsächlich wirkte Davie ebenfalls verdammt erschöpft. »Ich habe mich die ganze Zeit im Bett herumgewälzt«, gestand sie.

»Ja, ich auch.« Er gähnte herzhaft – und garantiert nicht gespielt, sondern authentisch. »Was hältst du davon, wenn wir beide ein bisschen schlafen und anschließend entscheiden, was wir tun wollen? Wir müssen auch nicht zu diesem koreanischen Schweden oder schwedischen Koreaner gehen, sondern können einfach den Zimmerservice rufen. Fleischbällchen, Pizza oder Burger wird's hier ja sicher geben.«

Es war Davie. Und er sagte genau die richtigen Sachen. »Das ist ein guter Plan«, entgegnete sie leise und verzog sich rasch ins Bad. Sie fühlte sich schmutzig nach der Befragung. Nicht so sehr von außen, sondern von innen. Dagegen half wohl eher keine Dusche, doch sie hatte trotzdem das Bedürfnis, sich die letzten paar Stunden abzuwaschen.

Als sie eine halbe Stunde später, in einen flauschigen Bademantel gehüllt, wieder ins Zimmer kam, schlief Davie bereits. Erleichtert, dass sie nicht mehr reden musste, schlüpfte sie unter die Decke und sank in den Schlaf. Sie träumte wirr, aber wenigstens ihr Körper fand etwas Erholung.

Es war schon dunkel im Zimmer, als sie wieder erwachte. Wie lange hatte sie wohl geschlafen?

»Hi.« Davie lag auf der Seite und lächelte sie an. »Geht's dir besser?«

»Bin mir nicht sicher«, gab sie zu und streckte sich ausgiebig. »Wie spät ist es, um alles in der Welt?«

»Nicht so spät. Erst halb sechs, aber hier wird's früher dunkel als bei uns.«

»Dann habe ich aber trotzdem über zwei Stunden geschlafen.« Sie gähnte, weil sie sich immer noch ziemlich groggy fühlte.

»Du hast es sicher gebraucht«, erwiderte er. »Ich übrigens auch.«

»Tut mir leid, dass wir keinen Stadtbummel gemacht haben«, sagte sie.

»Muss es nicht. Das war heute einfach nicht der richtige Tag dafür. Vielleicht findet sich ja mal eine andere Gelegenheit, bei der du mir Malmö zeigen kannst. Das war eine blöde Idee von mir heute Morgen. Es hätte mir klar sein müssen, dass du nach deiner Aussage keine Lust auf Touriprogramm haben würdest.«

»Nein, die Idee war nicht blöd. Der Gedanke dahinter ist schön, denn gerade verknüpfe ich mit der Stadt ja vor allem echt grässliche Erlebnisse, dabei hatte ich hier sehr glückliche, schöne und lustige Jahre. Und es gibt wunderbare Ecken, die ich dir sehr gerne zeigen würde. Aber …«

»Ich kann's total verstehen. Wir müssen auch wirklich nicht ausgehen. Ehrlich gesagt weiß ich sowieso nicht, ob mir koreanisches Essen schmeckt.«

Susan lächelte. »Stimmt, es könnte ja vegan sein. Und Tofu statt T-Bone-Steak geht ja nun gar nicht.«

»Mach dich nur lustig über mich, aber mir wäre tatsächlich mehr nach Köttbullar. Ich meine, schließlich sind wir hier in Schweden, oder?«

»Absolut. Aber ich muss dich warnen, Köttbullar im Restaurant schmecken meist anders als bei Ikea.« Nun musste sie ein bisschen kichern. »Aber wir können ja mal schauen, ob der Zimmerservice hier das hergibt.«

»Das habe ich natürlich längst überprüft. Soll ich also zwei Portionen bestellen? Und etwas Bier dazu?«

»Klingt nach einem verdammt guten Plan. Und dabei kannst du mir dann erzählen, was dir auf der Seele brennt.«

»Was soll mir …«, begann er, doch sie winkte energisch ab.

»Mach mir nichts vor. Seit wir gestern ins Auto gestiegen sind, bist du irgendwie seltsam. Ich hab die ganze Zeit gedacht, dass es an mir liegt. Dass du in Wirklichkeit doch keine Lust und Zeit hast, mich zu begleiten, und du es lediglich aus Pflichtbewusstsein tust.«

»Du solltest mich besser kennen.«

»Ich *kenne* dich besser! Ich war nur die ganze Zeit so in meiner eigenen Blase gefangen, dass ich nicht über meinen Tellerrand gucken konnte. Aber jetzt ist mir klar geworden, dass du aus freien Stücken, aus

Freundschaft und aus Loyalität hier bist. Und das bedeutet im Umkehrschluss, dass etwas anderes im Busch sein muss.«

»Das stimmt, aber ich wollte dich nicht damit belasten. Außerdem ist es viel weniger schlimm, als das heute für dich war.«

»Wie war das gleich noch mal mit der ungeschönten Offenheit?« Sie hob eine Braue. »Ehrlich, du weißt, dass ich Meisterin im Verdrängen bin, aber spätestens heute habe ich gelernt, dass man die ganze Kacke nicht einfach in sich hineinfressen kann. Sie muss raus. Und es ist ganz bestimmt weniger schmerzhaft, wenn man gleich darüber redet, als erst dann, wenn …« Ihr viel kein passender Vergleich ein.

»Wenn die Kläranlage überläuft?«, schlug er vor.

»So ungefähr. Also, was ist los?«

Davie ließ sich auf sein Kissen fallen und starrte kurz die Decke an. »Kurzfassung: Kim hat es gestern wieder bei mir versucht. Sie ist sehr unangenehm geworden und ist nicht mal vor Erpressung zurückgeschreckt. Aber ich hatte einen hellen Moment und habe unser Gespräch mit dem Handy aufgenommen.«

»Ach du Scheiße«, entfuhr es Susan. »Und jetzt?«

»Sie hat schließlich eingesehen, dass es besser ist, wenn sich unsere Wege trennen. Ich habe mir den Werkstattschlüssel aushändigen lassen und sie nach Hause geschickt. Bis Ende des Jahres bekommt sie ihr Gehalt, und danach soll es mich nicht mehr interessieren.«

»Krass.« Sie tastete nach seiner Hand. »Dann hatten wir beide Befreiungsschläge.«

»Oder Vorstöße in den gegnerischen Strafraum.« Er grinste.

»Wir müssen dringend an deinen Fußball-Metaphern arbeiten. Beim Essen. Also ruf jetzt bitte den Zimmerservice an.«

SCHWERES EIGENTOR

»WIRST DU DEINEN ELTERN heute vom wahren Grund für unsere Malmö-Reise erzählen?«, fragte Davie, als sie sich am Samstagvormittag im Landeanflug auf Edinburgh befanden. Die Stimmung war deutlich gelöster als gestern, aber immer noch weit davon entfernt, wieder normal zu sein.

»Ich hab keine Lust darauf, aber es wäre bestimmt sinnvoll.« Sie seufzte. »Ich will das alles nicht länger in mich reinfressen, und außerdem: Sollte es zum Prozess kommen, kann ich es ohnehin nicht mehr verheimlichen.«

»Deine Eltern sind toll. Sie werden schockiert sein, aber Verständnis für dich haben.« Davie mochte Martin und Margaret Sutherland. Bei Martin, der als Lehrer an der Schule von Drumnadrochit gearbeitet hatte, hatte er sogar ein paar Jahre lang Sportunterricht gehabt – vor gefühlt hundert Jahren, lange ehe sie erst nach Glasgow gezogen waren, um näher bei Susan zu sein, und schließlich nach Edinburgh, als Susan nach Malmö gewechselt war. Die beiden hatten ihre Tochter immer nach Kräften gefördert und unterstützt – ohne irgendwelche Erwartungen an sie zu haben. Damit waren sie so ziemlich das krasse Gegenteil von Davies Familie, in der bedingungslose Liebe ein unbekanntes Konzept war. Anerkennung gab es nur, wenn man sich dem vorgegebenen Masterplan seines Vaters entsprechend verhielt. Er schluckte die aufwallende Bitterkeit hinunter. Seine Familie war hier gerade nicht das Thema.

»Sie werden aus allen Wolken fallen«, behauptete Susan düster. »Sie waren immer ganz begeistert von Lasse und werden es nicht glauben wollen.«

»Das denkst du doch nicht ernsthaft?«, fragte er stirnrunzelnd.

Sie zuckte mit den Schultern. »Wir werden es bald herausfinden.«

»Du kannst ruhig wieder reinkommen«, sagte Martin drei Stunden später zu ihm.

Die Reaktion von Susans Eltern auf die Geschichte mit Lasse war genau so gewesen, wie Davie es sich vorgestellt hatte. Und identisch damit, wie er selbst seit über drei Jahren auf diesen Namen reagierte. Keine Sekunde lang hatten sie die Berichte ihrer Tochter in Zweifel gezogen oder gar Partei für Lasse ergriffen, stattdessen machten sie sich selbst Vorwürfe.

Tränen waren geflossen, und irgendwann war es Davie zu viel geworden – obwohl er gar nicht sagen konnte, was genau. Susan hatte ihren Eltern nicht einmal die schlimmsten Details erzählt, da kannte er selbst üblere Geschichten. Trotzdem … »Ich will nicht stören«, antwortete er Martin. »Ich hab das Gefühl, dass ihr gerade etwas Familienzeit braucht.«

»Aber du bist doch Familie.« Martin klang aufrichtig verwundert, und Davie fragte sich, was Susan ihren Eltern wohl noch erzählt hatte.

»Ich … es ist nicht dasselbe.«

»Du bist der wichtigste Mensch in Susans Leben, denk bloß nicht, wir wüssten das nicht«, sprach Martin weiter, während Davies Blick zu den vielen Bildern wanderte, die im Arbeitszimmer an den Wänden hingen. Er hatte sie schon so oft gesehen, doch er entdeckte immer wieder neue Details darin. Es war eine wilde Mischung aus Fotos und Zeichnungen, die zum großen Teil von Maggie stammten, die Kunsterzieherin war. Einige waren aber auch von Susan. Kinderbilder und ein paar selbst gestaltete Karten, die sie aus Schweden oder von ihren Reisen mit der Mannschaft geschickt hatte.

»Die sind wunderschön«, lenkte er ab und deutete auf die bunt zusammengewürfelte Galerie. »Susan hat von dir ihre Sportlichkeit und von Maggie ihre Kreativität geerbt.«

Martin lachte. »Unwahrscheinlich. Fußball war nie meins – also jedenfalls nicht zum Selberspielen. Das kam alles von ihr selbst. Wir haben sie nie zu irgendwas gedrängt, sondern sie nur bei ihren Träumen unterstützt.«

Davie dachte an das Vogelhaus, das er als Zehnjähriger zusammen mit seinem Großvater gebaut hatte.

Er war so unglaublich stolz auf die vielen Details gewesen, die er sich hatte einfallen lassen. Es hatte sogar einen Turm gegeben, in dem man Meisenknödel aufhängen konnte. Das Vogelhaus hatte ein Geburtstagsgeschenk für seine Mutter sein sollen, und er hatte sich schon ausgemalt, wie toll es sich im Garten neben dem Teich machen würde. Doch natürlich war es dieser Arbeit genauso ergangen wie allen Bildern und Basteleien, die er für seine Eltern produziert hatte: Mum hatte sich mit einem künstlichen Lächeln bedankt, ihm klargemacht, dass das Vogelhäuschen den Zen-Garten optisch kontaminieren würde, und es in die Garage gestellt. Zu seinen anderen »Kunstwerken«.

Wer kam auf die bescheuerte Idee, sich in einem Dorf in den Highlands einen Zen-Garten anzulegen? Heute konnte er über die Absurdität des Ganzen lachen, doch als Zehnjährigem hatte ihm die Zurückweisung einfach nur wehgetan. »Susan hat wirklich Glück mit euch«, sagte er zu Martin, als die Pause zu lang zu werden drohte.

»Wir haben nur getan, was alle Eltern tun«, entgegnete Martin mit einer selbstsicheren Naivität, um die ihn Davie fast beneidete.

»Nein, das tun längst nicht alle. Ihr seid Lehrer, ihr bekommt doch mit, was bei vielen Kindern zu Hause los ist.« Davie strich mit einem Finger über eine Collage aus Zeitungsausschnitten, getrockneten Blumen und sehr viel Glitter. Ein Kunstwerk, das von der elfjährigen Susan stammte, wie die Bleistiftnotiz am unteren Rand bezeugte. »Ihr habt die Sachen nicht nur aufgehoben, sondern präsentiert sie stolz.«

»Natürlich. Weil wir stolz sind. Und weil es gute Arbeiten sind.« Martin betrachtete Davie mit einem merkwürdigen Blick. »Und selbst wenn sie scheußlich wären, hätten wir sie aufgehängt.«

»Eben.« Davie lächelte traurig. »Weil ihr eben wunderbare Eltern seid.«

Nun verdüsterte sich Martins Gesicht. »Dazu scheint es unterschiedliche Meinungen zu geben. Wären wir tatsächlich so toll, hätte sie sich uns doch sicher viel früher anvertraut. Vielleicht wäre das alles dann nicht so eskaliert.«

Davie schüttelte den Kopf. »Das glaube ich nicht. Sie hätte nichts davon erzählt, weil sie sich viel zu sehr dafür geschämt hat. Und sich immer noch schämt.«

»Aber das ist doch absurd. Sie hat nun wirklich gar keinen Grund, sich zu schämen. Und schon gar nicht vor uns.«

»Natürlich hat sie objektiv betrachtet keinen Grund. Subjektiv aber schon. Gerade vor euch. Ihr haltet so große Stücke auf sie, da hatte sie Angst, euch zu enttäuschen.« Er wusste das deshalb so genau, weil sie darüber in den letzten Jahren oft gesprochen hatten. Immer dann, wenn ein Besuch bei ihren Eltern angestanden und er sie gefragt hatte, ob sie endlich reinen Tisch machen wollte.

»Als ob sie uns jemals enttäuschen könnte.« Martin räusperte sich. »Aber das erklärt natürlich, warum sie sich so rargemacht hat, seit sie wieder in Schottland ist.«

»Womöglich ändert sich das ja wieder. Jetzt, wo ihr Bescheid wisst.«

»Ich bin froh, dass sie dich hat«, erklärte Martin und legte ihm eine Hand auf die Schulter. »Einen besseren Freund kann sich niemand wünschen.« Er warf ihm einen fragenden Blick zu, aber vielleicht bildete sich Davie das auch nur ein.

»Das gilt umgekehrt genauso«, sagte er daher ausweichend.

»Das ist schön. Wie geht's eigentlich deinen Eltern und deiner Schwester?«, wechselte Martin abrupt das Thema – leider nicht in eine angenehme Richtung.

»Gut, nehme ich an.«

»Nimmst du an?«

»Wir haben nicht viel Kontakt. Zuletzt habe ich sie vor ein paar Wochen zu Lillys dreißigstem Geburtstag in London getroffen. Da schienen sie alle in bester Verfassung zu sein.«

»Leben sie nicht mehr in Drumnadrochit?«

»Nein. Als mein Großvater vor sieben Jahren gestorben ist, haben sie die Häuser und das Grundstück verkauft und sind endgültig nach London gezogen. Mein Vater war ja ohnehin die meiste Zeit dort, seit er das Büro dorthin verlegt hat. Die Geschäfte scheinen gut zu laufen.«

Martin sah ihn lange an. »Nicht jede Familie wird durch Blut zusammengehalten«, bemerkte er dann. »Man kann auch seine eigene finden. Und ich hoffe, du weißt, dass du bei uns immer herzlich willkommen bist.«

»Das ist ein gutes Gefühl. Danke.« Davie stellte fest, dass ihm Martins Worte tatsächlich ein wenig Trost spendeten und dass der Schmerz, den er in Bezug auf seine Familie so oft empfand, längst nicht mehr so präsent war. Vielmehr fühlte es sich an wie ein vertrautes Hintergrundrauschen, das für seinen Alltag jedoch kaum Bedeutung hatte. »Hat euch Susan schon erzählt, dass sie sich einen Hund anschafft? Im Advent müsstet ihr also diesmal nach Kirkby kommen, denn mit einem Welpen kann sie euch nicht gut besuchen.«

»Sie spricht seit Wochen von kaum etwas anderem – mit Ausnahme von eben. Und stimmt es, dass du ein Ferkel gerettet hast?«

»Bertha, ja«, bestätigte er mit einem Lächeln, das tief aus seinem Herzen kam. »Ich habe keine Ahnung, was genau ich mir dabei gedacht habe und wie es werden soll, aber ich werde mich um sie kümmern, so gut ich kann.«

»Dann dürfte das Ferkel das glücklichste Schweinchen werden, das jemals in Kirkby gelebt hat.« Martin legte ihm einen Arm um die Schultern. »Komm, lass uns zu den Frauen gehen und überlegen, wohin wir gleich zum Essen wollen.«

• • •

Es hatte gutgetan, ihren Eltern von allem zu berichten. Susan fühlte die Erleichterung auch noch am nächsten Tag, als sie neben Davie im Auto saß und sie wieder Richtung Kirkby gondelten. Der Tag gestern war dann noch erstaunlich nett geworden, nachdem ihre Eltern den Schock überwunden hatten. Sie waren gemeinsam in den Pub *The Wylde Wynds* gegangen, den sie von ihrem Besuch in der Weihnachtszeit letztes Jahr kannten, und hatten dort ein sehr leckeres Mittagessen zu sich genommen, an das sich nahtlos Kaffee und Kuchen angeschlossen hatten. Ihre Eltern waren hinterher nach Hause gegangen, aber sie und Davie hatten die Highlights von Edinburgh genossen.

Es war schön, gelegentlich Großstadtluft zu schnuppern, doch die Sehnsucht nach Kirkby war stärker. Dort war ihr Zuhause, ihr sicherer Hafen, ihr Kraftort. Eine Erkenntnis, die sie wenig überraschte, in ihrer Klarheit eher für noch mehr Gewissheit sorgte. Sie brauchte keine aufregenden Jobangebote wie die, mit denen Hetty sie neulich noch gelockt hatte oder die ihre Eltern immer mal erwähnten. Sie war zufrieden mit ihrem Leben und ihrer Arbeit in Kirkby – auch wenn das einigen Menschen zu klein erschien.

»Woran denkst du?«, erkundigte sich Davie und lächelte ihr kurz zu, ehe er seine Aufmerksamkeit wieder auf die Straße und den Verkehr lenkte.

»Daran, wie glücklich ich in Kirkby bin. Dass es für mich keinen anderen Ort auf der Welt gibt, an dem ich lieber leben würde. Und du?«

»So ähnlich. Ist es nicht faszinierend, wie parallel unsere Biografien verlaufen? Wir haben beide prägende Kinder- und Jugendjahre in den Highlands verbracht. Wenige Kilometer voneinander entfernt. Beide haben wir unsere Heimat für viele Jahre verlassen und sind dann doch wieder zurückgekehrt, obwohl unsere Familien längst woanders lebten.«

»Darüber habe ich nie nachgedacht, aber ja, es stimmt.« Susan sah zu ihm. Davie wirkte immer noch ziemlich müde, aber längst nicht mehr so angespannt wie am Donnerstag und Freitag. Das galt wohl auch für sie.

»Bist du froh, dass du deinen Eltern endlich alles erzählt hast?«, wollte er wissen.

»Ja. Allerdings habe ich ihnen nicht wirklich alles erzählt.« Sie biss sich leicht auf die Unterlippe und blickte aus dem Fenster in die graubraune Landschaft. Das Schneewunder vom letzten Wochenende war erwartungsgemäß längst geschmolzen.

»Die Details, die sie kennen, dürften reichen«, entgegnete er.

»Nein, das meine ich nicht. Mehr über die Lasse-Katastrophe brauchen sie gar nicht zu wissen. Aber ich habe ihnen nichts von uns gesagt.« Nun linste sie wieder vorsichtig in seine Richtung. Von den neuen Entwicklungen zwischen ihr und Davie hatte sie ihren Eltern nicht berichtet, weil sie sich nicht sicher war, ob es überhaupt noch etwas zu berichten gab. Nach dem Köttbullar-Abendessen und der Langversion des Kim-Dramas hatten sie sich wieder ins Bett gelegt und geschlafen. Jeder auf seiner Seite und jeder unter einer separaten Decke, was es noch einfacher gemacht hatte, jeglichen Körperkontakt zu vermeiden. Vor einer Woche war das Leben plötzlich voller neuer Möglichkeiten gewesen, doch nun schien sich diese Tür wieder fest geschlossen zu haben.

»Was hättest du ihnen denn gerne erzählt?«, fragte er vorsichtig, und sie sah, wie sein Adamsapfel zuckte. Das passierte immer dann, wenn er nervös oder aufgeregt war.

»Ich weiß es nicht«, gab sie zu und schluckte ihrerseits. Es wäre so leicht, wieder in das alte Muster zurückzufallen, zu verdrängen und einfach das Thema zu wechseln. Aber sie hatte sich geschworen, dass sie das nicht mehr tun wollte, und daher musste sie nun den Elefanten im Raum ansprechen. »Letztes Wochenende war …«

»Wundervoll. Speziell. Ein Solitär«, vervollständigte er ihren Satz so rasch, dass ihr der Verdacht kam, dass er ebenfalls schon länger darüber nachgedacht hatte.

»Ja?«

»Ich frage mich nur, ob es real war.«

»Oh.« Susan wusste nicht, ob sie erleichtert sein sollte, weil er ähnlich empfand wie sie, oder enttäuscht, weil sie sich insgeheim etwas anderes wünschte.

»Ich bin mir einfach nicht sicher, ob wir gerade in der Verfassung sind, so eine wichtige Entscheidung für unser Leben zu treffen«, sprach er weiter, und nun war sie überzeugt, dass er lange darüber nachgedacht haben musste. Vielleicht nachts, statt zu schlafen?

»Da könnte was dran sein«, sagte sie zerknirscht. »Ich meine, mit der ganzen Lasse- und der Kim-Sache. Mit deiner vielen Arbeit, der Aussicht auf die Tiere«, zählte sie auf. Es war alles richtig, und trotzdem fühlte es sich total hohl und falsch an.

»Wir funktionieren so gut als Freunde, warum das riskieren?«

»Eben«, stimmte sie ihm zu – und wollte am liebsten weinen.

• • •

Davie war sich auch drei Tage später nicht sicher, ob er ein Held oder ein Vollidiot war, weil er Susan auf der Heimfahrt am Sonntag so klar wieder in die Freundschaftsecke verfrachtet hatte. Einerseits waren die Verhältnisse damit erstens wieder geklärt und zweitens zurück auf null. Andererseits vermisste er sie so sehr, wie er es niemals für möglich gehalten hätte. Dabei sahen sie sich doch fast täglich.

Vollidiot. Eindeutig. Und ein schweres Eigentor obendrein. Wie blöd konnte man überhaupt sein?

Doch diesen Gedanken musste er nun mit aller Vehemenz wegschieben, denn er hatte gleich einen Termin mit Jon und Alex in *The Kirkby Barn*. Seit letztem

Donnerstag hatte sich einiges getan. Ein Raum war sogar schon so weit ausgestattet, dass sie Fotos machen konnten – für die Buchungsplattform und für den Wettbewerb der Architekturzeitschrift. Die Redaktion hatte ihn gestern angerufen und mitgeteilt, man werde seine Bewerbung gerne berücksichtigen, aber es fehlten noch einige Dinge, die er dringend bis spätestens Anfang nächster Woche nachreichen sollte: aussagekräftiges Fotomaterial und Angaben zum verantwortlichen Architekturbüro.

»Ich habe alles entworfen«, hatte er der Redakteurin gesagt.

»Ja, aber Sie haben sich als Schreiner bezeichnet.«

»Ich *bin* Schreiner.«

»Und wer hat die Pläne gemacht, die Statik berechnet, die Baugenehmigung eingeholt?«

»Nun ja, auch ich.«

»Als Schreiner?«

»Ich bin ursprünglich Architekt.«

Stille am anderen Ende der Leitung. Offensichtlich hatte die Redakteurin Mühe gehabt, zu begreifen, warum sich ein Architekt lieber als Schreiner bezeichnete. Das war der Moment gewesen, in dem Davie das Gespräch am liebsten beendet hätte, weil ihm diese Arroganz der Branche so sehr auf die Nerven ging. Aber dann hatte ihn seine Gesprächspartnerin überrascht: »Ich mag Ihren Ansatz, Mr Tomlinson. Ihre Liebe zum Handwerk kommt in Ihren Entwürfen wunderbar zur Geltung. Man merkt ihnen an, dass sie aus der Praxis stammen und nicht rein auf dem Reißbrett entstanden sind. Das ist toll. Aber die Regeln unserer Ausschreibung sind eindeutig: Es dürfen sich ausschließlich Architekturbüros bewerben. Denken Sie doch darüber nach, ob Sie vielleicht Ihre Firmierung ändern wollen.«

Darüber dachte er seitdem ununterbrochen nach. Das wäre ein Betrug an ihm selbst. Er hatte sich geschworen, nie wieder als Architekt zu arbeiten, und viele Jahre lang war es ihm leichtgefallen, sich daran zu halten. Doch mit Vorhaben wie diesem Hotel und der Sporthalle hatten sich plötzlich Gelegenheiten eröffnet, seine beiden Berufe auf versöhnliche Weise miteinander zu verbinden.

Natürlich hatte die Redakteurin recht: Nur weil er es *konnte*, durfte er als Schreiner eigentlich nicht für solche Bauvorhaben verantwortlich sein. Das müsste allein schon aufgrund sinnvoller behördlicher Vorgaben und Versicherungsfragen ein Bauingenieur oder Architekt machen. Qualifikation allein nutzte nicht viel, wenn die Form nicht eingehalten wurde. Es gab also zwei Möglichkeiten: Entweder meldete er selbst ein Architekturbüro an und schloss die entsprechenden Versicherungen ab, ober er engagierte jemanden, der seinen Namen zur Verfügung stellte, damit offiziell verantwortlich war und dann eben auch etwaige Preise einheimste. Die letztere Option verwarf er auf der Stelle. Blieb noch die unattraktive dritte Variante, nämlich die Bewerbung für den Wettbewerb zurückzuziehen und Collum nach seinen Flitterwochen die Nachricht zu überbringen, dass er sich für die Sporthalle doch jemand anderen suchen musste.

»Du siehst aus, als hättest du in eine verschimmelte Zitrone gebissen«, riss ihn Jon aus seinen trüben Gedanken, und gleich darauf stupste ihn Polly freundlich gegen die Hand.

»Eine schimmlige Zitrone? Wie kommt man auf derart widerwärtige Vergleiche?« Davie schüttelte sich bei dem Gedanken und kraulte Pollys Kopf. »Was macht Polly eigentlich hier? Sollte sie nicht bei ihren Kindern sein?«

»Der Vergleich kam mir bei deinem Gesichtsausdruck spontan in den Sinn, und Polly braucht mal eine kurze Auszeit von ihrer Höllenbrut. Aber keine Sorge, es geht ihnen blendend.«

»Höllenbrut? Das hörte sich vor Kurzem aber noch ganz anders an.« Alex war nun auch dazugekommen und lachte.

»Da wusste ich auch noch nicht, dass die süßen Babys im Rekordtempo eine Horde gewaltbereiter Terroristen werden würden«, entgegnete Jon und zeigte seine zerkratzten und zerbissenen Hände her. »Geht man so mit seinem Grandpa um?«

Alex warf lachend den Kopf in den Nacken, und auch Davie musste grinsen. »Armer Welpen-Opi«, tröstete er.

»Warte nur. Wenn erst euer Baby auf der Welt ist, wird das noch auf ganz anderer Ebene schmerzhaft.«

Alex war gnadenlos – und fand das alles offensichtlich sagenhaft lustig.

Jon winkte ab. »So gern ich dieses Thema jetzt auch vertiefen würde, ich hab nicht viel Zeit und Davie sicher auch nicht. Also, wollen wir loslegen?«

»Schade.« Alex grinste. »Ich hätte noch ein paar erhellende Geschichten zu erzählen.«

»Lieber nicht. Lasst uns über das Hotel sprechen, wie ist da der Stand der Dinge?«

»Ein Zimmer ist fertig eingerichtet und bereit, fotografiert zu werden«, sagte Davie und führte die beiden Männer in den Raum, in dem sein Team, der Maler und Ainslee einander gestern fürchterlich auf den Füßen gestanden hatten, um alles fertig zu bekommen. Ainslee hatte Bettwäsche und Gardinen geliefert, außerdem ein paar Plaids und Kissenbezüge im Kirkby-Tartan. Wenn man nicht so genau hinsah, wirkte alles absolut perfekt.

»Wow, das ist echt toll«, befand Alex, und auch Jon nickte enthusiastisch.

Polly schnüffelte interessiert herum und ließ sich dann als dekorativer Bettvorleger auf dem schimmernd polierten Dielenboden nieder.

»Großartig, dann würde ich meine übliche Fotografin engagieren, damit sie professionelle Bilder macht«, kündigte Jon an und spähte ins Bad. »Das ist auch sensationell geworden. Die Viehtröge als Waschbecken machen echt was her.«

»Danke. Ich hab auch noch eine Ankündigung zu machen.« Davie räusperte sich.

»Hat die was mit deinem Schimmlige-Zitronen-Gesicht zu tun?«, wollte Jon wissen, und Alex hob fragend eine Braue.

»Indirekt womöglich schon«, gab Davie zu. »Oder sogar direkt. Ich hab euch doch von dem Wettbewerb in der Zeitschrift erzählt.«

»Ja, klar, das wäre tolle kostenlose PR für *The Kirkby Barn*, wenn wir gewinnen.« Alex nickte.

»Selbst wenn wir nur in die engere Auswahl kämen. In der Online-Ausgabe wird es Fotostrecken von den Top Ten geben, im Heft immerhin von den Top Five«, erklärte Davie. »Es gibt allerdings einen Haken.«

»Jetzt kommt die schimmlige Zitrone.«

»Was hast du denn ständig mit schimmligen Zitronen?«, wollte Alex wissen. »Das ist widerwärtig.«

»Das gilt vielleicht auch für den Haken?«

»Nein, keine Sorge, so schlimm ist es nicht. Ich habe nur einen Regelverstoß begangen.«

»Oh?«, kam es wie aus einem Mund von Jon und Alex.

»Ich habe den Entwurf nicht als Architekturbüro angemeldet, sondern als Schreiner.«

Jon sah ihn verständnislos an, und Alex fragte: »Aber du bist doch auch Architekt, oder?«

»Ja. Bin ich. Aber formal muss ein Architekturbüro die Verantwortung übernehmen. Übrigens nicht nur für den Wettbewerb, sondern auch gegenüber den zuständigen Behörden. Das ist bei der Sporthalle noch relevanter als beim Scheunenumbau, doch auch da …« Er winkte ab. »Ich muss euch nicht mit Details langweilen. Es war mein Fehler, dass ich nicht von Anfang an daran gedacht habe. Vielleicht war es aber auch besser, denn sonst hätte ich den Auftrag wohl nicht übernommen. Weder den für das Hotel noch den für die Halle.«

»Und jetzt?«, wollte Jon wissen und wirkte so, als würde er im Hinterkopf bereits alle möglichen Worst-Case-Szenarien durchgehen.

»Jetzt werde ich offiziell ein Büro anmelden, damit alles seine Ordnung hat«, sagte Davie mit fester Stimme.

»Also eigentlich gar kein Haken?« Alex wirkte halb verwirrt, halb erleichtert. »Mann, du kannst uns nicht erst mit derartigen Hiobsbotschaften erschrecken und dann im nächsten Atemzug kundtun, dass alles kein Problem ist.«

»Tut mir leid, das hatte ich so nicht geplant. Ihr seid einfach ein paar Minuten zu früh gekommen, als ich noch nicht ganz fertig war mit meinem Entscheidungsfindungsprozess. Ich habe mir nämlich vor einigen Jahren geschworen, nie wieder als Architekt zu arbeiten.«

»Warum? Das ist doch total idiotisch, wo jeder sieht, wie sehr du für deine Arbeit brennst.«

»Gerade du müsstest das am besten verstehen«, gab Davie an Jon gewandt zurück. »Du arbeitest doch auch nicht mehr als Werber, sondern als Pubwirt. Einen krasseren Berufswechsel gibt es ja wohl kaum.«

»Quatsch.« Jon schüttelte vehement den Kopf. »Der einzige Unterschied ist, dass ich mir meine Gedanken nicht mehr für Kunden mache, sondern meine kreative Werber-Energie auf den Pub lenke.«

Da war was dran. »Für mich war der Prozess eben nicht so einfach, aber jetzt habe ich mich entschieden. Und ich leite sofort das Nötige in die Wege, damit wir alle auf der sicheren Seite sind«, beeilte sich Davie hinzuzufügen.

»Fein, dann ist doch alles geklärt. Ich drücke uns die Daumen, dass wir bei dem Wettbewerb mindestens unter die Top Ten kommen«, beendete Alex die Diskussion. »Wie ist das Timing für die Eröffnung?«

»Es bleibt bei Ende November«, sagte Davie. »Vielleicht sind ein paar Tage weniger auch drin, aber ich denke, dass ein offizieller Buchungsstart am ersten Dezember definitiv klargehen wird.«

• • •

»Ich lach mich schlapp«, japste Susan, als sie sah, wie alle neunundzwanzig Welpen und Schweinchen Bertha auf dem eingezäunten Gelände im Garten des Herrenhauses hinter einem Ball herrannten und wie wild miteinander rangelten, aufgestachelt von den lautstarken Anfeuerungsrufen der Vorschulkinder. Mit denen war Susan vorhin zu einem Ausflug zum Herrenhaus aufgebrochen, auf den ausdrücklichen Wunsch von George Stewart hin, der der Meinung war, dass die Welpen nun alt genug waren für neue

Umweltreize – in Form von Outdoor-Spiel und kleinen Kindern.

»Ja, die sind echt der Knaller.« Robin war mit Alex auf dem Arm ebenfalls im Garten aufgetaucht. Der Kleine strampelte und wollte runter. Robin ächzte, als sie sich wieder aufrichtete. »Was bin ich froh, wenn diese Schlepperei endlich aufhört.«

»Du musst dringend ein bisschen trainieren, damit du keine ernsthaften Probleme bekommst. Das viele Sitzen und das ständige Kindergeschleppe sind nicht gut. Und Frauen …«

»Komm mir bloß nicht mit ›Frauen in deinem Alter‹«, warnte Robin.

»Wollte ich nicht. Frauen neigen blöderweise dazu, sich zu überschätzen. Und weil wir von Natur aus weniger Muskelmasse haben, müssen wir mehr tun, um Fehlhaltungen entgegenzusteuern«, beendete Susan ihren Satz. »Das ist eine fundamentale Ungerechtigkeit – wie so vieles im Leben –, aber eben leider nicht zu ändern. Ich kann dir ein paar Übungen zeigen, wenn du magst.«

»Du nicht auch noch. Anna versucht mich die ganze Zeit zum Yoga zu überreden, aber weil ich abends meist irgendwelche Videokonferenzen mit unseren amerikanischen Büros habe, komme ich nicht dazu. Vormittags wäre gut.«

»Vielleicht ergibt sich ja nächstes Jahr was, wenn die Sporthalle fertig ist. Aber Yoga wäre wirklich eine gute Idee.«

»Ich weiß. Vielleicht finde ich einen passenden Online-Kurs. Wie war's in Malmö?«, wechselte sie dann abrupt das Thema.

»Ätzend.« Susan seufzte. »Sehr ätzend, aber wohl notwendig. Ich bin gespannt, wie es weitergeht.«

»Ich schätze, die Ermittler werden sich noch um weitere Zeugenaussagen bemühen, und dann wird die Staatsanwaltschaft Anklage gegen Lasse erheben. Je nachdem, wie schwer die Anschuldigungen sind, kann es sein, dass er in Untersuchungshaft genommen wird. Laut Britta ist das sogar ziemlich wahrscheinlich.«

»Krass«, murmelte Susan, kam jedoch nicht umhin, Erleichterung zu verspüren. Wenn Lasse im Knast saß, konnte er ihr nichts mehr tun. Ihr nicht und keiner anderen Frau.

»Er hat es verdient, nicht wahr?«

»Ohne jeden Zweifel. Ehrlich, die Welt wäre ein besserer Ort ohne frei laufende Lasses.«

»Da sagst du was … Ähm …« Robin deutete auf ihren Vater, der nun allen Ernstes das Türchen des Welpenauslaufs öffnete und die Kinder eintreten ließ. »Ob das eine so gute Idee ist?«

»Dein Vater weiß hoffentlich, was er tut.« Susan ging wieder näher an den Zaum heran, jederzeit bereit, mit einem beherzten Satz darüberzuspringen. »Seid lieb zu den Welpen«, ermahnte sie die Kinder, doch das war nicht nötig. Die meisten ihrer Schützlinge waren hundeerfahren, und George hatte anscheinend alles im Griff.

»Wenn sie doch immer so friedlich wären«, sagte Robin mit einem Lächeln, und Susan war sich nicht sicher, ob sie die Hunde, die Kinder oder den Zustand der Welt insgesamt meinte.

»Mist, ich habe mein Handy nicht dabei«, stellte sie bedauernd fest. Sie hätte gerne einen Foto von der Szenerie vor sich geschossen. Kleine Hunde, kleine Kinder und Ferkelchen Bertha, die alle zusammen aufgedreht, aber fröhlich herumtollten.

»Das ist ja mal ganz was Neues.« Robin zwinkerte ihr frech zu und knipste mit ihrem Handy ein paar Schnappschüsse. »Soll ich die Bilder erst an dich schicken oder direkt an Davie?«

»Beides bitte.«

»Apropos Davie«, begann Robin, nachdem sie die Bilder verschickt hatte.

»Sehr geschmeidiger Übergang.« Susan grinste schief.

»Dafür bin ich bekannt. Wie läuft es denn nun zwischen euch?«

»Gar nicht. Oder wie immer.« Susan seufzte. »Es ist so, als hätte es das Hochzeitswochenende nie gegeben. Mit dem Schnee ist auch die Leidenschaft geschmolzen.«

»Und das soll ich glauben?«

»Ich fürchte ja. Auf der Rückfahrt von Edinburgh meinte er, dass unsere Freundschaft das Wichtigste wäre und dass für Leidenschaft gerade keiner von uns beiden so richtig Zeit hätte …«

»Was für ein Bullshit!«, kam es fast schon genervt von Robin.

»Bitte?«

»Wie ich sagte. Ich find's einfach frustrierend, zu beobachten, wie sich manche Menschen selbst im Weg stehen.«

»So kann man das nicht betrachten. Es steht so viel auf dem Spiel. Bei uns beiden. Da ist …« Susan beendete den Satz nicht, weil Robin allmählich wie eine formidable Rachegöttin wirkte – die eine Sekunde später in sich zusammenfiel, als hätte man ihr schlagartig den Stecker gezogen.

»Sorry, ich bin wirklich die Letzte, die darüber richten sollte. Sky und ich wären auch viel schneller aus unserer Friendzone rausgekommen, wenn ich mutiger gewesen wäre. Aber ich habe es vorgezogen, mich wochenlang hinter der ›Du bist mein Mandant‹-Masche zu verstecken. Hat sich scheiße angefühlt, aber ich war zu feige. Zu feige, um zu vertrauen. Zu feige, um auf mein Herz zu hören. Aber wir haben es geschafft, und ich gehe davon aus, dass ihr beide es auch hinkriegt.«

Susan sagte nichts dazu, sondern nickte nur. Dafür kam ihr gerade eine Idee, die nichts mit Davie, nichts mit Lasse, nichts mit Feigheit oder Mut zu tun hatte – und alles mit den Welpen, mit Schweinchen Bertha und dem Fußball. Sie merkte, wie sich ein strahlendes Lächeln auf ihrem Gesicht breitmachte.

»So brillant war mein Pep-Talk nun auch wieder nicht«, brummte Robin misstrauisch.

»Stimmt, aber meine Freude hast auch nicht du verursacht, sondern mein Geistesblitz. Ich weiß jetzt nämlich endlich, was ich zum Collum-Day mit den Kindern einstudieren kann.«

»Na, da bin ich aber gespannt.« Robin schaute auf die Uhr. »So, ich muss mich jetzt ein bisschen herrichten, damit ich nachher wieder wie eine taffe Anwältin rüberkomme und nicht wie eine müde Mutti. Wir sehen uns. Ayana kann eigentlich gleich hierbleiben, oder? Dann muss Sky in einer Stunde nicht los und sie abholen.«

»Klar, macht Sinn.«

»Super. Dad, kümmerst du dich um Alex?«, rief Robin ihrem Vater zu, der nur nickte. Gleich darauf war sie verschwunden.

Susan kletterte nun selbst zu den Welpen, die langsam sichtlich müde wurden. Einer nach dem anderen fiel um und schlief ein.

»Ich glaube, wir sollten die Hunde jetzt ihren Mittagsschlaf machen lassen und zurück in den Kindergarten gehen«, sagte sie und nahm Ernie hoch, die freudig zu ihr gewackelt war.

»Es ist schon viel zu spät für Mittagsschlaf«, klugscheißerte Tom.

»Nicht, wenn man ein kleiner Hund ist«, stellte George richtig, und Praktikant Robbie ging beherzt dazwischen, als Tom sich mit einem frechen Airedoodle anlegen wollte.

»Wir haben auch noch etwas vor«, kündigte Susan an. »Es hat mit den Hunden zu tun – und mit unserer Theateraufführung für den Bürgermeister.«

Das half dabei, die meisten Kinder von ihren herzigen Spielgefährten loszueisen – allen voran Ayana.

»Du musst nicht mehr mit in den Kindergarten kommen«, sagte Susan zu ihr. »Du bist ja schon zu Hause, und deine Mama meinte, dass du hierbleiben darfst.«

»Aber ich will doch auch beim Theater mitmachen«, widersprach die Kleine völlig konsterniert.

»Das darfst du ja auch. Wir starten morgen richtig mit der Planung.«

»Und was macht ihr heute?« Ihr bohrender Blick fixierte Susan, die sich fragte, ob die Kleine sich den von ihrer Adoptivmutter abgeguckt hatte.

Susan ging ein Stückchen außer Hörweite der anderen Kinder und winkte Ayana zu sich. »Ich fang schon mal an, den Jungs alles zu erklären. Du weißt doch, dass man einigen von ihnen manches fünfmal sagen muss, bis sie es kapieren.« Sie fühlte sich ein bisschen schlecht dabei, dass sie zu einer derart plumpen Notlüge griff und schon ein Vorschulkind mit »sexistischen Stereotypen« konfrontierte, wie eine Uni-Dozentin immer getadelt hatte. Doch ausnahmsweise heiligte der Zweck hoffentlich die Mittel.

»Manchmal kapieren sie es nie!« Ayana hatte den Köder geschluckt und plusterte sich selbstgerecht auf, was bei einem so kleinen, zarten Wesen sehr putzig wirkte. »Alex versteht gar nichts.«

»Alex ist ja auch fast noch ein Baby«, nahm Susan den kleinen Bruder in Schutz.

»Ja, aber Tom und Finley …« Das Mädchen verdrehte so gekonnt die Augen, dass Susan wirklich Schwierigkeiten hatte, sich das Lachen zu verkneifen.

»Eben. Die übernehme ich jetzt, und morgen können wir dann richtig loslegen. Einverstanden?«

»Okay.« Ayana nickte feierlich.

»Wenn du Lust hast, kannst du ja ein Bild davon malen, wie die Welpen Fußball gespielt haben, was hältst du davon?«

»Au ja. Das mach ich.«

Robbie hatte die restliche Meute aus dem Hunde-Auslauf extrahiert und sie zum Abmarsch bereit aufgestellt. Also gab Susan Ernie einen Kuss auf den Kopf und setzte sie zurück zu ihren Geschwistern.

»Danke, George, für diesen schönen Nachmittag«, sagte sie, und die Kinder sprachen es ihr nach.

»Ihr seid jederzeit herzlich willkommen.«

CHANCENTOD

KÖNNEN WIR UNS *heute noch treffen? Ich brauch deine Hilfe.*

Davie starrte auf dem Display seines Telefons Susans Nachricht an. Es war drei Uhr nachmittags, was bedeutete, dass sie ihm vom Kindergarten aus getextet hatte. Ein einzigartiger Moment, den er rot im Kalender anstreichen müsste – wenn er nicht so besorgt wäre. Es musste etwas Schlimmes geschehen sein, denn sonst würde sie niemals ihre digitale Null-Toleranz-Politik brechen. Er überlegte, ob er antworten sollte, beschloss aber, lieber persönlich nach dem Rechten zu sehen. Er war gerade von seinem heutigen Trip nach Inverness zurück und saß noch im Auto. Also startete er sein Gefährt erneut und parkte keine fünf Minuten später am Kindergarten. Die Vorschul-Zwerge tobten gerade im Garten herum, unter der Aufsicht von Praktikant Robbie. »Wo ist Susan?«, erkundigte sich Davie mit zunehmender Nervosität.

»Hi«, grüßte Robbie, und einige der Kinder kamen zum Zaun gerannt und bombardierten Davie mit Fragen, für die er jedoch keinen Sinn hatte.

»Hi«, entgegnete er. »Susan?«

»Sie ist im Büro, weil sie dringend etwas erledigen musste«, sagte Robbie und runzelte dann die Stirn. »Ist etwas passiert?«

»Ich hoffe nicht. Kann ich?« Davie deutete vage in die Richtung, wo im Kindergartengebäude das Büro lag.

»Klar, klingel aber am besten vorne an der Tür, dann macht sie dir auf. Ich kann hier gerade nicht weg.«

Davie nickte und rannte fast um das Gebäude. An der Tür klingelte er Sturm.

»Davie?« Susan sah ihn überrascht an, als sie ihm öffnete. »Was machst du denn hier?«

»Was ist passiert?« Er blickte sich misstrauisch um, als würde er einen Übeltäter in der Kindertoilette vermuten, der in der nächsten Sekunde mit einer Klobürste – oder Schlimmerem – eine Attacke starten könnte.

»Nichts. Warum?« Sie starrte ihn verständnislos an.

»Du hast mir gerade geschrieben, dass du meine Hilfe brauchst«, half er ihr auf die Sprünge.

»Ja, aber doch nicht jetzt. Ich meinte heute Abend.«

»Ach so.« Schlagartig fühlte er sich wie der größte Idiot auf weiter Flur. »Ich dachte …« Er schüttelte den Kopf.

»Was?«

»Ich meine, du hast mir vom Handy aus eine Nachricht geschrieben«, brachte er entrüstet hervor.

Sie lachte. »Soweit ich weiß, ist das eine allgemein anerkannte Kommunikationsmethode im einundzwanzigsten Jahrhundert.«

»Was die Allgemeinheit betrifft, ja, aber nicht für dich, Miss Ist-mir-doch-egal-wo-mein-Handy-ist. Du hast mir noch nie unter der Woche und während der Arbeitszeit eine Textnachricht geschickt. Ich hab gedacht, es ist sonst was passiert.« Der aufwallende, irrationale Ärger bei gleichzeitiger Erleichterung darüber, dass offensichtlich alles in Ordnung war, sorgte für einen höchst irritierenden Gefühlsmix.

Ihr Lachen wich einem verlegenen Lächeln. »Tut mir echt leid, dass du dir Sorgen gemacht hast. Das war blöd von mir. Ich war halt kurz im Büro, weil ich zwei Telefonate erledigen musste, bei denen ich nur nachmittags jemanden erreichen konnte. Bei der Gelegenheit habe ich dir die Nachricht geschickt.«

»Okay. Ich bin vielleicht ein Trottel.« Er seufzte.

»Nein, bist du nicht. Du hast dir Gedanken um mich gemacht, das ist … total nett, wenn auch unnötig.«

Total nett? Der Ärger bekam gerade neuen Zündstoff. »Verstehe.« Er presste die Lippen aufeinander. »Dann sorry für die Störung.« Davie drehte sich um und wollte schon gehen, doch Susan packte ihn am Arm.

»Ich brauche wirklich Hilfe«, brachte sie ihre ursprüngliche Frage wieder ins Spiel. »Das war kein Test oder so. Können wir uns heute Abend sehen?«

»Meinetwegen«, grummelte er. »Wollen wir im Pub essen?«

»Es wäre mir lieber, wenn wir es bei dir oder bei mir machen könnten. Dafür brauche ich kein Publikum. Jedenfalls noch nicht.«

Noch nicht? Die Frau sprach in Rätseln, und er wusste nicht, was er davon halten sollte. »Na schön, komm einfach vorbei. Ich war in Inverness und habe eingekauft. Könnte also wieder eine Bolo machen, wenn du magst.«

»Das wär' toll. Und es tut mir ehrlich leid, dass ich dich so erschreckt habe. Wird nicht wieder vorkommen.«

»Und mir tut's leid, dass ich so überreagiert habe. Bis später.« Er zögerte einen Moment, denn er hatte den Eindruck, dass sie ihm einen Kuss geben wollte, doch sie entschied sich dagegen. Natürlich.

»Bis später. Ich freu mich.«

Davie ging langsam zurück zu seinem Wagen, winkte noch einmal Robbie und den Kindern und fuhr dann zurück zu seiner Schreinerei. Was um alles in der Welt war nur los mit ihm?

Die Werkstatt war leer, als er eintrat. Sämtliche Mitarbeiter waren auf der Hotelbaustelle und gaben Gas, damit der Zeitplan eingehalten werden konnte. Er selbst hatte jedoch eine andere Mission. Er rief die Bewerbungsseite der Zeitschrift auf und ergänzte seine Angaben: »Davie Tomlinson Holzbau – Architektur, Interior Design, Möbel«, tippte er in das Architekten-Feld und ergänzte in der nächsten Zeile noch seine offizielle Registrierungsnummer.

Er hatte am Vormittag mit dem Architects Registration Board telefoniert, der offiziellen Registrierungs- und Kontrollstelle britischer Architekten. Dort hatte er sein Abschlusszeugnis von der Uni hingeschickt und nach einiger Überzeugungsarbeit die Sachbearbeiterin dazu gebracht, ihn mit sofortiger Wirkung in das Register einzutragen und ihm seine Nummer zu nennen. Normalerweise dauerte dieser Prozess Tage, wenn nicht Wochen, doch irgendwie hatte sein spärlicher Charme gereicht.

Anschließend war er nach Inverness gefahren, hatte seinen Versicherungsmakler überfallen und eine entsprechende Versicherung abgeschlossen. In einer Schnelldruckerei an der Uni hatte er außerdem einen Stapel Visitenkarten drucken lassen. Er würde sich irgendwann um ein ansprechendes Logo und eine wirklich schöne Büroausstattung kümmern, doch kurzfristig sollte es reichen. Nun musste er nur noch seine Webseite anpassen und hoffen, dass die Jury des Wettbewerbs ihn als echten Architekten anerkannte.

Das alles war ein Riesenschritt für ihn, und doch hatte er es in dem Moment schlagartig verdrängt, als Susan vermeintlich in Gefahr gewesen war. Was sagte das über ihn aus? Über sie? Über ihre Freundschaft? Er war sich nicht sicher, ob er darüber so intensiv nachdenken wollte. Stattdessen konzentrierte er sich auf die Änderungen an seinem Internetauftritt und informierte Alex und Jon darüber, dass bei ihrem Hotelprojekt nun auch formal alles seine Richtigkeit hatte.

• • •

Susan starrte noch ein Weilchen auf die geschlossene Tür und sinnierte über Davies Auftritt. Klar war es ungewöhnlich, dass sie ihr Telefon unter der Woche tagsüber für private Nachrichten nutzte – oder es überhaupt in die Hand nahm –, aber das sollte doch eigentlich kein Grund sein, so krass überzureagieren. Seine Sorge war ganz echt gewesen, das hatte sie gemerkt und fragte sich, was er sich wohl ausgemalt hatte. Dass Lasse ihr im Kindergarten aufgelauert hatte?

Sie schauderte bei dem Gedanken. Das war extrem unwahrscheinlich, aber nicht völlig auszuschließen. Doch dann hätte sie ihren Hilferuf wohl ganz anders formuliert – falls sie dazu überhaupt noch Gelegenheit gehabt hätte. Plötzlich flackerte die gleiche Angst in ihr auf, die sie in Davies Augen gesehen hatte.

Sie ging kurz zur Gartentür, um sich zu vergewissern, dass Robbie noch ein bisschen länger allein klarkam, und rief dann Britta Lund an. »Wie hoch ist die Wahrscheinlichkeit, dass Lasse einfach so bei mir in den Highlands auftauchen und mich bedrohen könnte?«, fiel sie gleich mit der Tür ins Haus, ohne sich mit höflichem Small Talk aufzuhalten.

Die Anwältin war überrascht, das merkte Susan allein schon an der überlangen Pause, ehe sie antwortete. »Gibt es irgendwelche Hinweise?«, fragte Britta sachte.

»Nein, nur …« Nun zögerte Susan. »Was, wenn ihm Hetty gesagt hat, wo ich wohne und wo ich arbeite?

Was, wenn er sich an mir rächen möchte? Was, wenn er einfach vorbeikommt und mir auflauert?« Sie hatte Mühe, die aufkeimende Panik in ihrer Stimme zu unterdrücken.

»Hey, das wird nicht geschehen«, beruhigte Britta sie sofort. »Ich dachte, er hat vielleicht angerufen oder geschrieben. Dass er persönlich vorbeikommt, kann ich jedenfalls mit ziemlicher Sicherheit ausschließen.«

»Ja?«

»Die Staatsanwaltschaft ermittelt bereits. Lasse Lindqvist wurde gestern dem Richter vorgeführt, um die Möglichkeit einer Untersuchungshaft zu prüfen. Darauf hatten wir gedrängt, doch der Ermittlungsrichter hat lediglich eine elektronische Fußfessel und Hausarrest angeordnet, jedenfalls bis zum Prozess. Lasse ist also zwar nicht in Haft, aber trotzdem nicht frei. Und sollte er dich tatsächlich telefonisch, per E-Mail, Textnachricht oder analogem Brief bedrohen, dann lass es uns augenblicklich wissen. Das dürfte seine Ausgangslage nicht eben verbessern.«

»Ich habe nichts von ihm gehört«, entgegnete Susan, als die Information, dass Lasse das Land nicht so einfach verlassen konnte, ja nicht einmal sein Haus, langsam bei ihr einsickerte. Er konnte ihr nichts tun. »Ich habe ja eine neue Telefonnummer, die nicht einmal Hetty kennt. Es sollte also unmöglich sein, dass er mich auf diesem Weg kontaktiert. Und ein Brief würde mich sehr wundern. Das passt nun wirklich nicht zu ihm.«

»Umso besser, aber für den unwahrscheinlichen Fall, dass er doch schreibt – verzweifelte und wütende Menschen greifen manchmal zu untypischen Methoden –, kriegen wir ihn damit dran. Mach dir keine Sorgen.«

»Danke, Britta. Und tut mir leid, dass ich so einen Aufriss gemacht habe.« Susan fühlte sich nun reichlich zerknirscht. Wohl fast so wie Davie vorhin.

»Muss es nicht. Es ist ein Ausnahmezustand, und du hast jedes Recht, dich zu sorgen. Mir tut's leid, dass ich dich nicht sofort informiert habe. Ich war gerade dabei, alles schriftlich festzuhalten, um es dir per Mail zu schicken.«

»Okay. Danke. Ich muss jetzt wieder arbeiten.«

»Ich auch. Alles Gute, Susan. Bis bald.«

Susan packte ihr Telefon wieder tief in ihre Handtasche. Sie wusste schon, warum sie dieses Teufelsgerät sonst aus ihrem Arbeitsalltag verbannte. Es sorgte nur für unerwünschte Ablenkung und brachte sie kein bisschen weiter. Allerdings nagte die Einsicht an ihr, dass sie weit davon entfernt war, sich total entspannt und sicher zu fühlen. Die Dünnhäutigkeit, unter der sie litt, seit sie sich dazu entschlossen hatte, gegen Lasse vorzugehen, war kein Zustand, den sie sich auf Dauer wünschte. Vermutlich hatte Davie recht gehabt, als er ihre Beziehung am Sonntag wieder eindeutig auf Freundschaft eingenordet hatte. Sie war sichtlich nicht bereit für mehr. Und wenn man seine Reaktion auf ihre harmlose Textnachricht zugrunde legte, er ebenfalls nicht.

Trotzdem hätte sie ihn vorhin rasend gern geküsst. Und ihn in den Arm genommen. Oder sich von ihm in den Arm nehmen lassen. Warum nur war plötzlich alles so kompliziert?

Susan zuckte zusammen, als es erneut klingelte. War das etwa wieder Davie? Sie stand so hektisch von ihrem Schreibtischstuhl auf, dass der mit Schwung gegen das Regal knallte. Hinter der Tür stand jedoch Finleys Mutter, die nach eigener Aussage ein paar Minuten zu früh zum Abholen gekommen war.

»Ein paar Minuten?« Susan runzelte die Stirn. »Eher fast eine Stunde.«

»Es ist kurz vor vier«, entgegnete die Mutter irritiert, und nun hörte Susan auch, wie Robbie die Meute vom Garten hereinließ.

Sie sah auf ihre Armbanduhr. Es war tatsächlich schon so spät. »Tut mir leid, mein Fehler. Ich habe heute jeden Sinn für Raum und Zeit verloren.« Das war nicht einmal gelogen. »Ich schau mal, wo Finley bleibt.«

»Ist alles klar bei dir?«, erkundigte sich Robbie, als mit Tom auch das letzte Kind abgeholt worden war.

»Ja, alles bestens«, log Susan. »Ich glaube, ich bin einfach ein wenig abgelenkt von unserem Theaterstück. Hoffentlich kriegen wir das noch rechtzeitig einstudiert. In gut zwei Wochen ist es ja so weit.«

»Das schaffen wir«, behauptete der junge Praktikant mit nie versiegendem Enthusiasmus. »Die Kids sind total motiviert, und wenn bis Anfang nächster

Woche die Texte stehen, kriegen wir das locker hin. Ich kann gerne noch etwas bleiben und dir dabei helfen«, bot er an.

»Das ist lieb, aber ich treffe mich nachher mit Davie, um Ideen fürs Bühnenbild zu sammeln. Da wird dann noch einiges an Bastelbedarf auf uns zukommen in den nächsten Tagen.«

»Solange es keine Pappmaschee-Sparschweine werden …« Er grinste vergnügt.

»Ehrlich gesagt kämen die mir jetzt ziemlich gelegen.« Susan kratzte sich am Kinn. »Ernsthaft, das ist keine doofe Idee. Wir könnten mit dieser Methode ein Schwein und ein paar Hundewelpen basteln und sie den Kindern dann quasi als Kostüme auf die Köpfe setzen.«

»Auch nach den Erfahrungen von neulich?«, gab Robbie zu bedenken.

»Was hältst du davon, wenn wir beide die Rohlinge herstellen? Heute oder morgen? Dann können sie übers Wochenende fest werden, und die Kinder könnten sie nächste Woche bemalen.«

»Klar, kein Problem. Lass uns heute rasch die Luftballons bekleben. Dann sollten sie morgen trocken genug sein, dass man Beine, Schnauzen und Ohren ankleben und weitere Papierschichten darüberpappen kann. Am Montag, spätestens am Dienstag sind sie dann so weit.«

»Bist mein Held«, sagte Susan mit einem dankbaren Lächeln. »Auch weil du sie so lange im Garten beschäftigt hast. Du bist echt ein Naturtalent.«

»Ich finde die Kids einfach toll. Es macht mir Spaß, mit ihnen zu spielen und ihnen Dinge beizubringen.«

»Das merkt man. Und sie finden dich ja auch total großartig. Aber jetzt lass uns loslegen, ich hab nicht allzu viel Zeit, weil ich nachher ja noch mit Davie über die Kulissen und ein paar Details der Geschichte reden will.«

»In spätestens einer Stunde sind wir damit fertig«, überschlug Robbie. »Magst du den Kleister anrühren oder lieber die Ballons aufblasen?«

Tatsächlich brauchten sie fast anderthalb Stunden, doch dann waren fünfzehn Ballons mit Zeitungspapier beklebt und hingen zum Trocknen an einer Wäscheleine. Sie räumten schnell noch gemeinsam auf und verabschiedeten sich dann in den Feierabend.

Für ihre tägliche Joggingrunde war es nun zu spät, doch davon würde die Welt wohl nicht untergehen. Susan ging rasch nach Hause, packte ihr Notizbuch, ihre Zeichenmappe und ihren Laptop zusammen und fuhr dann mit dem Auto zu Davie.

• • •

Davie war überrascht, als Susan bereits gegen halb sieben bei ihm vor der Tür stand. In ihren Kindergartenklamotten, was bedeutete, dass sie nicht ihre übliche Joggingrunde absolviert hatte. »Ich hab gerade erst angefangen mit Kochen«, sagte er ein wenig entschuldigend zur Begrüßung. »Ich hab noch nicht so schnell mit dir gerechnet.«

»Ich kann dir auch helfen. Ich bin nur gerade erst aus dem Kindergarten rausgekommen und hab das Rennen dann sein gelassen.« Sie drückte ihm eine große Tasche in die Hand und schlüpfte aus Jacke und Schuhen.

»Was hast du denn so lange im Kindergarten gemacht?«

»Robbie und ich haben noch ein paar Pappmaschee-Rohlinge hergestellt, die die Kinder nächste Woche als Welpen bemalen können. Als Kostüme für mein Theaterstück«, erklärte sie ihm knapp, als sie ihm in die Küche folgte.

»Welches Theaterstück?«

»Na das für den Collum-Day. Ich hab mir doch ewig Gedanken darüber gemacht, was ich mit den Kindern beitragen könnte, und nur Lieder singen fand ich langweilig. Also habe ich darüber nachgedacht, ein paar Sketche zu spielen. Collum bei einer Gemeinderatssitzung, Collum bei einer Veranstaltungseröffnung – solche Sachen. Aber irgendwie war nie die zündende Idee dabei. Bis gestern.« Sie grinste verschmitzt.

»Ich bin mir nicht sicher, ob mir dieser Gesichtsausdruck gefällt«, bemerkte er und wandte sich wieder seinem Kochtopf zu.

»Doch, das glaube ich schon. Schau mal.« Sie kramte aus ihrer Tasche ein Skizzenbuch hervor und wedelte damit vor seinem Gesicht herum.

»Gleich. Lass mich mal eben das Fleisch anbraten und dann das Gemüse und die Tomaten dazugeben.

Danach muss das Ganze sowieso mindestens eine Stunde lang köcheln.«

Es war deutlich, dass sie am liebsten sofort mit ihren Neuigkeiten herausgeplatzt wäre, doch sie hielt sich mit sichtlicher Mühe zurück und legte ihr Buch auf die Arbeitsplatte. Prompt fiel ihr Blick auf den Stapel seiner frisch gedruckten Visitenkarten.

»Was ist das?«, fragte sie und las vor: »Davie Tomlinson Holzbau – Architektur, Interior Design, Möbel.«

»Das sind meine neuen Visitenkarten. Oder zumindest Interimskarten, bis ich mir Gedanken für ein neues Firmenlogo gemacht habe«, erklärte er über das laute Brutzeln und Zischen in seinem Kochtopf hinweg.

»Das meine ich nicht«, drängelte sie ungeduldig. »Wie kommt es, dass du plötzlich wieder Architekt sein willst?«

Er seufzte. »Ich hab ja eigentlich nie aufgehört, einer zu sein.«

»Bitte? Wenn ich dich bei der Gemeinderatssitzung nicht geoutet hätte, wüsste es bis heute niemand in Kirkby«, erinnerte sie ihn. »Du hast mir in den letzten Jahren mehrfach sehr glaubhaft versichert, dass du – und hier zitiere ich dich wörtlich – ›lieber bis ans Ende deiner Tage Särge baust, als noch einmal als Architekt zu arbeiten‹. Wie passt diese Aussage bitte schön mit ›Davie Tomlinson Holzbau – Architektur, Interior Design, Möbel‹ zusammen?«

»Die Kurzfassung ist, dass mich die Architekturzeitschrift, bei der ich für einen Landhotel-Wettbewerb den Umbau der Scheune zum Hotel anmelden wollte, darauf aufmerksam gemacht hat, dass nur Architekturbüros Einreichungen machen dürfen.«

»Das ist doch bescheuert«, stellte sie empört fest.

»Das war auch meine erste Reaktion, doch letztlich haben sie recht. Bei Architektur geht es ja nicht in erster Linie um Design, sondern auch um Dinge wie Statik. Außerdem müssen Richtlinien eingehalten werden und tausend andere Sachen«, erklärte er ihr.

»Aber das hast du doch sicher alles berücksichtigt.«

»Ja natürlich, aber das Wort eines Schreiners gilt in diesem Kontext nicht so viel wie das Wort eines Architekten, der all diese Sachen sehr ausführlich gelernt hat. Ein Architekt kann für Konstruktionsfehler haftbar gemacht werden, weshalb man registriert sein und entsprechende Versicherungen vorweisen können muss. Es war total naiv von mir, dass ich mich auf den Sporthallenbau eingelassen habe, ohne an diese Konsequenzen zu denken.«

»Hm, macht so gesehen schon irgendwie Sinn«, pflichtete sie ihm nachdenklich bei. »Also hast du dich entschieden, auch offiziell wieder Architekt zu sein?«

»So ungefähr.«

»Und was ist aus deinem Sarg-Schwur geworden?«

»Streng genommen habe ich in meinem Leben noch keinen einzigen Sarg gebaut«, wich er aus.

»Was du nicht sagst.«

»Ich bin zu der Erkenntnis gekommen, dass Architektur nicht per se scheiße ist, sondern der Beruf für mich nur so unglaublich negativ belegt war. Meine Eltern haben mich dazu gedrängt, mein Vater wollte, dass ich in seine Fußstapfen trete, aber ich war einfach nicht gut genug.«

»Aber das stimmt doch nicht«, unterbrach sie ihn vehement. »Du warst lediglich nicht gut genug darin, deine Seele zu verkaufen und die Art von Gebäuden zu entwerfen, für die das Büro deines Vaters steht.«

Er lächelte sie an, dankbar, dass sie so leidenschaftlich für ihn Partei ergriff. »Das habe ich schließlich auch erkannt. Mein Weg mag anders sein, aber er ist nicht zwangsläufig schlechter. Genauso wenig, wie Holz als Baustoff zwangsläufig schlechter als Beton ist. Ganz im Gegenteil, meiner bescheidenen Meinung nach. Ich will Räume erschaffen, die lebenswert sind. In denen man sich wohlfühlen kann, zur Ruhe kommt und Inspiration findet. Idealerweise alles zusammen.«

»So wie dein Haus«, sagte sie mit einem liebevollen Lächeln.

»Ja, so wie mein Haus. Und so wie Lennox' Studio, dein Cottage, *The Kirkby Barn* und hoffentlich auch die Sporthalle. Es hat ein bisschen gedauert, bis ich kapiert habe, dass es kein Widerspruch sein muss, einerseits den Werkstoff Holz zu lieben und andererseits mehr als nur Schränke und Küchen zu entwerfen.«

Nun strahlte sie ihn an, als hätte ihr der Weihnachtsmann ein verfrühtes Herzensgeschenk überreicht.

»Was ist?«, fragte er leicht verunsichert.

»Ich freu mich einfach so sehr für dich. Ist dir eigentlich klar, was für ein riesiger Schritt das ist?«

Davie rührte die Bolognese noch einmal um und legte den Deckel auf den Topf. Dann wandte er sich zu seiner Freundin um. »Ich weiß das. Ich habe mir gedacht, wenn du es schaffst, dich den Dämonen deiner Vergangenheit zu stellen, sollte ich das endlich auch tun.«

»Dämon. Glücklicherweise nur einer.« Sie schluckte.

»Ich meinte das auch mehr als Metapher. Aber letztlich war es bei mir ja auch nur einer.« Er lächelte schief. »Ich bin gespannt, wann meine Familie herausfindet, dass ich auch wieder als Architekt arbeite, und wie sie dann reagiert. Wobei …« Er hörte in sich hinein und schüttelte dann den Kopf. »Ehrlich gesagt ist es mir egal. Sollen sie reden und denken, was sie wollen. Für mich fühlt es sich richtig an.«

»Das ist gut. Das ist sogar mehr als gut. Ich habe auch Neuigkeiten.«

»Davon bin ich ausgegangen. Deshalb bist du doch hier, oder?«

»Noch andere Neuigkeiten.« Sie wich seinem Blick aus. »Als du heute Nachmittag im Kindergarten warst, weil du Angst hattest, mir könnte etwas passiert sein …«

»Das war ziemlich dämlich von mir«, warf er rasch ein.

»Nein, gar nicht. Aber es hat in mir plötzlich Panik ausgelöst. Was wäre, wenn Lasse tatsächlich auftaucht und sich an mir rächen will?« Es schüttelte sie sichtlich bei diesem Gedanken, und Davie hätte sie am liebsten in den Arm genommen und ihr versichert, dass ihr niemals etwas Schlimmes geschehen würde. Doch das war ein Versprechen, das er nicht geben konnte – und außerdem war nicht klar, wie sie in ihrer neuen alten Freundschaft zu Körperkontakt standen. »Jedenfalls habe ich dann direkt Britta angerufen«, fuhr sie fort, offensichtlich ohne etwas von seinen Überlegungen mitzubekommen. »Lasse steht unter Hausarrest und trägt eine elektronische Fußfessel. Es ist also praktisch ausgeschlossen, dass er sein Haus verlässt, vom Land ganz zu schweigen, ohne dass Alarm ausgelöst wird.«

»Darüber bin ich sehr froh.« Davie schenkte ihr ein erleichtertes Lächeln. »Darf ich jetzt mal einen Blick in dein Buch werfen, oder weshalb genau bist du hier?«

Susans Miene hellte sich schlagartig wieder auf. »Hier.« Sie reichte ihm mit einem erwartungsvollen Lächeln ihr Skizzenbuch.

• • •

Susan hielt den Atem an, während Davie in ihrem Skizzenbuch blätterte. Seine Miene wechselte von milder Neugier zu großem Staunen und schließlich zu absoluter Begeisterung.

»Das ist der totale Wahnsinn, Susan«, sagte er schließlich. »Ich weiß ja, dass du kreativ und talentiert bist, aber das haut mich komplett um.« Er tippte auf das Buch. »Wie lange hast du daran gearbeitet?«

»Nur ein paar Stunden gestern Abend.« Sie konnte ihre Freude über sein Lob kaum im Zaum halten. Sie war selbst ziemlich begeistert, aber Davies Meinung war ihr persönlicher Ritterschlag.

»Ein paar Stunden?«, fragte er ungläubig.

»Na ja, bis Mitternacht ungefähr, aber ich hatte so viele Ideen, und die wollten raus.«

»Das sieht man. Aber als reines Storyboard für einen Kindersketch ist es schon arg ausführlich, oder?«, gab er vorsichtig zu bedenken.

Natürlich hatte er damit recht. Sie hatte gestern zwar »Storyboard« darübergeschrieben, weil sie vorgehabt hatte, die einzelnen Szenen so zu skizzieren, dass die Kinder es gleich kapierten, aber dann waren ihre Ideen etwas aus dem Ruder gelaufen. »Ich hab mir gedacht, ich könnte vielleicht zusätzlich ein Buch machen. Es war gestern so unglaublich süß, wie die Welpen und Bertha mit dem Fußball gespielt haben. Robin hat dir doch auch ein paar Fotos geschickt. Und da kam mir die Idee, dass im Sketch Collum das Welpenfußball-Turnier von Kirkby eröffnet. Das hat auch den Vorteil, dass nicht viel Text nötig ist, weil die meisten Kinder als fußballspielende Hunde verkleidet sein werden. Das ist witzig, aber fast ein bisschen verschenkt, oder?«

»Praktisch Perlen vor die Säue«, pflichtete er ihr grinsend bei. »Also hast du dir eine kindgerechte Inklusions- und Girl-Power-Geschichte ausgedacht, in der deutlich wird, dass Mädchen genauso gut Fußball spielen können wie Jungs und dass man auch Kinder ins Team aufnehmen soll, die ganz anders aussehen«, fasste er ziemlich präzise zusammen.

»Ist das zu gewollt?«

»Ich finde nicht. Ich finde, das sind wichtige Botschaften, und deine Zeichnungen sind so süß und witzig, dass vermutlich selbst die konservativsten Geister die vermeintlich bittere Medizin, die du ihnen einflößt, ohne Murren schlucken werden.«

»Das habe ich mir eben auch gedacht. Vielleicht können wir eine kleine Auflage drucken lassen und sie auf dem Weihnachtsmarkt verkaufen. Die Erlöse könnten dann dem brandneuen Sportverein zugutekommen. Was meinst du?«

»Ich meine, dass du zu gut für diese Welt bist. Und ich meine weiter, dass dieses Buch auch über Kirkby hinweg für Begeisterung sorgen könnte. Warum also nicht gleich größer denken?« Er musterte sie eindringlich. »Das muss ja auch keine Eintagsfliege werden. Bestimmt fallen dir auch in Zukunft tolle Geschichten ein, die du pädagogisch wertvoll und gleichzeitig mit subversivem Charme und Witz transportieren kannst.«

»Vielleicht.« Sie lächelte geschmeichelt. »Ich denke, das würde mir Spaß machen.«

»Daran habe ich nicht den geringsten Zweifel. Aber eins ist auch klar: Das Buch wird bis zum Collum-Day nicht fertig werden.«

»Ja, ich weiß, obwohl ich noch ein paar andere Spielereien ausprobiert habe – mit KI-Bildersoftware kann man ganz tolle Dinge zaubern.« Sie deutete auf ihren Laptop. »Aber das kann ich dir nachher zeigen.«

»Die Frau, für die ihr Handy der Antichrist ist, erzeugt Bilder mit künstlicher Intelligenz?« Davie tat geschockt. »Wer bist du wirklich, und was hast du mit meiner Freundin gemacht?«

»Spinner.« Sie lachte und zog, ohne weiter auf ihre angebliche Technikfeindlichkeit und das verräterische Wort »Freundin« einzugehen, ihre Zeichenmappe aus der großen Tasche. »Ich hab mir ein paar Gedanken zum Bühnenbild gemacht. Aber für die Umsetzung brauch ich deine Hilfe.«

»Ich hab mich schon gefragt, wann ich endlich ins Spiel komme.«

Während der nächsten Stunde überlegten sie gemeinsam, wie man möglichst einfach für eine möglichst stimmungsvolle Kulisse sorgen könnte. Er schlug große Pappen vor, die die Kinder selbst bemalen sollten und für die er Holzkonstruktionen auf Rädern bauen würde, die man dann auch für zukünftige Aktionen weiterverwenden konnte. Überhaupt war Davie ein schier unerschöpflicher Quell guter Ideen und hatte sogar beim Textmanuskript ein paar großartige Einfälle.

»Wow, das ist jetzt so viel besser als vorher«, stellte sie schließlich begeistert fest und klappte ihr Skizzenbuch zu. »Wenn du dich bei dem zukünftigen Buch genauso einbringst, wird das ein Bestseller.«

»Das wird es auch ohne meine Hilfe«, behauptete er im Brustton der Überzeugung und sah sie dabei so liebevoll an, dass ihr vor lauter Sehnsucht ganz warm wurde. Wie gerne wollte sie sich jetzt an seine breite Brust kuscheln und seine Arme um sich spüren! Doch sie waren ja wieder einfach nur Freunde – und Susan hatte keine Ahnung, ob sich das jemals ändern würde.

»Alter Schmeichler«, tat sie seinen letzten Kommentar ab und wechselte dann abrupt das Thema: »Ich bin langsam kurz vorm Verhungern. Wird das in diesem Leben noch was mit der versprochenen Pasta?«

Für einen kurzen Moment hatte sie das Gefühl, dass er gedanklich gerade ebenfalls auf einem ganz anderen Dampfer gewesen war, doch wie nach einem Fingerschnippen kehrte er in die Realität zurück. »Penne bolognese kommen sofort«, kündigte er an und stellte einen weiteren Topf mit Wasser auf den Herd. Dann kramte er im Küchenschrank nach den Nudeln und holte ein Stück frischen Parmesan aus dem Kühlschrank.

»Ich deck den Tisch«, bot sie an, um sich nicht ganz so nutzlos zu fühlen – und vor allem, um nicht regelrecht sabbernd auf seine Unterarme zu starren, die beim Käsereiben ein beeindruckendes Muskelspiel zeigten. Verlor sie jetzt spontan den Verstand? Seit wann war das sexy?

»Was magst du trinken?«, erkundigte er sich, als sich genügend fluffige Käsespäne in dem tiefen Teller befanden. »Wein?«, schlug er vor.

»Wein? Es ist unter der Woche und …« Sie klappte den Mund wieder zu, weil sie sich anhörte wie eine spießige Gouvernante.

»Du musst natürlich nicht, aber ich finde, wir hätten ein paar Gründe zum Anstoßen«, sagte er mit einem Seitenblick, während er die Nudeln ins kochende Wasser kippte. »Die Tatsache, dass Lasse kein Unheil mehr anrichten kann, deine grandiose Buchidee …«

»Und vor allem dein eigenes Architekturbüro«, beendete sie seinen Satz. »Du hast recht, das sollte gefeiert werden. Ich mag nicht auf Lasse trinken, egal, wie die Umstände sind. Aber dein Büro ist auf jeden Fall einen edlen Tropfen wert.« Sie holte zwei Weingläser aus dem Schrank und stellte sie auf den Tisch.

»Auf dein Büro«, toastete sie ihm zu, als sie kurze Zeit später gemeinsam am Tisch saßen, dampfende Teller vor sich.

»Und auf dein Buch«, fügte er hinzu und trank einen ersten Schluck von dem samtigen italienischen Rotwein.

»Und auf …?«, begann sie leicht fragend, weil sie insgeheim auf ein »Auf uns« hoffte.

»Und auf unsere unverbrüchliche Freundschaft«, sagte er jedoch mit fester Stimme, als wollte er diese Tatsache ein für alle Mal fest zementieren.

Susan stieß mit ihrem Glas gegen seines und spülte den hochsteigenden Kloß in ihrem Hals mit einem großen Schluck von dem leckeren Wein hinunter. Freunde zu sein war schließlich auch nicht schlecht. Oder?

ENDSPIEL-ATMOSPHÄRE

DIE NÄCHSTEN ZWEI WOCHEN vergingen wie im Flug, sodass Susan fast keine Zeit hatte, über vertane Chancen nachzudenken. Sie blieb fast jeden Abend länger im Kindergarten, um entweder allein oder mithilfe ihres Teams weiter an den Vorbereitungen für das kleine Theaterstück zu arbeiten. Ihre Laufroutine kam dabei gewaltig unter die Räder, aber seltsamerweise war ihr sonst so starker Impuls, zu rennen, deutlich gedämpft.

Anwältin und Hobbypsychologin Robin hatte gestern die kühne These aufgestellt, es läge daran, dass sie keinen Grund mehr zum Fliehen hätte. Susan wusste nicht so genau, was sie davon halten sollte. Womöglich war in Robins Worten ein Fünkchen Wahrheit zu finden. Vielleicht hatte sie aber auch einfach nur keine Zeit zum Laufen, denn wenn sie nicht an dem Theaterstück arbeitete, war sie in ihr Buchprojekt vertieft, feilte am Plot, an den Texten und natürlich an den Illustrationen. Sie hatte sich für eine Kombination aus KI-Bildern, eigenen Skizzen und Collagen entschieden und fand die Kombination schon ziemlich cool, ohne aber eine Ahnung zu haben, ob das Ganze auch auf einem größeren Markt funktionieren würde. Doch das war gar nicht entscheidend. Im Zweifel durfte es ruhig ein exklusives Kirkby-Projekt bleiben.

Ein weiterer Grund, warum sie sich derzeit so in Arbeit stürzte, war natürlich Ernie. Am Wochenende nach dem Collum-Day würde sie ihre süße kleine Zuckerschnecke endlich nach Hause holen – auch wenn Ernie gar nicht mehr so klein war. Und schon gar nicht zuckrig. So viel Eigensinn hätte Susan in dem wolligen Kopf mit den niedlichen Knopfaugen gar nicht vermutet. Davie hatte bereits ein Indoor-Gehege für den Kindergarten gebaut, außerdem eine zauberhafte Holzhütte, die in Susans Cottage als Rückzugsort für Ernie dienen sollte. Allerdings war das Ding riesig und ihr Häuschen winzig, sodass Susan keine Ahnung hatte, wo genau sie es aufstellen sollte. Vielleicht war ein Hochbett mit Hunde-»Einliegerwohnung« darunter, wie sie es ein paarmal auf coolen Bildern bei Pinterest gesehen hatte, auf lange Sicht sinnvoller?

Doch damit wollte sie Davie gerade nicht auch noch belästigen. Der war nämlich mindestens genauso beschäftigt wie sie selbst. Neben seinen üblichen Aufgaben hatte er einen Auslauf in seinem Garten angelegt, inklusive Schutzhütte, die groß genug für mehrere Tiere war, und dachte noch über eine Lösung für drinnen nach. Wozu er sich allerdings nicht aufraffen konnte, war, sich um tierische Gesellschaft für Bertha zu kümmern. Die Welpen waren inzwischen alle vergeben, und Susan sorgte sich, dass Bertha am Ende verkümmern würde, wenn sie allein bleiben musste. Sie hütete sich jedoch, etwas zu Davie zu sagen. Es war seine Entscheidung und seine Verantwortung. Insgeheim plante sie allerdings schon, das Ferkel zumindest tagsüber mit in den Kindergarten zu nehmen, damit es mit seiner Busenfreundin Ernie zusammen sein konnte.

Nun ja, es würde sich alles fügen – hoffentlich jedenfalls. Susan speicherte gerade das Bild ab, das sie eben erzeugt hatte, als es an ihrer Tür klopfte. Überrascht sah sie auf die Uhr. Es war Donnerstagabend, kurz vor neun, und Besuch erwartete sie eigentlich nicht mehr. Vielleicht war es Davie? Bestimmt. Wer auch sonst?

Beschwingt von der Aussicht auf einen spontanen Besuch ihres Lieblingsmenschen ging sie zur Tür, nur um in der nächsten Sekunde zur Salzsäule zu erstarren. Auf der Schwelle stand nämlich nicht Davie, sondern Hetty.

Susan starrte ihre beste Freundin – ehemals beste Freundin – wortlos und vollkommen geschockt an. Was tat sie hier? Was konnte sie wollen?

»Hej, hej«, murmelte Hetty die übliche schwedische Begrüßungsformel, klang dabei jedoch ziemlich verunsichert.

»Hej«, krächzte Susan. »Was willst du hier?«

»Mit dir reden«, antwortete Hetty. »Darf ich vielleicht reinkommen?«

»Bist du allein?« Susan spähte in die Dunkelheit ihres Vorgartens, wo sich problemlos jemand verstecken konnte.

»Ich bin allein«, sagte Hetty jedoch mit einem traurigen Lächeln. »Nicht nur hier, auch sonst.«

»Oh.« Susan trat beiseite und ließ sie ins Haus. Dann schloss sie die Tür, deutete wortlos auf die Garderobe und ging voran in ihr Wohnzimmer.

»Es sieht immer noch genauso puppig aus wie damals«, stellte Hetty fest, als sie sich aufs Sofa setzte. Sie war in Susans erstem Jahr zurück in Schottland zweimal zu Besuch gewesen und hatte sich schon damals über die Puppenhaus-artigen Dimensionen des Häuschens mokiert.

»Ich mag es, und für mich reicht es«, entgegnete Susan reserviert. »Du bist aber sicher nicht hier, um dich über meine Wohnsituation lustig zu machen, oder?«

»Nein, natürlich nicht. Das Häuschen passt zu dir, tut mir wirklich leid, wenn dich meine Bemerkungen verletzt haben.«

Susan sagte nichts, sondern wartete auf weitere Erklärungen. Zumal »Das Häuschen passt zu dir« auch nicht gerade wie ein Kompliment klang.

»Ich hab so oft versucht, mit dir zu telefonieren«, sprach Hetty schließlich weiter. »Aber du hast auf keinen Anrufversuch und keine Nachricht reagiert.«

Robin hatte Susan regelmäßig eine Zusammenfassung der Aktivitäten auf ihrer alten SIM-Karte geschickt, doch Susan hatte diese Mails maximal grob überflogen.

»Ich habe eine neue Telefonnummer«, erwiderte sie schlicht.

»Echt? Seit wann? Und warum hast du sie mir …« Hetty sprach den Satz nicht zu Ende.

»Ja, warum wohl?«, ätzte Susan, plötzlich unfassbar wütend. »Vielleicht weil ich davon ausgehen musste, dass du sie dann gleich an Lasse weitergibst?«

»Es tut mir leid«, murmelte Hetty zerknirscht.

»Was genau?«, fuhr Susan sie an. »Dass du mir nicht geglaubt hast, als ich endlich den Mut gefunden hatte, dir die Wahrheit über ihn zu erzählen? Dass du mich als Lügnerin bezeichnet und mir die Freundschaft gekündigt hast? Oder dass du mir meinen Peiniger einfach so auf den Hals gehetzt hast – obwohl ich dich schon die ganze Zeit darum gebeten hatte, ihm niemals meine Adresse und meine Kontaktdaten zu geben?«

Hetty war bei dem Wort »Peiniger« zusammengezuckt, und auch Susan hatte es einen Stich gegeben. Doch andererseits war es auch unglaublich befreiend, die Dinge endlich beim richtigen Namen zu nennen. Lasse *war* ihr Peiniger gewesen, sie eines seiner vielen Opfer. Aber er hatte es nicht geschafft, sie zu zerstören. Darauf war sie stolz, und an diesem Gefühl wollte sie sich festklammern, auch wenn die Scham immer noch fast übermächtig im Schatten lauerte.

»Alles tut mir leid«, kam es nun sehr kleinlaut von Hetty. »Das ist sicher keine Entschuldigung, aber ich war damals einfach so überrumpelt von allem. Und so enttäuscht, weil ich dachte, du interessierst dich nicht für mich und meine Hochzeit. Inzwischen sehe ich das anders. Ich habe begriffen, was für ein Horror die Hochzeitsvorbereitungen für dich sein mussten, und es tut mir aufrichtig leid, dass ich dir diesen Stress angetan habe. Hätte ich geahnt, was ...«

Susan hob die Hand, um ihren Redefluss zu stoppen. »Dreh die Verantwortung nicht wieder um«, forderte sie bestimmt. »Außerdem geht es bei deinem Besuch wohl kaum um deine Hochzeit, oder?«

»Nein. Definitiv nicht. Ich hab sie abgesagt.«

»Ist vermutlich besser.« Hetty kämpfte mit den Tränen, das konnte Susan sehen, doch ihr Bedauern über die gescheiterte Beziehung ihrer Freundin hielt sich in Grenzen. »Auch wenn Ben hoffentlich nicht genauso drauf ist wie sein Bruder«, fügte sie noch ein wenig versöhnlicher hinzu.

»Nein, das ist er nicht. Er hat mich nie schlecht behandelt, allerdings glaubt er, dass sämtliche Anschuldigungen gegen Lasse frei erfunden und ein Racheakt von dir sind«, erklärte Hetty tonlos. »Und auch wenn unsere Freundschaft vielleicht nicht mehr existiert, weiß ich doch, dass du zu so etwas niemals fähig wärst. Genauso wenig wie Lina und die anderen Mädels im Team, denen Lasse abscheuliche Dinge angetan hat. Das ist es, was ich dir sagen wollte.« Sie stand auf. »Ich weiß nicht, ob Ben das jemals begreift, aber ich weiß, dass ich nicht mit einem Mann mein Leben verbringen kann, der einem frauenfeindlichen, gewalttätigen Monster mehr glaubt als dessen Opfern.«

Susan nickte. »Ich könnte es auch nicht, aber Ben ist loyal gegenüber seinem Bruder, das ist grundsätzlich nicht die schlechteste Charaktereigenschaft.«

»Nein, ist es nicht. Aber Loyalität muss man sich auch verdienen und kann sie nicht aufgrund von Blutsbanden einfordern. Meine Loyalität gehört jedenfalls nicht mehr ihm, sondern dir, unseren Teamkolleginnen und all den anderen Frauen, an denen sich Lasse möglicherweise ebenfalls vergriffen hat.«

»Danke.« Susan sah Hetty unschlüssig an. Sie fühlte sich immer noch überrumpelt und etwas überfordert von dem spontanen Besuch, war aber gleichzeitig dankbar dafür. Der Schmerz darüber, eine Freundin verloren zu haben, war nämlich fast noch schlimmer als die allumfassende Scham und die schrecklichen Erinnerungen an ihren Peiniger. Diese Wunde würde nun vielleicht heilen können.

»Das alles wollte ich dir am Telefon sagen, aber so ist es eigentlich besser«, fuhr Hetty fort und schien ebenfalls etwas erleichtert zu sein. »Es ist ganz sicher zu viel verlangt, wenn ich dich um Verzeihung bitte, dafür habe ich mich viel zu scheiße benommen, aber mir war wichtig, dass du weißt, wie bei mir der Stand der Dinge ist. Ich geh jetzt. Vielleicht hören oder sehen wir uns irgendwann mal wieder.«

»Hetty!«, hielt Susan sie zurück. »Ich bin wirklich froh, dass du mir das alles erzählt hast. Und es tut mir leid, dass deine Traumhochzeit mit deinem Traummann geplatzt ist. Ehrlich!«, betonte sie. »Und ich kann leider nicht aus dem Stand sagen, dass alles wieder gut ist zwischen uns …«

»Das erwarte ich auch nicht«, unterbrach Hetty rasch.

»Aber ich denke, es könnte wieder gut werden. Irgendwann. Ich melde mich dann bei dir.« Spontan nahm sie Hetty in den Arm und fühlte sich dadurch zwar nicht geheilt, aber ein bisschen getröstet. »Wo übernachtest du?«, wollte sie dann wissen.

»Ich habe ein Hotelzimmer in Inverness. Und einen Taxifahrer, der die Straße runter hoffentlich noch auf mich wartet. Ich fliege morgen wieder zurück nach Schweden, aber ich musste das einfach loswerden. Ich wünsch dir nur das Allerbeste, Susan, und ich hoffe, dass sich unsere Wege wieder kreuzen.« Damit eilte sie in den Flur, schnappte sich ihre Jacke und war im nächsten Augenblick zur Tür raus.

• • •

»Ich bin froh, dass wir das geklärt haben«, sagte Collum bei der Verabschiedung im Pub, und Davie stieß erleichtert Luft aus, als der Bürgermeister gegangen war.

Das war mit einiger Sicherheit der haarsträubendste Tag seines Lebens gewesen. Oder zumindest seines Kirkby-Lebens.

»Seine Verwandtschaft kann man sich echt nicht aussuchen«, sagte Lennox mitfühlend, und Jon pflichtete ihm bei.

»Meine Mutter ist ja auch zu allerhand Dingen fähig, aber dein Vater spielt in einer ganz eigenen Liga.«

Davie schüttelte den Kopf. »Susans Vater hat neulich zu mir gesagt, dass sich Familie nicht zwangsläufig über Blut und Gene definiert, sondern andere Kriterien entscheidend sein können. So gesehen war das nicht mein Vater, sondern ein Mann, der zufällig denselben Namen trägt wie ich.« Seine Freunde schienen das nicht ganz glauben zu können, doch er selbst konnte keinen Groll mehr empfinden, sondern lediglich Gleichgültigkeit.

»Ich weiß nicht, wie du das so abtun kannst. Dein Vater hat dich bei der Architektenkammer angeschwärzt und bei unserem Bürgermeister. Er hat dich als inkompetenten Betrüger bezeichnet, der sich mit fremden Federn schmücken will – seinen eigenen, nehme ich an – und sich auf diese Weise Aufträge erschleicht, deren Ausführung dann garantiert höchst mangelhaft sein wird«, fasste Jon fassungslos die Highlights des Tages zusammen.

»Womöglich laufen seine Geschäfte nicht mehr so gut«, sagte Davie schulterzuckend. »Oder er erträgt es einfach nicht, dass sein verstoßener Sohn nun doch in die Riege der Architekten zurückkehrt, nur blöderweise ohne vorher bei ihm zu Kreuze gekrochen zu sein. Was immer seine Motivation ist, es ist mir völlig egal.«

»Aber diese Form des Rufmords ist wirklich kaum zu ertragen«, ereiferte sich Lennox.

»Er ist ja nicht weit gekommen damit. Das Architects Registration Board hat sofort all meine Zeugnisse und Zertifikate geprüft und ist zu dem Schluss gelangt, dass meine Qualifikation angemessen ist. Und Collum hat sich auch nicht lange irritieren lassen.«

»Also meiner Meinung nach war er *sehr* irritiert. Für einen endorphingetränkten Flitterwöchner war er geradezu außer sich«, bemerkte Jon.

»Kann man ihm ja auch nicht verübeln. Da kommt er nichts ahnend und strahlend vom Honeymoon zurück, nur um ein paar Tage später von der Hiobsbotschaft überrumpelt zu werden, dass er sich seine prestigeträchtige Sporthalle womöglich an den Hut stecken kann, weil ihn ein betrügerischer Möchtegern-Architekt ohne Sinn und Verstand um das Geld der Gemeinde prellen will. Da wäre ich auch *sehr* irritiert.«

»Du klingst ja geradezu amüsiert!«, rief Lennox völlig konsterniert. »Ich an deiner Stelle würde durchdrehen.«

»›Amüsiert‹ ist nicht das richtige Wort, ich bin eher erleichtert. Ich habe jahrelang das Gefühl gehabt, nicht gut genug zu sein. Nicht gut genug als Sohn, nicht gut genug als Architekt. Das hat mich ehrlich fertiggemacht – auch weil ich viel zu lange alles dafür getan habe, diese Einschätzung meines Vaters zu revidieren. Ein erster Schritt zur Heilung war für mich, dass ich die Architektur hinter mir gelassen und mich dem Schreinern zugewandt habe. Der zweite, dass ich mich in Kirkby niedergelassen habe, wo sich niemand dafür interessiert hat, was ich früher mal gemacht habe. Da war ich einfach Schreiner Davie, der ordentliche Arbeit abgeliefert hat.« Davie trank sein Bier aus und schüttelte den Kopf, als Jon ihm ein frisches anbieten wollte. »In jüngster Vergangenheit habe ich dann gemerkt, dass ich doch gerne entwerfe und dass ich wohl auch immer irgendwie Architekt sein werde. Der Entschluss, es offiziell zu machen, kam zwar nicht ganz freiwillig, war aber trotzdem der letzte Befreiungsschlag für mich. Ich kann jetzt genau das tun und sein, was *ich* will und was *ich* bin. Die Ergebnisse meiner Arbeit sollen dann andere Leute beurteilen, nicht mein Vater. Und dass er sich nicht entblödet, mich öffentlich runterzuputzen, ist wenig überraschend. Das hat er schon immer gern gemacht. Aber ich schätze mal, langfristig schadet ihm das mehr als mir.«

»Deine Gelassenheit hätte ich gerne«, schnaubte Lennox. »Die käme mir im Umgang mit meinem Vater auch mal ganz gelegen.«

»Ach komm schon, zwischen euch läuft es inzwischen doch sensationell«, behauptete Jon.

»Nicht, wenn er ständig am Programm für den Collum-Day herumschrauben will«, brummte Lennox. »Rechthaberischer alter Sack …«

Jon lachte. »Sag das nicht zu laut.«

»Wieso? Es gibt niemanden in Kirkby, der mir nicht zustimmen würde.« Lennox verdrehte die Augen, grinste dann aber wieder.

»Auch wieder wahr«, gab Jon zu.

Davie hörte sich den Schlagabtausch mit mildem Lächeln an. Er beneidete Lennox um seinen Vater und seine große Familie, die anstrengend war, in der man aber ohne Wenn und Aber zusammenhielt. Doch dieser Neid war nicht mehr destruktiv, sondern enthielt den Keim für den großen Wunsch, so eine Familie für sich selbst zu erschaffen.

»Bist du sicher, dass du kein Bier mehr willst?«, wollte Jon wissen.

»Ganz sicher. Ich muss noch was erledigen.«

»Lass mich raten, du willst noch zu Susan?« Lennox' Augen blitzten vergnügt auf. »So gesehen habe ich auch noch etwas zu ›erledigen‹.« Er stand ebenfalls auf und hielt Jon einen Geldschein entgegen.

»Du und deine schmutzige Fantasie.« Davie grinste und zahlte auch.

»Ich weiß ja nicht, was du mit Susan vorhast, aber zwischen Anna und mir …«

»Keine Details«, bat Davie. »Und bei mir steht erst mal ein klärendes Gespräch auf der Agenda.«

»Betonung auf ›erst mal‹«, bemerkte Jon und fügte hinzu: »Ich finde, ihr beiden habt lange genug miteinander gequatscht. Sollten nicht langsam mal Taten folgen, die länger halten als Schnee im Oktober?«

»Das ist der Plan. Den ich aber nicht ausführen kann, wenn ihr beide mich endlos zutextet. Schönen Abend euch.« Davie hob die Hand zum Gruß und marschierte dann mit eiligen Schritten in Richtung Ausgang, dicht gefolgt von Lennox.

»Vermassel es nicht«, riet ihm der Musiker, als sich ihre Wege trennten. Lennox musste nur nach schräg gegenüber, wo er und Anna in einer kleinen Wohnung über Annas Praxis lebten.

»Das habe ich nicht vor. Schönen Abend noch.« Davie war heute zu Fuß unterwegs und nutzte den kurzen Weg in der ungemütlich feuchtkalten Abendluft, um sich einen Plan zurechtzulegen. Seit dem Trip nach Malmö, beziehungsweise seit er auf der Autofahrt zurück nach Kirkby ziemlich im Alleingang beschlossen hatte, dass es zwischen ihnen nicht mehr als Freundschaft geben sollte, fragte er sich beinahe stündlich, warum er ein solcher Idiot war. Außerdem hatte es zahllose Momente gegeben, in denen er entweder sich selbst oder Susan bei sehnsüchtigen Blicken erwischt hatte. Von den albern-krampfhaften Versuchen, jeglichen Körperkontakt zu vermeiden, mal ganz abgesehen. Er hoffte, dass sie ähnlich empfand wie er und mutig genug war, um es mit ihm zu wagen.

Als er sich Susans Häuschen näherte, kam eine dunkle Gestalt aus der Tür gehuscht und rannte zu einem wartenden Auto an der nächsten Straßenecke. Die Scheinwerfer blendeten auf, und kurz darauf rauschte der Wagen an Davie vorbei. Es ging so schnell, dass er nicht erkennen konnte, wer in dem Auto saß, doch vor allem war da wieder die Angst um Susan, die ihm den Atem raubte.

Wer war um diese Zeit bei ihr gewesen? Was konnte dieser Jemand von ihr gewollt haben? Und was hatte er ihr angetan? Bei dieser letzten, verstörenden Frage hatte er ihr Cottage bereits erreicht und klingelte mit einer Hand Sturm, während er mit der anderen gegen das Türblatt hämmerte. Warum um alles in der Welt hatte er ihren Schlüssel nicht einstecken?

Er war drauf und dran, sich mit seinem gesamten Körpergewicht gegen die Tür zu werfen, als sie geöffnet wurde und er einer höchst irritierten Susan beinahe in die Arme torkelte.

»Ist alles in Ordnung bei dir?«, rief er und stellte zu seiner Erleichterung fest, dass sie unverletzt wirkte. Zumindest körperlich.

»Guten Abend auch dir«, sagte sie und schloss die Tür hinter ihm.

»Das war doch nicht etwa Lasse, der eben weggerannt ist?«, wollte er wissen, ohne auf ihren sanften Spott einzugehen.

»Lasse? Nein, der hat doch Hausarrest. Schon vergessen?«

»Wer weiß denn schon, wie lax man in Schweden mit Verbrechern verfährt?«, brummte er, war aber froh, dass sein schlimmster Verdacht auszuschließen war. »Wer war es dann?«

»Bewachst du mich neuerdings?«

»Was? Nein. Natürlich nicht. Ich …« Er raufte sich die Haare, als ihm klar wurde, was für einen komplett irren Eindruck er auf Susan machen musste. »Ich wollte zu dir, weil ich dir dringend etwas sagen muss, und da habe ich halt gesehen, wie eine dunkle Gestalt aus deinem Cottage rannte und gleich darauf im Auto davongebraust ist.«

»Willst du vielleicht ablegen und richtig reinkommen, wenn es so wichtig ist?«, schlug sie vor, ohne auf seine Beobachtung einzugehen.

»Das soll natürlich nicht heißen, dass du nicht jederzeit und wann immer es dir passt, Besuch haben kannst. Ich weiß auch, dass mich das alles nichts angeht, aber …«, plapperte er, während er sich aus seiner Jacke schälte und sie an der Garderobe aufhängte.

»Es war Hetty.«

»Was?«

»Es war Hetty«, wiederholte sie.

»Ich habe dich bereits beim ersten Mal verstanden, aber was wollte sie von dir?« Er ließ sich mittig auf ihr kleines Sofa fallen, sodass sie sich zwangsläufig eng an ihn kuscheln müsste, sobald sie Platz nahm.

»Mit mir reden«, antwortete sie und setzte sich prompt auf den Sessel gegenüber.

Mist.

»Mir sagen, wie leid ihr alles tut.«

»Pffft, und das soll man glauben?«, grunzte er verächtlich. Er wusste, wie sehr Hettys Verhalten Susan verletzt hatte, auch wenn sie so gut wie nie darüber sprach. Die Schwedin war wie eine Schwester für sie – also, nicht wie seine Schwester Lilly für ihn, sondern wie eine nette, großartige Schwester, die das Leben schöner, bunter und lebenswerter machte. Der Verlust so einer Schwester musste höllisch schmerzen.

»Ich glaube ihr«, erklärte Susan schlicht. »Ist vielleicht naiv von mir, aber ich will keinen Groll mehr gegen sie hegen. Ich habe wirklich den Eindruck, dass es ihr aufrichtig leidtut. Sie hat sich von ihrem Verlobten getrennt, weil der eisern zu seinem Bruder steht und Hetty damit nicht klarkommt.«

»Hast du ihr etwa verziehen?«

Susan zuckte mit den Schultern. »Offen gestanden weiß ich nicht, ob ich das kann. Aber ich fand es groß von ihr, dass sie extra von Malmö hergeflogen ist, um mir das persönlich zu sagen. Da hat sie schon einigen Aufwand betrieben.« Sie blickte ein Weilchen nachdenklich ins Leere. »Ich glaube nicht, dass Hetty sich Absolution von mir wünscht, ihr war es einfach wichtig, mir mitzuteilen, dass sie auf meiner Seite steht. Auf meiner und auf der Seite aller anderen Frauen.«

»Da ist sie aber reichlich spät dran, finde ich.« Davie war nicht bereit, so schnell zu verzeihen, wie Susan es offensichtlich schon getan hatte, auch wenn sie es vor sich selbst noch nicht zugeben wollte.

»Finde ich auch, aber andererseits, besser spät als nie, oder? Ich bin ehrlich gesagt noch ein bisschen durcheinander und weiß gerade gar nicht, was ich fühlen oder denken soll. Aber es gibt mir ein gutes Gefühl, dass sie zurückgekommen ist. Nicht nur der spontane Überraschungsbesuch hier, sondern dass ihr unsere Freundschaft mehr wert war. Oder ist.«

»Dann hast du also wieder eine beste Freundin?«, erkundigte er sich, ehe er die dumme Frage runterschlucken konnte.

»Ja. Sie sitzt mir gerade gegenüber«, kam prompt die Antwort, die er nun so gar nicht hören wollte.

»Ich will das nicht«, hörte er sich sagen.

»Was genau?«

»Das alles. Ich will nicht, dass du so weit weg von mir sitzt. Ich will nicht deine beste Freundin sein. Vielleicht dein bester Freund, aber das ist mir auch zu wenig. Ich …« Schlagartig versiegten seine Worte.

»Ja?« Sie betrachtete ihn aufmerksam, ohne jedoch Anstalten zu machen, ihren Sessel gegen einen Platz an seiner Seite einzutauschen.

»Ich will dein bester Freund bleiben«, stellte er klar. »Daran wird sich nie etwas ändern. Aber ich will auch dein Mann sein, deine Familie. Ich will jeden Abend neben dir im Bett liegen und jeden Morgen neben dir aufwachen. Ich will dazwischen die wildesten Dinge mit dir anstellen. Ich will dir Frühstück machen und dich bei deiner Rennerei anfeuern, auch wenn ich anschließend ins Sauerstoffzelt muss. Ich will, dass unsere Tierkinder gemeinsam aufwachsen und sich nicht nur gelegentlich sehen, und ich will, dass die ganze Welt erfährt, dass du nicht nur meine beste Freundin bist, sondern auch die große Liebe meines Lebens!«

Susan sagte nichts, sondern musterte ihn weiterhin mit unlesbarer Miene. Warum sprach sie nicht?

Warum kam sie nicht zu ihm? Er hatte ihr gerade sein Innerstes offenbart, und sie reagierte – gar nicht.

»Warum sagst du nichts?«, wollte er nach einer gefühlten Ewigkeit wissen, als ihr Schweigen zu schmerzhaft wurde.

Sie antwortete weiterhin nicht, aber immerhin erhob sie sich nun und kam zu ihm. Geschmeidig wie eine Katze setzte sie sich rittlings auf seinen Schoß und umfasste sein Gesicht mit beiden Händen. Er nahm ein zartes Aroma von Klebstoff und Seife wahr und die volle Dröhnung Susan-Duft. So intensiv und betörend, dass ihm fast die Sinne schwanden.

Das konnte aber auch an der Ungewissheit liegen, weil sie immer noch schwieg und ihn stattdessen aufmerksam ansah. Quadratzentimeter für Quadratzentimeter scannte sie sein Gesicht ab, als wollte sie sich jede Pore, jede Falte, jedes Härchen für immer einprägen. Doch warum nur? Als Abschiedsgeste? Sein Puls beschleunigte sich auf eine höchst ungesunde Schlagzahl, und er hätte sie am liebsten einfach an den Hüften gepackt, sie eng an sich gepresst und so lange geküsst, bis seine Botschaft nonverbal bei ihr angekommen war – nachdem es mit Worten ja offensichtlich nicht klappte. Doch er tat es nicht. Er spürte instinktiv, dass er in diesem Moment ihr das Ruder überlassen musste. Auch wenn er dabei den Verstand, seine Nerven und schlimmstenfalls sein Leben verlor.

»Wie kommt es zu diesem plötzlichen Sinneswandel?«, fragte sie schließlich, nachdem sich sein Antlitz zweifellos auf ihrer Netzhaut eingebrannt hatte.

»Es war kein Sinneswandel«, sagte er mit atemloser, rauer Stimme. »Ich wollte es die ganze Zeit, seit dem Hochzeitswochenende. Wahrscheinlich schon viel länger, aber ich habe mich nie getraut, auf meine Gefühle zu hören.«

»Es hat also nichts damit zu tun, dass du eben wieder irrational Angst um mich hattest, weil du dachtest, Lasse wäre hier gewesen?«, bohrte sie weiter.

»Nein. Es ist der Grund dafür, dass ich überhaupt um diese Zeit hergekommen bin. Ich …«, fing er an und brach sofort wieder ab. Wollte er ihr jetzt die ganze absurde Geschichte von den Störfeuern seines Vaters erzählen? Eigentlich nicht. Aber vermutlich sollte er. »Ich habe vorhin erkannt, dass du die einzige Familie bist, die für mich relevant ist. Die einzige Familie, die ich immer haben wollte. Und ich habe auch erkannt, dass mir meine Herkunftsfamilie nichts mehr antun kann. Mein Vater hat es heute mal wieder versucht, aber er hat keine Macht mehr über mich. Zum ersten Mal fühle ich mich völlig frei in meinen Entscheidungen, zum ersten Mal bin ich vollkommen bereit, auf meine Empfindungen zu hören und ihnen zu vertrauen. Deswegen bin ich hergekommen.«

Sie hielt immer noch sein Gesicht in ihren Händen, doch nun wagte er es, eine Hand zu nehmen und einen zarten Kuss auf die Handfläche zu drücken.

»Wie hast du das vorhin gemeint mit den wilden Dingen zwischen Zubettgehen und Aufstehen?«, erkundigte sie sich dann, und ein unternehmungslustiges Funkeln blitzte in ihren Augen auf, während ein kleines Lächeln an ihren Mundwinkeln zuckte. »Vermutlich sollten wir ausführlich über alles sprechen, was uns heute passiert ist, aber gerade ist mir nicht so sehr nach Reden.« Und damit beugte sie sich vor und küsste ihn endlich.

• • •

Susan war auch am nächsten Morgen nicht besonders nach einer Aussprache, als sie den laut schrillenden Wecker abstellte. Vielleicht würden sie irgendwann über alles reden, aber für den Moment war sie mehr als nur zufrieden damit, zu fühlen und Davies Nähe zu genießen. Leider war auch dafür keine Zeit mehr, denn es war Freitagmorgen, und die Arbeit wartete – für sie genauso wie für ihn.

»Morgen ist auch noch Collum-Day«, raunte sie gegen seine Brust, während sie nach Energie suchte, um sich von ihm loszureißen.

»Der Name eines anderen Kerls ist genau das, was ein Mann am ersten gemeinsamen Morgen hören will«, scherzte Davie, der so tiefenentspannt im Bett lag, als gäbe es in seinem Leben nicht tausend Termine, die heute noch zu erledigen waren.

»Das war nicht unser erster Morgen«, korrigierte sie ihn. »Und Collum ist nicht der Name eines Kerls, sondern der des Bürgermeisters. Das ist etwas ganz anderes und hat nichts zu bedeuten.«

»Es ist der erste gemeinsame Morgen vom Rest unseres Lebens«, sagte er und küsste sie schwindlig. »Und bitte erlaube mir, Collum bei Gelegenheit mitzuteilen, dass er in deiner Wahrnehmung einem anderen Geschlecht oder einer anderen Spezies angehört.« Er lachte. »Ich bin mir sicher, er wird begeistert sein.«

»Das sollte er nach dem morgigen Tag auf jeden Fall sein. Aber blöderweise muss ich jetzt wirklich dringend aufstehen, damit ich mit den Kindern die Generalprobe abhalten und den Eltern noch einmal den Zeitplan für morgen einschärfen kann.« Sie zappelte sich aus seiner Umarmung frei und kroch ein bisschen wehmütig aus dem Bett. Wie schön wäre es, jetzt einfach liegen zu bleiben!

»Ich muss auch noch an meinem Geschenk für ihn arbeiten, und noch an einer weiteren Überraschung, die aber nicht für ihn ist.«

»Sondern?«

»Für dich. Für uns. Für unsere Tiere.«

Ihr Herz machte einen irrationalen Hüpfer. »Und wann bekomme ich die Überraschung?«

»Wenn du willst, heute Abend schon.«

»Bei mir oder bei dir?«

»Bei *uns*«, sagte er.

»Bei uns?«

»Lass uns heute Abend in Ruhe über alles reden, aber perspektivisch fände ich es schön, mit dir zusammenzuleben – und dafür würde sich die alte Mühle vielleicht eher anbieten als dieser zauberhafte, aber winzige Schuhkarton, in dem nicht einmal die Hütte für Ernie Platz hat.«

»Ist das die Überraschung?« Schmetterlinge flatterten wie wild in ihrem Bauch. Ja, das kam alles wahnsinnig plötzlich, aber Susan merkte, dass sie bereit war. Sie liebte ihr Cottage, doch Davies alte Mühle war der absolute Traum.

»Nein, ist sie nicht. Und du kannst jetzt so lange bohren, wie du willst, ich werde nichts verraten. Sonst ist es ja keine Überraschung mehr.«

»Menno.«

Er lachte und schwang sich nun ebenfalls aus dem Bett – nackt und äußerst appetitlich. Er kam zu ihr und hauchte ihr einen Kuss auf den Hals, der sie erschaudern ließ, und alle Termine …

»Autsch!«, rief sie empört, als er ihr einen kleinen Klaps auf den Po gab.

»Husch ins Bad, ich mach Frühstück. Alles andere hat Zeit bis heute Abend.«

Endlich war das letzte Kind abgeholt, sämtliche Eltern gebrieft, alle Mitarbeiter gegangen und das Chaos beseitigt, und Susan hatte zum ersten Mal seit den frühen Morgenstunden wieder die nötige Muße, um sich auf die Schmetterlinge in ihrem Bauch zu konzentrieren. Was genau hatte Davie wohl vor? Was konnte noch aufregender sein als seine wundervolle

Liebeserklärung gestern Abend? Ein Abend, der es derart in sich gehabt hatte, dass sie die Geschehnisse immer noch nicht alle verarbeitet hatte.

Klar war ihr jedoch, dass zwei Herzenswünsche in Erfüllung gegangen waren, die sie sich offiziell nicht einmal hatte eingestehen wollen: eine Versöhnung mit Hetty und eine gemeinsame Zukunft mit Davie.

Sie eilte rasch nach Hause und packte ein paar Klamotten in ihre Reisetasche, sodass sie morgen früh auf gar keinen Fall gezwungen sein würde, in ihr Cottage zurückzukehren. Sie überlegte kurz, ob sie sich für die Überraschung etwas Besonderes anziehen sollte, doch bei Davie war wohl eher kein Candlelight-Dinner mit Champagner und Kaviar zu erwarten, sondern … Ehrlich gesagt hatte sie keine Ahnung, was er vorhaben könnte. Aber er hatte ja klar gesagt, dass die Überraschung nicht nur für sie war, sondern auch für ihn und für die Tiere. Sie schlüpfte in eine saubere Jeans und den weichen, hellblauen Kaschmir-Pulli, den ihre Mutter ihr letztes Jahr zu Weihnachten geschenkt hatte. Das sollte feierlich genug sein.

Davie öffnete ihr wenige Minuten später mit einem strahlenden Lächeln die Tür, nahm sie in den Arm und küsste sie auf eine Weise, die alle Spekulationen in den Hintergrund treten ließ. Zumindest für kurze Zeit.

»Ich wäre jetzt bereit für die Überraschung«, hauchte sie leicht atemlos, als er den Kuss beendete und endlich die Tür hinter ihr schloss.

»Ich möchte erst eine kleine Führung mit dir machen«, kündigte er an, stellte ihre Reisetasche auf den Boden und hängte ihre Jacke auf. Dann nahm er ihre Hand und ging mit ihr durch das Haus.

»Ich war schon ein paarmal hier«, erinnerte sie ihn amüsiert, als er ihr den Hauswirtschaftsraum zeigte, der einen separaten Eingang hatte.

»Hier kommt die Tierdusche hin, damit wir unsere Biester sauber kriegen, wenn sie sich im Schlamm oder in Schlimmerem gewälzt haben«, sagte er und deutete auf eine freigeräumte Ecke. »Das sollte ich bis nächstes Wochenende schaffen.«

Sie nickte beeindruckt.

»Aber jetzt komm mit in den ersten Stock«, bat er.

Auch dort war sie natürlich schon gewesen, wenn auch längst nicht so oft wie im großzügigen Erdgeschoss, in dem es neben dem praktischen Hauswirtschaftsraum und der Gästetoilette die wunderschöne Küche gab und das supergemütliche, riesengroße Wohnzimmer. Im ersten Stock hatte Davie sein Schlafzimmer und ein unfassbar cooles Bad, um das sie ihn seit Jahren glühend beneidete. Doch diese beiden Räume ignorierte er im Moment – was sie bedauerte, denn das Bett war, wie sie wusste, sehr bequem und einladend. Stattdessen öffnete er die Türen zu drei leer stehenden Räumen.

Sie sah ihn fragend an, weil sie keine Ahnung hatte, welche Reaktion er von ihr erwartete.

»Ich hab das heute Morgen ernst gemeint mit dem Zusammenziehen. Ich möchte in jeder freien Minute in deiner Nähe sein – wenn du das auch willst, natürlich nur. Und diese Zimmer gehören dir. Du kannst damit machen, was du willst. Wir könnten einen Sportraum einrichten und ein Arbeitszimmer für deine Buch- und Kunstprojekte. Und vielleicht brauchen wir ja irgendwann auch ein Kinderzimmer.«

Susan wusste immer noch nicht, was sie sagen sollte. Eigene Kinder hatten für sie nie Priorität gehabt, aber mit Davie konnte sie sich eigentlich alles vorstellen.

»Gott, ich überfordere dich schon wieder, was?«, meinte er zerknirscht.

»Nur ein bisschen, aber das schaffe ich schon«, entgegnete sie und schmiegte sich an ihn. »Lass uns einfach einen Schritt nach dem anderen machen und schauen, was passiert. Vierbeiniger Nachwuchs steht ja schon in allernächster Zukunft an, da kann der zweibeinige vielleicht noch etwas warten.«

»Absolut. Aber apropos vierbeiniger Nachwuchs: Jetzt kommt die Überraschung.« Er nahm wieder ihre Hand und führte sie die Treppe hinunter. »Ich hab mich schlaugemacht über junge Hunde und über junge Schweine, die denken, sie wären junge Hunde, und bin zu diesem Ergebnis gekommen.« Er öffnete die Tür zu seinem Wohnzimmer, das auf einmal ziemlich anders aussah als sonst, was am neuen Mobiliar lag.

Neben der coolen Indoor-Hütte, die Davie für Ernie gebaut hatte und die für Susans Cottage viel zu groß war, stand ein identisches Modell mit der

Aufschrift »Bertha« darauf. Es gab mehrere große Hundekissen und Spielsachen, für die sich vermutlich auch die Kids im Kindergarten begeistern könnten. Auf der bislang meist unbenutzten Seite des riesigen Sofas lag eine schöne Decke, die mit dem Schriftzug »Ernie & Bertha« bestickt war.

»Halbe Sachen sind nicht dein Ding, was?«, fragte sie ihn und schlang ihre Arme um seinen Hals.

»Halbe Sachen habe ich lange genug gemacht. Damit ist jetzt ein für alle Mal Schluss! Gefällt es dir?«

»Es ist wunderbar. Ich wette, Ernie und Bertha werden sich genauso wohl fühlen wie ich.«

»Heißt das, dass du einziehen wirst?«

»Ich schätze, mir bleibt nichts anderes übrig. Allein schon aus Tierschutzgründen.« Sie grinste, doch bei aller zur Schau getragenen Ironie empfand sie es auch genau so. »Im Ernst, ich kann mir nichts Besseres vorstellen, als mit dir zusammenzuleben. Ich werde es niemals so schön formulieren können wie du, aber ich will es genauso gern. Ich bin mir sicher, dass ich das Cottage schnell verkauft bekomme und …«

»Verkauf es nicht«, bat er. »Es gehört dir, und es wird dir Sicherheit geben – egal, was passiert. Du kannst es ja vermieten. Als Ferienhaus oder auch längerfristig.«

»Du hast dir wirklich über alles Gedanken gemacht.« Das wohlig warme Gefühl in ihr wurde immer stärker. Susan war gerührt davon, wie sehr er sich kümmerte und sorgte. Wie wichtig es ihm war, dass sie sich weiterhin sicher und unabhängig fühlen konnte – obwohl sie nie sicherer war als in seiner Nähe.

Er sah sie nachdenklich an. »Ich bin mir ziemlich sicher, dass wir beide in der nächsten Zeit einige Dinge ordentlich vermasseln werden. Das ist wohl normal und gehört dazu, aber ich finde, dass eine gute Basis nicht schadet.«

»Wie beim Hausbau«, entgegnete sie. »Ich bin sehr froh, dass du so ein guter Architekt bist.« Und dann küsste sie ihn und sagte damit alles, was sie nicht in Worte fassen konnte.

NACHSPIELZEIT

»BIST DU BEREIt für den großen Tag?«, wollte Davie wissen, als Susan eine Woche später in seinen Armen aufwachte. Er selbst war schon seit Stunden wach, weil er so aufgeregt war. Wie es wohl werden würde, wenn ab heute Mittag zwei aufgeweckte Jungtiere ihr Leben teilten?

Vermutlich würde in den nächsten Wochen halb Kirkby im Ausnahmezustand sein, denn knapp die Hälfte der neunundzwanzig Welpen hatte ihr neues Zuhause bei Familien im Dorf gefunden. Einer der Pudelwelpen sogar bei Collum und Harriet. Davie musste lächeln, als er an den vergangenen Samstag dachte, an dem ganz Kirkby den Collum-Day gefeiert hatte. Dieser Tag war ein voller Erfolg gewesen. Der nichts ahnende Bürgermeister hatte reichlich Mühe gehabt, die Fassung zu wahren – und sie bei der kleinen Theateraufführung von Susans Kindern völlig verloren. Vermutlich waren es gleichermaßen Lachtränen wie Tränen der Rührung gewesen, die über seine Wangen gekullert waren.

Das Andenken an dieses eindrucksvolle Event stammte von Davie. Er hatte sein Sporthallenmodell auf eine größere Platte montiert und darauf auch den zukünftigen Fußballplatz mit Modelleisenbahn-Rasen ausgelegt. Auf dem Platz tummelten sich kleine Holzwelpen und ein Schwein mit einem Fußball. Dieses Diorama war nun im Eingangsbereich des Rathauses ausgestellt und sorgte für reichlich Aufsehen.

Susan räkelte sich immer noch schläfrig und war kein bisschen ansprechbar.

»Wie kannst du so tiefenentspannt sein, wo wir gleich Nachwuchs bekommen?«

»Jahrelange Arbeit im Kindergarten härtet ab«, murmelte sie und kuschelte sich enger an ihn.

»Aber das sind Menschenkinder, keine Tierkinder!«

»Eben. Die sind noch schlimmer. Mach dir keine Sorgen.«

Das war leichter gesagt als getan. Aber er wusste, dass er mit seinen Sorgen nicht allein war. Collum war in diesem Moment garantiert genauso ein Wrack wie er selbst. Während Harriet und Kirkby den Collum-Day geplant hatten, hatte er bereits drei Tage nach Geburt der Pudelwelpen mit Ainslee und Paul vereinbart, dass er einen davon für Harriet und sich selbst haben wollte. Das war sein Geschenk für seine Braut, doch die hatte erst nach den gemeinsamen Flitterwochen davon erfahren dürfen, weil Collum Angst gehabt hatte, dass sie am Ende auf die Honeymoon-Safari würde verzichten wollen, um in der Nähe des Welpen zu sein.

So war am letzten Samstag nicht nur er komplett vom Hocker gerissen gewesen, sondern auch Harriet.

»Das war doch wirklich unfassbar süß, als am Ende der Nachmittagsshow plötzlich Ainslee mit einem großen Weidenkorb ankam und ihn zusammen mit Collum der völlig überraschten Harriet in die Hand gedrückt hat«, sprach Davie weiter. In dem Korb hatte die kleine Ava gesessen, rabenschwarz wie ihre Mutter Ivy und mit einer roten Schleife um den Hals.

»Ja, das war es«, bestätigte Susan. »Und ich kann mich nicht erinnern, dass in Kirkby an einem Nachmittag jemals so viel geheult wurde wie letzten Samstag.«

»Dir sind auch die Tränen gekommen«, erinnerte er sie.

»Ich schäme mich auch nicht dafür. Es war ja echt rührend. Dafür waren die Showacts am Abend aber glücklicherweise vor allem cool und die anschließende Party rauschend wie immer.«

»Na ja, der Song von Lennox und Marlin hat wieder alle Schleusen geöffnet.«

»Stimmt, das war ziemlich eindrucksvoll.« Sie lachte leise, was seinen Brustkorb angenehm vibrieren ließ. »Ich glaube, dass Kirkby der lebens- und liebenswerteste Ort der Welt ist«, stellte sie dann fest. »Wo sonst würde man seinem Bürgermeister mit einem eigenen Tag huldigen?«

»Und zwar auf eine Art, die allen im Dorf Spaß macht«, fügte er hinzu. »Ich geb dir recht, und ich kann mir nicht vorstellen, jemals wieder woanders zu leben.«

»Das dürfte auch schwierig werden, denn wo sonst könntest du dein Schwein mit zu deiner Arbeitsstelle bringen?« Sie kicherte.

»Was heißt, zu *meiner* Arbeitsstelle? Du wirst Bertha doch mit in den Kindergarten nehmen.«

»Rein aus pädagogischen Gründen«, behauptete sie.

»Pädagogisch für wen? Für die Kinder oder die Tiere?«

»Wo ist der Unterschied? Es wird allen guttun. Und es wird ja auch nicht jeden Tag sein. Zwischendurch dürfen sie bei dir sein oder im Garten bei den anderen Tieren.«

»Welchen anderen Tieren?«

»Na, den Hühnern, für die du heimlich schon einen eigenen Stall baust. Und wer weiß, wer noch alles zur Familie stoßen wird?«

»Ganz so heimlich ist es offensichtlich nicht, wenn du ihn schon entdeckt hast«, brummte er, ein bisschen enttäuscht. »Der Hühnerstall sollte eigentlich eine Überraschung werden.«

»Ich brauch keine Überraschungen mehr«, sagte sie und küsste ihn zärtlich auf die Halsbeuge. »Du bist das größte Geschenk für mich und die größte Überraschung.«

»Dito«, gab er zurück. »Schade, dass wir so lange dafür gebraucht haben, es zu begreifen.«

»Gut, dass wir so viel Zeit dafür hatten, unsere Freundschaft aufzubauen und zu pflegen«, widersprach sie ihm. »Ich kenne da einen tollen Architekten, der dir etwas über solide Fundamente erzählen könnte.«

»Muss ein kluger Mann sein.«

»Der klügste.« Wieder küsste sie ihn an der empfindlichen Stelle, und er schauderte wohlig. »Ich bereue keinen einzigen Tag unserer Freundschaft, auch wenn es schade ist, dass wir *damit* erst so spät angefangen haben.« Susan robbte nun vollständig auf ihn und machte sehr deutlich, was sie mit »damit« meinte.

• • •

»Sollen wir zu Fuß gehen oder mit dem Auto fahren?«, wollte Susan wissen, als sie zwei Stunden später endgültig aufgestanden waren und bei einem sehr späten Frühstück saßen.

»Wir müssen das Auto nehmen. Den Weg schaffen die Kleinen noch nicht, und außerdem bekommen wir Futter und anderen Kram mit.«

»Stimmt, daran hab ich gar nicht gedacht. Es ist halt so schönes Wetter, und da könnte man gut draußen sein.«

»Wir können den beiden dann ja auch ihr Outdoor-Gehege zeigen«, schlug Davie vor und goss sich und ihr noch etwas Tee nach. Aus ihrer Lieblingskanne.

Sie hatten nicht lange gefackelt und schon am letzten Sonntag, leicht verkatert nach dem Collum-Day, all die Sachen, die ihr wichtig waren, in die alte Mühle gebracht. Das waren vor allem Kleidung, Bücher und das Bastelmaterial, das sich in den letzten Jahren angesammelt hatte. Ansonsten natürlich ihre Hanteln und Trainingsgeräte, etwas Geschirr, an dem sie hing, ein paar besonders schöne Kissen und Kuscheldecken sowie ihre Lieblingsbettwäsche und der gemütliche Sessel aus ihrem Wohnzimmer. Der stand nun in dem lichtdurchfluteten Eckraum im ersten Stock, wo Davie ihr einen leicht improvisierten Schreibtisch aus einer massiven Holzplatte und zwei simplen Böcken hingestellt hatte. Und wo der grandiose Apothekerschrank der absolute Hingucker war, den Davie wie Bertha von diesem verwahrlosten Bauernhof bei Pitlochry gerettet hatte.

Wann er die Zeit gefunden hatte, dieses Schmuckstück aufzuarbeiten, blieb ihr schleierhaft, denn gefühlt hatte er in den letzten Wochen in jeder wachen Stunde am Hotel gearbeitet, das morgen eröffnet wurde. Von der Tierausstattung ganz zu schweigen. Verfügte Davie über geheime Zeitressourcen, von denen sie nichts ahnte? Oder am Ende sogar über einen Zeitumkehrer, wie ihn Hermine bei *Harry Potter* benutzte?

»Wenn wir sie in den Auslauf lassen, können wir anschließend gleich die Tierdusche testen. Nach dem Regen der letzten Tage ist es da ganz schön matschig«, sagte sie.

»Dafür haben wir sie doch gebaut«, entgegnete er mit einem Grinsen. »Und noch passen beide gemeinsam rein. Ich schätze, das wird sich ändern.«

»Vermutlich, aber die Dusche ist auch so ziemlich cool.« Die hatten sie zusammen am Montagabend eingebaut.

Die Wanne war einer der alten Viehtröge, die im Hotel keine Verwendung gefunden hatten. Dazu bildete die hochmoderne Armatur, die aus einer Profiküche stammte, einen ziemlich coolen Kontrast. An dem flexiblen Schlauch ließ sich nicht nur ein normaler Duschkopf befestigen, sondern auch eine rotierende Bürste, über die sich laut Davie wohl ganz besonders Bertha freuen dürfte.

Susan trank ihren Tee aus und begann dann, den Tisch abzuräumen. Langsam machte sich in ihr neben Vorfreude auch ein wenig Nervosität breit, die wuchs, als sie ins Auto stiegen und nach Monroe Manor fuhren. In wenigen Minuten würde ihr Leben nie wieder so sein, wie sie es bisher kannte. Das taugte durchaus für etwas Nervenflattern.

Davie schien es zu merken, denn er legte kurz seine Hand auf ihr Bein. »Wir schaffen das«, sagte er und strahlte dabei so viel Zuversicht aus, dass sie es einfach glauben musste.

Als sie das Herrenhaus betraten und den vertrauten Weg zum Welpenzimmer im Souterrain einschlugen, war Susan überrascht, wie ruhig alles war. Sie hatte damit gerechnet, dass es zugehen würde wie im Taubenschlag.

Doch außer George und Heather war kein Mensch da.

»Wir vergeben nicht ohne Grund Termine für die Abholung«, antwortete George auf ihre verwunderte Nachfrage. »Wir wollen uns für alle neuen Besitzer in Ruhe Zeit nehmen und ihnen alles erklären.« Er lächelte, als Bertha quiekend und mit Ernie an ihrer Seite zum Zaun geflitzt kam. »Die wissen schon, dass es heute nach Hause geht. Und sie hätten es kaum besser treffen können. Aber bevor sie ausziehen, gibt's noch ein paar Formalitäten zu klären.« Er deutete auf einen Tisch und Stühle.

In den nächsten Minuten besprachen sie Futterroutinen – nach Möglichkeit recht regelmäßig –, Schlafbedürfnis – im Moment noch sehr hoch – und Bewegung – gerne reichlich, aber noch keine langen Runden an der Leine, sondern eher spielerisch. Im Grunde bestand das Jungtierleben vor allem aus Schlafen, Fressen und Spielen.

Sie unterzeichneten den Kaufvertrag für Ernie und zahlten doppelt so viel wie vereinbart, weil ja schließlich auch Bertha liebevoll aufgezogen worden war.

Dann kam der Moment, in dem sie ihren Tieren zum ersten Mal Halsband beziehungsweise Geschirr anzogen und von Heather für ein Abschiedsfoto vor eine dunkelgrüne Brokattapete gebeten wurden.

»Wir haben alle unsere Welpen und ihre neuen Besitzer auf diese Weise dokumentiert«, sagte sie und deutete auf die gegenüberliegende Wand, an der bereits unzählige gerahmte Fotos hingen. »Selbstverständlich bekommt ihr euer erstes offizielles Familienfoto ebenfalls.«

Susan hielt Ernie im Arm, die ein bezauberndes Tartan-Halsband mit Schleife trug, das vermutlich kaum die nächste Woche überleben würde. Bertha, die mit ihrem knallroten Geschirr todschick aussah, lag in Davies Armbeuge. Seinen anderen Arm hatte er um Susan gelegt und zog sie eng an sich.

»Bist du bereit für unser Abenteuer?«, raunte sie ihm zu, als Heather mit ihrer Kamera in Position ging.

»Mit dir an meiner Seite bin ich bereit für alles.«

– E N D E –

Doch natürlich nicht für immer. Meine Liebe zu Kirkby ist genauso unerschütterlich wie die meiner Fans. Also wird es in diesem Jahr noch mindestens die Geschichte von Brodie und Charly in »Highland Happiness – Die Schmiede von Kirkby« geben. Brodie ist Zahnarzt und wurde gelegentlich schon mal erwähnt, aber Charly ist ein vollkommen unbeschriebenes Blatt. Ich freu mich jedenfalls riesig auf die beiden, die auf den ersten Blick so gar nicht zusammenpassen. Und für all jene, die es auch kriminell mögen: Fanny und »Lord Seidentüchlein« werden wieder zu tun bekommen …

FIGURENREGISTER

Protagonisten:

Susan Sutherland: 33, karottenrote Haare, sommersprossig – sieht aus wie eine erwachsene Pippi Langstrumpf und benimmt sich manchmal auch so. Die Erzieherin im Kindergarten von Kirkby wird von ihren Schützlingen angehimmelt, dabei ist dieser Job für sie eher Beruf als Berufung. Schließlich hat sie ihr Geld bis vor Kurzem als Profifußballerin in Schweden verdient.

Davie Tomlinson: 38, dunkle Haare, sanfte Augen – geht voll in seinem Beruf als Schreiner auf und liebt nichts mehr, als eins zu werden mit seinen Holzprojekten. Nach freudlosen Jahren als Architekt schätzt er sein entschleunigtes und nachhaltiges Leben. Doch so geschickt er mit seinen Händen ist, so hoffnungslos agiert er mit dem Herzen.

Die folgenden (erwachsenen) Personen sind ungefähr in der Reihenfolge ihres Auftretens aufgelistet:

Nora: Praktikantin im Kindergarten – erleidet bald eine Kleisterphobie

Robbie: Praktikant im Kindergarten – hat Nerven wie Stahlseile

Moira: erfahrene Kollegin im Kindergarten, die jedoch andere pädagogische Vorstellungen hat als Susan

Shona Fraser McIntosh: Chefin von Kirkbys Destillerie, Tierarzt-Gattin und Protagonistin in »Highland Hope – Eine Destillerie für Kirkby«

Adley MacAlpine: Züchterin der knuffigen Highland-Rinder und Protagonistin in »Highland Happiness – Die Glückskuh von Kirkby«

Henrietta (Hetty): Stürmer-Star beim FC Rosengård und Susans beste Freundin

Dennis: kaum erwähnenswerter Kurzzeitliebhaber von Susan

Lennox Fraser: Musiker und jüngster Sohn von Dorf-Mäzen Marlin Fraser, dürfte wohl als bester Freund von Davie durchgehen, liiert mit Dorfärztin Anna,

Protagonist in »Highland Hope – Eine Bäckerei für Kirkby«

Sean Gordon: Töpfermeister, Vermieter von Lennox' Studioremise. Heiß verliebt in Hailey und Protagonist in »Highland Happiness – Die Töpferei von Kirkby«

Lilly Tomlinson: Davies Schwester – ohne Sprechrolle, spielt überhaupt kaum eine Rolle, genauso wenig wie seine Eltern, die kaum eine Erwähnung verdienen

Hailey Fraser: barocke Pferdeflüsterin, leitet mit ihrem Vater Rupert das Reitsportzentrum in Kirkby, Protagonistin in »Highland Happiness – Die Töpferei von Kirkby«

Marlin Fraser: Patriarch des Fraser-Clans, Mann mit vielen Geheimnissen und noch mehr Meinungen, streitbarer, aber gleichzeitig großzügiger Mäzen

Collum McDonald: Kirkbys superengagierter Bürgermeister, dessen Ideenreichtum kaum zu bremsen ist. Protagonist in »Highland Happiness – Die Weberei von Kirkby«

Jon Grant: umtriebiger Wirt des Pubs *The Wise Pelican*, ehemaliger Werber, angehender Hotelier und verliebter Hunde-Daddy. Protagonist in »Highland Hope – Ein Pub für Kirkby«

Harriet Harper: Gründerin der *Kirkby Tartan Mill*, hat den Bürgermeister gezähmt und ist Protagonistin in »Highland Happiness – Die Weberei von Kirkby«

Helen: Chefköchin in *The Wise Pelican*

Isla Fraser: sternedekorierte Spitzenköchin in *The Scottish Thistle*, bessere Hälfte von Jon Grant und Protagonistin in »Highland Hope – Ein Pub für Kirkby«

Anna Campbell: Landärztin, Yogalehrerin und empathische Menschenversteherin, Protagonistin in »Highland Hope – Eine Bäckerei für Kirkby«

Kristie Fraser: Highland-Dancing-Genie und Besitzerin von *Kristie's Old Bakery* – seit einem Weilchen endlich glücklich mit Yeshi

Ella: Kristies rechte Hand, managt die Bäckerei und das Café und versucht sich an original Münchner Brezeln

Fanny König: Münchner Dirndlschneiderin und Brezel-Fan – in dieser Geschichte ohne Sprechrolle, dafür aber Protagonistin in »Highland Crime – Die tote Tänzerin«

Leslie Turner: Gemeindesekretärin, hat Collum und seine Agenda fast noch besser im Griff als Harriet

Derek Richards: Rinderzüchter, auf dessen Grund und Boden der neue Sportplatz von Kirkby entstehen wird

George Stewart: lebensfroher »Schlossherr« auf Monroe Manor, begeisterter Hundezüchter und Opa von Ayana und Baby-Alex

Sarah: Hatte in anderen Geschichten schon mal eine Sprechrolle, diesmal nur zur Deko dabei, arbeitet im schottischen Fremdenverkehrsamt

Andrew Muir und Stephen Ashford: Sind in der Regionalverwaltung für Sportprojekte zuständig, muss man sich nicht merken

Lasse Lindqvist: Physiotherapeut beim FC Rosengård und Ex-Partner von Susan

Ben Lindqvist: Marketingleiter beim FC Rosengård, älterer Bruder von Lasse und Verlobter von Hetty

Robin Stewart: Knallharte Staranwältin, Tochter von George und Heather, Ehefrau von Sky und Mutter von Ayana und Baby-Alex, steht Susan mit Rat und Tat zur Seite. Protagonistin in »Robin – High in the Sky«

Lila Harper: Harriets Zwillingsschwester, Protagonistin in »Highland Happiness – Ein Sommer in Kirkby«

Heather Stewart: »Schlossherrin« auf Monroe Manor, Ehefrau von George, Mutter von Robin

Sky Forrester: Robins Ehemann, Daddy von Ayana und Baby-Alex, Gründer und Chef der NGO STEADFAST. Protagonist in »Robin – High in the Sky«

Colleen Murray Fraser: Kirkbys Eventplanerin, Ehefrau von Alex Fraser, Protagonistin in »Highland Hope – Ein Bed & Breakfast für Kirkby«

Molly: Köchin auf Monroe Manor

Hamish: Butler auf Monroe Manor

Ainslee Ferguson: Geschäftspartnerin von Harriet in der *Kirkby Tartan Mill*, Besitzerin von Hunde-Casanova Jules und verlobt mit Paul Starling. Protagonistin in »Highland Happiness – Das Herrenhaus von Kirkby«

Paul Starling: Historiker, unehelicher Sohn von Marlin Fraser, Verlobter von Ainslee und Protagonist in »Highland Happiness – Das Herrenhaus von Kirkby«

Yeshi: Mitarbeiterin der NGO STEADFAST, aufstrebende Keramikkünstlerin und Partnerin von Kristie

Alex Fraser: Marlins ältester Sohn, Colleens Ehemann, Hotelier des Luxus-B&B *The Cosy Thistle* und demnächst von *The Kirkby Barn*. Protagonist in »Highland Hope – Ein Bed & Breakfast für Kirkby«

Matt Irving: schmieriger Sportanlagenbauer, muss man sich nicht merken

Kim: Davies Mitarbeiterin, ambitionierte Nachwuchsschreinerin mit fragwürdiger Agenda

Lina: ehemalige Teamkollegin von Susan, ohne Sprechrolle, aber mit wichtiger Funktion

Brodie: Zahnarzt, wird nur kurz erwähnt, bekommt aber in »Highland Happiness – Die Schmiede von Kirkby« seinen großen Auftritt

Kendrick McIntosh: engagierter Tierarzt, Ehemann von Shona und Protagonist in »Highland Hope – Eine Destillerie für Kirkby«

Britta Lund: schwedische Anwältin

Martin und Margaret Sutherland: Susans Eltern

(Kindergarten-)Kinder:

Aidan und Roya Fraser: Kinder von Colleen und Alex

Tom: Mini-Hooligan und Collum-Double

Finley: FKK-Freund und Kleisterschocker

Jenny: Lässt sich von Tom an den Haaren ziehen.

Ayana Forrester: Tochter von Robin und Sky, lässt sich nicht von Tom einschüchtern.

Alex Forrester (»Baby-Alex«): Sohn von Robin und Sky

Tiere:

Ernie: rotbraune Newfypoo-Hündin, die Susans Herz im Sturm erobert

Bertha: geschecktes Schweinchen, das Davie sein Leben verdankt und sich für einen Hund hält

Polly: Neufundländer-Hündin von Jon und Isla, Mutter von Ernie und zehn weiteren Welpen, hingebungsvolle Ziehmutter von Ferkel Bertha

Ivy: schwarze Pudelhündin von Paul, Mutter von zehn reinrassigen Großpudelwelpen

Joy: Airedale-Terrier-Hündin von Heather und George, Mutter von acht hochenergetischen Airedoodle-Welpen

Abby: Airedale-Terrier-Hündin von Heather und George – diesmal ohne Kindersegen

Jules: todschicker rotbrauner Großpudelrüde von Ainslee, der sich als großer Hunde-Casanova von Kirkby entpuppt und in »Highland Happiness – Das Herrenhaus von Kirkby« gleich drei Hündinnen beglückt hat …

Ava: lackschwarzes Pudelmädchen, das bei Harriet und Collum einziehen wird

Tito: kurz erwähnter Jack Russell Terrier, der bei Colleen, Alex, Aidan und Roya lebt

SCOTCH PIE

IN DEUTSCHEN FUSSBALLSTADIEN regiert die Bratwurst als Pausensnack schlechthin, in amerikanischen der Hotdog. In Schottland (und ganz Großbritannien) ist »Scotch Pie« der Magenfüller der Wahl. Traditionell wurde die handliche Pastete mit doppelter Kruste, die man heiß oder kalt genießen kann, mit gehacktem Hammelfleisch gefüllt. Heutzutage findet sich meist Rinder- und/oder Lammhack in der Füllung – manchmal aufgepeppt mit etwas Trockenobst und immer mit einem Schluck Whisky fürs besondere Aroma. Die schottische Pastete steht aber auch in den meisten Pubs und Restaurants auf der Karte und wird dann als Hauptgericht serviert, meist zusammen mit Pommes frites und Bohnen.

Mein Rezept (das mir Jon ins Ohr geflüstert hat) ist eine moderne Interpretation dieser Leckerei. Ich mag besonders gern einen bunten Salat dazu. Die Inhaltsangaben für die Füllung können natürlich nach Lust und Laune variiert werden, Hauptsache, am Ende passt die Menge. Ich habe Scotch Pie übrigens auch schon mal mit veganem Hack zubereitet – mit großem Erfolg. Also einfach experimentieren.

Zutaten (für 12 kleine Pies aus dem Muffin-Blech):

Teig:
250 g Mehl
160 g kalte Butter
2 Eigelb
2 Prisen Salz
2 Prisen Zucker
1 TL Milch

Füllung:
400 g Hackfleisch (Rind, Lamm oder vegan)
6 Trockenfrüchte nach Geschmack und ohne Kerne (Pflaumen, Datteln, Aprikosen)
140 ml Whisky
2 Gemüsezwiebeln
2 kleinere Petersilienwurzeln
4 EL Öl
Etwas Mehl
400 ml (Fleisch- oder Gemüse-)Brühe oder Rinderfond
Salz
Frisch gemahlener Pfeffer
Thymian und/oder gehackte frische Minze nach Geschmack

Zum Backen:

Mehl für die Arbeitsfläche
Flüssige Butter/Öl – um die Förmchen auszufetten
2 Eigelb
2 TL Milch

Zubereitung:

Sämtliche Teigzutaten mit den Knethaken des Handrührers oder mit den Händen zu einem glatten Teig verkneten. Luftdicht in Folie verpackt für mindestens 30 Minuten (besser länger) in den Kühlschrank legen.

Für die Füllung Trockenobst fein hacken und mit etwas Whisky beträufeln – mindestens 30 Minuten (besser länger) durchziehen lassen.

Hackfleisch mit etwas Whisky beträufeln – mindestens 30 Minuten (besser länger) durchziehen lassen.

Zwiebeln und Petersilienwurzeln schälen und fein würfeln. In 1 EL heißem Öl glasig dünsten und dann herausnehmen.

Restliches Öl in die Pfanne geben und das Fleisch portionsweise braun anbraten und mit etwas Mehl bestäuben. Anschließend die komplette Fleischmasse mit dem angedünsteten Gemüse, der Brühe, dem Trockenobst und dem restlichen Whisky vermischen und zunächst im offenen Topf bei niedriger Hitze ca. 10 Minuten kochen lassen. Dann den Deckel drauflegen und bei geschlossenem Topf noch weitere 10 Minuten weiterköcheln lassen. Anschließend mit Salz, Pfeffer und gegebenenfalls mit Thymian und/oder frischer Minze abschmecken. Vollständig abkühlen lassen (wenn möglich über Nacht).

Backofen auf 200 Grad Ober- und Unterhitze, 180 Grad Umluft oder Gas Stufe 4 vorheizen.

Den Teig auf der bemehlten Arbeitsfläche etwa 2 mm dick ausrollen. Je 12 große und kleine Kreise (Ø 9,5 cm und 7 cm) ausstechen. Die großen Teigkreise in die gefetteten Mulden (Ø 7 cm) des Muffinblechs legen. Den Boden mit einer Gabel mehrmals einstechen. Eigelb und Milch verquirlen und die Teigränder damit einstreichen. Die kalte Füllung bis knapp unter den Teigrand in die Förmchen geben. Jeweils mit einem kleinen Teigkreis fest verschließen (Ränder mit den Fingern oder einer Gabel zusammendrücken, damit die Pies gut verschlossen sind). Teigdeckel kreuzförmig einschneiden, damit der Wasserdampf entweichen kann. Die handlichen Pies im Backofen 25 bis 30 Minuten goldgelb backen. Einige Minuten abkühlen lassen und dann vorsichtig aus der Form stürzen.

Die Pies können warm oder kalt genossen werden. Guten Appetit!

FRAUENFUSSBALL (IN SCHOTTLAND)

KLEINER FUNFACT GLEICH ZUM BEGINN: Wusstest du, dass ich viele Jahre lang einen Fußball-Blog hatte? Zwischen 2010 und 2018 habe ich rund zweitausend Beiträge auf meiner Website mit dem klangvollen Namen »11Spielerfrauen« verfasst. Dabei habe ich über die Bundesliga und internationale Wettbewerbe geschrieben, über einzelne Partien und große Turniere, über Männer- und Frauenteams. Ich hatte hohe Zugriffszahlen auf der Seite und eine recht aktive Community auf Facebook. Eine Internet-Recherche lohnt sich trotzdem nicht, denn die Seite gibt's nicht mehr, was daran liegt, dass meine große Liebe zum Fußball inzwischen ziemlich nachhaltig abgekühlt ist.

Ein bisschen wehmütig macht es mich manchmal schon, dass mir die Freude an dem tollen Sport so vergällt wurde, zumindest der an der hochkommerziellen Profi-Variante im Männerbereich. Doch die regelrecht mafiösen Strukturen bei FIFA, UEFA und den Landesligen widern mich derart an, dass ich sie nicht weiter mit meiner Aufmerksamkeit, meiner Begeisterung und meinem Geld unterstützen möchte.

Trotzdem wollte ich meiner früheren Leidenschaft ein kleines Denkmal setzen, und ich hoffe, das ist mir mit Susan Sutherland gelungen. Susan ist zwar frei erfunden, ihren Club, den FC Rosengård in Malmö, gibt es jedoch wirklich. In Schweden ist Frauenfußball übrigens viel populärer als hierzulande, und die Spielerinnen der Top-Vereine werden auch einigermaßen angemessen bezahlt, was leider nach wie vor keine Selbstverständlichkeit ist.

Dabei ließ sich Frauenfußball ursprünglich ganz positiv an – zumindest in Großbritannien. Als Fußball 1863, nach einer internationalen Vereinheitlichung der Regeln, zu einer offiziellen Sportart wurde, spielten auch Mädchen an englischen Schulen dieses Spiel. 1894, also gut dreißig Jahre später, gründete Nettie Honeyball dann das erste britische Frauen-Fußballteam. Das erste große Spiel der Athletinnen fand im folgenden Jahr, am 23. März 1895, statt: England-Nord gewann vor rund zehntausend Zuschauern mit 7:1 gegen England-Süd.

Richtig populär wurde der britische Frauenfußball während des Ersten Weltkriegs. Infolge des Kriegsdienstes konnte im Männerfußball kein regelmäßiger Spielbetrieb aufrechterhalten werden – stattdessen blühte der Frauenfußball in dieser Zeit regelrecht auf. Doch der Boom war schnell wieder vorbei. Im Dezember 1921 verbot die Football Association den Frauen die Benutzung der Stadien. Grund? Angeblich sei Fußball »für Frauen nicht geeignet und sollte deshalb nicht gefördert werden«, wie ich auf Wikipedia gelernt habe.

In anderen europäischen Ländern lief es kaum besser – vor allem Nazi-Deutschland hatte ein dezidiert anderes Frauenbild. Frauenfußball war also faktisch in ganz Europa bis Anfang der 1970er-Jahre verboten. Nicht nur verpönt, sondern tatsächlich verboten – das muss man sich mal auf der Zunge zergehen lassen. Der Deutsche Fußball-Bund (DFB) verschwurbelte sein Verbot 1955 mit folgender Erklärung: »Im Kampf um den Ball verschwindet die weibliche Anmut, Körper und Seele erleiden unweigerlich Schaden und das Zurschaustellen des Körpers verletzt Schicklichkeit und Anstand.« Mannomann.

Erst im Oktober 1970 hob der DFB dieses Verbot wieder auf, wenn auch unter absurden Auflagen. Erst seit dreißig Jahren, also seit 1993, spielen Frauen in Deutschland unter den gleichen Bedingungen wie Männer. Zumindest vom Regelwerk her – von einer vergleichbaren Bezahlung wie ihre männlichen Kollegen können die meisten Spielerinnen immer noch nur träumen, obwohl es in den europäischen Spitzenclubs und den Verbänden seit ein paar Jahren eine immer größere Professionalisierung gibt.

So glorreich der Frauenfußball im »Mutterland« einst gestartet war, so überschaubar ist die öffentliche Wahrnehmung heute. Susan hat also alles richtig gemacht, als sie mit einundzwanzig zum schwedischen

Rekordmeister nach Malmö gewechselt ist. Ihre zweifellos großartigen Auftritte in der schottischen Nationalmannschaft konnten deren mangelnde Konkurrenzfähigkeit aber nicht wettmachen. Schade.

Zurück zum Anfang: Ich war bereits vor meinem Fußball-Blog ein großer Fan der Sportart und habe unzählige Spiele gesehen – im Fernsehen und im Stadion. Offen gestanden waren das zum großen Teil Begegnungen von Männerteams, aber seit ungefähr 2011 (da fand die Frauen-WM in Deutschland statt) stelle ich mit Staunen und reichlich Begeisterung fest, dass die Frauen immer professioneller werden und die Spiele den Testosteron-Massakern an Attraktivität in nichts mehr nachstehen. Sie sind temporeich, taktisch hochklassig und spannend. Und warum auch nicht?

Ich wünsche mir, dass Frauenfußball noch populärer und »normaler« wird. Dass die Profis ähnliche Bedingungen bekommen wie ihre männlichen Kollegen – auch finanziell –, dass sie aber nicht dem korrupten Morast zum Opfer fallen. Ich bin mir sicher, auch Susan wäre begeistert.

DANKE

LIEBE LESERIN, LIEBER LESER,

diese Zeilen schreibe ich drei Tage vor Weihnachten 2023 – also am 21. Dezember, dem kürzesten, dunkelsten Tag des Jahres. Trüb und nass ist er obendrein. Doch diese Widrigkeiten können mir gerade nichts anhaben, denn ich bin voller Licht und Freude darüber, den achten Kirkby-Roman beendet zu haben. Niemals hätte ich gedacht, dass ich so lange so viel Spaß an einer Reihe haben könnte – offenbar genau wie du, denn die Wahrscheinlichkeit ist recht hoch, dass du ebenfalls schon von Anfang an dabei bist. Dafür möchte ich mich bei dir von Herzen bedanken, denn das ist eine riesengroße Ehre und Freude.

Wie immer gibt es zahllose Menschen, denen ebenfalls Dank gebührt, doch ich versuche, mich ausnahmsweise kurzzufassen:

Ich danke meiner lieben Freundin Susanne dafür, dass ich Susan nach ihr benennen durfte und dass sie mir bei der Hintergrundgeschichte von Davie geholfen hat.

Danke meinen tollen Kolleginnen aus dem virtuellen WhatsApp-Schreibbüro, die in Mannschaftsstärke mit der Peitsche geknallt haben, damit ich meine Deadline schaffe. Wie immer also.

Danke meinem Podcast-Kollegen Christian, der mich bereits im fünften Jahr mit »Der literarische Saloon« dazu zwingt, wenigstens alle vierzehn Tage an andere Dinge zu denken.

Danke an Gundel für unseren mittwöchlichen Jour fixe, bei dem wir uns gelegentlich unser Autorinnen-Leid klagen, aber viel öfter mit tollen Ideen jonglieren.

Ich danke der unbestechlichen Julia dafür, dass sie mir keinen Unsinn durchgehen lässt – weder inhaltlich noch orthografisch und grammatikalisch.

Danke an Sabine, die wieder so ein sensationelles Cover gezaubert hat – diesmal sogar zwischen Kisten während ihres Umzugs. Du bist meine Heldin!

Danke an Christine und Justine – fürs finale Drüberschauen über das Manuskript.

Danke an Scotty, meinen vierbeinigen Terror … ähm … Terrier, der dafür sorgt, dass ich regelmäßig an die frische Luft gehe, und mich buchstäblich tierisch inspiriert.

Danke meinem Herzensmann Jan, der zwar nicht weiß, was ein Book Boyfriend ist, der aber für viele meiner Protagonisten eine Art Blaupause abgegeben hat – und der tapfer all meine Geschichten als Erster liest.

Ihr seid alle wundervoll!

Charlotte

PS: Hier folgt meine übliche Versicherung, dass ich natürlich auch all jenen von ganzem Herzen danke, die ich oben mal wieder vergessen habe. Es ist wie mit dem Figurenregister von Kirkby – es werden einfach immer mehr. Ihr seid großartig!

Noch ein PS: Sollte dieser Roman dein Erstkontakt mit mir sein, dann freue ich mich, dass du bis hierher durchgehalten hast. Das stimmt mich auch milde optimistisch, dass du Spaß mit der Geschichte und mit mir hattest. Besuche mich doch auf meiner Website www.carinmueller.de (so heiße ich, wenn ich keinen Kilt trage). Da erfährst du alles über mich, meine Bücher, meine diversen Pseudonyme und meine vielen Abenteuer. Und zögere nicht, mir zu schreiben, denn ich liebe es, von dir zu hören und zu lesen.

ALLE KIRKBY-GESCHICHTEN AUF EINEN BLICK

SÄMTLICHE KIRKBY-GESCHICHTEN können für sich allein und unabhängig voneinander gelesen werden – doch wer kann das schon wollen? Den größten Spaß hat man sicherlich, wenn man sie in der richtigen Reihenfolge genießt:

Weihnachten in Kirkby:
Diese zuckersüße Kurzgeschichte spielt genau ein Jahr vor »Highland Hope – Ein Bed & Breakfast für Kirkby«. Es gibt sie kostenlos exklusiv auf meiner Website:
https://carinmueller.de/weihnachten-in-kirkby

Ein Sommer in Kirkby:
Dieser Kurzroman spielt wenige Monate vor »Highland Hope – Ein Bed & Breakfast für Kirkby«. Du bekommst ihn kostenlos in allen E-Book-Shops und auf meiner Website:
https://carinmueller.de/ein-sommer-in-kirkby

Lila Harper hat eine Mission: Um einen besseren Job als ihr Volontariat bei der Reitsportzeitschrift »Horse & Hound« zu ergattern, reist sie zu entfernten Verwandten nach Kirkby. Ein Artikel über das schillernde Herrenhaus Monroe Manor soll ihr Karrieresprungbrett werden.

Profireiter Cameron Sinclair wollte nie wieder nach Kirkby zurückkehren, doch sein wertvolles Springpferd Artemis verweigert auf einmal jede Zusammenarbeit. Jetzt kann nur noch sein alter Mentor, der Pferdeflüsterer Rupert Fraser helfen.

Doch dann kommt alles anders: Exzentrische Dorfbewohner, eine wütende Exfreundin, Mister Spock und ein mythisches Wasserpferd in Loch Leary können nicht verhindern, dass zwischen Lila und Cameron die Funken sprühen und die Liebe einschlägt.

Highland Hope – Ein Bed & Breakfast für Kirkby:
Band 1 der ersten Kirkby-Staffel gibt es als Taschenbuch und E-Book überall im Buchhandel.

Im »Cosy Thistle« findet Colleen mehr als nur ein Zimmer …

Colleen Murray hat nichts zu verlieren, als sie Boston hinter sich lässt, um auf Wunsch ihres verstorbenen Vaters ein paar Monate in seiner schottischen Heimat Kirkby zu verbringen. Die Schönheit der Highlands und den eigenwilligen Charme der Dorfbewohner nimmt sie anfangs kaum wahr. Doch dann trifft sie Alex Fraser, den Besitzer des romantischen Bed & Breakfast.

Der alleinerziehende Vater ist nicht nur genau ihr Typ, sondern teilt auch ihre Leidenschaft fürs Reiten. Wird Colleen die Reise zu ihren Wurzeln dabei helfen, endlich ihren Platz im Leben zu finden? Das Glück scheint jedenfalls zum Greifen nahe. Bis Alex´ Vergangenheit ihn einzuholen und alles zu zerstören droht …

Highland Hope – Ein Pub für Kirkby:
Band 2 der ersten Kirkby-Staffel ist als Taschenbuch und E-Book überall im Buchhandel erhältlich.

Liebe geht durch den Magen … besonders, wenn man Essen so liebt wie Isla!

Isla Fraser ist leidenschaftliche Sterneköchin. Als der Gernegroß Rodney Swinton in der Nähe von Kirkby ein angesagtes Bistro eröffnet, muss sie um ihr Restaurant fürchten. Denn Rodney hat eine Rechnung mit ihr offen. Dann gerät sie auch noch mit dem eigentlich sehr charmanten Jon Grant aneinander, der den Pub des Örtchens zu neuem Leben erwecken möchte.

Da Jon mit seiner Neufundländerhündin Polly ins Bed & Breakfast von Islas Bruder zieht, können sich die beiden unmöglich aus dem Weg gehen … und fühlen sich bald unwiderstehlich zueinander hingezogen. Aber Jon ist ein alter Bekannter von Rodney und Isla muss sich fragen, auf wessen Seite er wirklich steht.

Highland Hope – Eine Destillerie für Kirkby:
Band 3 der ersten Kirkby-Staffel gibt es als Taschenbuch und E-Book überall im Buchhandel.

Shona liebt ihre Whisky-Brennerei ebenso wie ihr Alpaka. Als sie den Tierarzt Kendrick trifft, wird die Liebe hochprozentig!

Shona ist das Küken der Familie Fraser. Das einst wilde Party-Girl hat die stillgelegte Destillerie von Kirkby modernisiert und gerade ihren ersten eigenen Whisky abgefüllt. Bei all dem Trubel bemerkt sie nicht, dass ihr Alpaka Nessie zu tief ins Glas schaut und ausgerechnet dem Tierarzt Kendrick McIntosh vors Auto taumelt.

Dieser ist empört. Doch nachdem der erste Zorn verraucht ist, stellen die beiden fest, dass sie noch mehr verbindet als die Liebe zu den Tieren und zum Highland Dance. Durch ein tragisches Unglück lernen sie sich auf einmal von einer ganz neuen Seite kennen. Und auch Shonas Whisky erweist sich als wahrer Liebestrank …

Highland Hope – Eine Bäckerei für Kirkby:
Band 4 der ersten Kirkby-Staffel findest du als Taschenbuch und E-Book überall im Buchhandel.

Annabel bringt das Herz von Lennox zum Klingen … und gemeinsam verwirklichen sie ihre Träume

Die Landärztin Annabel Campbell hätte nie gedacht, dass sie sich so in das malerische Kirkby verlieben würde. Auch ihr Maine-Coon-Kater genießt die täglichen Besuche in der *Old Bakery*, in der Kristie das beste Shortbread von ganz Schottland backt. Hier trifft die optimistische Annabel auch immer wieder auf den rätselhaften Lennox Fraser.

Dieser fühlt sich als das schwarze Schaf der Familie. Insbesondere Vater Marlin ist strikt gegen Lennox´ Karriere als Musiker. Als Waise weiß Annabel wie es ist, sich alleine durchzukämpfen. Die beiden scheinen perfekt füreinander. Doch ein lang gehütetes Familiengeheimnis kann nicht länger verheimlicht werden und stellt alles auf den Kopf …

Die Glückskuh von Kirkby:
Dieser Kurzroman spielt zeitgleich mit dem Ende von »Eine Destillerie für Kirkby« und dem Anfang von »Eine Bäckerei für Kirkby« – ohne aber irgendwas von den Inhalten zu spoilern. Diese Geschichte gibt es derzeit als eBook exklusiv für die Abonnent*innen

meiner »Letters from Kirkby« (https://carinmueller.de/kirkby-letters) und als Hörbuch überall im Handel.

Wer an dieser Quelle seine wahre Liebe küsst, bleibt für immer mit ihr zusammen …

Zwanzig Jahre nach dem ersten Kuss kehrt Adley MacAlpine nach Kirkby zurück und begegnet prompt Michael Cunningham, dem sie mit süßen vierzehn an der geheimnisvollen Waldquelle ewige Liebe geschworen hat. Nur um kurz darauf mit ihren Eltern nach Neuseeland auszuwandern.

Zwei Jahrzehnte später ist alles anders. Beide sind erwachsen, das Leben hat für Erfahrungen und Narben gesorgt und Adley eine kleine Tochter geschenkt. Nun ist sie mit Willow in ihre alte Heimat zurückgekehrt, um den Bauernhof ihres verstorbenen Großvaters zu verkaufen – doch da ist Michael, und die Anziehungskraft zwischen ihnen flackert erneut machtvoll auf.

Kann es nach so langer Zeit eine zweite Chance geben?

Highland Happiness – Geschichten aus Kirkby:
Der Sammelband mit allen »Extras« außerhalb von »Highland Hope« und »Highland Happiness« gibt es als eBook und Taschenbuch überall im Handel.

Sehnsucht nach den schottischen Highlands?

Im Highland Dörfchen Kirkby ist immer reichlich los: Begleite in der Kurzgeschichte »Weihnachten in Kirkby« Fotografin Luci und Anwalt Ian zu einem romantischen Weihnachtsfest auf Monroe Manor. Sei in der Novelle »Ein Sommer in Kirkby« hautnah mit dabei, wie sich die ambitionierte Modejournalistin Lila in den Skandal-Profireiter Cameron verliebt. Und erfahre im Kurzroman »Die Glückskuh von Kirkby«, ob Cowgirl Adley und Bio-Bauer Michael nach zwanzig Jahren noch eine zweite Chance haben.

Außerdem: Rezepte, Anekdoten und eine exklusive Preview auf ein kriminelles Kirkby-Abenteuer.

Für alle Fans von »Highland Hope« und Highland Happiness« und all jene, die es werden wollen. Die Geschichten sind spoilerfrei und in sich abgeschlossen.

Highland Happiness – Die Weberei von Kirkby:
Band 1 der zweiten Kirkby-Staffel gibt es als Taschenbuch, E-Book und Hörbuch überall im Buchhandel.

Kann man Glück und Liebe in einem Stoff verweben?

Harriet Harper wagt den Sprung in eine ungewisse Selbstständigkeit. Die Textildesignerin verlässt Londons schnelllebige Modebranche und gründet in Kirkby eine Weberei, um nachhaltige, stilvolle Stoffe herzustellen – und ein paar persönliche Wunden zu flicken.

Die kühne Idee stößt vor allem bei Bürgermeister Collum McDonald auf Begeisterung. Er träumt laut von einem eigenen Dorf-Tartan und heimlich von der zauberhaften Harriet als First Lady von Kirkby. Doch so glücklich sein Händchen für den Ort ist, in Liebesdingen ist er erschütternd hilflos.

Gut, dass die Seidenhühner Thelma und Louise noch ein Wörtchen mitzugackern haben …

Highland Happiness – Die Töpferei von Kirkby: Band 2 der zweiten Kirkby-Staffel gibt es als Taschenbuch, E-Book und Hörbuch überall im Buchhandel.

Wenn die Liebe auf tönernen Füßen steht …

Hailey Fraser hält die Zügel in der Hand. Mit ihrem Vater managt sie das Reittrainingscenter in Kirkby und hat Pferde und Reiter voll im Griff – genauso wie ihre Männergeschichten. Bis auf Sean Gordon. Der berühmte Keramikmeister lebt zwar schon mehrere Jahre im Ort, doch niemand kennt den zurückgezogenen Künstler wirklich.

Bei Vorbereitungen für die anstehenden Highland Games kommen sich die beiden näher und entdecken unter Schutzschichten aus Ton und Draufgängertum erstaunliche Ähnlichkeiten. Und eine überraschende Verbindung, die alles zu ruinieren droht. Mit einem Mal steht nicht nur ihr gemeinsames Glück auf der Kippe, sondern auch das von Haileys Schwester Kristie.

Muss sich Hailey zwischen ihrer Schwester und der Liebe entscheiden?

Highland Happiness – Das Herrenhaus von Kirkby: Band 3 der zweiten Kirkby-Staffel gibt es als Taschenbuch, E-Book und Hörbuch überall im Buchhandel.

Wer bin ich wirklich?

Ainslee Ferguson ist es gewohnt, in viele Rollen zu schlüpfen. Als Darstellerin auf Historienmärkten bessert sie ihr bescheidenes Schneiderinnen-Einkommen auf. Erst in der Kirkby Tartan Mill auf Monroe Manor findet sie langsam zu sich – und zu Paul Starling, dessen Pudeldame Ivy sich in Ainslees Rüden Jules verknallt.

Paul ist oft in Kirkby, um seinen leiblichen Vater und seine Halbgeschwister kennenzulernen. Doch dann soll der smarte Historiker Gerüchten um die

Besitzverhältnisse von Monroe Manor nachgehen und findet heraus, dass Ainslee womöglich die wahre Erbin ist – eine Erkenntnis, die im Dorf für allerlei Schockreaktionen sorgt.

Manchmal braucht es ein Erdbeben, um die Dinge geradezurücken …

Highland Happiness – Die Schreinerei von Kirkby: Band 4 der zweiten Kirkby-Staffel gibt es als Taschenbuch und E-Book überall im Buchhandel.

Wahre Schönheit liegt im Detail – und im Ringelschwänzchen eines Ferkels.

Susan Sutherland liebt ihren Job im Kindergarten von Kirkby – auch wenn diese Aufgabe eher wie eine Verlegenheitslösung erscheint. Schließlich führte sie als Profifußballerin bis vor kurzem ein ganz anderes Leben. Davon kann auch Davie Tomlinson ein Lied singen. Der leidenschaftliche Schreiner hatte sein Geld ursprünglich mit Dingen verdient, die seine Seele zu zerstören drohten.

Die beiden sind beste Freunde und setzen sich voller Hingabe für die Dorfgemeinschaft ein. Doch plötzlich gerät ihre vertraute Kameradschaft ins Wanken, als Ernie und Bertha – ein Welpe und ein Ferkel – für reichlich Aufregung sorgen.

Wann kommt der Punkt, an dem es nur noch vorwärts geht und es keinen Weg zurück gibt?

Highland Happiness – Die Schmiede von Kirkby: Band 4 der zweiten Kirkby-Staffel gibt es als Taschenbuch und E-Book überall im Buchhandel.

Manchmal muss man durchs Feuer gehen, um Licht zu sehen.

Charly MacRaes Leben ist ein einziges Missverständnis. Die Tochter einer Seefahrerdynastie fürchtet sich vorm Meer und liebt das Spiel mit dem Feuer. In Kirkby heuert sie als Hufschmiedin an, obwohl dort alle einen Mann erwarten. Der smarte Zahnarzt Brodie Henderson dagegen scheint immer alles richtig zu machen und nichts dem Zufall oder gar Schicksal zu überlassen.

Gegensätzlicher können zwei Menschen kaum sein, doch als sich ihre Wege immer häufiger kreuzen, stellen Charly und Brodie erstaunt fest, dass wahre Übereinstimmung nicht im Äußeren, sondern im Inneren liegt.

Werden die sprühenden Funken es schaffen, Vorurteile zu verbrennen und eine knisternde Liebe zu entzünden?

Und danach? Das wird man sehen!

Wenn du nicht genug von Kirkby und seinen schrulligen Bewohnern bekommen kannst, dann schreib mir doch eine Mail an kirkby@charlottemcgregor.de. Ich freue mich immer riesig über Post von meinen Leser*innen.

Deine Charlotte

WER IST CHARLOTTE MCGREGOR?

»MIT SEHNSUCHTSORTEN KENNT SICH Charlotte McGregor aus. Schon in frühester Kindheit fühlte sie sich zu Städten und Ländern hingezogen, die sie nur aus Büchern oder Filmen kannte. Kein Wunder, dass sie aus ihrem Fernweh einen Beruf gemacht hat. Die Journalistin schrieb jahrelang Reiseberichte für Zeitungen und Magazine, ehe sie ihre Lieblingsorte auch in Romanen verewigte. Derzeit schlägt ihr Herz für Schottland, wo sie regelmäßig mit ihrem Mann durch Städte, Dörfer und die Highlands streift und sich voller Enthusiasmus auf Whisky, Haggis und Kilts stürzt.«

Mehr: www.charlottemcgregor.de

So lautet die offizielle Vita in meinen »Kirkby«-Romanen. Das ist auch alles richtig – und doch nur die halbe Wahrheit. Denn ich bin inzwischen Viele, eine regelrechte Autorinnen-WG, was daran liegt, dass ich mich nur ungern in festgefertigte Schablonen pressen lasse. Mich interessieren einfach so viele unterschiedliche Themen. Also hier eine etwas detailliertere Selbstbeschreibung:

Es gibt Menschen, die sind werteorientiert, ich bezeichne mich gerne als »worteorientiert«, denn dem geschriebenen Wort gehört seit früher Kindheit meine ganze Aufmerksamkeit. Buchstaben, Worte, Wörter und Texte üben bis heute eine magische Faszination auf mich aus, denn die Wucht, die dieses vergleichsweise bescheidene Werkzeug aus sechsundzwanzig Lettern und einigen Satzzeichen ausüben kann, ist beträchtlich.

Meine große Leidenschaft gehört dem belletristischen Schreiben. Mein erster Roman ist 2009 unter meinem Klarnamen Carin Müller bei Goldmann erschienen. Seitdem folgten mehr als zwei Dutzend weitere Titel bei Publikumsverlagen und in Eigenregie als Selfpublisher. Die wenigsten davon unter meinem richtigen Namen, denn eine Sache habe ich inzwischen auch gelernt: Leser lieben Schubladen und die will ich auch bedienen.

Für den etwas unkonventionelleren Blick über den Tellerrand habe ich meine Website und meinen Blog. Dort veröffentliche ich jeden Montag einen neuen Artikel zu einem Thema, das mir gerade unter den Nägeln brennt. Ich würde mich sehr freuen, wenn du mal einen Blick darauf wirfst. Außerdem gibt es auf meiner Seite alles über mich, meine Bücher und meinen Podcast zu erfahren. www.carinmueller.de

Wenn du es noch nicht getan hast, lade ich dich herzlich dazu ein, mein »Dienstags-Update« https://carinmueller.de/newsletter/leser-post zu abonnieren. Dort informiere ich alle vierzehn Tage immer dienstags über alles, was sich gerade bei mir tut und empfehle außerdem tolle Bücher von KollegInnen.

Ich freue mich auch über regen Austausch mit meinen Lesern. Du findest mich auf allen sozialen Medien und kannst mir aber gerne auch eine Mail schreiben. Ich beantworte jede Anfrage: post@carinmueller.de

Alles Liebe,

Deine Carin aka Charlotte^2

PS: Auf den nächsten Seiten findest du einen kleinen Überblick über meine bisherigen Veröffentlichungen.

MEINE BÜCHER

Veröffentlichungen als Charlotte McGregor:

»Ein Sommer in Kirkby« – 2020, SP
»Highland Hope – Ein Bed & Breakfast für Kirkby« – 2021, Heyne Verlag
»Highland Hope – Ein Pub für Kirkby« – 2021, Heyne Verlag
»Highland Hope – Eine Destillerie für Kirkby« – 2021, Heyne Verlag
»Highland Hope – Eine Bäckerei für Kirkby« – 2022, Heyne Verlag
»Island Dreams – Der Garten am Meer« – 2022, Heyne Verlag
»Die Glückskuh von Kirkby« – 2022, SP
»Highland Happiness – Geschichten aus Kirkby« – 2022, SP
»Highland Happiness – Die Weberei von Kirkby« – 2023, SP
»Robin – High in the Sky« – Wiederveröffentlichung des gleichnamigen Titels, 2023, SP
»Highland Happiness – Die Töpferei von Kirkby« – 2023, SP

»Highland Happiness – Das Herrenhaus von Kirkby« – 2023, SP
»Highland Crime – Die tote Tänzerin« – 2023, SP
»Insel der Wale – Lebe, als gäbe es kein Morgen« – Wiederveröffentlichung des gleichnamigen Titels, 2024, SP
»Insel der Wale – Lausche den Klängen deiner Seele« – Wiederveröffentlichung des gleichnamigen Titels, 2024, SP
»Insel der Wale – Wandere auf unerforschten Pfaden« – Wiederveröffentlichung des gleichnamigen Titels, 2024, SP
»Highland Happiness – Die Schreinerei von Kirkby« – 2024, SP
»Island Dreams – Die Imkerei am Meer« – 2024, Heyne Verlag
»Highland Happiness – Die Schmiede von Kirkby« – 2023, SP

Veröffentlichungen als Charlotte Taylor:

Die Reihe »Hot Chocolate« – 18 Titel, ab 2015, Bastei Lübbe
»San Francisco Millionaires Club – Ian« – 2017, SP
»San Francisco Millionaires Club – Derek« – 2017, SP
»Robin – High in the Sky« – 2018, SP
»San Francisco Millionaires Club – Dan« – 2019, SP

»San Francisco Millionaires Club – Sammelband: Ian, Derek, Alistair, Dan« – 2020, SP
»Lebe, als gäbe es kein Morgen« – 2020, SP
»Lausche den Klängen deiner Seele« – 2021, SP
»Wandere auf unerforschten Pfaden« – 2021, SP
»L.A. Roommates 1 – Prickelnde Nächte und heiße Flirts« (Wiederveröffentlichung Teil 1 der »Hot Chocolate«-Geschichten) – 2022, Bastei Lübbe
»L.A. Roommates 2 – Wilde Herzen und süße Verführung« (Wiederveröffentlichung Teil 2 der »Hot Chocolate«-Geschichten) – 2022, Bastei Lübbe

Veröffentlichungen als Carin Müller:

»Mopsküsse« – 2009, Goldmann
»High Heels & Hundekuchen« – 2012, Goldmann
»Gefühlte Wahrheit – 2014, SP
»Hundstage« – 2014, SP
»Problemzonen« – 2015, SP
»Tage zwischen Ebbe und Flut« – 2016, Droemer Knaur
»Hugo's Affairs – Wie war das mit den zauberhaften Anfängen?« – 2022, SP (Wiederveröffentlichung von »Mopsküsse«)
»Hugo's Affairs – Wenn es nicht gut ist, ist es nicht das Ende!« – 2022, SP (Wiederveröffentlichung von »High Heels und Hundekuchen«)

Veröffentlichungen als Nirac Rellum:

»Außenmission auf Kaipas V« – 2015, SP
»Ferien auf Tarkanus X« – 2017, SP

Einen kompletten Überblick über meine Romane – inklusive Cover und Klappentexte findest du auch hier in meinem Katalog. https://carinmueller.de/buecher